武树臣
季卫东
霍存福

联袂推荐

普通高等教育精编法学教材

中国法制史（第二版）

ZHONGGUO FAZHISHI

邓建鹏 著

本书由中央民族大学985工程资助出版

北京大学出版社
PEKING UNIVERSITY PRESS

图书在版编目(CIP)数据

中国法制史/邓建鹏著. —2版. —北京：北京大学出版社，2015.8
（普通高等教育精编法学教材）
ISBN 978-7-301-26135-4

Ⅰ.①中… Ⅱ.①邓… Ⅲ.①法制史—中国—高等学校—教材 Ⅳ.①D929

中国版本图书馆CIP数据核字(2015)第177889号

书　　　名	中国法制史（第二版）
著作责任者	邓建鹏　著
责 任 编 辑	郭薇薇
标 准 书 号	ISBN 978-7-301-26135-4
出 版 发 行	北京大学出版社
地　　　址	北京市海淀区成府路205号　100871
网　　　址	http://www.pup.cn
电 子 信 箱	law@pup.pku.edu.cn
新 浪 微 博	@北京大学出版社　@北大出版社法律图书
电　　　话	邮购部62752015　发行部62750672　编辑部62752027
印 刷 者	北京宏伟双华印刷有限公司
经 销 者	新华书店
	965毫米×1300毫米　16开本　27.25印张　422千字
	2011年6月第1版
	2015年8月第2版　2017年6月第2次印刷
定　　　价	52.00元

未经许可，不得以任何方式复制或抄袭本书之部分或全部内容。
版权所有，侵权必究
举报电话：010-62752024　电子信箱：fd@pup.pku.edu.cn
图书如有印装质量问题，请与出版部联系，电话：010-62756370

谨以本书献给郑渊洁,他的童话为我的童年带来难得的精神愉悦。

内容简介

本书是根据教育部《全国高等学校法学专业核心课程教学基本要求》以及《普通高等教育精编法学教材编写规划》的总体要求,针对大学本科法学专业的教学特点和人才培养目标,并借鉴、吸收国内外最新理论研究成果的基础上撰写而成的。

全书共三编计十三章。其中,上编阐述中国传统法制的发展,以国家制定法为主体,描述并分析历代法制的演变及其原因,重点突出不同法制发展阶段的时代特点;中编阐述影响及支配传统法制的四大因素:皇权政治、法家思想、伦理社会及儒家思想,这四大因素自秦汉至明清一以贯之地影响甚至决定了传统法制的特质;下编阐述传统法制的瓦解及其原因、西方近代法制的移植与其在中国艰难成长的历程。本书注重叙述并探寻不同时期法制间的渊源关系,法制与社会的交互影响,法律文本与法律实践间的差异。全书内容通俗易懂,语言生动活泼有趣,同时具有学术思考的深度,足以给读者带来诸多中国法制的历史启迪,是法学本科生乃至硕士生教材的上等之选。

作者简介

邓建鹏：籍贯江西，中央民族大学法学院教授，北京大学法学博士，曾任多个杂志的副总编辑、编辑及权威学术刊物匿名审稿人，参加工作十年来，荣获霍英东教育基金会第十三届高等院校青年教师奖、北京市第十届哲学社会科学优秀研究成果二等奖、中央民族大学"十佳教师"、中央民族大学"五四青年标兵"等十项奖励，两度主持国家级社会科学研究项目，研究专长为法律史和互联网金融。在法律史领域，独立出版学术著作《财产权利的贫困：中国传统民事法研究》，联合主编或点校出版如下著作：《徽州民间私约研究及徽州民间习惯调查》《法国六法》等，另在法律史领域发表学术论文数十篇。

使用说明

本书每章节前设有"预读文献与思考",其间的疑难字词大都作了简要注释,或在正文中有对应解释,浅显易懂。"预读文献与思考"与对应章节的核心内容密切相关,要求本科生在每次上课前预习与思考。预设问题在正文中大都有相对的回应。

每章节正文间设有"想想看",所提问题较为简易,提醒学生在学习过程中回忆之前的内容或思考一些小问题,相当于课间小作业。

每章节末设有"课后阅读文献",以理解程度由易到难顺序,列举与本章节内容相关的重要研究成果或法制史文献,强烈建议学生自行选读,将大大有助加深对该章节的理解。据其难易层次,其中一部分适合本科生阅读,另外一部分有较大难度,主要适合有浓厚研究兴趣且具有一定学术水平的学生阅读与深思。

每章节末设计的"课后深度思考题"为开放性、探索性问题,主要适合有研究兴趣的学生思索,可作硕士生的考试试题,但著者不认为这些思考题必然有绝对的、唯一的及真理式的答案。为便于教师教学,对本书所设"预读文献与思考"与"想想看",若需要更详细的答案,可发电子邮件至 djp@pku.org.cn,并在电邮中注明邮寄地址与教师身份,直接向著者联系索取(仅限使用本教材的授课教师)。

第二版前言

在移动互联网时代,大学教材同样应注重读者的极致体验。对法学本科一年级学生而言,教材必须足够简洁、明快、有趣;对有研究兴趣的读者而言,教材必须有相当的学术深度。本书修订,从语言表述到内容增减、补正达五千处以上,在适应法科学生一般性阅读、自习乃至深入研究等不同层面的需求方面下工夫。著者希望,这些努力能使本书与上述目标更加接近。

本书第二版先后承蒙张群博士、李启成老师、马泓波老师、刘鄂老师、姜晓敏老师、牛锦红老师、段晓彦老师、寒月女士、吴饶竹同学、杨航同学、申巍老师、汪庆红老师等致电或致信,直言不讳地提出珍贵的修订建议或鼓励,谨向他们致谢!本书再版前后,先后获得法学名家武树臣教授、季卫东教授及霍存福教授鼓励,特向上述前辈致谢。

另外,著者特别感谢 F2、毕大呆、猎人、盐味、史野、晚上、玲子、青蛙、Openwing(均为网名)等友邻。我们因缘于切磋球艺、守望相助与"海吹胡侃",度过一年又一年的快乐时光。上述友邻虽非专业人士,但向来特别"擅长"当面评头论足,毫不留情地提出各类异见,使著者多有反思,亦令本书稍有增色。

著者 2015 年 3 月 30 日谨识

前　言

写作本书时,耳边一直响起古龙谈武侠小说写法时的反问:谁规定武侠小说一定要怎么写,才能算正宗? 一部作品,若对其撰写规定过于细节的要求,这样的作品就会了无新意。同理,《中国法制史》的编写模式虽然要遵循起码的要求,但是,如果对教材编写的方方面面设定具体细则及一成不变的套路,"以八股文式的起承转合线性发展的通套之词描述中国法制史的发展路径"(张世明教授语),那一定会制造出没有生命力的教材,读之令人生厌!

著者积十年中国法制史研习经历、六年《中国法制史》教学经验与教材编写准备,尝试在本书中不仅提供中国法制史基本知识,而且力图寻找不同时期法制背后的联系;解析历代法制变与不变的原因;法制与社会的相互关联以及社会变化对法制的影响。综上,以求汇通之意。

本书打破单纯按朝代划分中国法制史或早前依五种社会形态划分中国法制史的模式。著者认为,这种阶段划分不符合中国法制原本的演变过程。本书力图按照法制自身(以国家制定法为主体)的发展变化区分其历程。

本书希望促进青年学生研习法制史的兴趣,初步获得中国法学的历史素养,进而为学习与思考当今法律问题提供有益帮助。"旧时法制已逝,法制史学者将它复活。那些将这消失的生命唤回并启示今人的,当永为师表。"本书力求通俗易懂、生动活泼,兼及学术思考的深度,内容有较强的延展性,适合做法学本科生与硕士生教材。

书稿先后承蒙武树臣师、黄东海博士、尤陈俊博士及孙晴同学提供一些修订建议。书稿在中央民族大学法学院2010级法学3班先期试用,36位同学热情提出各种反馈意见。著者谨向上述各位致以深深的谢意! 当然,文责均由著者自负。

著者自投身学术,获得周静芳女士、田涛师、季卫东教授、苏亦工教授、易继明学长、李红海学长等实质鼓励与支持,R. Randle Edwards(爱德华)教授、Madeleine Zelin(曾小萍)教授、Benjamin L. Liebman(李本)教授、邵东方教授、Matthew H. Sommer(苏成捷)教授先后向著者提供赴哥伦比亚大学和斯坦福大学访学与学术交流的机会,拓展了著者的学术视野,均令著者铭记。

本书出版获得中央民族大学法学院领导与同仁支持,责任编辑李铎先生细心校对,著者深表谢意。在人人争出教材的时代,著者愧于著述皆为稻粱谋,惟倾尽全力,稍减内疚心。读者于本书有任何疑问,欢迎致信:djp@pku.org.cn。

邓建鹏　谨识
2011年1月16日

目 录

本书导论 ·· (1)
  一、为何学 ·· (1)
  二、学什么 ·· (4)
  三、怎么学 ·· (5)

上编 传统法制分论

本编导论 ·· (9)
  一、早期中西法制差异 ·· (9)
  二、法制的分期 ··· (10)

第一章 法制初创期 ·· (15)
  第一节 刑起于兵与法的起源 ··································· (17)
    一、战争与刑起于兵 ·· (18)
    二、刑起于兵对法制影响 ······································· (24)
    三、法起于礼 ·· (26)
  第二节 夏商法律制度 ··· (27)
    一、夏朝历史简介 ·· (27)
    二、夏的法制简况 ·· (28)
    三、商代历史简介 ·· (29)
    四、商的神权法思想 ··· (29)
    五、商的主要法律 ·· (30)
  第三节 西周的法律制度 ·· (31)
    一、西周历史简介 ·· (32)

二、西周政法思想的转变 …………………………………… (33)
　　三、宗法制度 ………………………………………………… (34)
　　四、西周主要法律形式 ………………………………………… (35)
　　五、周礼及其与刑的关系 ……………………………………… (36)
　　六、主要刑事法律制度 ………………………………………… (37)
　　七、主要刑罚原则与刑事政策 ………………………………… (38)
　　八、民事管理法制 ……………………………………………… (39)
　　九、司法制度 …………………………………………………… (43)

第二章　法制公开化时期 …………………………………………… (47)
　第一节　春秋战国的法制 ………………………………………… (49)
　　一、权力下移与社会巨变 ……………………………………… (50)
　　二、春秋法律公开化运动 ……………………………………… (55)
　　三、战国政法改革与法律发展 ………………………………… (58)
　第二节　法家风尚与秦至西汉初的法制 ………………………… (65)
　　一、秦的历史及皇权政治的开启 ……………………………… (67)
　　二、云梦秦简与秦律 …………………………………………… (68)
　　三、司法机制 …………………………………………………… (76)
　　四、汉代历史简介 ……………………………………………… (78)
　　五、西汉初期法制 ……………………………………………… (81)

第三章　法制儒家化时期 …………………………………………… (87)
　第一节　汉代法制及其儒家化 …………………………………… (89)
　　一、董仲舒的政法思想 ………………………………………… (90)
　　二、《春秋》决狱 ……………………………………………… (93)
　　三、汉律形式与主要法规 ……………………………………… (97)
　　四、司法机制 …………………………………………………… (105)
　第二节　三国至南北朝的法制及其儒家化 ……………………… (107)
　　一、大纷争:三国至南北朝的历史 …………………………… (107)
　　二、立法概况 …………………………………………………… (110)
　　三、法典结构变化 ……………………………………………… (113)
　　四、门阀士族:法制儒家化的中坚力量 ……………………… (114)
　　五、魏晋律学 …………………………………………………… (119)
　　六、刑罚制度的变化 …………………………………………… (123)
　　七、司法机制 …………………………………………………… (124)

第四章　律典成熟期 (129)
第一节　隋代法制概况 (132)
一、隋朝历史简介 (133)
二、《开皇律》主要内容 (134)
三、《大业律》的颁行 (137)
第二节　一代盛典：唐代法制与影响 (137)
一、唐朝历史简介 (138)
二、初唐立法指导思想 (139)
三、法律的编订 (140)
四、《永徽律》体系与主要内容 (145)
五、唐律基本精神与历史地位 (153)
六、唐代土地与赋税法规 (154)
七、司法机制与法律实效 (157)

第五章　反律典化时期 (161)
第一节　五代至元的转型社会 (163)
一、社会的变迁 (164)
二、五代政局与法制 (165)
三、宋代历史与政局 (167)
四、元代历史与政局 (171)
第二节　宋元的法律制度 (174)
一、宋代主要法律形式 (176)
二、宋代刑罚的变化 (178)
三、宋代司法机制与法医学 (180)
四、宋代的法律考试 (189)
五、元代的法制 (189)
六、元代司法机制的变化 (194)

第六章　律典衰落期 (199)
第一节　明代政局与律典衰落 (201)
一、明代历史与政局 (201)
二、得形忘意的明清律典 (204)
第二节　明代法律制度 (208)
一、主要法律形式 (209)
二、重典的表现 (215)

三、司法机制 …………………………………………… (218)
　　　四、主要的诉讼制度 …………………………………… (219)
　　　五、会审制度 …………………………………………… (221)
　第三节　清代法律制度 ……………………………………… (222)
　　　一、清代历史与政局 …………………………………… (223)
　　　二、主要法律形式 ……………………………………… (224)
　　　三、清代法制的主要特点 ……………………………… (225)
　　　四、法律适用原则及刑罚发展 ………………………… (227)
　　　五、司法机制 …………………………………………… (229)

中编　传统法制总论

本编导论 ……………………………………………………… (237)
第七章　皇权政治与传统法制 ……………………………… (239)
　第一节　皇权政治与经济管理法制 ………………………… (242)
　　　一、战国的经济管理法制 ……………………………… (246)
　　　二、汉代的经济管理法制 ……………………………… (249)
　　　三、唐代的经济管理法制 ……………………………… (250)
　　　四、宋代的经济管理法制 ……………………………… (251)
　　　五、元代的经济管理法制 ……………………………… (254)
　　　六、明代的经济管理法制 ……………………………… (256)
　　　七、清代的经济管理法制 ……………………………… (257)
　　　八、结论 ………………………………………………… (258)
　第二节　皇权政治与官吏监控法制 ………………………… (262)
　　　一、权力机构设置循环 ………………………………… (264)
　　　二、官吏监控制度 ……………………………………… (267)
　　　三、结论 ………………………………………………… (276)
第八章　法家思想与传统法制 ……………………………… (279)
　第一节　法家及其思想概述 ………………………………… (281)
　　　一、法家流派与作品 …………………………………… (281)
　　　二、主要思想特征 ……………………………………… (281)
　第二节　法家思想与传统法制 ……………………………… (281)
　　　一、以刑去刑的重刑主义 ……………………………… (282)

  二、"法治"的理论 …………………………………………（283）
  三、"法治"理论主要来源 …………………………………（286）
  四、关于法的思考与影响 …………………………………（287）
  五、弱民思想 ………………………………………………（289）
  六、抑臣与治吏的策略 ……………………………………（290）

第九章 伦理社会与传统法制 …………………………………（295）
  一、传统法制的家族伦理特征 ……………………………（297）
  二、五服制与传统法律 ……………………………………（298）
  三、父家长权与传统法制 …………………………………（301）
  四、伦理社会与法律原则 …………………………………（303）

第十章 儒家思想与传统法制 …………………………………（309）
 第一节 儒家概述 …………………………………………（311）
 第二节 儒家的礼法思想 …………………………………（312）
  一、礼与礼治秩序 …………………………………………（314）
  二、德化思想 ………………………………………………（318）

下编 转型中的近代法制

本编导论 …………………………………………………………（325）
  一、法制近代化趋势 ………………………………………（325）
  二、传统法制与近代法制的差异 …………………………（333）
  三、法制近代化的阻碍 ……………………………………（335）

第十一章 欧法东渐与晚清修律 …………………………………（337）
  一、晚清历史与政局 ………………………………………（342）
  二、刑律修定与礼法之争 …………………………………（343）
  三、预备立宪与制宪 ………………………………………（346）
  四、民商律的制定 …………………………………………（349）
  五、诉讼律与司法机制的变化 ……………………………（351）

第十二章 由法治到党治下的民国法制 …………………………（359）
 第一节 南京临时政府的法制 ……………………………（362）
  一、孙中山的政法思想 ……………………………………（367）
  二、重要的宪法性文件 ……………………………………（369）

三、其他法令的制定 …………………………………… (373)
第二节　民国北京政府的法制 ………………………… (374)
一、政权更替与制宪 …………………………………… (374)
二、其他法制主要内容 ………………………………… (382)
三、近代司法制度的确立 ……………………………… (384)
第三节　民国南京政府的法制 ………………………… (390)
一、训政理论与党国体制 ……………………………… (391)
二、立法体制与立法概况 ……………………………… (396)
三、"六法"体系的建立 ………………………………… (398)
四、司法机制 …………………………………………… (406)

第十三章　结论 …………………………………………… (413)

附录一　《中国法制史》期末试题举例(闭卷形式) ……… (417)

附录二　《中国法制史》期末试题举例(开卷形式) ……… (419)

本书导论

一、为何学

（一）知古通今

作为法律专业的学生，当你拿到这本书时，也许会有这样的困惑：法学教育有深厚的经世致用风格，这种没有直接实用价值的教材，于我何干？

确实，如果从律师实务或司法审判角度而言，中国法制史内容没有什么实用性。谁能指望一位人民法院的法官在司法审判时引用 60 多年前（国民政府时期）、600 年前（明成祖时期）、1600 年前（东晋安帝时期）、2600 年前（东周定王时期）甚或是 3600 年前（夏商朝交替之际）的法律条款作为判决依据？但是，往昔的法律虽然早已死去，支撑法律条文背后的某些法律思维、立法模式以及中国先民的法律观念和受此影响的法律行为却不会因为改朝换代而彻底死亡。人们埋葬了历史，但阻止不了历史从坟墓中潜在地支配着我们。中国今天的一些法律问题、法律现象以及普通民众的法律观念，仍然或多或少、或隐或显地受到过去法制的影响。只是因为人们对发生于身边的习以为常的事物缺乏敏感，在深入学习中国法制史之前，未曾注意到而已。学习法制史，正可以使我们对某些法律现象恢复敏锐的知觉，强化观察、思考与学习法律的能力。

比如，以"法"字为例。"法"在西周青铜器中已经出现，当时写作"灋"，由三部分组成。其中最具有独特性的是"廌"[zhì]，又称獬[xiè]豸[zhì]，《说文解字》说："兽也，似牛一角。古者决讼，令触不直者。"廌是中国古代传说中用以司法审判的一种独角神兽（神牛，也有人说羊），比如《墨子·明鬼》中记载齐庄公以独角神羊断疑难案件。独角兽形象在一定程度上成为中国传统法制乃至公平正义的象征。又比如，后来御史大夫（相当于监察官员的官员）所穿的官服上就有它的形象。晚清至民国时期，当事人缴纳的诉讼费用凭证——诉讼印纸上所刻画的独角神羊也源于此。当今法律出版社的徽标、一些大学法学院或人民法院门口也矗立着独角兽形象。此外，"灋"从"水"，学者认为，"水"即河神，是古人用以神判的方式。以"水"或"廌"神判的结果就是"去",令被判决有罪者离去。①

独角兽像

(二) 古为今用

通常,历史上的法制虽对现代社会无直接的实用价值,但是可以给现代中国人充分的启示与智慧。古今中国法制虽有巨大差异,中国人固有的行为模式、思考问题的方式并不因为纸面上法律条文的变化而完全变化。先民的许多习惯、法律在今天仍有一定影响。学习中国法制史,一定程度上就是为了更好地理解现在。

法制史研究之所以具有向现代制度优化提供学术智慧的可能,在于现代问题与诸多法律传统息息相关。传统社会某一法律问题所面临的困境及其解决方法,有可能作为我们解决当下类似问题的借鉴。文本层面的中国旧有法律制度、概念与现代法律制度、概念发生了彻底断裂,但这并不意味着文本之外的其他中国旧有传统在现代完全失去影响力。

一些研究表明,诸多法律传统及其变形至今仍在延续。如学者认为,清代中国听讼的制度性理想对理解我国民事诉讼在当代的状况很有参考意

---

① 关于法的解释,本书参见李力:《发掘本土的法律观:古文资料中的"礼"及"刑"、"法"、"律"字的法文化考察》,载韩延龙(主编):《法律史论集》(第三卷),法律出版社2000年版,第273—275页。

义。① 有的传统甚至仍广泛支配现代中国的社会秩序。比如,有学者在湖北乡村调查发现,现代乡村的分家习惯与赡养惯例同传统制度一脉相承,但这并未体现到现代中国的民事法律中,导致源自西方继承观念的国家法与民间惯例和社会秩序背离。② 正因为法律传统的连续性,有的日本学者倡导将中国法律的历史与现代联系起来综合考察与研究,因为尽管现代中国法与古代法有着本质区别,但仍不可避免地受到古代社会历史和文化传统影响。③ 这些思路无疑对研究现代法律问题的颇具启示。

此外,我们还可对历史上存在的优秀法律传统进行发掘、分析、总结和概括,深入考证和阐释传统法律的价值理念、制度设计、司法适用技术等等,寻找传统法律中的制度理性和法律智慧。因此,这些研究通过联系过去与现在,有可能化历史之成败为思考当今问题的智慧。

中国法律传统的运作模式、法律思维与法律心理状态以及民事习惯等,深深影响了普通中国人的心态、意识以及日常社会行为,并在现代社会尤其是广大农村传承下来。旧时法制因时间久远,对于今人而言愈加陌生,加大现代学者对法制史理解与把握难度。但由于古今法律的联系与法律传统的传承,学者通过对某些现代法制的把握,加强对部分法律传统的理解,以及通过对部分古代法制的研习,深化对一些现代法制的认识。中国大陆学者立基于中国的法律场景,对本土法制背景长期耳濡目染,长期身临此境的他们,有更多机会切实感受法律传统的延续,有可能做出有深度的研究,有助于回应现代法律问题。

反之,如果无视中国法的历史,有时就会对现今法制产生困惑,甚至使某些法制在现代难以通行。比如,分家析产习惯自2000多年前的商鞅变法("民有二男以上不分异者,倍其赋"④)以来,历代法典中尽管规定如父母在世,禁止子孙别籍异财,但事实上"分家析产"作为一种延续上千年的民事习惯,在基层社会中获得民间强有力的支持,历代法典不得不容忍了这种行为。比如,《唐律》规定:父母只要许可结婚后的儿子分家,便系合法。这种分家析产的习惯在现代农村仍普遍存在。然而这种分家习惯与当代中国的《继承法》

---

① 参见王亚新:《对抗与判定:日本民事诉讼的基本结构》,清华大学出版社2002年版,第199页。
② 参见何永红:《中国农村赡养习惯与国家法的背离》,载《私法》(总第九卷),北京大学出版社2005年版。
③ 参见李青:《日本东京大学中国法制史资料藏书》,载张中秋(编):《法律史学科发展国际学术研讨会文集》,中国政法大学出版社2006年版,第421页。
④ 《史记》卷六十八《商君鞅列传》。

很不一致。后者规定父母死亡,继承开始,且子女有平等财产继承权。在现实中,这容易导致固有民事习惯和民法产生冲突。① 不仅如此,针对当代中国民事立法,有的民法学者提出民事习惯虚无主义或无用论,这种观点令人惊讶!

  19世纪德国历史法学派代表萨维尼在《论立法与法学的当代使命》中说,法律是民族精神的体现,如同语言、文字、风俗体现在民族精神中。我们认为,法律应该是对具有普遍性的社会生活的回应。否定或忽视民事习惯,容易导致法的运作与现实生活相冲突。中国当代的继承法之所以和基层社会一定程度地脱节,以及民法法典化过程中有的民法学者忽视民间习惯的广泛存在,重要原因就在于对传统法制不甚了解。

  诸如此类的例子说明:中国法律制度尽管早已发生巨大变化,但是其所应对的那个社会、那个民族,却是自传统中一脉相承。传统社会的许多问题,并不单单因为法律文本的转变就消失。

  因此,学习中国法制史,一定程度上就是学习探索当代中国的法律问题,尽管不是全部。面对中国法制建设诸问题,由于我们身在其中,作为局内人的我们未必看得很清楚。但是,许多问题直接源自于传统社会,学习和研究历史上的法制得失,我们作为"局外人",后退数百年或数千年,有可能把历史看得更清,明了旧时法制成败背后的原因所在,为我们当下的制度建构及个案纠纷的解决方案,提供历史与学术的智慧,化制度之成败为历史的启示。

▶ 二、学什么

  中国法制史内容博大精深,但本课程安排的时间有限,为此,我们只能选择学习那些在历史上发挥重大影响的制度、司法机制和相关的一些政法思想,大致包括如下方面:(1)历代主要法律制度及其演变;(2)历代重要司法机构及其演变;(3)历代主要诉讼制度及其演变。

  以上三个层次实际上是法制史整体的三个重点要素。法律制度主要为文本层面的体现,是当时立法思想的具体结果;司法机构是法律执行和法律规定得以实现的媒介;诉讼制度是保障或限定当事人向官方寻求纠纷解决的模式。司法机构连接纸面上的法与行动中的法,三者构成中国法制史的大致整体图像。

---

  ① 相应例证参见陈端洪:《排他性与他者化:中国农村"外嫁女"案件的财产权分析》,载《北大法律评论》(第五卷第二辑),法律出版社2004年版。

三、怎么学

青年学生学习《中国法制史》，很容易碰到至少两个困难：其一，语言不易识别和理解。《中国法制史》教材有许多生僻词汇，有不少文献以古汉语表述。其二，文献实在太多了。涉及中国法制史的各类文献浩如烟海，"二十五史"中有十四篇"刑法（罚）志"，是记载法制史的重要文献，还有历代遗留下来的国家法典、地方法规和司法判决等，成千上万的古代契约以及近百年来出土的各类文献。这些文献多得几辈子都看不完，对有研究兴趣的学生造成相当的困难。为了深度把握与学习中国法制史，如下建议值得一试：

（一）熟知现代法学理论

这里说的法学理论尤其是指法理学（法社会学）、民法学、刑法学、行政法学与诉讼法学等学科的基本原理。之所以如此，是因为我们要把作为法学的中国法制史与作为史学的中国法制史区别开来，使我们的学习更具有法学的视野和深度，并避免造成一些不必要的误解。

比方，如果欠缺法学理论，那么学生对中国法制史的学习可能更多流于表面，长于对法制史表层现象的描述与梳理，却难以体会先民如此安排法律制度的机理何在，他们为何有如此这般的法律思维，等等。再比方，缺乏当今的法学知识，容易使青年学生对古今中外的某些法律现象作简单对比和等同。由于对现代民法学知识缺乏基本了解，有人说把宋代以后涉及民事管理的法规汇编起来就是民法，中国古代也有所有权、物权，等等。民法有其自身的法学与哲学基础，比如个人本位、权利本位、意思自治等等。这些从中国先民那里怎么能找到呢？这种简单从字面上寻求源自近代西方民法与中国古代民事管理法律制度的相似性，是多么危险！

同时，运用和借鉴某些现代法学原理，有助于深度分析、理解与研究中国法制史。有的法学理论还有助于我们学习中国法制史时形成问题意识。[①]

（二）掌握古汉语及文言文、文献学知识

中国法制史的文献大多数形成于中华民国之前，多数文献以文言文及古汉语语法表达，而古代法律条文又有一套自己的法言法语。因此，读者要掌握一定的古汉语及文言文基础，才能基本理解法制史文献的内容。阅读以下作品可以部分帮助读者克服这个困难，如武树臣（主编）：《中国传统法律文化辞典》，北京大学出版社1999年版；《古汉语常用字字典》，商务印书馆2005年版。

---

① 这方面的例证参见邓建鹏：《私有制与所有权？》，载《中外法学》2005年第2期。

再次,对研究者而言,要掌握一定的法律文献学知识。涉及法制史的历史文献浩如烟海,如果要迅速查找自己感兴趣的法制史专题,或者要快速了解某一法制史古籍记载哪方面的法制内容,就得具备初步的法律文献学知识。以下书籍对读者会有帮助,如张伯元:《法律文献学》(修订版),上海人民出版社2012年版;高潮、刘斌:《中国法制古籍目录学》,北京古籍出版社1993年版。对于有研究兴趣的学生,则推荐阅读如下法制史目录工具书,如张伟仁:《中国法制史书目》(共三册),(台北)中研院史语所1976年版。最后,对于将来有志于深入研究法制史的读者,还应学好至少一门外语,尤其是英语或日语。目前国外较好、较集中的中国法制史研究作品主要以这两种外语表述。掌握外语将为日后参与国际学术交流、及时获取国外最新的法制史研究同行的成果,提供意想不到的帮助。

(三)对中国历史的基本把握

历代法制的变迁直接与历代君主政体的更替、经济生活的变化有关。因此,只有把法制史置于大历史的背景下,才有可能更好地理解它。比如,汉初吸取秦因暴政而亡的教训,经济疲惫,提倡无为之治,与民休养生息,在经济法律制度上表现得较放任,到汉武帝时期国力大大增强,变无为为有为之策,经济上采取系列管制政策,相应的法律制度就发生了巨大的变化,盐铁国家专营,统购统销。而汉至唐期间法制儒家化则与当时的门阀士族有密切关系。

诸如此类的事例说明,法律制度变革的动力不仅来自于自身,更多来自于政权结构与经济生活等诸方面。对中国历史的基本把握有助于把握历代法制的整体特征及其演变动因。这其中,读者重点要把握的是经济(农业生产方式与特征)与政治(一权独大的皇权政治);思想(儒、法两派)与社会(家庭结构与家族伦理),在"整体历史视野"下学习法制史。为此,阅读以下书籍对读者有一定帮助,如王亚南:《中国官僚政治研究》,中国社会科学出版社1981年版(如读者理解这本作品有困难,可参看同主题另一作品:刘泽华等著:《专制权力与中国社会》,天津古籍出版社2005年版);钱穆:《国史大纲》,商务印书馆1996年版。

(四)关注当代中国法律问题

前面已述,尽管我们现在使用的法律体系与数十年甚至数千年前的法律体系有巨大区别,但是,我们仍然生活在中华大地这同一"司法场景"中。当今中国司法裁判中的某些思维逻辑、案件当事人的诉讼心理与对策等,与传统社会仍存在某些相似性。一句话:往昔"纸面上的法"在1949年10月就已经死亡了,但这并不意味着"行动中的法"就会因为这一天的到来一同死亡。因此,传统社会存在的某些法律问题至今仍然存在。法国史学家马克·布洛赫在《历史学家的技艺》中说,研究历史的人,对现实不了解,历史研究也不会很好。读者了解当下的真实法律生活,将有助于更好地体悟、感知、理解传统法制。通过参与现在,把握过去;通过把握过去,理解现在。

(五)独立思考与判断

学习本身是个求知、求真的过程,在这个过程中探索法制史的真理与真相。为此,必须排除学术之外其他理念与观点的灌输,做到独立自主的思考,不盲从任何所谓绝对真理。这就要像鲁迅那样具有"放出眼光,自己来拿"的拿来主义精神,获得真知。

读者要形成独立思考与判断的能力,首先要涉猎具有独立思考能力的学者所著的与中国法制史相关著作,比如萧公权、秦晖、瞿同祖、季卫东、寺田浩明等人的作品。从这些有大智慧的著作中吸取历史或法学知识。同时,青年读者要具有勇于怀疑的精神,不崇拜学术权威,在同学与老师间开展学术辩论,不同观点交锋与碰撞,逐渐形成独立思辨能力。

学习辅助信息

一、涉及整体中国法制史的参考书

何勤华、贺卫方、田涛:《法律文化三人谈》,北京大学出版社2010年版。

丁凌华:《艰难与希望:中国法律制度史讲课实录》,人民出版社2008年版。

以下适合有研究兴趣的读者

瞿同祖:《中国法律与中国社会》,载《瞿同祖法学论著集》,中国政法大学出版社1998年版。

邓建鹏:《财产权利的贫困:中国传统民事法研究》,法律出版社2006年版。

王亚南:《中国官僚政治研究》,中国社会科学出版社1981年版。

秦晖:《传统十论——本土社会的制度、文化及其变革》,复旦大学出版社2003年版。

蔡枢衡:《中国刑法史》,中国法制出版社2005年版。

杨一凡(总主编):《中国法制史考证》(共十五册),中国社会科学出版社2003年版。

蒲坚(编著):《中国古代法制丛钞》(共四卷),光明日报出版社2001年版。

高潮、马建石(主编):《中国历代刑法志注译》,吉林人民出版社1994年版。

沈家本:《历代刑法考》(共四册),中华书局1985年版。

二、中国法制史相关的主要学术网站

中华法律文化网:http://www.ruclcc.com/default1.asp

中国政法大学法律史研究院网:http://www.legalhistory.com.cn/

中国法律文化网:http://www.law-culture.com/

法律史学术网:http://flwh.znufe.edu.cn/
中华文史网:http://www.historychina.net/

三、涉及中国法制史研究的重要学术刊物(适合有研究兴趣的读者)

《法制史研究》,台湾中国法制史学会主办。
《法律史论集》(1—6卷),法律出版社1998—2007年版。

另曾有中国人民大学、中国政法大学、中国社会科学院法学研究所、中南财经政法大学、华东政法大学、北京大学、四川大学、沈阳师范大学不定期出版过《法律文化研究》《法律史学研究》《法史学刊》《中西法律传统》《法史学研究》《近代法研究》《近代法评论》《法律文化论丛》,等等。主流法学期刊如《政法论坛》《法学研究》《中国法学》《中国社会科学》《中外法学》《法商研究》《比较法研究》《法学评论》《现代法学》《法学》《法制与社会发展》《法律科学》《华东政法大学学报》《北大法律评论》等发表的一些法律史论文;人大复印报刊资料《法理学、法史学》转摘有法律史论文及目录索引;历史学刊物如《历史研究》《中国史研究》《清史研究》等发表少量法律史论文。

上编　传统法制分论

本编导论

▶ 一、早期中西法制差异

西欧包括法制在内的文明史源自古希腊、古罗马。早在雅典国家出现以前，社会内部的变化就瓦解了氏族组织。恩格斯认为，雅典国家产生时有如下特点：它造就了一种与人民大众分离的公共权力机构；其二，它第一次不依亲属集团而按地域划分居民；罗马国家的形成略同于雅典，因此，关于雅典国家与法的特点也可适用于罗马。学者认为，中国早期的国家形成与此很不相同，中国早期社会分层是按照血缘亲族关系开展的，同时氏族间频繁发生战争。《左传》说："国之大事，在祀与戎。"不同氏族因战争而成为统治与被统治者，统治者内部基于血缘的分层渐渐有了国家组织的内容，因这种转变，祖先崇拜、祭祀就从单纯的家族宗教仪式上升为国家组织的政治活动。

这种由战争强化的效力（如夏禹杀防风氏）和族长相结合所促成的国家形态的产生与雅典或罗马国家组织不一样。首先，国家产生不是以氏族组织的解体为代价，相反保留了原有血缘关系，把氏族内部亲属关系直接转化为国家组织形式。古人说的"家国同构"就是表达了这个意思。其次，国家权力不表现为"凌驾于社会之上的公共权力"，而是族姓之间的征服与统治。

可以说，古希腊、罗马国家与法产生于平民与贵族的冲突，它们是社会妥协的结果，而不是任何一方以暴力无条件强加于对方的命令。所以，尽管这种法不能不因社会集团力量的消长而偏于这一方或另一方，但它毕竟是用以确定和保护社会各阶级（限自由人）权利的重要手段。所以这样的法律也具有相当的公共性，即法制并不仅是为了维持一家一姓的利益，还对社会公共利益的保障给予相当关注。由此，我们可以理解古罗马私法何以能发达、古罗马何以会产生早期的宪政。

中国历史与此不同,国家是一族一姓施行其合法武力(主要是刑罚)的恰当形式——合法伤害权,所以国家并未取代氏族组织,而是与之融合、互渗。①在这样的国家里,刑主要由武力最强大者说了算。

二、法制的分期

(一)法制分期存在的问题

在体例上,目前大多数《中国法制史》教材按朝代先后编排法律制度内容。对于其欠缺,有人提出:"古代法律制度发展和演变有着自身内在规律和线索,这种规律和线索与朝代变更是不完全相同的。因而按照朝代安排法制史章节显然存在着问题,它无疑削弱中国法制史学科本身的科学性。"②"中国法制史按照朝代分章论述,很难反映法律的因循和延续性。……按照朝代划分章节,不但会造成叙述上的重复,还往往会割断这种逐步发展和完善状态,更难用发展变化的眼光来动态地叙述法律发展的历史。"③

在教材编写指导思想上,《中国法制史》深受过去阶级斗争学说及五种社会形态划分的影响。对马克思理论教条、机械地理解使得《中国法制史》的内容编排方式多年深受其害。虽然阶级斗争学说及五种社会形态理论在今日历史学界逐渐失去影响力,但仍然显性或隐性地支配着各类《中国法制史》教科书的作者们。在阶级斗争学说、政治意识形态的影响下,《中国法制史》教科书往往使用诸如地主阶级与农民阶级间的斗争、生产力与生产关系等概念解释法制史,将古代法制的复杂内容简单化。

近十余年来,随着权力影响学术的趋势在法制史研究领域稍有所淡化,关于阶级学说运用于中国历史的理论问题在史学界已有新的认识,值得我们重视。如,2000年《历史研究》杂志刊载的有关中国社会形态与历史规律的笔谈中,何兆武、李伯重、何兹全等在内的大部分资深中国史学家均否认中国历史上出现过奴隶制阶段。他们大多认为,马克思的五种社会形态理论只是对西方历史发展历程的描述性说明,无意作为不以人的意志为转移的普遍性的必然规律。马克思本人也没有把东方社会和西方的奴隶制、封建制等同起来看待,五种社会形态理论强加于中国是20世纪30年代斯大林在《联共(布)党

---

① 关于古希腊、古罗马国法制的一些特征,本书部分参见梁治平:《梁治平自选集》,广西师范大学出版社1997年版,第28—37页。
② 参见侯欣一:《有关中国法制史本科教学的几点体会》,载《法律史论集》(第六卷),法律出版社2006年版,第661页。
③ 柏桦、侯欣一:《〈新编中国法制史〉刍议》,载倪正茂(主编):《法史思辨》,法律出版社2004年版,第384—385页。

史简明教程》中把它体系化并传入我国后、经由郭沫若等学者忽视本国历史的实际情况、强调马克思主义普遍适应性的结果。①

近年来更有学者指出,80年前老一代史学家从苏联引进马克思列宁主义社会发展观,认为人类社会按照五种社会形态发展,从而建立五种社会形态的历史观。马列主义的信奉者,认为中国毋庸置疑地遵循这一普遍规律,按五个阶段循序推进;而论战的另一方则强调中国社会发展的特殊性,认为中国不存在奴隶社会的独立阶段,封建社会也早已瓦解,中国的商业资本主义已有几千年的历史,五种社会形态不适合中国国情。……中国与西方无论是自然生态、社会制度、文化传统、生活方式和民族心理,都是千差万别,岂能以一个简约的条条加以约束。②

有趣的是,法学界的中国法制史学者对上述史学理论突破重围的行动反应迟缓。中国法制史的有机内容、其在历史变迁中的丰富性及其社会原因继续被一些教条甚至是"绝对真理"简单化、公式化。近二十年来,历史学界逐渐打破中国历史研究中的阶级斗争学说与五种社会形态划分的理论,相关研究与教学再现历史真实的多样性与丰富性,这种转变未能充分有效地在《中国法制史》的编写和教学中得到体现。

(二) 本书法制分期的创设

为此,本书打破以往简单按朝代划分中国法制史章节的不合理做法。中华法系历代相承,其突变或重大变化只是出现在有限几个时期(春秋战国、唐宋、清末与1949年),因此中国法制在历代具有很强的继承性。这种法制继承性突破了历史上改朝换代的政权变革。按五种社会形态理论划分法制阶段固不合理,完全按朝代划分法制阶段亦不符合法制自身的变迁。本书以历代法制自身变化为依据,划分中国法制史的发展为如下阶段:法制初创期;法制公开化时期;法制儒家化时期;律典成熟期;反律典化时期;律典衰弱期;法制近代化时期。本书认为,这种从法典自身发展演变特征划分其时期的做法,突破了以朝代为标准而导致无法有效突显法制时代特征的局限,更有利于读者整体上把握中国法制史。试详述如下:

1. 法制初创期

这一阶段的时间为文明国家的产生至西周,约公元前21世纪至公元前771年。中国早期法制起源于进入文明国家前的氏族社会后期以及夏和商这两个早期国家,并在西周时期经过诸如周公等统治者整理礼制,得以发达和

---

① 参见《社会形态与历史规律再认识笔谈》,载《历史研究》2000年第2期。
② 参见刘志琴:《请为"封建社会理论研究"松绑》,载《读书》2009年第6期。

复杂起来。在这个时候,氏族部落间的习惯(部分也即后来所整理的各种礼仪)和频繁的战争塑造了早期法制的雏形。中国法制起点的此种特征也直接影响了传统法制演化的过程和终点。

2. 法制公开化时期

这一阶段时间为春秋至西汉初期,约公元前 770 年至公元前 140 年。这个时期法制的突出特征是一改早期"刑不可知,威不可测"的秘密法,当时一些诸侯国的实际统治者将法律铸在铜鼎上,置于人所易知的地方。尽管这种做法受儒家及旧贵族反对,但趋势锐不可当。战国时期受法家思潮影响下的立法活动,在一些强盛的诸侯国内得到推行。这些打上法家烙印的法制,在西汉初期仍有显赫影响力,它的典型代表就是汉《九章律》。由于秦汉间的法制有明显的继承关系,时人称之为"汉承秦制"。

3. 法制儒家化时期

这一阶段时间为汉武帝至南北朝,约公元前 139 年至公元 580 年。经过几代儒家学者不懈努力,汉武帝时期由董仲舒修正过的儒家思想升为正统思想,从此支配中国知识精英数千年。从这时起,董仲舒等人驱动了法制儒家化历程。这包括如下三个阶段:《春秋》决狱,也即司法过程的儒家化;晋朝张斐[fěi]、杜预等人推动的引经注律,也即解释法律儒家化;魏晋南北朝时期以礼入律,也即立法儒家化。这段时期法律一改法家烙印,与当时社会变迁有密切关系,容后文详解。

4. 律典成熟期

这一阶段时间为隋唐,约公元 581 年至公元 907 年。这个时期之所以被称为律典成熟期,是由于自战国、秦汉再经三国两晋南北朝至隋文帝时期,法制创新的成就及法制儒家化的结晶被纳入隋唐时期的律典。传统刑律十二篇体制确定下来。《开皇律》十二篇的确立至唐宋到清代相继承,无大的更改。明清律典虽减为七篇,但是之下的篇名仍然直接受隋《开皇律》影响。其次,礼法至此时期完整融为一体。唐律典被人称为"一准乎礼",以致被认为是中华法系的杰出代表。

5. 反律典化时期

这一阶段时间为五代十国至宋元,约公元 906 年至公元 1368 年。俗话说,物极必反,律典攀上成熟的高峰,同时也是迈向停滞与衰落的开始。律条在唐中期以后常常被其他法律形式所取代,如唐中期发展起来的敕。宋朝甚至以编敕[chì]作为司法中发挥作用的重要法律,律典在某些方面失去了它最初产生和发展时期的权威,逐渐变成统治阶级标榜自己宽政简刑的装饰。

宋代虽然在唐律基础上制定了《宋刑统》,但是一方面唐律所应对的社会基础(均田制、租庸调制)在宋代已不存在,相比唐前期尚存的门第之风,宋代及以后的社会近乎"平民"社会。诸如此类的原因,使得作为唐律"翻版"的《宋刑统》失去相同调控对象和社会基础。这造成《宋刑统》诸多法条难以适用于当时社会。皇帝时常发布诏令(也就是敕),历年具有普遍适用效力的敕被汇编成书,宋神宗时还"以例破法",南宋时将敕令格式以"事类"为依据编排,称为"条法事类",于是《宋刑统》基本上被束之高阁。到元代,中央立法机构干脆不再制定像唐律那样逻辑完整、条文简明扼要的律典。《大元通制》网罗律、敕、令等各类法律形式。有的地方官吏抄集当时的法律文书,自行分类汇编为《元典章》,以六部职掌分列法条,这对明律的编纂方式有直接影响。

6. 律典衰落期

这一阶段时间为明—晚清,约1368年至1840年。明清"平民社会"愈加突显,也就是说,再没有门阀士族世袭和垄断部分经济与政治特权,民众在皇帝面前愈加平等的低贱,皇权显得愈发强大、集中和暴力。所以,这个时候的集权者虽然效仿唐律制定了《大明律》,以及继承这种律典体系的《大清律例》,但若以唐律为标准,此时的明清律更多是继承了唐律的外形,唐律基本精神(一准乎礼)并没有很妥当地承继下来。律典更加关注国家(也即皇帝家族)的自我利益,对家庭伦理秩序的关注与维护远逊于唐律。这种得唐律之形而忘其意(基本原则)的律典实质进入了衰落期。

7. 转型中的近代法制

这一阶段时间为晚清至民国,约1840年至1949年。鸦片战争前后,传统法律日渐受到西方法律的冲击。其标志性的事件包括领事裁判权、晚清新政与修律等,这系列事件导致中华法系崩溃。沈家本等人以西法为标准,缔造了近代法的框架。以三纲五常为核心的中华法系被西方以权利、自由与平等为基本价值观的法律体系取代。

第一章 法制初创期

学习重点:(1)刑与法起源的特征;(2)商代神权法思想的特征;(3)"五刑";(4)西周法律思想转变原因;(5)西周礼与刑的关系。

第一节　刑起于兵与法的起源

◆ 预读文献与思考

阅读以下文献,思考早期中国法律与战争有何关系?受此影响,中国古代法律具有何种特征?为什么《汉书·刑法志》大篇幅地叙述军事问题?中国古代早期文献中的"誓"使用的场合及主要内容是什么?

《周礼·秋官·士师》:"以五戒先后刑罚,毋使罪丽于民,一曰誓,用之于军旅。"

《尚书·甘誓》记载夏王征伐有扈[hù]氏时的命令——"王曰:'嗟!六事之人,予誓告汝。有扈氏威侮五行,怠[dài]弃三正,天用剿绝其命。今予惟恭行天之罚。左不攻于左,汝不恭命;右不攻于右,汝不恭命;御非其马之正,汝不恭命。用命,赏之祖;弗用命,戮于社,予则孥[nú]戮汝,罔[wǎng]有攸[yōu]赦。'"

《尚书·汤誓》:"有夏多罪,天命殛[jí]之。率遏[è]众力,率割夏邑……尔尚辅予一人,致天之罚,予其大赉[jī]汝。尔无不信,朕不食言。尔不从誓言,予则孥戮汝,罔有攸赦。"

《尚书·牧誓》记载周武王在牧野作《牧誓》:"今商王受(即商纣王),惟妇言是用;昏弃厥肆祀,弗答;昏弃厥遗王父母弟,不迪。乃惟四方之多罪逋[bū]逃,是崇是长,是信是使,是以为大夫卿士,俾暴虐于百姓,以奸宄于商邑。今予发惟恭行天之罚。今日之事,不愆[qiān](不超过)于六步、七步,乃止,齐焉。夫子勖[xù]哉!不愆于四伐、五伐、六伐、七伐,乃止,齐焉(不超过四五回合、六七回合就停下来整顿一下阵容)。勖哉夫子!尚桓[huán]桓(威武的样子),如虎如貔[pí]、如熊如罴[pí],于商郊。弗御克奔(不得虐杀纣军中来投降的人),以役西土。勖哉夫子!尔所弗勖,其于尔躬有戮!"①

《国语·晋语三》载,晋国的司马说在处治庆郑时引用了"韩之誓"(秦、晋在韩原之战前,晋军曾临阵申明的军法)——"失次犯令(将士脱离战斗行列),死;将止不面夷(将领被俘颜面无伤),死;伪言误众(以假话贻误大众),死。"

《左传·哀公二年》:"简子誓曰:'范氏、中行氏反易天明(指臣不事君),斩艾百姓,欲擅晋国而灭其君。寡君恃郑而保焉,今郑为不道,弃君助臣。二

---

① 周文王讨崇侯虎时也有类似的誓言,参见《说苑·指武篇》。

三子顺天明,从君命,经德义,除诉[gòu]耻。在此行也,克敌者,上大夫受县,下大夫受郡,士田十万,庶人工商遂,人臣隶圉[yǔ]免。志父(简子)无罪,君实图之。"

《左传·成公十三年》:"国之大事,在祀与戎。"

《国语》卷四《鲁语上》记臧文仲之语:"大刑用甲兵,其次用斧钺,中刑用刀锯,其次用钻笮[zuó],薄刑用鞭扑,以威民也。故大者陈之原野,小者致之市朝。"《汉书·刑法志》韦昭注解释:斧钺,斩刑也。刀,割刑。锯,刖[yuè]刑也。钻,膑刑也。笮(凿),黥[qíng]刑也。

《墨子·明鬼》:"昔者齐庄君(公)之臣,有所谓王里国、中里徼[jiǎo]者,此二子者,讼三年而狱不断,齐君由谦(欲兼)杀之,恐不辜,犹谦(欲兼)释之,恐失有罪。乃使之共一羊,盟齐之神社,二子许诺,于是洫[xù](血)恶(刵)羊而(洒)其血。读王里国之辞,既已终矣;读中里徼之辞,未半也,羊起而触之,折其脚,祧[tiāo]神之而稿之,殪[yì]之盟所。"

《周礼·秋官·司盟》:"有狱讼者,则使之盟诅。"

一、战争与刑起于兵

(一)盟誓与早期战争

在氏族部落时期及夏商时代,掠夺人口和财产的战争是当时部族之间及民族之间的重要日常活动。早期社会留下许多关于战争的记载,如共工与颛[zhuān]顼[xū]之战,黄帝与炎帝之战,黄帝与蚩尤之战。有关战争的神话传说反映当时战争繁多。战争对国家的建立、政治法制打上了深深烙印。早期法制的特征与战争有密切联系。部族之间的战争加强了最高军事长官的权力,当时军队的统帅"内行刀锯,外用甲兵",以树立、维系自身权威。这种权力成为"刑"产生的温床。当这种权力与服从关系随战争平息而稳定下来时,战时号令就演变成为军法。

在夏商西周的刑事法领域中,与战争关系密切的盟誓对法的形成与运用有很大影响,而且盟誓在某些方面又与刑罚形态相关。"盟"是这样一种行为,通过献血(把祭祀用的牛羊的血涂于口唇)的咒术仪式,用盟誓的方式将自己诅咒于一定的条件之下,以保证自己信守诺言。这相当于一种有条件的自我诅咒。誓则多有"告诫"的意思,通常是在出征或开战前,指挥官召集全军发布军令,其中包括阐明战争的名分大义,宣布战斗纪律及相关的奖惩规定。这相当于有条件的刑罚的预告。这个意义上的"誓"也就是发布法令。

比方,大禹死后,儿子启继承王位,有扈氏不服其统治。启兴兵讨伐他,在甘(今山西户县)发动战争。开战前启作《甘誓》,首先对随军将士说明征伐有扈氏的罪名——"威侮五行,怠弃三正"。五行一般认为是金木水火土,实代指天道,威侮五行即上不敬天。三正指大臣,怠弃三正即下不敬大臣。为此上天命我率领你们灭他,今天我恭行天罚。你们听从我的命令,则会得到奖赏;违背我的命令,会受到惩罚。"左不攻于左,汝不恭命;……用命,赏之祖;弗用命,戮于社,予则孥戮汝,罔有攸赦。"就是夏王战前发布的军法。对于努力执行命令的将士,就在祖庙里给予奖赏;否则就在社庙里杀死。《甘誓》记载的这个命令,是至今为止所知最早的军法。

今文《尚书·汤誓》是商的第一个王汤在"鸣条之野"灭夏战争前的动员誓师令。汤首先讲灭夏的理由:"有夏多罪,天命殛之。"重罪之一是"率遏众力,率割夏邑",即乱征劳役、竭尽民力,残酷剥削民众。而后宣布:"尔尚辅予一人,致天之罚,予其大赉汝。尔无不信,朕不食言。尔不从誓言,予则孥戮汝,罔有攸赦。"意即只要将士从我奉行天命征讨夏国,我就赏赐你们,我一定履行诺言。如你们不听从我的命令,我就将你们处死,绝不宽恕。这种开战前理由的罗列,以及奖赏与惩处的法令规定与《甘誓》如出一辙。西周大部分重要战争也有战争誓言。著名的《牧誓》是武王讨伐商纣王时所发布的。首先,他揭露商纣王的各种罪行,包括听信妇人的话,轻视祭祀祖宗,轻弃同祖兄弟,反而崇敬信任使用四方重罪逃犯,任用他们为高官,为害百姓,因而武王奉天命讨伐商纣王,接着武王宣布军事纪律,规定阵列距离,将士如果不努力作战,就会被杀戮。

除此之外,早期文献还记载了许多类似的誓。比如,《尚书》有"泰誓""费誓"诸篇、《左传·哀公二年》赵简子(赵鞅)之誓。诸如此类的誓内容丰富,大都包括了讨伐之敌、开战理由、各成员的义务、对违命者的处罚等有关战争的全部必要事项,是范围广泛的规则。

综上可知,誓就是预先布告全军的法令或规则。它以处于临战状态的士兵为发布对象,一旦作为规范,就应具有更加完备的形式。誓这种发布法令行为主要是在战争(或祭祀仪式)中实施,夏商至西周的战争,大都基于天意这样的信仰世界为背景,是具有高度宗教意味的行动,人们处于高昂的宗教情绪中。由此,可以推论出这样一种关系:通过对神明的宣誓,或基于天意宣誓,布令者的话语成了对部下的绝对命令。

(二)由誓到约的世俗化

春秋时期有一种作为准军事战争或军事演习的狩猎活动被称为蒐[sōu]。学者指出,春秋时期"誓"经常用在称为"蒐"的集会上。春秋时期的蒐,在第一意义上就是以军事演练为目的的军礼。它在国人阶层全体参加的基础上,集结、检阅军事力量,有时则实行军制改革。以军事演练为本来目的的蒐具有不仅限于军事方面的机能。《左传·文公六年》记载,赵宣子(又称赵盾)初执国政,制定各种规则,确定刑法,论断有罪,追捕逃亡者,贷借令用券契,改正旧政污点,严格贵贱之分,恢复废止的官职,提拔被埋没的人才,授予大傅阳子和大师贾佗,使行于晋国,作为国之"常法"。该记载的重要性在于,政令的改定与刑法的制订以及断狱等,均在蒐的场合下进行。

在此之际,为何要采用军礼这种形式呢?第一,蒐具有由统治阶层全体成员参加的"国人大会"的性质。为了制定新的规范,强化统治,统一全体国人的意志是必须的条件。第二,蒐的第一意义是军事演练,因此参加蒐的国人们当然会形成一个军事集团。其结果是公布的"国法"中,赋予了恰似誓所具有的那种约束力。在采用蒐这一制度时,以军事性的秩序原理渗透到内政之中的意图,正是在此起到作用。在晋国,吸收了"古之法"这样的传统规范,在蒐的场合下为军事需要而制定的法令,在规范内政方面也具有相当的效力。①

到战国秦汉时期,和春秋以前的"誓"性质非常接近的就是"约"。后者的使用频率在战国以后逐渐增高。在语感上,"约""约束"等用语比"誓"更世俗化,宗教色彩与使用在祭祀这样场合渐少。这也许反映了世态人心的世俗化倾向。增渊龙夫认为,在春秋末期后有关战斗集团的记述中,多次可见关于"约"或"约束"的用语。《史记》记载齐景公新任司马穰[rǎng]苴[jū]为将军,司马穰苴至军中行军勒兵,"申明约束",表明新将军被任命伊始要向军队宣言"约束"。②孙子带《兵法》见吴王阖[hé]闾,以宫中妇人演习军法。③孙子教妇人们演习,《史记》记载:"约束既布,乃设鈇[fū]钺,即三令五申。"此"约束"的内容当为军法规定。由此可知,军队在演习时,首先应当申明堪称军法的"约束",且该"约束"具有刑罚功用(设置诸如鈇钺这样的刑具),由于妇人们没有按孙子所定的"约束"行动。孙子随即斩杀了身为吴王宠姬的左右队长。《史记》还说:"吴用孙武,申明军约,赏罚必信。"④据此可知军事集团的"约束"即"军约",其在性质上与春秋以前的"诰[gào]""誓"相似。《周礼·夏官·大司马》"中冬教大阅"条:"群吏听誓于陈前,斩牲,以左右徇陈曰:'不用命斩之!'"这里的"誓",郑玄认为是"以法誓众"。《周礼》中所见用于军旅、田猎的

---

① 参见〔日〕籾山明:《法家以前——春秋时期的刑与秩序》,载杨一凡(总主编):《中国法制史考证》(丙编第一卷),中国社会科学出版社2003年版。
② 《史记》卷六四《司马穰苴列传》。
③ 《史记》卷六五《孙子吴起列传》。
④ 《史记》卷二五《律书》。

"誓"与孙子等人的"约束"的行为及性质基本相同。

"约束"是通过将领对士卒三令五申并令其熟知而获得法律上的强制力，始终是单方面的宣言，而非众人共同的合意。约束全体成员的"约"具有严厉的法律强制力量。再比如《史记》记载，赵国名将李牧防备匈奴，与战士为约曰："匈奴即入盗，急入收保，有敢捕虏者斩。"匈奴入侵后，李牧守而不战，赵王令他人代替李牧出战，由于屡战屡败，赵王再请李牧任将军。李牧至军中"如故约"。[①] 此"约"即军令。综上可见，发布"约束"（也即军事法令）的军事集团首长具有了军中无论谁都要服从其命令的支配力量。[②]

想想看

中华民国南京临时政府制定的宪法名叫"临时约法"，袁世凯任总统时期制定的宪法叫"中华民国约法"，是否受到早期中国的"约束"、秦末刘邦"约法三章"的"约"之类的词汇影响？其间有无相似之处？

为什么具有宗教或类似于天意信仰色彩的盟誓，到了春秋以后逐渐向约或约束转化？《尚书》等早期文献中所见的"放""流""窜""殛"等文字，可以推定上古时代存在过放逐刑。以"放""流"等文字所记事例的实态，就是因众人的绝交诅盟而被驱逐出国。例如《舜典》记载："流共工于幽州，放驩[huān]兜于崇山，窜三苗于三危，殛鲧[gǔn]于羽山，四罪而天下咸服。"这与后世的流刑不同。后世的流刑是统治天下的专制君主，把版图内人民中的犯罪者强制遣送迁移到同一版图中的另一指定地居住。上古的"放""流"应看成是依据绝交之盟，把受到众人一致非难的为恶者驱逐到群体之外。这是远古时期的流放与战国之后流放的重大差异。但到了春秋以后，虽然被逐出本国，违背盟誓者却并不陷入如鸟兽般任人杀戮的境地。他们出奔别国，在那里通常会受到相当好的待遇。因为进入春秋时代后，各国早已不是狭隘的封闭社会，以相同的礼为基础，贵族已成为各诸侯国承认的身份阶层，所以从一国出奔他国后，很容易保持原有身份不变。而且随着人们智力开化，对盟诅魔力的原始迷信已开始动摇。在这样的环境中，因盟而实施放逐的制度，到春秋时代已失去其本来意义。

因此，在进入战国时代后，除与外藩缔结条约，盟诅作为立法手段的现象

---

① 《史记》卷八一《廉颇蔺相如传》。
② 本书部分参考〔日〕增渊龙夫：《战国秦汉时期的集团之"约"》，载杨一凡（总主编）：《中国法制史考证》（丙编第一卷），中国社会科学出版社 2003 年版。

在国家法制中完全消失,但在司法过程及一些特定地区仍存在。比如学者认为,出土的战国时期包山楚简表明,当时在楚国,涉案人员提供证词之前均要经过盟誓,案犯招供前也要盟誓,盟誓的全部过程要作记录。说明盟誓记录是断案的重要依据,如未经盟誓,将被认为是不合当时程序的。之所以如此,是因为当时认知程度有限,人们畏惧鬼神。盟誓者承受不了这种心理压力,不敢不讲实话。审判者利用这点,达到获取真相的目的。① 在秦汉以后,就很难再看到盟誓这样的做法了。

春秋晚期,齐庄公的大臣王里国与中里徼打官司,三年未结案。齐庄公决定用一只神羊来判断曲直。先在神社盟诅,陈述详情。王里国陈述完,神羊没有反映;中里徼陈述不到一半,神羊突然跃起,并且角触中里徼。庄公因此判决中里徼败诉,并将其处死在神社。到后来,与宗教信仰有关的神明裁判只是在民间裁判中使用,在战国以后的国家法庭中则基本绝迹。

综上所述可以看出,与战争或准战争存在密切联系的誓、盟誓和约束对中国早期的刑法产生有重大影响。或者说,诸如盟誓或约束这样的早期最重要的法律,实质是战争前者强者发布的命令,也即刑起于兵。

(三) 皋[gāo]陶[yáo]与兵刑合一

战争与军事法令的产生关系密切,也与刑罚的出现息息相关。有关蚩[chī]尤的传说可进一步说明刑起于兵。相传东夷族首领蚩尤最早发明了金属冶炼,制造了金属兵器。蚩尤本人能呼风唤雨,尽管蚩尤后来战死于涿[zhuō]鹿之野,但战胜者黄帝佩服其英勇善战,甚至画蚩尤之像,以威慑天下。因此蚩尤成为那个战争时代的英雄、战神。据《尚书·吕刑》,周穆王曾追述说:"若古有训,蚩尤惟始作乱,延及平民。……苗民弗用灵,制以刑,惟作五虐之刑曰法。"蚩尤创制了五种酷虐的刑罚(五虐之刑)。在西周人的心目中,作为战神的蚩尤成为刑罚的创制者。周穆王甚至将蚩尤说成是用残酷刑罚对待百姓的暴君。一方面,"蚩尤作五兵(五种金属兵器)",故为司金之官;另一方面,蚩尤"作五虐之刑曰法",又为司法官员。蚩尤虽被黄帝所杀,但其创制的五刑和法被黄帝部落所承认,蚩尤在后来的传说中被认为不仅是黄帝的职官,还被后世当做刑神、兵神、金神加以祭祀。

这种刑神与兵神身份的合二为一,侧面反映了刑神源于战争,刑法及刑罚源于战争,刑具源于战争的兵器。这便是古人"兵刑不分""兵刑合一"逻辑由来。在当时,战争与刑罚是作为同类事物来把握的。周宣王时《兮甲盘》记

---

① 楚国盟誓本书参见南玉泉:《古文字中所见狱讼、刑名考》,载杨一凡(总主编):《中国法制史考证》(乙编第二卷),中国社会科学出版社2003年版。

载周王曾在威胁淮夷时把刑与战争、征伐、扑伐等同起来。《国语》中把五刑之首记为"大刑用甲兵",《左传》曰"德以柔中国,刑以威四夷",《国语·晋语六》更直截了当地说"夫战,刑也"。刑起于兵还表现为司法与兵政的掌管者一身二任。司法官员称"士""士师""司寇""廷尉",起初都是军职。含有驱除外敌意义的"司寇"一词,实际是司法职务的名称。比如《尚书·尧典》记载舜任命皋陶(有人认为皋陶就是传说中的蚩尤)作士,对付外族军事侵扰,又对付寇贼奸宄[guǐ]等群体内犯罪。这里的士相当于后来的军事长官和司法长官,二者合为一体。一直到汉代,中央司法官廷尉的"尉"字,也是武官称呼。《史记·律书》则将兵和刑相提并论。中国早期的法制史著作《汉书·刑法志》前半部分对兵法的叙述,也被作为古代兵刑同一的余绪。

(《皋陶明刑图》,堂下的独角兽协助皋陶辨别理曲之人,清代木刻画,田涛教授藏)

为取得胜利,战争要有严格的军纪,即军法。因而军法是中国法律早期的主要形式。战争成为中国传统法律观念中残酷的"刑"观念源头。刑制度中肉刑即身体毁伤刑所占的比重很大,是早期中国法制引人注目的特色。与死刑一样,肉刑所追求的目的,在本质上与放逐是相同的。刀斧之痛、伤残之苦不是肉刑主要目的,身体毁伤的主要意义,在于社会性的废人,其原本正常的社会身份被终身剥夺。①

综上所述,中国早期法律起源的重要特点是"刑起于兵",即刑法产生与氏族社会至夏商与西周时期频繁的战争及战前临时发布的军法有密切的关系。

二、刑起于兵对法制影响

(一)刑起于兵对法观念的塑造

中国早期国家权力运作主要表现为族姓间的征服与统治,是一族一姓施行其合法武力(即刑)的恰当形式——合法伤害权,所以国家并未取代氏族组织,而是与之融合、互渗。虽然传统法制不能完全看做单纯镇压工具,法律中有不少涉及秩序调控的内容,比如市场管理(如唐以后律典中的"市廛[chán]律")。但法是镇压工具这种特质(尤其在西周前)很明显。由战争强化的效力(如夏启或商汤向部下发布绝对命令)和族长相结合所促成的国家形态的产生,与雅典或罗马国家组织不一样。中国早期国家的产生不以氏族组织的解体为代价,相反保留了原有血缘关系,把氏族内部亲属关系直接转化为国家组织形式,古人称之"家国同构"。

军事首领向其下属颁发的命令或实施的惩罚,或一部落在攻克另一部落时施加的刑事惩罚,表明早期刑罚与刑法同战争息息相关。这种法律不是两个不同阶层妥协的结果,而是征服者与被征服者之间以暴力角逐,不是东风压倒西风,就是西风压倒东风。因此,这种包括刑罚在内的法律并非各阶层共同意志的表现,基本上为一个阶层(或部落)打击或统治其他阶层的工具。

因此法律首先是统治者统治的工具,用于打击犯上作乱者。这种特征在战国法家学派中多有论述。比如《商君书·算地》说:"夫刑者所以禁邪也,而赏者所以助禁也。……故刑戮者所以止奸也,而官爵者所以劝功也。"《韩非子·难三》提出:"法者,编著之图籍,设之于官府,而布之于百姓者。"《管子·权修》也说:"法者,将用民之死命者,用民之死命者,则刑罚不可不审也。"法是君主手中的统治工具,令民众为自己效死尽忠。

在商周人的观念中,"刑"源于工具(兵器、模具),因而刑法、刑罚也是工具。在法家看来,人类社会有"争""暴",因此需要"法""律"。法律功用是"定分止争""兴功惧暴",达到"以刑去刑"的目的,最终法律成为权力运作的一种

---

① 盟誓与法制的关系本书均参考[日]滋贺秀三:《中国上古刑罚考——以盟誓为线索》,载杨一凡(总主编):《中国法制史考证》(丙编第一卷),中国社会科学出版社2003年版。

工具。这种认识影响深远,直至今日。作为一种统治工具,以"刑"为主的中国传统法对人们的唯一要求就是"令行禁止",否则就要受到刑罚制裁,至于个人享有的权利则无规定。因此,人们对充满血腥味的"刑"和法产生恐惧。

(二)刑起于兵对后世影响

受刑起于兵影响,中国早期法律观首先表现出直观、呆板的特性。民众甚至思想家对"刑""法"的认识主要局限于对兵器、模具、度量衡等直观、物理的描述,对于法的认识缺乏生动、抽象的哲学理论,而是充满了血腥味。这点既与中国早期战争对刑的催生有关,也同中国先民直观的思维模式密切相关。同理,中国虽有较发达的律学,但律学家们擅长对法律条文、字义和概念的具体解释,其目标主要是便利于法条适用,但他们很少如古希腊、古罗马同行那样,探讨抽象的法理或哲学问题。总之,律学家更关注脚下的实用途径,他们可曾仰望星空?

鼓吹君主专制独裁并为此提供各种策略智慧的法家提出法律由君主所定,为了实现赏罚必于民心,他们提出法律必须公布,且使百姓知法;官员有职责向百姓宣传法律;为了令百姓知晓法律,以便其守法,从而为君主统治创造一个强制性的稳定和谐社会,法家提出百姓应学法,且"以吏为师"。因此官员承担向百姓普法的工作和义务。普法工作重点围绕赏善罚恶进行,使百姓面对法律规定的重刑,内心惧怕,老老实实地服从君主统治。由此可见,这种普法以告诫臣民不触犯法为宗旨,其出发点是告之以必须随时提防受到法律制裁,使臣民成为守法者,只有统治者才是法律的主人。这种普法在中国传统社会历史久远,成书约在战国前后的《周礼·地官·族师》早就提出:"月吉,则属民而读邦法。"这种"普法"工作历朝相沿不改,明清两朝尤为典型(参见第六章第二节)。

综上所述,结合战国时期法家学派对法律的论述,早期法律的特征接近19世纪英国分析法学派的边沁和奥斯汀关于法律的定义。他们将法律看做一种命令,意指法律表达制定者的意志,这种意志表现为意愿明示,而且必须为他人所接受,否则制定者将给予暴力方式的制裁。这种命令是社会的主权者为支配社会成员而发布。所谓主权者是这样一些人或集团:社会中大多数人对其有一种服从习惯。这种观念来自两方面对法律现象的思考:第一,将全部法律视为义务强制的规定,从而将其视为制定者的强制意愿的表现;第二,将任何法律规定的权利义务问题最终归结为刑事处罚问题。[①] 将分析法

[①] 有关边沁和奥斯汀关于法律的定义,本书参见刘星:《法律是什么》,中国政法大学出版社1998年版,第16—22页。

学派观点运用于中国早期法律秩序不完全恰当,但是这些核心观念与中国早期法律起源及其特征存在很大相似。

受此影响,新中国成立以后,法律被看做是镇压敌对阶级的专政工具和镇压手段。因此,法律的主要内容仍是刑法。在普遍民众心目中,还习惯于将法律视为禁令,而非权利保障,法就是打击敌人的专政武器。一想到法,普通人容易将之与刑事打击联系起来,很少想到法也是人们权利或平等的保障。虽然有人认为传统法律并不全是刑法,比如有许多经济管理方面的内容,但这些法律首要目的是维护皇族经济利益或统治秩序,以刑罚制裁为后盾。

▶ 三、法起于礼

"礼"字出现于商朝甲骨文中,古体一般写定为"豊",战国后加"示"旁为"禮",现简化为"礼"。豊本为行礼之器,即盛玉以奉福之器——行礼以玉。古人在祭祀时以玉作为敬神求福之物。由此可知,礼的观念最初与祭祀密切相关。祭祀是氏族部落社会留下来的传统。当时人们对自然和死去的祖先、亲人祭祀,求得保佑,以示崇敬,后来成为日常重大活动。夏商统治者对鬼神很虔[qián]诚,重视祭祀。现代出土的商代青铜器(司母戊大方鼎)、甲骨卜辞都是重要证据。商代国家大事,诸如年成丰歉、打雷下雨、战争胜负,甚至司法审判活动都是要通过占卜、祭祀向鬼神请示。因此祭祀也成为神权法以及神明裁判的源泉,后来流行的独角兽故事、甚至现代中国一些偏远闭塞的民族地区流行的手握滚烫的石头,以确定谁有过错等等,都留有神明裁判痕迹。

祭祀是"礼"观念产生的温床。古人讲究祭祀祖先,因而重视宗法。商朝人的宗法极不严谨。到了西周,确立了"立嫡以长不以贤,立子以贵(母贵)不以长"的嫡长子继承制,并加以系统化。相传周公"制礼作乐"。在他主持下,宗法传统习惯得到整理,并成为一整套以维护宗法等级制为中心的行为规范,这就是一般所说的"礼"或"周礼"。宗法制度与等级制度结合起来,形成完整而严格的君臣、上下、父子、兄弟、亲疏的礼制。人们的衣食、住行、婚姻、丧葬都要严格遵守礼制。①

古人重视礼和祭祀,祭祀意义在于向公众证明政权合法性。与"戎"(即战争)相比,祭祀的作用是象征性和宣传性。祭祀仪式的宏大排场和庄严肃穆是皇帝们要向人们炫耀和夸示获得统治地位的正统性和无可争议性的重

---

① "法起于礼"部分参见李力:《发掘本土的法律观:古文资料中的"礼"及"刑""法""律"字的法文化考察》,载韩延龙(主编):《法律史论集》(第三卷),法律出版社2000年版,第267—272页。

要方式。现在北京天安门城楼两侧的中山公园,是明清皇家的社稷坛,东侧的劳动人民文化宫是明清皇家的宗庙,即"左宗庙,右社稷"。位于京城南北东西的天地日月坛也都是皇家定期祭祀的场所。① 与礼制相适应,周公要求一切以礼为准绳,这成为后来儒家创始人孔子概括的"为国以礼"的"礼治"思想源头(关于礼与礼治更多的论述,参见第十章第二节)。

《左传·成公十三年》说:"国之大事,在祀与戎",恰是对早期中刑与法起源的经典概括。综上所述,早期氏族血缘关系顽强存在和加固,使先民们对祖先崇拜的礼进一步强化,同时频繁的战争促进了刑的形成和发展,部落首领的权威则随着这些进程日益强化。这些因素决定了早期中国法以君主意志为转移,通过礼强化宗法伦常,并具有偏重刑罚的特点。因此,中国传统法制必然以刑罚为主并具有残酷性,君主意志有最高法律权威。在这种状况下,维护私人权利为主导的民事法律难以发达。

第二节　夏商法律制度

◆ **预读文献与思考**

以下文献涉及早期"性贿赂"的案件,试思考其记载夏朝存在何种罪行?具体含义为何?发生于春秋晋国的案件,判决却以夏的法制为依据,反映了当时何种法制特色?

《左传·昭公十四年》记载:晋邢[xíng]侯与雍子争鄐[chù]田,久而无成。士景伯如楚,叔鱼摄理,韩宣子命断旧狱,罪在雍子。雍子纳其女于叔鱼,叔鱼蔽罪邢侯。邢侯怒,杀叔鱼与雍子于朝。宣子问其罪于叔向。叔向曰:"三人同罪,施生戮死可也。雍子自知其罪,而赂以买直,鲋[fù](即叔鱼)也鬻[yù]狱,邢侯专杀,其罪一也。己恶而掠美为昏,贪以败官为墨,杀人不忌为贼。《夏书》曰:'昏、墨、贼,杀。'皋陶之刑也。请从之。"乃施邢侯而尸雍子与叔鱼于市。

▶ **一、夏朝历史简介**

夏部落最先主要活动在今河南嵩山一带,之后向西、向东分别发展。在夏朝成立前,部落联盟酋长因频繁战争,强化了其权威,与之相伴随的,便是逐渐确立了刑罚。据说大禹曾在会稽山召集各氏族部落,防风氏因迟到被大

---

① 参见杨一凡(主编):《新编中国法制史》,社会科学文献出版社2005年版,第31—32页。

禹杀掉。约公元前21世纪,据说禹凭着治水成功,奠定了夏部落在中原文化区的核心地位。禹死后,他的儿子启破坏了尧、舜时期遗留下来的禅让惯例,自己继承了父亲的职位。当时,另一个部落有扈氏对启的做法不满,拒不服从。夏启便发兵征伐有扈氏,大战于甘,有扈氏战败。这次战争的胜利奠定了夏政权的基础。从此,王位世袭制代替禅让制,夏由一个部落的名称成为国名,为中国历史上第一个王朝。自禹到夏桀[jié],总共传十四世、十七个王,前后经历约四百多年。夏最后一个王桀骄奢淫逸,挥霍无度,老百姓咒骂他是暴君。这时东边的商部族领袖商汤以"天命"为号召,发动大家进攻夏,以执行上天意志。夏在鸣条(今河南商丘东)被击败,一个强大的王朝历经四百余年历史,就这样被小部落所灭。这起政治事件引起时人思考。《诗经·大雅》提出了"殷鉴不远,在夏后之世"的告诫,意思是说夏的灭亡,就是殷的前车之鉴。

二、夏的法制简况

(一)"夏有乱政,而作禹刑"

《左传·昭公六年》说:"夏有乱政,而作禹刑。"后人大多将"禹刑"作为夏朝法律的总称,但有关夏朝的历史文献极为少见,禹刑具体内容更是无从知晓。当时司法官员,中央的称为"大理",地方上的称为"士"或"理",由于文献限制,细节一无所知。

(二)夏刑三千条的传说

西汉初期《尚书大传》说夏刑有三千条,这可能是夏代判处各种刑罚的案件数目。由于夏甚至包括商的法律文献留下来的很有限,这种说法是一种推测。此外,据说夏代已经有了监狱,当时称为圜[yuán]土或夏台。《史记》称夏桀曾将商汤囚禁于夏台,但详细的情况不明。对今人而言,夏的法制像谜一般。

据后人追述,夏朝已经有许多刑罚,但详情难以确定。此外,在公元前528年,晋国邢侯与雍子因田界划分问题发生纠纷,久讼未决。叔鱼受命审理该案。判定雍子有过错。于是雍子"纳其女于叔鱼,叔鱼蔽罪邢侯。邢侯怒,杀叔鱼与雍子于朝"。韩宣子问叔向如何处理邢侯。叔向说:"三人同罪,施生戮死可也。"理由是:"雍子自知其罪",却以女色贿赂审判人员,审判人员受贿而枉法裁决,"邢侯专杀"也是有罪。[①] 这个可能是中国最早记载"性贿赂"的案件,无意中透露了夏代法律的一个侧面——夏朝要处以死刑的罪行至少

---

① 相关注释参见杨伯峻:《春秋左传校注》(四),中华书局1981年版,第1366—1367页。

有：昏，自己做了坏事而窃取别人的美名；墨，贪得无厌，败坏官纪；贼，肆无忌惮地杀人。那么，叔向引用一千多年前夏朝的法制为依据，说明当时法律公开尚未完全成为风尚，司法审判不是基于预先设定的规范为依据，之前时期遗留下来的、贵族集团内部所掌握的某些旧法、判例成为他们审判时临时参考的对象。

三、商代历史简介

商部落起初生活在夏人势力之下，活动范围在黄河下游（今河南商丘一带）。约在公元前 16 世纪，在首领汤的率领下，这个部落灭了夏，建立商朝。商朝活动地域和影响远超过夏代。商代大量的甲骨文等考古文献，为今人了解商的法制往事提供难得资料。商朝初建都于亳[bó]（今河南商丘），最后定都于殷（今河南安阳），自太乙（汤）至帝辛（纣），共传十七世、三十一王，前后约五百多年。商汤立国后至盘庚迁殷前，曾屡次迁都。王室内部多次发生争夺王位的斗争。到商王帝辛（也即商纣王）时期，商纣王和夏的末代之王一样荒淫残暴。约在公元前 1027 年，商在牧野之战中，被周部落首领周武王一举击败，商灭。

四、商的神权法思想

商朝法制中首先值得关注的是他们的神权法思想。与夏统治者类似，商王把一切政治与法律活动都说成是听命于天帝或祖先神灵而为之。在商人的传说中，他们的始祖契即是上天命燕子所生。当时从较原始的氏族部落社会进入文明国家阶段不久，先民对社会与自然的认知水平比较低，长期浸润在对自然界与祖先神灵的崇拜中。因此，商朝人极端迷信神，商王祭祀、征伐、打猎、风雨阴晴等大小活动都要通过占卜决定。出土的甲骨文就是商后期占卜的记录。后人曾追忆他们"殷人尊神，率民以事神"（《礼记·表记》）。听命于神是商朝法制基本特点。统治者从君权神授出发，认为其讨罚罪人是奉行上天意志行事，也就是说"恭行天罚"，以加强神圣性与权威性。商王发布的各种政治性文件（当时称为命、诰、誓等等）中都有体现。比如，商汤与夏桀大战于鸣条之野，作《汤誓》称："有夏多罪，天命殛之。……夏氏有罪，予畏上帝，不敢不正……尔尚辅予一人，致天之罚，予其大赉[lài]汝！"商王把自己的统治行为说成是受天命而为之，君权神授，代表上天意志统治民众、征伐敌人和惩罚罪犯，按照他们"专业术语"的说法，就是"天讨""天罚"。商王信奉鬼神，托神意审判，卜者也参与司法，实行神判。

五、商的主要法律

（一）秘密法

《左传·昭公六年》曾记载"商有乱政，而作汤刑"。但是《汤刑》具体内容是什么，今无从知晓，当时应该没有公布，大致被认为是一种秘密法。

（二）惩治"不从誓言"罪

商汤与夏作战时曾作《汤誓》，对不从誓言的（违背王命）重要罪犯要处以孥戮之刑，即诛及罪犯本人及妻子、儿女（另外一种观点认为是将罪犯及妻子儿女作为奴隶）。盘庚迁殷时对不服从者声称"我乃劓[yì]殄[tiǎn]灭之"。这两者的"不从誓言罪"实质都是惩治不服从最高统治者命令的罪犯，明显具有早期军事法令的特征。

（三）五刑

商代有五种常见的刑罚。其一为黥[qíng]刑，也叫墨刑，先在罪犯脸上刺刻，后涂以墨色的刑罚。其二为劓刑，此字从"刀"从"自"，"自"初始本意指鼻子，劓就是切割鼻子的刑罚。其三为刖刑（又称剕[fèi]刑），为锯掉罪犯脚的刑罚。《国语·鲁语》韦昭注："割劓用刀，断截用锯。"说的正是执行这两种刑罚时所使用的刑具。其四是宫刑，这是去除生殖器的刑罚。此刑男女有别，男子一般是切掉生殖器，女子淫乱，置于宫中不得外出。此刑之所以叫宫刑，大概是因为内宫皆是女子，因此服侍之人都为阉人。也因为这些被阉之人近于内宫，此刑遂被称为宫刑。其五是大辟，即砍掉罪犯的头。

商代一些残酷的死刑执行方式与暴君恣意虐杀无辜有关。比如死刑中的醢[hǎi]是把罪犯捣成肉酱，脯[fǔ]是把罪犯杀死后晒成肉干。《史记》卷三《殷本纪》记载九侯为了讨好商纣王，将其女"入之纣。九侯女不喜淫，纣怒，杀之，而醢九侯。鄂侯争之强，辩之疾，并脯鄂侯"。在商的末期，商纣王使用的酷刑还有炮烙（又作"格"）刑，将铜柱置于火上烧红，令罪犯行走其上，疼痛难忍，堕入火中烧死。

（四）婚姻与继承制度

商代后期民众间一般是一夫一妻，贵族除了正式的配偶（妻），还有许多非正式的配偶（妾），如武丁，除了妻以外还有数十名妾。商代王位继承开始实施的是传子制与兄终弟及并行。商朝后期渐改为嫡长子继承制。兄终弟及制大致是因为权力由男系氏族共有所致。但是该制度容易导致叔伯兄弟之间为王位而相互争立，受宗法制发展影响，商代后来的四个王均实现嫡长子继承制，以断绝政局动荡。该制度后来为周代继承，得到发扬光大。

（五）早期监狱

商朝末期，周文王曾被商纣王关押在羑[yǒu]里，此处或许是当时中央的监狱。从甲骨文中，可以看到商朝其他地方也设有监狱。甲骨文中代表监狱的"圉"字前面加以地名，或许是设在全国各地的监狱，当时监狱又称为圜土，并以桎梏一类的刑具拘于罪犯两腕。殷墟曾出土类似形象的陶俑。上古时期与监狱有关的古文字有"执""圉"等。"执"字似一人双手被械具紧系。"圉"字为"执"字加一囗，会意字，是将人械系后关入监狱的意思。圄就是囹圄，《说文》这样解释："圉，囹圄，所以拘罪人也。"①

第三节　西周的法律制度

◆ 预读文献与思考

1. 以下故事发生在春秋末期，若以西周的礼为标准，则楚国违背了何种礼？

《晏子春秋·内篇杂下》记载：晏子使楚。楚人以晏子短，为小门于大门之侧而延晏子。晏子不入，曰："使狗国者，从狗门入。今臣使楚，不当从此门入。"傧[bīn]者更道，从大门入。见楚王。王曰："齐无人耶，使子为使？"晏子对曰："齐之临淄三百闾[lǘ]，张袂成阴，挥汗成雨，比肩继踵而在，何为无人！"王曰："然则何为使子？"晏子对曰："齐命使，各有所主。其贤者使使贤主，不肖者使使不肖主。婴最不肖，故宜使楚矣！"

2. 以下文献反映西周结婚或离婚的要件包括哪些？

《诗经·卫风·氓》："氓[méng]之蚩蚩，抱布贸丝。匪来贸丝，来即我谋。送子涉淇，至于顿丘。匪我愆期，子无良媒。将子无怒，秋以为期。乘彼垝[guǐ]垣[yuán]，以望复关。不见复关，泣涕涟涟。既见复关，载笑载言。尔卜尔筮，体无咎言。以尔车来，以我贿迁。……"

《诗经·豳[bīn]风·伐柯》："伐柯如何？匪斧不克；娶妻如何？匪媒不得。"

《诗经·齐风·南山》："取妻如之何？必告父母。"

《仪礼·昏义》："昏礼者，合二姓之好，上以事宗庙，而下以继后世也，故君子重之，是以昏礼，纳采、问名、纳吉、纳征、请期，皆主人筵[yán]于庙，而拜迎于门外，入揖让而升，听命于庙，所以敬慎重正昏礼也。"

---

① 执、圉的解释，本书参见南玉泉：《古文字中所见狱讼、刑名考》，载杨一凡（总主编）：《中国法制史考证》（乙编第二卷），中国社会科学出版社2003年版。

《礼记·内则》:"子甚宜其妻,父母不说(悦),出;子不宜其妻,父母曰:'是善事我,子行夫妇之道焉,身没不衰。'"

3. 以下文献反映西周的刑事政策有何特征？

《汉书·刑法志》:"昔周之法,建三典以刑邦国,诘[jié]四方:一曰,刑新邦用轻典;二曰,刑平邦用中典;三曰,刑乱邦用重典。五刑:墨罪五百,劓罪五百,宫罪五百,剕罪五百,杀罪五百,所谓刑平邦用中典者也。"

▶ 一、西周历史简介

周起先是古老的农业部落,主要活动于陕西渭水中游以北一带,后来部落首领古公亶[dǎn]父率众迁到陕西扶风岐山下的周原。商朝末年,政治腐败与内外矛盾空前尖锐,为周部落崛起提供良机。部落首领周武王出兵伐商。公元前11世纪,周武王联合许多部落,在牧野(今河南新乡)彻底击败商军,建立周朝。周朝前期一直以今陕西省西安市附近的丰、镐[gǎo]为都城,位于东周都城洛邑(今河南洛阳)西边,历史上称之为西周。从周武王至犬戎攻杀周幽王止,西周共传十一王,历两百多年。

周武王死后,继位的成王年幼,由周公代为摄政。贵族管叔、蔡叔对周公不满,在外传播说周公意在谋取天子之位。不仅如此,商纣王后裔武庚与管叔、蔡叔勾结,并联合东方一些部落发动叛乱。周公经过三年东征,杀武庚和管叔,囚禁蔡叔,平定叛乱,谣言止于征伐！东征胜利使周王朝的统治巩固下来。周公采用分封亲戚、以藩屏周的政策,把他的同姓贵族和功臣谋士分封到各地,建立诸侯国,以拱卫中央的周王室。西周自共王之后,日益衰落。到第十代君主周厉王时,暴政迭起。这位没有什么政治远见的周天子为增加收入,把山林川泽据为己有,不许都城及其近郊的居民上山砍柴、打猎,禁止民众议论国事。公元前841年,国人愤然起而暴动,把王宫里的厉王赶走。厉王逃到彘[zhì](今山西霍县),镐京一时没有天子,由共伯和代行天子事,史称"共和"。共和元年,即公元前841年,也是中国历史有确切纪年的开始。

周宣王继位,吸取教训,政局方有所好转。但宣王死后,来了荒淫无道的周幽王。他宠幸妃子褒[bāo]姒[sì],为博美人一笑,把重大政治行为当做搞笑活动——带着褒姒登上骊山,下令点燃烽火。一时间,狼烟四起,烽火冲天,各地诸侯以为周王室有警,纷纷带兵兼程赶来,诸侯们来到烽火台下,却不见敌兵,只见幽王和褒姒在那里饮酒作乐。褒姒看到诸侯大军被戏弄的狼狈相,难得地开怀大笑。这就是历史上著名的周幽王"烽火戏诸侯"。周幽王诸如此类不知死活的政举令贵族、百姓愈加失望。

公元前771年,贵族申侯联合一些诸侯国及少数民族犬戎进攻镐京。幽王再燃烽火告急，但这一次的"狼来了"没有再引起各地诸侯重视，无人出兵。不久，镐京被攻破，幽王被杀于骊山脚下，西周至此灭亡。一些男人信奉"红颜祸水"论，还不如说魔由心生来得真实些。继任者周平王迁都洛邑［yì］。自此，历史的列车开入东周。

▶ 二、西周政法思想的转变

西周统治者的政法思想与夏商时期相比，发生重大转变。他们从商代声称以"天讨""天罚"的名义征伐敌人、惩罚罪犯，转变到"以德配天""明德慎罚"。这种法律思想的转化对后世亦产生了重大影响。

为什么西周时期法律思想发生这种变化？西周初期的统治者周公姬旦及周武王在思考：为什么夏与商这么强大的政权最后都先后被消灭？谁保佑了周取得天下？解答这个政治问题，一方面有助于为现政权在民众间确立正当性，另一方面有助于为他们接下来的统治及长治久安奠定思想与策略上的基础。经长期思考，周人认为夏商政权的领导人因为不敬德，天不保佑他，天命坠落，而周文王、武王则积德行仁，为天命、民心所归。因此他们认为"天命靡常"，"上天"只把统治人间的"天命"交给有"德"者，一旦统治者"失德"，就失去上天庇护，新的有德者将应运而生，取而代之。因此统治者应该"以德配天"才能保住天命。这种看法解决了商汤为什么可以伐桀，武王可以伐纣的问题。要"明德"就要克制自己的欲望，关心民间疾苦，在重视天帝、鬼神的同时，还要重视民事。

具体而言，德有三个要求：敬天、敬宗、保民。西周初期的统治者以"敬德保民"总政策，在宗法制和礼治原则的基础上，以"亲亲""尊尊"为法制指导思想，即亲爱其亲者，尊重其尊者。"亲亲"随亲爱主体与被爱对象血缘关系的疏远而递减，最亲的人为自己的父亲，故"亲亲父为首"。"亲亲"致力于维护家族秩序。"尊尊"的程度因不同人社会地位高低而变化，其中最尊贵的人莫过于君，故"尊尊君为首"。"尊尊"致力于维护社会的尊卑关系。"亲亲""尊尊"的原则强调至亲莫如父，至尊莫如君。子对父必须尽孝，臣对君必须尽忠。行孝以维护父的权威，尽忠以维护君的权威。"亲亲""尊尊"把人们血缘关系同政治关系紧紧联结在一起。

上述思考在西周法律实践上，其表现是"明德慎罚"。"明德慎罚"政策要求统治者实行以德治国、推广道德教化，通过教化使人民臣服，在适用法律、实施刑罚时应该宽缓、谨慎，而不应一味严刑。这种礼刑结合且偏重礼、德的法制对后世影响巨大，比如孔子提出"为政以德"，以道德教育降低社会矛盾；西汉时期董仲舒提出的德主刑辅；唐初立法以德礼为政教之本、刑罚为政教之用;朱元璋时期推广的明刑弼教政策。

需要指出的是,上天实为人世间统治者虚构的最高权威,天意以及"以德配天"的具体内涵,是周公等人论证其政权正当性的解释。但事实上,天不可能说话,其意志实为人间统治者迎合自身需要作出的表述。统治者向虚构的上天负责,因此人世间的最高统治者事实上不必负担政治责任。不用承担实际义务与责任的最高权力必然趋于败坏,此为历代王朝无法摆脱的风险。这好比声称权力源于公众,掌权者要向公众负责。但在权力运作过程中,公众始终被高高供起,近似于虚构物,公众意志的具体内涵,由掌权者基于自己利益作出解释。这样,所谓对公众负责,实质上变成对掌权者自己利益负责。

三、宗法制度

宗法制主要是尊祖敬宗的制度。宗法制是以男性为中心、以血缘关系为纽带,在家庭或宗族中遵守的尊卑等级关系,旨在维护大家长或宗族长的权威。宗法制以诸如进入国家阶段之前的商、周这样的宗族部落形式为基础。在进入国家阶段后,宗法制与国家政权结合起来,诸如西周这样的国家组织形式,充分借鉴了宗族部落的组织形式。从血缘上来说,周天子相当于所受封各同姓诸侯王的大家长,称为大宗;从政权上而言,是全国最高统治者。商代王位父死子继、兄终弟及的继承方式中,以弟及为主,以子继为辅,诸子间没有嫡庶之别。弟及与子继可能并行,同一个时间点存在几位有资格的继承者,导致商代政权交接出现动荡。以此为教训,西周初期确立这种政治性身份以嫡长子继承制为原则,其具体内容为"立嫡以长不以贤,立子以贵(母贵)不以长"。王位继承必须是正妻所生的长子,无论其贤能与否;若妻无子,则立贵妾之子,无论其年长与否。这种制度的好处是某一个特定时间点,只可能存在一个有资格的继承者,有利政权平稳交接。

? 想想看

从历史经验考察,这种制度会带来什么不利因素?

周王为周族之王,自称天子,奉祀周族始祖,称"大宗",由嫡长子继承王位,其余庶子、庶兄弟封为诸侯,对天子是小宗,但在其管辖范围为大宗,是唯一的至高无上者。从卿大夫到士,职位也由嫡长子继承,其大宗、小宗关系与上相同。周天子把天下土地(除首都王畿[jī]以外)分封给兄弟、亲族、功臣为诸侯,诸侯之下为卿大夫,卿大夫之下为士。周的封邦建国相当于武装殖民,分封的诸侯及大夫等都是将少数外来的贵族政权建立在多数土著的被征服者上。诸侯受封的同时,还应向周天子承担贡纳、服役、代天子征伐、祭祀等勤王义务,另外还要定期亲自朝见天子(称为"朝")或派大夫来朝(称为"聘")。勤王和朝聘是诸侯王向周天子承担的义务,如不履行,周天子将因此兴师问罪。比如《孟子·告子章句下》就说:"一不朝,则贬其爵;再不朝,则削其地;三不朝,则六师移之(周天子派军队讨伐他)。"大宗、小宗既是血缘关系也是政治隶属关系,同时,对异姓有功的贵族则通过联姻成为甥舅,分封为诸侯,也纳入宗法关系。宗法制度是家国同构的典型表现。其关系如下图所示:

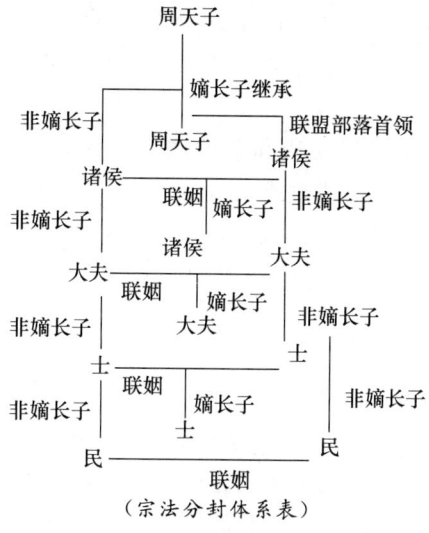

(宗法分封体系表)

因此,国家官员及各级地方官员的设立,是建立在任人唯亲的基础上,按血缘关系亲疏远近来确定。高级官员都由血缘关系较近的贵族担任。这些贵族世代相承,垄断官职。上一级官员对下一级而言就是大家长。家与国的组织结构相类——家族伦理观念(礼)与国家法律相结合,礼与刑相辅相成。在家亲亲父为首,在国尊尊君为大。亲亲与尊尊成为当时的重要原则。

四、西周主要法律形式

(一)"吕刑"

吕刑是吕侯(又作甫侯)应周穆王之命所作,其基本精神在于贯彻西周初年提出的"明德慎罚"的法制指导思想。《尚书》的《吕刑》篇是这次法律改革的纪录。《吕刑》表明,周天子所确立的并非行为规范,而只是具体刑罚及其运用原则,其所提出的"惟良折狱",也即选择合适的贤良长者是作出恰当判决前提。贤良长者的职责,主要是考察破坏社会秩序的行为,并选择相应刑罚。至春秋为止,不存在统一的成文法典,也不存在普遍的行为规范体系文本。各种法律形式主要表现为单个罪名,它是官员在具体个案上所作的规范解释,或者是历史上流传下来的判例,其预后的效力则有赖于这种贤良长者的重新解释。传统的做法是:每次审判时依靠贤良长者,而非先定的行为规范文本(或者有也仅限职业官吏独享,秘不示人),来决定案件及其刑罚。① 春秋时期叔向在批评子产时所说的"先王议事以制,不为刑辟",表达的就是这种现象。

(二)"九刑"

《左传·昭公六年》记载:"周有乱政,而作九刑。"说明西周出现了立法创制活动,但不是公开的,也不一定是系统及成文的。有人认为"九刑"是刑书九篇,但具体内容并不明确。

此外,古人将夏、商与周立法和乱政联系起来,表达了对法律的负面看法:法律(刑罚)越来越多,是乱政或末世标志。《老子》也说"法令滋彰,盗贼多有"。反过来,盛世不应有法律或法律很少,这叫"几于刑措之风",即刑罚搁置一边不用。

▶ 五、周礼及其与刑的关系

(一)礼调节和规范的对象

周礼的发展已超出原初宗教礼仪范围,成为国家行政、军事、宗教、教育及家庭生活等无所不包的国家制度与正统文化体系。

《礼记·礼器》说:先王立礼有本有文。礼的抽象精神原则(本)包括忠、孝、节、义、仁等等,这些大致属于道德范围,也即亲亲、尊尊。礼仪形式也有外在的具体规范内容(文),当时有"五礼"之说,包括吉礼,用于祭祀;嘉礼,用于冠婚;宾礼,用于迎宾;军礼,用于行军作战;凶礼,用于丧葬。这五礼中,有的普通民众用不上,比如庶民没有专门祭祀祖先的庙,谈不上行吉礼,宾礼亦是如此。礼由西周初期执政者周公整理("制礼作乐"),代表周朝制定的,具有规范性、国家意志性和强制性。周礼本质上是宗法等级名分,用以划分人们尊卑贵贱等级的依据,构成西周不成文法律体系中最重要部分,具有法的性质。为配合各种礼仪,当时还编制各种相配合的乐舞,使用于社交宴享、国家祭祀和朝会等重大典礼。

(二)周礼与刑的关系

刑一开始是战争中使用的刑罚,后来成为与刑罚密切相关的刑事法律。

---

① "惟良折狱",参见陈晓枫:《惟良折狱及其迁延》,载霍存福等(主编):《中国法律传统与法律精神》,山东人民出版社2010年版,第417—418页。

夏商以来几乎所有违法行为都可能招致刑罚。礼是主动的规范,要求行为人去遵守其内容;刑是消极的处罚。因此,礼从正面主动提出要求,刑则惩罚悖礼的行为人。礼禁止的行为将为刑所不容,也即《汉书·陈宠传》所说的:"礼之所去,刑之所取,失礼则入刑,相为表里""出礼则入刑"。刑是礼的补充,礼以刑的强制力为后盾。刑是为了有效维护礼的各项规定。刑的制定、执行又必须贯彻礼的原则。所以西周时期对各种罪行、恶行的判定,主要依据礼的精神原则和礼仪规范,比如"不孝""杀越人于货"罪等。

礼维护与确立身份制度。每个人因为其在社会网络中身份地位的差异,国家所给予的相应社会资格与待遇各有不同。在西周,礼主要适用于本族贵族,刑则用以治理归化的贱族。《礼记·曲礼上》说:"礼不下庶人,刑不上大夫。"天子诸侯、大夫与平民各有与其身份地位相对应的礼,不能以下凌上,僭越礼制。诸如宫室之礼平头百姓不能使用。

贵族与百姓处刑时有差异,贵族处以死刑通常是秘密执行,大夫以上的贵族官员犯罪,可以获得不同程度的减轻或免除处罚。在诉讼上也有一系列特权,比如"命夫命妇不躬坐狱讼",即大夫及其妻子涉讼,由其家属子弟代往。这些人都属贵族内部成员,不同程度总有一定的血缘关系,为了在广大被统治者面前保持贵族作为一个整体的尊严,不宜让他们像平民一样当众受罚,公开受刑或终身带着曾受刑的标记。类似制度在《左传·僖[xī]公二十八年》也有记载:僖公二十八年(公元前 632 年),元咺[xuǎn]在晋国起诉卫侯,因卫侯为君,元咺为臣,周襄王派来的审判官王子虎认为国君和臣下不能直接对理争讼,卫侯遂派人代理出庭。最后卫侯败诉,其辩护人士荣被处死刑,代理人针庄子被处刖刑。当然,不能将"刑不上大夫"看得过于绝对,一旦贵族成员实施谋反、篡逆等威胁最高统治者的犯罪,也无法免刑,比如前述管叔、蔡叔。

▶ 六、主要刑事法律制度

(一)主要罪名

现存最古老的完整法典当属《唐律》,之前的法典皆于岁月长河中散失。因此,西周刑事法律中的罪名,目前主要散见于各类史书的零散记载中。这主要包括如下几种:不孝不友罪,指不善待父母、不与兄弟友好之罪,其目的为禁止严重伤害父母之心、弟不恭事其兄、兄不友善于弟的行为。

犯王命罪,违犯王命者必处死刑,以保证天子命令得到执行,这实质上与夏、商时期的违背誓言罪等同。

疑惑众人罪,此罪目的为禁止人们以不遵守主流政治思想的各种思想言论、淫声、奇装异服及怪异的技艺、器械等疑惑众人。《礼记·王制》记载周代"行伪而坚,言伪而辩,学非而博,顺非而泽,以疑众,杀"。《荀子·宥坐》记载少正卯为春秋时期鲁国大夫。孔子代理鲁相后,即以"心达而险"(知识渊博而用心险恶)、"行辟而坚"(行为邪僻而不知悔改)、"言伪而辩"(强词夺理且善于狡辩)、"记丑而博"(刻意关注社会的阴暗面)、"顺非而泽"(不纠正错误言行且加以修饰维护)五条罪状,处死了少正卯。孔子把周礼作为行动的标准与法律依据,惩处违背礼的各种言论、思想及行动而惑乱百姓的少正卯。他还认为处死少正卯与周公诛管叔的本质一样。

群饮罪,西周吸取商代官员酗酒而亡的教训,禁止官员群饮酒。除此之外还有弑君之罪;杀越人于货,也即抢劫杀人,等等。

(二)主要刑罚

五刑为商代传承下来的刑罚:墨刑、劓刑、刖刑、宫刑、大辟。大辟即死刑,当时凡杀人者处死后暴尸三日。当时还存在杖刑、鞭刑。文献曾记载西周罪刑有2500条或3000条,但当时是否真的有这么多不能完全确定。早期的罪与刑罚不完全对应,因此,到春秋时期还有人回忆先王"议事以制、不为刑辟"。

赎刑据说夏代就有,西周断罪有疑问,可依所疑之罪,罚以数额不等的锾[huán]收赎,如墨罪赎铜百锾(相当于六百两),大辟赎铜千锾。后世收赎的对象包括过失、老少、废、疾等罪犯。

七、主要刑罚原则与刑事政策

西周的刑罚原则体恤老幼,反映"尊尊""亲亲"的思想。文献记载西周有"三赦之法""三宥之法""三刺之法"。这些刑罚原则与亲亲、恤幼的礼治精神对应,也影响了后世法律。这包括:

(1)老幼蠢愚犯罪赦免刑罚,七岁以下的幼童、八十岁以上的老人和白痴呆傻犯罪,可以赦免,此为"三赦之法"。这种制度对后代法制有所影响,如汉代存在减免老人的刑罚之制。

(2)区分故意、过失、惯犯、偶犯。康叔受封为王时,周公代表周成王作《康诰》,告诫他在治理民众时,应区分过失等情况,并根据这些情况相应处理。《周礼·秋官》具体提到对三类人应该宽宥,包括过失,无意中犯罪的人;弗识,因为不知法或没有弄清复仇对象而犯罪的人;遗忘。这称为"三宥之法"。说明当时的人注意到罪犯主观状态与定罪量刑之间的关系。

(3)罪疑从轻、罪疑从赦。文献记载统治"与其杀无辜,宁失不经",也就是说处理疑难案件,与其错杀无辜,不如从宽不依常法。据说该原则源自舜帝的刑官皋陶,并为西周发扬。《周礼》提到罪疑从赦,重大及疑难案件,实施"三刺之法",也即先后向群臣、群吏、万民征求杀还是不杀的意见。这种召集众人寻求解决案件的做法,在后代也有类似痕迹。比如《新唐书·刑法志》说:"天下疑狱谳[yàn],大理寺不能决,尚书省众议之。"明代会审、清代九卿会审有类似之处(参见第六章第二节)。

文献记载当时刑事政策特点是"刑罚世轻世重",也就是说依据时势、国家政治情况、社会环境等因素的变化,决定刑罚宽严与轻重。当时具体标准是:治理新国,用轻典,因为新开辟的国土,其人未习于教化,故用轻刑;治理承平守成之国,用一般的刑法;治理那种篡夺、叛逆的乱国,要用重刑。"三典三国"理论与后代一些统治者的治理方式存在相似性,尽管难以证明后来的统治者受此影响。比如,北宋"重法地法",明朝朱元璋"重典治国"。

八、民事管理法制

西周涉及民事管理方面的法律很广,如财产权利、债务、买卖行为、赠予等,结合现存史籍和近年出土的西周文物与考古发掘,还能看到一些法律片断。西周乃至清代以前,虽然不存在如近代以来西方那种民法,但是,治民者同样需要调整和管理百姓的各种民事行为。

(一)土地权利归属与分化

周的土地在理念和法律观念上全属于周王,《诗·小雅·北山》有一句对后代影响深远的话可以概括这一点:"溥天之下,莫非王土;率土之滨,莫非王臣。"周天子通过"授民授疆土",分别赐给各诸侯土地及地上人民。周天子与诸侯的利益与义务关系依此确定下来。诸侯以下土地由嫡长子(卿大夫)继承,不得买卖。周天子在理论上对土地、诸侯有最终的控制权力。西周中期以后,周天子对诸侯控制弱化,对土地的控制权存在于理念,此时出现了土地转让和出租的记载,这是对土地不得买卖的突破。比如,周厉王时期的青铜器刻录的铭文说明,攸[yōu]卫牧承租他人土地后,因不交付租金引起争讼。最后官吏判决出租人胜诉,命攸卫牧发誓:如果不把全部租金交给出租人,则将处以流放。后来,诸侯开始相互掠夺土地,到春秋时期,诸侯国间的兼并战争大量爆发。

(二)契约形式

买卖契约依据标的物的不同使用不同的契约形式,分别称为质和剂。《周礼》记载,质是买卖奴隶、牛马所使用的较长的契卷;剂是买卖兵器、珍异之物使用的短卷。质、剂是一式两份,与此不同,作为借贷契约的傅别则是分而别之。傅为债券,一分为二,中间大写一字后分开("别")。将来若发生债务纠纷,傅别可作为重要的证据。

受此影响,至明清、民国时期,合同文书中多有"半书"形式。这种骑缝半书的文字内容各有不同,多为"合同分书""合同一样二纸各收一纸""同气连根""骑样三张""分关各执一张""合同执照""合同大吉兴隆"等等。其作用在于保证各份文书内容相同,以加强契约文书勘合证据效力。

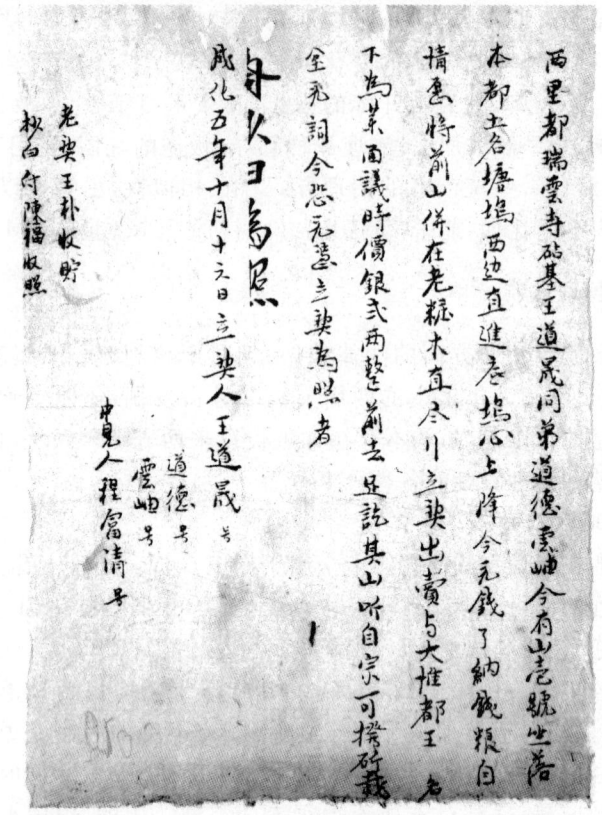

("明成化五年(1469)王道晟卖山契",田涛教授藏,其中有醒目的半书"合同××为照"。注意,此处的"合同"二字为合成字。)

(三) 婚姻制度

1. 婚配的要件及原因

《左传·僖公二十三年》有这样的话:"男女同姓,其生不蕃[fān]"。中国古人据其家庭生活经历,摸索出同姓相婚影响后代正常发育,因此倡导同姓不婚。姓在早期主要承担着婚姻功能,用于界定是否适合联姻。如果买来的妾不知其姓,则通过占卜方式决定。婚姻可加强与异姓贵族的联系。周代实行一夫一妻多妾制度:正妻只能有一个,其所生子称为嫡系;妾无数量限制,其所生子称为庶出。与此不同,古希伯来人法律则规定一夫一妻制,即便是国王也不得纳妾。① 这影响了后来的基督教及当代许多国家的婚姻制度。

西周时人结婚贯穿父母之命、媒妁之言,婚姻由父母来主持、决定,尤其是父亲意见至高无上,并且经由媒人穿梭于男女双方进行婚前沟通。以今天标准来看,父母之命、媒妁之言相当不合理,泯灭双方当事人自由意志。但这种今日看起来很不合理的制度,从那时起存在几千年之久,甚至在当代中国某些偏远农村依旧存在。对这种制度不应简单地以今天的标准批评其封建、落后,而应认真思考为何这些看似不合理的制度,能存在几千年,且具有广泛而普遍的约束力? 可以断定的是,当时社会存在支撑此种制度产生和延续的社会因素,使这种制度长期存在。具体到"父母之命、媒妁之言",其与社会的密切关联会是什么呢?

"父母之命"一方面是传统社会家长制和父家长权力的显示。另一方面的原因在于,如学者指出,与今天相比,中国古人寿命较短,平均大约在35—40岁,因此,为了确保一个人死亡前将小孩抚养成人,就必须在15、16岁(甚至更早)结婚。比如,汉代大多数女子都是在13到16岁之间结婚的。② 结婚早,则男女双方身体尚未充分发育,尚不完全懂得儿女私情。这个时候他们往往需要父母来为之作出选择。通常而言,父母为子女选择配偶与子女自己选择对象相比,更为理性、现实,后者的选择往往更为感性,甚至基于某种说不清道不明的冲动(就像电影《大话西游》中的经典台词:"爱上一个人需要理由吗?""不需要吗?"),或由于年龄太小不知如何选择配偶。因此,父母的选择标准虽未必是理想的,却通常是更实用的,因为父母趋向于为子女选择更健康的、更富有的对象,更有助于维护家族血脉正常延续及维持生计。以上当是父母之命制度长期存在的社会因素。③

想想看

《红楼梦》中的贾宝玉、林黛玉以及贾母的不同择偶标准,是否能印证上述问题?

那么为何需要媒妁之言呢? 早期男、女活动范围有限,"所谓伊人,在水一方"。年青男性除了认识其女性亲属外,少有机会接触其他不同姓的异性。

---

① 参见由嵘(主编):《外国法制史》,北京大学出版社1992年版,第18页。
② 参见瞿同祖:《汉代社会结构》,邱立波译,上海人民出版社2007年版,第41页。
③ "父母之命"的解释,部分参考苏力:《语境论——一种法律制度研究方法的构建》,载《中外法学》2000年第1期。

所以古时男女双方一见,易视对方为天人。古典文学中经常有惊为天仙、一见钟情的记载,如《西厢记》《天仙配》和《聊斋志异》等。因此,媒妁之言成为结婚的重要条件,是沟通男女双方信息的重要桥梁。同时,当因婚姻行为而出现纠纷,或者引发诉讼时,媒人是证明婚姻行为程序合法的主要见证人。

婚姻成立还必须遵循"六礼",也即先后经过纳采、问名、纳吉、纳徵、请期、亲迎六道程序。具体而言,媒人受男家委托,备好彩礼至女方家提亲(纳采);女家接受彩礼后,男方委托媒人询问女方生辰八字,卜于宗庙,以定凶吉(问名);男家占卜得吉后,告知女方决定订婚(纳吉);男方送聘礼(鹿皮)到女家,为订婚凭证、制作婚书(纳徵或纳币);男方选好良辰吉日为婚期,并通知女家商请(请期);在婚期男方至女家迎娶(亲迎)。至南宋,结婚六礼被简化成三礼:纳采、纳币、亲迎,并沿用到清末。

在这种主要由父母包办的婚姻中,彩礼显得非常重要,六礼较便于贵族施行,普通民众难以一一遵循。

2. 离婚的条件

有人结婚,有人离婚。对后者,当时有"七出"(或称"七去")、"三不去"的规定。"七出"是男性提出离婚的七个要件,具备其中之一,即可休妻,可见夫妻之间妻的依附与从属地位。婚姻首要目的是合两姓之好,婚姻作为纽带,延续血脉,联结两个家庭的友情。如果没有儿子,则下不能继后代,上不能事宗庙(祭祀祖先),不能实现这种目的的婚姻必须解除。"七出"首见于《大戴礼·本命》,书中给出了相应解释:"妇人七去:不顺父母,为其逆德也;无子,为其绝世也;淫,为其乱族也;妒,为其乱家也;有恶疾,为其不可与共粢[zī]盛也(不能在一起吃饭与生活);口多言,为其离家也;窃盗,为其反义也。"显然,此七出与夫妻感情破裂无关,与维持家族伦理、关系和睦及延续血脉等直接相关。古希伯来人的法律规定,离婚要件为不孝公婆、淫乱或无生育能力,与传统中国不同的是,古希伯来人男女双方均可主张离婚。①

"七出"对妻一方而言相当不利,作为一定补救,《大戴礼·本命》还记载:妻虽具有"七出"行为,但若有以下三个要件之一,亦不得被夫家所休(称为"三不去"):"有所取无所归",也就是休妻时妻已无娘家可回;"与更三年丧",说明此妇人甚孝,以此不忘恩;"先贫后富"不得休弃妇人,是为了不背德。西周的此类原则主要记录在《礼记》之类的儒家典籍,后来则被直接纳入法律。比如唐宋律规定,妻无七出及义绝而出之者,徒一年半。若有"三不去"而出妻,唐宋律规定杖一百。不过,就算妻有"三不去"事由但犯了义绝、淫佚、恶

---

① 参见由嵘(主编):《外国法制史》,北京大学出版社1992年版,第18页。

疾及犯奸,则仍然必须离婚。立法的目的无非是为了维护家族和谐、宗法伦理。

(四)继承制度

西周的王位继承制为嫡长子继承制,即政治身份(王位、爵位等)及大家长身份照此继承下来。其基本原则为"立嫡以长不以贤,立子以贵不以长"。王位的继承者是嫡长子,也即正妻所生的长子。若妻无子,则以身份最高贵的妾所生的儿子(又称为庶子)为王位继承人。与商代王位采取兄终弟及,导致政局动荡不安不同,西周这种继承制度是在自然中先天产生,而非由人指定,其好处在于有利平息争乱、政权平稳过渡。学者认为,这种制度本来是为天子诸侯的继承而设的,最后大夫的继承方式亦照搬沿用了。①

按照当时的礼法,父母在世时,子女不得有私财,也无权私自借与他人。因为财产及子女的人身皆统属于父母。

▶ 九、司法制度

(一)司法机构

宗法制原则决定周天子有国家最高统治权,也掌有最高司法权,重大案件和诸侯间的纠纷由周天子裁决,或由周天子指定审理,或由宗族内部高层贵族调解。周天子下设三公(即太保、太傅、太师,辅佐周天子,提供统治方法与经验)与六卿。六卿中的司寇掌管司法审判、打击暴乱、惩治奸人等职责。与商朝在中央设置司寇,接受王命掌司法行政,审理全国性重要狱讼案件类似,周朝亦设大司寇辅佐周王行使司法权,下设小司寇负责具体司法工作。商周时期的士、司寇既是军事长官也是司法长官,具有双重职能,文武分职主要发生在战国以后。西周中期以来,随着周王朝权力的衰微,其对诸侯国和地方政权的实际控制力减弱,周王丧失了实际上的司法控制权。上述官职均由贵族充任,如无重大过失,则父子世袭,官员以封地作为俸禄,时称"世卿世禄"制度。这一制度在春秋战国时期日趋崩溃。

(二)诉讼实践与"五听"技术

《周礼·秋官·司寇》写道:"以两造禁民讼,入束矢于朝,然后听之。以两剂禁民狱,入钧金,三日乃致于朝,然后听之。"东汉末年,儒学大师郑玄解释说:讼,是以财货相告。狱,是相告以罪名。则"讼"类似于今日民事案件;狱则类似于今日的刑事案件。争讼时双方当事人得交束矢(约一百支箭)。郑玄认为,这是用以表达自己如箭那般(正)直,不交的则表示自服不直。争

---

① 参见王国维:《观堂集林》卷一〇。

罪时双方当事人必须携带券书,递交钧金(三十斤铜,一钧相当于今天的十五斤),不交钧金的也表示自己承认不直。当时民事刑事诉讼似乎有初步差异。

但学者认为,周时无论民事争讼,还是刑案争辩,青铜铭文中都称为"讼"。狱、讼并非区分民、刑程序的标志。在传下来的文献中,狱、讼在东周以前相通,至少二者不能代表民、刑两种不同的诉讼程序。西周时的土田、财货之诉也有称为狱的。到了汉代,刑诉程序不见"讼"字,"狱"代表了刑事程序,当时涉及田债纠纷等经济类案件以"讼"相称。郑玄恰用汉代狱、讼的不同用法注解《周礼》。然而西周的诉讼制度远不如秦汉系统,当时的民、刑诉讼恐怕并没有区分。毕竟,在西周礼仪社会,"出礼入刑"使依礼断狱成为必然,民刑标准淡漠。①

《周礼·秋官·大司寇》还记载审讯中司法官员要对当事人察言观色,所采用的方法又称"以五声听狱讼",以获得案情真相。第一种叫辞听,观察当事人的语言表达,若是理曲者则语无伦次;第二种叫色听,观察当事人的面色,若是理曲者则面红耳赤;第三种叫气听,观察当事人的呼吸,理曲者则气喘吁吁;第四种叫耳听,观察当事人的双耳听觉,理曲者听觉迟钝;第五种叫目听,观察当事人的双眼,理曲者则双眼无光。

这种沿用几千年的"五听"制度,基于某些心理学上的经验而有合理性,对历代司法官员寻找案件破绽有一定帮助。其不足之处是"五听"的结果有时不确定。有学者认为,从五听对象来看,于一些大盗惯犯而言,进公堂如入其家,答话时心平气和,辞色皆不动。而一些善良老实、胆小怕事之人,即使襟怀坦白,但慑于公堂威严,反而可能面红气喘,这些都会误导审判人员的判断。②"五听"制度过于强调司法官利用察言观色,对证据作出判断,具有较大任意性和盲目性,易导致主观擅断,造成冤假错案。"五听"不仅要求司法官具有入木三分的观察能力,以捕捉当事人的每一细微表现,还要求司法官体察当地民情、熟悉当地风物以科学判断。在古代整个司法官群体素质不高的情况下,这一制度很难发挥积极作用。③"五听"主要是经验摸索,时人并不知其背后的科学原理。这如同宋朝宋慈的法医学名著《洗冤集录》,主要采自历代官员法医检验的经验摸索与积累,但缺乏学理支持,时间一长,就再难有突破性进展。

---

① 参考南玉泉:《狱讼程序辨析及告制探源》,载霍存福等(主编):《中国法律传统与法律精神》,山东人民出版社 2010 年版,第 178—186 页。
② 参见蒋铁初:《中国古代证人制度研究》,载《河南省政法管理干部学院学报》2001 年第 6 期。
③ 参见奚玮、吴小军:《中国古代"五听"制度述评》,载《中国刑事法杂志》2005 年第 2 期。

官员审理完毕后,就可以制作判决书(当时称"成劾"),向罪犯宣读判决(时称"读鞫"[jū])。罪人若不服,可以请求再审(又称"乞鞫")。读鞫与乞鞫制度也出现于汉朝。西周时期要求执行死刑应配合自然季节时宜。比如,《礼记·月令》说:"孟秋之月,……戮有罪,严断刑。仲冬之月,……斩杀必当。"后来的秋冬行刑制度即源自于此。为何法律的运作要和客观世界的自然现象产生联系呢?在汉代法制一章将探讨这一问题。

课后阅读文献

李力:《发掘本土的法律观:古文资料中的"礼"及"刑"、"法"、"律"字的法文化考察》,载《法律史论集》(第三卷),法律出版社 2000 年版。

张永和:《"灋"义探源》,载《法学研究》2005 年第 3 期。

以下适合有研究兴趣的读者

李力:《夏商法律研究中的若干问题》,载《法律史论集》(第一卷),法律出版社 1998 年版。

胡留元、冯卓慧:《夏商西周法制史》,商务印书馆 2006 年版。

武树臣:《中国法的源与流》,人民出版社 2013 年版。

谢维扬:《中国早期国家》,浙江人民出版社 1995 年版。

许倬云:《西周史》(增订本),生活·读书·新知三联书店 1994 年版。

杨宽:《先秦史十讲》,复旦大学出版社 2006 年版。

刘起釪:《古史续辩》,中国社会科学出版社 1991 年版。

刘海年、杨一凡(总主编):《中国珍稀法律典籍集成》(甲编第一册),科学出版社 1994 年版。

杨一凡、徐立志(主编):《历代判例判牍》(第一册),中国社会科学出版社 2005 年版。

课后深度思考题

传统中国由权力机构正式制定、调控社会的国家法典数量有限,大量社会行为,比如婚姻、家庭、继承、收养、服饰、居所规格、身份待遇等等主要由社会群体认可的礼调整,不直接反映在法律尤其是刑事法规中。结合下列论文论著中现代学者关于"法律与社会规范"的论述,思考传统时代的礼与法是否类似于现代社会规范与法律的关系?其间的各自功能是什么?法的制定是否应立基于礼或社会规范、否则可能出现何种负面社会效果?在传统时代没有法律调控的领域,礼如何发挥影响力、是否会存在某些欠缺或正面因素?在现代社会,有无必要把所有规范均纳入法律?或者法律应限定自身范围而非无所不包?

张维迎:法律与社会规范》,载氏著:《信息、信任与法律》(第 2 版),生活·读书·新知三联书店 2006 年。

Paul G. Mahoney and Chris William Sanchirico, "Norms, Repeated Games, and the Role of Law", 2003, *California Law Review*, Vol. 91: 1283—1329.

〔美〕罗伯特·C.埃里克森:《无需法律的秩序——邻人如何解决纠纷》,苏力(译),中国政法大学出版社2003年版。

〔美〕艾里克·A.波斯纳:《法律与社会规范》,沈明(译),中国政法大学出版社2004年版。

马小红:《礼与法:法的历史连接》,北京大学出版社2004年版。

第二章　法制公开化时期

学习重点：（1）成文法的公布及意义；(2)《法经》结构及历史影响；(3)战国时期变法活动；(4)秦的罪名与刑罚；(5)汉文帝肉刑改革。

第三章 公開講座問題

第一节　春秋战国的法制

◆ 预读文献与思考

1. 以下宋、楚泓[hóng]之战中,宋襄公为何失败?为何宋襄公固守自己的原则?他所说"古之为军"的做法,实际上遵守什么原则?

《左传·僖公二十二年》记载,宋公(即宋襄公)及楚人战于泓。宋人既成列(摆好阵列),楚人未既济(未过河)。司马曰:"彼众我寡,及其未既济也,请击之。"公曰:"不可!"既济而未成列,又以告。公曰:"未可!"既陈(楚军已摆好阵列)而后击之,宋师败绩。公伤股,门官歼焉。

国人皆咎(谴责)公。公曰:"君子不重伤(不再伤害已经受伤的敌人),不禽二毛(不捕捉年老有白发的敌人)。古之为军也,不以阻隘也(不因为己方先占据险要地形成钳制对方)。寡人虽亡国之馀[yú](我本是灭亡了的商朝的后人),不鼓不成列(不下令进攻没有排好阵势的敌人)。"

2. 下列文献反映不同派别人士对铸刑书的不同看法,他们争论的焦点是什么?为何会产生这些争论?

《左传·昭公六年》记载,六年,……三月,郑人铸刑书。叔向使诒子产书曰:"始吾有虞于子,今则已矣。昔先王议事以制(度量事之轻重,而据之断其罪),不为刑辟(不预先制定刑律),惧民之有争心也。犹不可禁御,是故闲之以义,纠之以政,行之以礼,守之以信,奉之以仁,制为禄位以劝其从,严断刑罚以威其淫。惧其未也,故诲之以忠,耸之以行,教之以务,使之以和,临之以敬,涖之以强,断之以刚。犹求圣哲之上,明察之官,忠信之长,慈惠之师,民于是乎可任使也,而不生祸乱。民知有辟,则不忌于上(民将依据法律,而对统治者不敬),并有争心,以征于书(人人都有相争之心,各自引刑律以为己证),而徼幸以成之,弗可为矣。夏有乱政而作《禹刑》,商有乱政而作《汤刑》,周有乱政而作《九刑》,三辟之兴,皆叔世也。今吾子相郑国,作封洫,立谤政,制参辟,铸刑书,将以靖民,不亦难乎?《诗》曰:'仪式刑文王之德,日靖四方。'又曰:'仪刑文王,万邦作孚。'如是,何辟之有?民知争端矣,将弃礼而征于书(征引刑书以争论)。锥刀之末(刑书中的每字每句),将尽争之。乱狱滋丰,贿赂并行,终子之世,郑其败乎?肸[xī](叔向)闻之,国将亡,必多制,其此之谓乎!"

《左传·昭公二十九年》记载,(子产)复书曰:"若吾子之言。侨(子产自称)不才,不能及子孙,吾以救世也。既不承命,敢忘大惠?"

仲尼曰:"晋其亡乎!失其度矣。夫晋国将守唐叔之所受法度,以经纬其民,卿大夫以序守之,民是以能尊其贵,贵是以能守其业。贵贱不愆,所谓度也。文公是以作执秩之官,为被庐之法,以为盟主。今弃是度也,而为刑鼎,民在鼎矣(民众察看鼎而知刑律的内容),何以尊贵(民众废弃礼而征引刑书,故不尊贵)?贵何业之守?贵贱无序,何以为国?且夫宣子之刑,夷之搜也,晋国之乱制也,若之何以为法?"蔡史墨曰:"范氏、中行氏其亡乎!中行寅为下卿,而干上令,擅作刑器,以为国法,是法奸也。又加范氏焉,易之,亡也。其及赵氏,赵孟(赵鞅)与焉。然不得已,若德,可以免(铸刑鼎本不是赵鞅本意,不得已而从之。若能修德则可以免祸)。"

3. 以下文献反映秦的家庭财产制深受商鞅分家令影响,试分析其与汉以后的家庭共有财产制有何显著区别?

秦律《法律答问》谓:"'夫有罪,妻先告,不收。'妻媵[shèng](通媵,即妾)臣妾、衣器当收不当?不当收。妻有罪以收,妻媵(媵)臣妾、衣器当收,且畀[bì](给与)夫?畀夫。"秦律《法律答问》谓:"父子同居,杀伤父臣妾、畜产及盗之,父已死,或告,勿听,是胃(谓)'家罪'。"①

一、权力下移与社会巨变

(一) 春秋战国的政局

东周自公元前 770 年周平王东迁洛邑到前 256 年被秦灭为止,共传 25 王,前后经历 515 年。东周又分两个时期,以周平王元年(公元前 770 年)到周敬王四十三年(公元前 477 年)为春秋时期,因孔子改编的鲁国历史《春秋》而得名;周元王元年(公元前 476 年)到东周灭亡(即周赧[nǎn]王五十九年,公元前 256 年)35 年后的秦始皇元年(公元前 221 年)为战国时期,因西汉刘向编《战国策》一书而得名。

春秋战国时期政局变化的重大特点是政治权力重心由天子下移到诸侯,由诸侯而降至卿大夫,由卿大夫而下移至士。和西周"龙生龙、凤生凤,老鼠的儿子会打洞"那种依靠血统决定身份待遇的方式不同,这个时期,诸如苏秦、吴起等这样的平民依凭向诸侯王兜售统治技术,获取高官厚禄,平步青云。正所谓:"学成文武艺,售于王侯家。"布衣一跃为高官,道明了历史的新趋势:在西周那种封邦建国的封建制时代结束后,固定身份制趋于打破,良民(贱民除外)可以依靠自己后天的努力改变职业,在士农工商中变动,这是在政治与经济上开放带来的激励(魏晋南北朝时期有点特殊)。西欧阶级社会

---

① 分别参见《睡虎地秦墓竹简》,文物出版社 1978 年版,第 224 页、197—198 页。

与此不同,奴隶与奴隶主、农奴与贵族、劳工与资本家一出生命运就基本不变,只有阶级革命才可彻底改变这一切。

西周时期周天子拥有"天下共主"的威权。平王东迁以后,周王室威权地位一落千丈,"天下共主"徒具虚名,基本失去控制诸侯的力量。由此,历史进入一个诸侯兼并、大国争霸的新时代。在礼崩乐坏和弱肉强食的丛林法则下,先后呈现春秋五霸与战国七雄。当然,缺乏一个强有力的中央,并不全意味着是坏事。春秋战国学者们在诸国间自由流动,自由论辩学术。一时间,百家争鸣,百花齐放。影响中国几千年的儒家与法家思想就产生于这个罕见的思想创新的黄金时代。

春秋时期,几百个小国逐渐归并为七个大国和它们周围的十几个小国。到战国开始,主要的诸侯国只剩下齐、楚、燕、韩、赵、魏、秦七国。为救亡图存,一些重要的诸侯国先后开展了变法运动,经历一百多年。新的集权行政制度取代封邦建国制,并在各诸侯国得到确立。其中,秦国的商鞅变法是一场比较彻底的政法改革(参见第二章第一节)。相比之下,楚国贵族势力非常强大,这使得吴起主导的楚国政法改革并不彻底,国大而不强。公元前246年,秦王嬴政(也就是后来的秦始皇)即位。他任用李斯等人以金钱收买六国权臣,打乱各国部署,连年发兵东征。从公元前230年秦国灭韩,至公元前221年灭齐,东方六国先后为秦统一。从此,中国建立起统一而专制的中央集权国家,开启历史新阶段。

(二)礼制的衰落

1. 封建制的先天弱点

西周宗法分封制的弱点至春秋时期逐渐暴露。按宗法制度原则,小宗为大宗的臣属,他们对大宗必须遵从,他的大宗同样又是更上一级领主的小宗,对其上级大宗也必须遵从。然而,这种分封制只层层服从自己的君主大宗,诸侯服从作为天下大宗的周天子的,蕴含着早先的统治者未曾预料到的弱点——臣属可以得到封土,进而建立自己的宗族政权,一旦受封,虽对大宗君主而言是小宗,但回到自己的小宗族中,作为本族的大宗宗子,就成了那里至高无上的王,在他的宗族里(也即封地),不得再有更高的势力。

这意味着实行宗法分封的君主在分封出去的这块土地上,反不如他的臣有权威。因为那个小宗宗族中的人并不臣属于他,而臣属于他的臣。以春秋时代卿大夫与诸侯关系为例。春秋时代,各国卿大夫是被诸侯国君按宗法分封的贵族。因此,卿大夫是以诸侯作为自己的大宗君主。然而,卿大夫意味着一个新的家族从诸侯公室宗族体系中分立出来。在这个新产生的宗族里,由卿大夫而非诸侯王对那里的全体族人及庶民拥有至高无上的权威。这些卿大夫宗族之人,也只把卿大夫当成自己的主人。他们只服从卿大夫,即自己的宗族长,除此之外,不臣属于任何其他人,哪怕是主人的直接上司——诸侯国君。也就是:我的主人的主人不是我的主人。

《左传·襄公二十五年》记载如下故事,齐国大夫崔杼[zhù]图谋害国君,他用计把齐庄公骗进了自己的住宅,然后派家臣去杀庄公。当崔氏家臣围住齐庄公时,庄公请求他们放掉自己。然而,面对一国中最高人物——国君的请求,崔氏家臣的回答令人吃惊:"君之臣杼疾,不能听命,近于公宫,陪臣取有淫者,不知二命。"我们的主人崔杼虽是你国君的臣属,负有听从公命的义务,但他现因有病不在这里,而我们则只能听从自己家族主人的命令。于是他们杀了齐庄公。再比如,《国语·晋语八》记载晋国卿大夫栾[luán]盈为国君所逐奔楚。当时晋国执政命令栾氏之臣都不要跟他走,明确宣布"从栾氏者大戮施"。但栾氏之臣齐俞却还是要走,被捕后,国君问他为什么胆敢犯国君的命令,齐俞干脆回答:大夫栾盈就是他应当为之效死尽忠的君主。

以上事例说明,宗法制度下,小宗之臣民可以不理睬大宗君主的命令,使作为臣子的下级领主有了不服从甚至反抗自己君主的实力,从而对上一级君主权力起到分散和削弱的作用。因此,在血缘宗法形式下的周代,其政治权力重心呈现出不断下移趋势。①

2. 僭越与礼的破坏

西周时期社会各阶层的身份固定,长幼、上下、尊卑和亲疏等关系以及与之相应的礼基本得到良好维持。到了春秋时代,这种阶层关系动摇了,直接促使礼制紊乱与衰落。礼原为治理本族的法律,刑乃是调整外族的规则。

春秋以后,贵族特权渐被侵夺,西周时归化的外族久经同化。礼、刑适用的对象逐渐不像往常那样泾渭分明。周天子原本君临天下,至尊无上。东周时天子已威风扫地,反而不断地如乞丐般向各方诸侯求车、求财。赋役本是诸侯对天子的重要义务,但是像楚、鲁这样的大国先后不纳赋役。诸侯按时期朝聘、述职本是礼制规定,但春秋初年除了晋、郑之外,其他诸侯已不朝周天子了。诸侯军制编列按规定为公侯三军、伯三军,只有周天子可以有六军,规制很严,晋本应只有三军,可后来竟为四军、五军,甚至达到六军。其他僭[jiàn]用天子礼仪行为的更多,如楚、吴、越、齐、秦等先后称王。齐、秦曾称为东西二帝。秦甚至擅自祭祀天帝。诸侯势力渐强,天子力量小得可怜,以致有的诸侯违礼,侮辱天子使臣,甚至公然派兵围困天子,楚国问鼎轻重,冒犯

---

① 关于分封制蕴含弱点的分析,部分参考刘泽华等著:《专制权力与中国社会》,天津古籍出版社2005年版,第9—11页。

周天子的权威。随着地方诸侯势力壮大，西周时期周天子独尊的局面及宗法制度受到破坏。一些强大的诸侯国自霸一方，成为不再受周王室管制的独立王国。政局的变化促使政治与法律制度发生重大变迁。比方，之前占主流的政治制度安排——分封制、世卿世禄制逐渐衰败。

除了诸侯违背礼、僭越于天子外，卿大夫势力也在扩张，凌驾于诸侯之上，僭用国君的礼制。如陈氏在齐国公然更改一国度量衡，有的诸侯国甚至由卿大夫直接决定国君的废立。如晋献公薨[hōng]（死亡），里克连杀奚[xī]齐及公子卓。当卿大夫强到极点，干脆不客气地分裂诸侯国。典型的是晋国六卿势力极强，晋幽公时，晋只有曲沃一地，其余全入于韩、赵、魏三家，晋幽公可怜之至，反向三家行臣之礼。最后于晋静公二年，三家终于灭晋而三分其地，史称"三家分晋"。齐国田和取代康公而称为威王，史称"田氏代齐"。鲁国有季、孟、叔孙三氏专政。孔子相鲁时，曾助鲁去削减叔孙氏和季氏力量，但因孟氏力量太强而作罢，未能贯彻君君、臣臣的主张。

正所谓螳螂捕蝉，黄雀在后，卿大夫的家臣势力也逐渐扩大，这时也就以卿大夫待诸侯之道待卿大夫。如季氏在鲁国势力显赫，险些被家臣阳虎所杀。因此当时人说："季氏虽专鲁，而阳虎又专季氏。"

以上是诸侯僭越于天子、卿大夫僭越于诸侯、家臣僭越于卿大夫的历史。所以孔子在《论语·季氏》说："天下有道，则礼乐征伐自天子出，天下无道，则礼乐征伐自诸侯出。"①之所以出现这种以下凌上的现象，在于周天子虚领天下，不亲政事，诸侯虽较天子亲政事，但不如卿大夫，所以实权操于卿大夫。直接与庶人接近、治理赋役的则是家臣，所以他们凌驾于卿大夫之上。不过家臣所治区域，不过一家一邑，势力有限，因此，春秋、战国时期专国政的主要是卿大夫。②

由于以下凌上成为当时普遍现象，以"亲亲""尊尊"为核心的礼制遭到破坏。对于"郁郁乎文哉，吾从周"的保守人物孔老夫子而言，他的心里是极端痛苦的。所以，春秋时期的孔子大谈礼，是因为人们无礼；战国时候的孟子大谈仁，是因为政治不仁——那是一个被称作"统治者率兽食人"的时代。分封制带来的宗族和姻戚的情谊、名分，最初靠天子、诸侯等的权威维系，保持身份等级的权威一旦削弱，身份等级与礼仪便愈加削弱。正所谓人心不古，世风日下！如西周时那种在外交、战争等场合固守仁义、礼仪的风气越来越少。不因为己方先占据险要地形而攻击对方，不下令进攻没有排好阵势的敌人等

---

① 本书部分参见了瞿同祖：《中国封建社会》，上海人民出版社 2005 年版，第 231—238 页。
② 参见同上注书，第 238 页。

军礼原则,至春秋后期成为稀罕之物。尔虞我诈、不择手段成为诸侯国间交往的普遍法则。曾经信守仁义道德的君子之战,不仅不合时宜,反而成为被人耻笑的对象。

(三)土地制度的变化

春秋时期兼并战争日益增多。古人云,大军未动,粮草先行。为了在战争中获胜,君主必须想方设法增加国库收入,也就是扩大赋税。为此,他们首先在田制上做文章。之前,官方只向耕种公田(井田)者收赋役(贡、助、彻等形式)。随着生产力提高,农民逐渐在公田之外私垦。有的诸侯干脆打破公田、私田之分,按照民众所耕种土地实际数量征收赋税。公元前594年,鲁国实行"初税亩"就是这个目的。有的国君按农民所垦种的土地肥沃程度收税。公元前685年,齐国"相地而衰征"就是这样干的。因此,春秋时期这种征税方式的更新,必然以不再区分公田私田、打破二者疆界为条件。

? 想想看

有的学者说这一时期诸侯国破坏井田制,标志着封建土地私有制开始形成。你同意这样的观点吗?土地私有制的标准是什么呢?

(四)郡县制的出现

西周推行分封制,受封者在其领域内有军事、财政、民政等大权,职位世袭,在各诸侯国内部同样实施层层分封制。春秋中期,诸如晋、楚等诸侯国在兼并战争中,对新占领的地区采用由国君直接管辖郡、县等新的地方行政管理体制。

郡开始主要设于边境,地位比县低。县原意指"悬",指那些悬而未封的权力真空地带。有的诸侯以任人唯贤为原则,任用出身贫困的贤才为官,比如齐桓公时期的管仲,秦穆公时期的百里奚。与此同时,压缩甚至废除受封者的权力成为春秋中期以后政治改革的主旋律。到了战国,郡县制在各国变法中得到推广,郡守与县令由国君任命,每年郡守、县令都得接受考核,向国君述职,述职内容包括户口的增加或减少、开垦田土的数量、赋税收入、地方治安情况等等,这种制度在战国叫"上计"。国君将这些内容作为考核郡县长官政绩好坏及职位升降的主要标准。这成为国君开始全面控制地方的有效措施。郡县制算得上是春秋以来出现的新鲜事物,与之前分封制度显著不同,其长官由诸侯王自行任命,由国君向之发布军政命令,郡守和县令不得擅自做主。这是秦汉以后"一竿子插到底"式的皇权政治体系来源。

以上三种春秋时期重要现象的变化,导致曾经的礼制无法有效调控社会,诸侯国被要求以新制度治理。这基本是法律公开化的历史背景与原因。

二、春秋法律公开化运动

(一)法律公开化与邓析的故事

战国时期的郑、晋是中原法家活动的中心。春秋时期这两个诸侯国首先热衷于法律的公开化,或许这就是产生法家学派的历史渊源与背景。晋国四次制定法律。晋文公四年(公元前653年)作"被庐之法",但未公布,具体内容不明。第二次是赵盾在晋文公六年(公元前651年)为晋国执政时制定常法,内容包括制事典(制定办事章程或条例)、正法罪(预先制定刑事法律,以备将来判决时定罪量刑之用)、辟刑狱(清理诉讼积案)、董逋逃(督察追捕逃犯)、由质要(财物出入要求皆用契约账目为凭据)、治旧洿[wū]、本秩礼(整顿贵贱礼义秩序以免有人僭越)、续常职(官吏职务有缺额的及时任贤使能)、出滞淹(在民间选拔贤能授予官爵)。赵盾的政令革新实际涉及治国的方方面面——更改施政方针、制定刑法、司法改革、提拔人才,等等。整整三十年以后,也即公元前621年,在地球另一端的雅典,执政官德拉古迫于平民势力的压力,在当地颁布以重刑闻名的第一部成文法——《德拉古法》(Laws of Draco)。也就是说,中西法律公开化的趋势基本上同步。第三次是范宣子制定刑书,发生在晋平公时期,可能未公布。第四次是赵鞅铸刑鼎,时间为公元前513年,他把前任执政范宣子所编刑书铸于鼎上,为晋国首次公布成文法。

此外,郑国执政子产于公元前536年铸刑鼎,这是中国历史上已知第一次正式公布成文法。在郑献公十三年(公元前501),郑国执政驷[sì]颛以邓析的竹刑为国家法律并公布。竹刑本为郑国大夫邓析所创,经过驷颛以国家形式认可,具有法律效力。

在此简要了解一下邓析。邓析大约生活在公元前540—501年,与孔子、子产基本同一时代。《荀子·非十二子》说他"不法先王,不是礼义",因此,"欲改郑所著刑制,不受君命,而私造竹刑"(《左传·定公九年》,杜预注)。当时"子产治郑,邓析务难之。与民有狱者约,大狱一衣,小狱襦[rú]绔[kù]。民之献衣襦绔而学讼者,不可胜数"。邓析与受教育者事先约定,依案件复杂程度收取学费。以致"郑国大乱,民口喧哗",直至杀死他,"民心乃服,是非乃定,法律乃行"。(《吕氏春秋·离谓》)

那么,邓析是怎样教民诉讼、与子产为难的?《列子·力命》说:"邓析操两可之说,设无穷之辞。"《吕氏春秋·离谓》认为邓析"以非为是,以是为非,是非无度,而可不可日变。所欲胜因胜,所欲罪因罪"。说明邓析才思敏捷,能言善辩,以其聪明学识为民辩护,与官为难,所以被称为歪才邪智,甚至是

"诈伪之民"。因此为逐渐成长起来的专制政治所不容,公元前501年"郑驷歂杀邓析而用其竹刑"(《左传·定公九年》)。专制政治要民众唯官是从,唯法是从。但不管怎么样,邓析专门传授法律知识,教人诉讼,成为中国历史上第一位私办法律教育的人,因此又被有的学者称为中国历史上最早的讼师/律师。①

自那之后,讼师与讼学在中国历史记载中,中断了大约一千多年,再次出现时已是宋代。北宋沈括的《梦溪笔谈》记载,江西村庄中一些私办诉讼学校以《邓思贤》这样的传授诉讼技巧之书作为教材。② 不过,讼学、讼师的大量出现,客观上对诉讼现象的增加起到了推波助澜的作用,对于关注能否实现稳定压倒一切、关注赋税征收的地方官员而言,这是绝对不愿看到的。因此,从宋至清,法律就规定禁止私人学讼,明清时期官方把教人学讼的讼师秘本与淫秽小说一起,列为"扫黄打非"的对象。

春秋时期的楚国也制定了法律。楚文王时期制定仆区[ōu]之法,涉及禁止隐匿士人及隐藏偷盗的器物,相当于打击窝藏罪;楚庄王时作茆[máo]门之法,官员入朝时车不得进入茆门(宫门),否则守卫依法砍断其车辕,并杀死为其驾车之人。此法制定后,楚太子违法乘车强行进入宫门,被守卫砍断其车辕,并杀死驾车人。③ 另外,春秋后期楚国还存在《鸡次之典》。该法律大致是一部统领各个领域的法律大典。《战国策·楚策》说,公元前506年吴国攻入楚国都城郢[yǐng],楚昭王偕同臣属逃走,百姓离散。一个叫蒙縠[gǔ]的人进入楚王宫,背负《鸡次之典》浮过江。楚昭王返回郢都后,五官失法,百姓昏乱。蒙縠献上《鸡次之典》,五官得法,而百姓大治。可见,《鸡次之典》是一部重要的国家综合大法典。可惜它早已亡佚,内容无从知晓。

? 想想看

有学者认为,此时期法制重大改革成就是各诸侯国公布了以保护私有财产为中心的成文法,但是以上各国立法活动的具体内容有的在当时就没有公布,有的则遗失,也就是说,在对春秋时期法律主体内容不了解/不清楚的情况下,怎能确定当时的成文法是以保护私有财产为中心?

---

① 邓析的介绍参见了高积顺:《论邓析》,载《法律史论集》(第一卷),法律出版社1998年版,第269—284页。

② 参见〔日〕宫崎市定:《宋元时期的法制与审判机构——〈元典章〉的时代背景及社会背景》,姚荣涛(译),载杨一凡(总主编):《中国法制史考证》(丙编第三卷),中国社会科学出版社2003年版,第83—85页。

③ 参见《韩非子·外储说右上》。

(二) 法律公开化争论与背景分析

当时为什么会出现法律公开化呢？春秋时期，作为不成文的制度，礼制衰败以及诸如郡县制的出现与田制的变化，官方无法依靠旧有礼制全方位调控当时的公私生活，新的规范与制度不得不应运而生。

法律公开化引发了子产与叔向、孔子之间的争论。在叔向看来，民众将"不忌于上，并有争心，以征于书"，即民众以法律为参照，对贵族将没有忌讳，影响上层特权。孔子也持类似言论："民在鼎矣，何以尊贵？"百姓按鼎上的法律为依据，没有什么来维持上层的尊贵地位。也就是说，法律成文化及其公布，必然一定程度破坏贵贱等级次序（礼），打破"刑不可知，威不可测"的局面，破坏礼治秩序。因此，这场争论焦点实际上是用礼与法哪一种来治理国家。诸如叔向、孔子这样的大儒，希望把以前适用于贵族的法律（礼）扩大适用于平民；诸如子产这一有法家思想倾向的政治家，则力图把此前适用于平民的法律（刑）扩大适用于贵族。这二者间的矛盾实为他们之间争论的焦点所在。到了战国时期，礼与刑的分界逐渐模糊。比如，商鞅在秦国变法，对太子师傅处刑，礼则可适用于平民。

学者认为，春秋时期日常的社会秩序，通过被称为"古之法"的传统规范来维持。春秋时期的文献中，常见"古之法""先王之法制""先王之教"，这些规范在很大程度上依托于特定的少数人——所谓贤人的教养，是一种在原则上不公开，甚至是临时适用的、极度缺乏稳定性的规范，它终究属于统治阶层内的范畴。在当时文献中，"古之法""先王之法制"很少直接规范普通民众。但军事集团的情况与此相异。战争时期含有预先公布于全军的规范，它通过像"司马"（主管军政和军赋的长官与机构）这样的强制机制实施，明显是维持秩序的手段。在春秋社会，同时并存以上两种维持秩序的方式。晋所见的"蒐"相当于二者的衔接点，其将战时的严格规范导入日常生活，以此补充完备传统规范。

春秋中期开始，社会变动使旧秩序逐渐解体，大夫上侵与公室没落这样的社会变动，于公元前6世纪中期达到顶点，乃至出现了维持全新秩序的尝试。这就是所谓的刑鼎公开。郑与晋国实行的铸刑书活动，就是为适应新情况而摸索出的新秩序。也就是用日常的并且包括民众在内的形式，实行曾经只是在军事集团内部实行的"规范公开"。

由此又产生了新问题，如叔向所忧，在成文法公开的另一面，便是导致给民以争端的结果。刑鼎内容现在全部失传。据叔向的言论，刑鼎的内容大致如下：其一，对违法行为明确表示了相应的刑罚规定，由此赋予规范稳定性。当处罚依据为众人熟知，贵族们曾经独占的"秘密法"于此宣告终结。其二，通过公开的手段,有将民众与统治者置于平等的法主体的趋势。刑鼎的公开具有划时代的意义——将曾经只实行于军事集团内部的规范向整个社会公开,从结果上看,是将军事集团所具有的平等、合理的秩序导入内政。此种成文法的公开,不久即产生出深刻问题:法的公开,给民众以主张自己利益的依据。公开的成文法,时时潜伏着成为他们抵抗为统治者工具的可能。①

中国早期法律的这种变化具有普遍意义。如英国法律史名家梅因指出,在古希腊、意大利和西亚受希腊文化影响的海岸上,当法律进化到"法典"的时代(比如古罗马《十二铜表法》是最著名的范例),到处都把法律铭刻于石碑,向人民公布,以代替一个单凭有特权的寡头统治阶级记忆的惯例,而在之前,这些贵族们曾经对法律知识独占。铭刻于石碑(或者铜表、铜鼎),是一种使法律正确保存的更好保证,这比仅仅依靠少数人的记忆好得多。罗马法典就是上述法典中的一类,其最重要的价值在于它们为众所周知,以及它们能使每个人知道应该做些什么和不应该做些什么的知识。②

三、战国政法改革与法律发展

战国时间为公元前 475 年至公元前 221 年。公元前 221 年秦灭六国,一统天下。

春秋时期尚有一百多个诸侯国,到战国初期只有二十多个。这种数量的急剧减少,表明当时兼并战争多么频繁和惨烈!要在战争中获胜,则要有足够的军队、足够的粮食。国家的权力要大到能足够调动一切资源,就必然进一步取消贵族特权,收归国有(也即诸侯王自己所有)。为救亡图存,各诸侯国必须集权化,通过富国强兵,在激烈竞争中生存下来。各国公族势力庞大,必须通过变化来消灭他们的力量,比如削减上层贵族的权力,取消世袭制,甚至让这些贵族降低到与平民一样的地位。因此,对春秋法律成文化的进程有所继承的战国各国变法活动,莫不围绕上述核心目的推进。这些政法改革主要受到法家思想深刻影响(法家思想参见第八章)。

有学者指出,各国为了富国强兵而向天下求贤造成的人才加速流动,为了更有效地利用人力物力资源而建立起来的庞大的政治官僚机器,都迫切地需要建立起一种有利于综合治理、迅速贯彻国家政令的法律体系。这种法律体系最初可能是以发布各种政令为代表,它最重要的特征是贯彻上对下的行

---

① 参见籾山明:《法家以前——春秋时期的刑与秩序》,载杨一凡(总主编):《中国法制史考证》(丙编第一卷),中国社会科学出版社 2003 年版。
② 参见〔英〕梅因:《古代法》,沈景一(译),商务印书馆 1959 年版,第 8—9 页。

政意图,其次是赏罚法。① 围绕上述因素,战国时期的变法及政治改革的核心不外乎三方面:集权化(表现为取消贵族特权),奖励耕与战。当时各诸侯王制定的法律有韩国的《刑符》、赵国的《国律》、魏国的《大府之宪》和《法经》、楚国的《宪令》以及秦国的《秦律》。可惜这些法律都在后来历史长河中消逝,除了秦国部分法律由于1975年挖掘出土,为今人有所了解外,其他的目前基本不知其真实面目。

(一)各国政法改革与法制

1. 魏国李悝政法改革

魏国的李悝[kuī]是战国初期著名的法家代表人物。李悝先为魏国边疆的守将。魏文侯任用他推行重要政法改革,包括:削弱世卿世禄制,主张禄位只应授予有功劳者;尽地力之教,鼓励民众自由开荒,提高单位面积产量;制定"平籴[dí]法"平衡粮价,以免除谷贵伤民,谷贱伤农,同时扩大政府收入;制定《法经》(《法经》在下文详述)。

2. 楚国吴起政法改革

卫国人吴起曾师从孔门高徒曾子,师生绝交后改学兵法。吴起学成后,先后为鲁国、魏国的大将。约在公元前390年前后,吴起来到楚国。在楚悼王的重用下推动政法改革,主要内容如下:

对没有功勋、军功的公族,封君子孙三代后收回爵禄,废除世卿世禄制度,相当于逐渐把封建制推翻,裁汰多余的官员,省下的钱用来养兵练兵。吴起禁止民众游手好闲、不务农作,组织移民垦荒。吴起制定法律并将之公之于众,树立法律权威。遗憾的是,楚国公族在当时各诸侯国间特别强大。吴起的政法改革得罪了既得利益集团。悼王一死,靠山倒了,吴起就被得罪过的利益集团射杀。"为政不难,在不得罪于巨室",这是孟子的洞见!

1987年,湖北荆门包山出土的楚简中有部分战国时期楚国的司法记录。包山楚简表明,当时楚国中央政府主管司法的官员是左尹,地方县级政府设有专职的司法官员——司败。在审讯时原被告都必须到场,证人在作证之前均要盟诅。如遇到疑难案件,县令不能判决,便呈报左尹;如左尹不能裁定,则要呈报楚王。②

3. 齐国的法制

1974年山东省银雀山的西汉前期墓地出土了《守法守令十三篇》,其成书

---

① 张建国:《中国律令法体系概论》,载氏著:《帝制时代的中国法》,法律出版社1999年版,第3—17页。

② 参见杨一凡(总主编):《中国法制史考证》(甲编第二卷),中国社会科学出版社2003年版,第486—487页。

时间大致在战国商鞅变法之前的齐国。《守法守令篇十三篇》内容不完整,但保留了齐国部分法制,内容涉及刑事、军事、行政和经济管理等方面。其中《田法》篇记载战国时齐国有关土地分配、赋税等方面的法令。《守法》篇主要记述城池的防御设施、守城器械的配备、守城人员的配置等守御法。《库法》篇记述库藏"守御之具"与"田艾诸器"(即防守的武器与农具)等的法令,与后世《厩苑律》有相通之处。《市法》篇记述市的位置、规模、布局及管理等的法令。与《秦律》内容近似的有《关市律》。《李法》篇记述处罚官吏的法令,也即《理法》。李在古代早期是法官之名,负责征伐刑戮事务。《王法》篇记述王者之道、富国强兵之道,以及一些关于丧葬礼仪规格的法令。

4. 秦国商鞅政法改革

卫国人商鞅熟悉李悝、吴起等人的政法理论与经验。在公元前361年,他应秦孝公求贤之举来到秦国,后因军功而受封。自公元前359年,商鞅在秦孝公支持下,两度主持政法改革,使地处僻远的秦国成为各国中的最强者。因此,他的政法改革尤值得关注。

公元前359年,商鞅首次改革的内容包括:其一,编制户口,施行连坐法。《史记·商君列传》记载他"令民为什伍,而相牧司连坐,不告奸者腰斩,告奸者与斩敌首同赏"。这种防止隐匿坏人、使民众互相监控的制度体系,与儒家提倡的容隐制度不同。商鞅改法为律,至此之后,历代国家法典大都称为律。其二,奖励军功与农业生产。商鞅规定秦的公族宗室若无军功,则取消其享有的一些特别待遇。他制定二十等军功爵制,士兵在战争中每斩首一人,赏赐爵位一等,服饰、居室和土地等方面的待遇依据其军功而定。为了严肃法制,太子犯法后,他的两位师傅被处刑。盛产粮食者免除徭役,对从事商业及因懒惰致贫的游民收为官府做奴隶。他相当于把全国变成一个劳改农场。这些激励机制得罪了既得利益集团,为商鞅死于非命埋下祸根。

公元前350年,商鞅推行了第二次政法改革。他颁行分家令,规定"民有二男以上不分异者,倍其赋",以利于民众开荒和增税,并禁止父子无别、同室而居的习俗;推广郡县制,县令、县丞等地方官由国君直接任免,推动中央集权化;废除公田制度,把旧日封区的疆界全部铲平,民众自由占耕未开垦的土地,按民众耕种的田亩实际数量收税;统一度量衡。

这些政法改革对秦的社会产生显著影响。以分家令为例,商鞅强制将大家庭变为小家庭,分家令推广到极端,以致家庭内部成员亦相互独立。比如,出土的云梦秦简表明,当时丈夫犯法,妻子若告发他,妻子的财产便可以不予没收;若是妻有罪,丈夫告发,则妻子的财产可用于奖励丈夫。这说明夫妇各有独立财产,父子间也一样。这一极端的"个人本位"社会与后世法律禁止

"别籍异财"以及礼治秩序倡导的"父母存,不许友死;不有私财"①的主旨大不一样。以致汉代有人这样评价秦国的世风:"商君遗礼义,弃仁恩,并心进取,行之二岁,秦俗日败。……借父耰[yōu]鉏[chú](向父亲借诸如锄头等农具),虑有德色;母取箕[jī]帚,立而谇[suì]语(责骂);抱哺其子,与公并倨;妇姑不相悦,则反唇而相稽。"②而这恰恰是先秦法家法律治理实践的需要:抛弃宗族血缘的联结,推行"骨肉可刑,亲戚可灭"。在政治权势面前,父子兄弟姐妹通通划清界限,爹亲娘亲,不如君主亲。

因此,有学者认为,国君到他国求贤或者平民为官,这就切断了氏族纽带。尤其是秦的非血缘性表现得更为明显,这为适用平等、合理而且是严厉的法提供了条件。为了如愿操纵这些官僚群体,产生了控制哲学。申不害代表的术治论,即是用各种政治权力控制臣下,可谓其代表之例。为了贯彻法的支配,重组被支配民众也是不可欠缺的,商鞅的分家令与"令民为什伍"就是这种表现。商鞅变法中,将行政单位与战斗单位重合,一方面是为了创建团结、坚强的军队,同时如"告奸者与斩敌首同赏,匿奸者与降敌同罚"③所示,也带有以军政维持社会秩序的意图。春秋时期,军事集团严格约束士兵的某种的方式扩大到日常社会整体中。④

商鞅政法改革驱使民众勇于公战、怯于私斗、努力耕种,直接促使秦国短期内变强,其中许多政制内容影响久远。但是秦强是以削弱民众力量,使民众变成国家的劳动或战争机器,削弱公族及愚民为代价的。商鞅的政法改革,重要的受益者就是诸侯王本人。变法者得罪其他既得利益集团后,一旦靠山倒下,又无民众支持,就会死得很惨。在这点上,商鞅没能超越他的前辈吴起!

(二)法家的现代启示

法家人物一般都没有好下场。商鞅在秦国被通缉后,在逃亡路上欲住旅店。店老板遵守商鞅之法,要求其出示身份证件。商鞅长叹一声"为法之弊,一至此哉"!当残酷和苛刻的制度未给他人留下适当的生存空间,也难以给制度设计者留下立足余地。

"为法自弊"的恶果在传统时代并不少见。明朝张燧的随笔《千百年眼》记载,北宋后期,朝中大臣章惇[dūn]与苏东坡为政敌。他在迫害苏东坡的时

---

① 《礼记·曲礼上》。
② 《汉书》卷四十八《贾谊传》。
③ 《史记》卷六八《商君列传》。
④ 此处部分参考〔日〕籾山明:《法家以前——春秋时期的刑与秩序》,载杨一凡(总主编):《中国法制史考证》(丙编第一卷),中国社会科学出版社2003年版。

候,也不放过他的弟弟苏辙。苏辙被贬官雷州(今雷州半岛)后,章惇禁止苏辙占用官舍。苏辙不得已就租民房居住,章惇又以他强占民房为理由,下令要求州里处置苏辙和那个民户,最终因租房双方手续齐全而止。宋徽宗即位后,章惇在政治斗争中失败,亦被贬官至雷州。这时章惇也向民间租房,当地民众说:"以前苏公来,因租房一事,章丞相差点使我家破败,如今再不敢把房子租给你了!"①

另一事例发生在明朝,"近例:官吏充军者止及本身(只涉及本人)。牟俸为引台(牟俸曾为明朝都察院的御史)时具奏,必欲勾捕(牵连他人),使人惊惧。朝廷从之。成化十三年,俸巡抚南畿获重罪,谪戍五开卫以死。其子泣诉兵曹丐免(其子哭求兵部免被牵连),金[qiān]曹主曰:'此尊翁所奏例也(这个法规是你父亲奏请皇帝制定的)。'其子语塞(说不出话来)"。②

综上,我们可获得如下启示:当诸如吴起、商鞅(以及后文将提到的李斯)这样的法律精英教统治者如何向民众挥舞屠刀,给他们建造坟墓的同时,也为自己掘了一个深坑;当法律为整个社会设计一套权利不可侵犯的保障制度时,他才可能为自己保全一个平静生活的后花园。

(三)"刑"与"法""律"间的转换

战国时期法律制度的概念深受法家学派影响,发生一些重大变化,并一直支配着后来的时代。

从"法"的构形来看,其古体由水、廌、去组成。《周礼·冬官考工记》云:"匠人建国,水地以县。"记载了以水平测量之法,当即战国时期的技术。东汉许慎的《说文解字》解释"法"从"水"时,认为"平之如水"之说源自此,当为后来引申的意思。"廌"多作神兽,"去"字引申为除去、废除。从"法"之古体字形从水、廌分析,造字之初的"法"字原义应与神判活动有密切关系。因此,"法"即当人们产生纠纷时由法官来评判的一种审判活动。古"法"字的本义是"去"义,即判决后令离去、离开,驱逐之义。春秋以前的"法"与现代意义上的"刑"、"法"字无关。春秋时期人们还不大懂得"法"的意义。当时最常见的是"刑"(如铸刑书、九刑等)。

"法"字在文献中大量引用是在战国时期,"法"的观念主要产生于此时,其实践来源是春秋末期至战国时期的法律公开化运动。战国后期,韩非在《韩非子·难三》对法作了一个定义:"法者,编著之图籍,设之于官府,而布之于百姓者也。"法家的"法"观念有两个特点:其一,在法家看来,"法"是一种统

---

① (明)张燧:《千百年眼》卷十《章惇雷州之报》。
② (明)王锜:《寓圃杂记》卷十《为法自弊》,中华书局1984年版,第80页。

治工具。甚至将之比喻为"尺寸""规矩"等(这方面更详细的叙述,参见第八章第二节)。其二,法家虽然讲"法",并将"法"与"刑"作了区分,但是其所谓"法"实际上就是"刑","刑"是"法"的内容。《法经》"以罪统刑",其内容主要是刑法。以"刑"释"法"盛行于此时。

"律"在商朝甲骨文中已经出现。《易·师》有:"师出以律。"王弼注云:"为师之始,齐律者也,齐众以律,失律则散,故师出以律,律不可失。"此文是关于军纪、军法的占卜。此处的律即军律,军队外出,需要有法纪的约束。"律"也就是军律一类的音律、号令、军纪。据考证,"律从聿[yù]声,实兼受聿字之义"。聿字由手握以刻画甲骨器物之状,引申指刻画工具——笔,同时逐渐有了区分之义。因而由聿构成之字,其所以或有区分之义,或演化指界限、规矩、行列……这也就是为什么以聿为主要组成部分的律字,后来会具有固定不变、规范、准绳等义,被用为法律之律(开始用为音律之律)的基本原因。

"律"最后代替了"法"的原因大致是,战国时期音乐的社会作用突出。"律"本义是行列、标准、规矩。"律"字可能由于这个原因,很早用于音律,音律要求十分严格、精确。这是"律"由音律演化成同样要求十分精确之法律的重要因素。其次,战国时期度量衡的逐步统一、适用,反映在语言上,与"法"字、"律"字的连用、换用,是促成"律"字用于法律上的另一重要因素。以上两个因素,又同法家对法律特征的看法和界定比较吻合。大致由于这个原因,后世主要用"律"来替代"刑"或"法"这样的概念。①

(四)《法经》的体系及影响

1.《法经》的体系

李悝总结战国时期立法经验,结合本国国情,制定了目前已知的中国历史上第一部系统完整的法典。在《法经》之前,统治者制定的法律中,罪名与刑罚并不完全一一对应,出现前人所说的"议事以制"现象。《法经》由李悝汇集当时各国法律基础编成,开创以罪统刑的体制,成为秦汉后以刑为主的成文法典最早模本。

《法经》总共有六篇,分别是"盗法""贼法""囚法"(又称"网法")"捕法""杂法""具法"。其中,前两篇以罪名作为篇名。李悝认为,"王者之政,莫急于盗贼。"因此,将"盗法""贼法"列于篇首。前者涉及惩治窃取或劫掠公私财物一类犯罪行为的法律,后者涉及惩治叛逆作乱和杀伤人身一类犯罪行为的法律。春秋末出现了"盗贼公行"的局面,比如依据《左传》中的记载,春秋末

---

① 参见李力:《发掘本土的法律观:古文资料中的"礼"及"刑""法""律"字的法文化考察》,载《法律史论集》(第三卷),法律出版社2000年版。

期,"郑国多盗,取人于萑[huán]苻[fú]之泽"①、"小人怀璧,不可以越乡"②。战国时秘密或强行侵占他人私产的犯罪行为更急速增多。秦始皇一统天下后,他在咸阳城里带着几个武士微服私访时,亦曾受到盗贼的攻击,弄得特狼狈!秦汉至北魏时,这两篇分别称"贼律""盗律",北齐时始合成"贼盗律",至隋、唐时沿用。

为捕获、关押盗贼,李悝作"囚法""捕法"。"囚法"是关于审判、断案的法律;"捕法"为追捕罪犯的法律。这两篇有点类似于今天的程序性法律,当然,传统社会并无这样的概念。两者在唐代分别称"断狱律""捕亡律"。其他危害社会与政权的行为,有轻狡、越城、博戏、假借不廉、淫侈[chǐ]、逾制,李悝难以分类,则纳入"杂法"。轻狡是轻薄狡诈的犯罪行为。据晚清法律名家沈家本考证,该罪包括"三人以上无故群饮酒"、"三男共娶一妻"及各种奸淫乱伦行为。③ 假借不廉是指借人财物不还和因事受贿取利等不廉洁行为。《唐律》中"杂律"有"诸负债违契不偿"和"诸坐赃致罪"等条目,和此类罪名相似。逾制就是指超越制度规定的不轨行为。"杂法"在秦汉时改称"杂律",隋唐沿袭,因其"拾遗补阙,错综成文,班杂不同",故以"杂"名篇。

"具法"记述刑罚种类和量刑原则,依据案情差异作出加刑或减刑的规定。"具法"与"盗法"等篇,不是并列概念关系。"具法"所列条文,适用于其他几篇,规定了各刑罚条文适用范围的准则。秦汉时称"具律",魏改为"刑名"列在诸篇之首,晋从"刑名律"中分出"法例律",北齐时合称"名例律",隋唐沿袭,列为首篇。④ "具法"被置于《法经》末尾,或与先秦时期人们著书时往往将序、跋置于书末的习惯一致。

2.《法经》对后世影响

《法经》对后代法律产生重大影响,初步确定传统法典基本原则与体系框架。学者认为,战国时期,法典体例发生重要变化,改"刑名之制"为"罪名之制"。所谓"罪名之制"即按"罪名"编纂法典。此之前的"刑书"是按"刑名"编纂的。如《周礼·司刑》云:"掌五刑之法,以丽万民之罪。墨罪五百,劓罪五百,宫罪五百,刖罪五百,杀罪五百。"

从认识论的角度看,按"刑名"定制,仅是对事物表面的一种相同现象的

---

① 《左传·昭公二十年》。
② 《左传·襄公十五年》。盗贼公行现象可参见童书业:《春秋史》,中华书局2006年版,第242页。
③ 参见沈家本:《汉律摭遗》(卷八),载《历代刑法考》,中华书局1985年版。
④ 《法经》篇名解释部分参考高潮、马建石(主编):《中国历代刑法志注释》,吉林人民出版社1994年版,第75页。

概括，反映的只是事物表面非本质的特有属性。而"罪名"的形成，则需要概括出事物决定性的特有属性，即本质属性。编出"罪名之制"的法典，所抓住的是其本质的内在联系。为此必须先做到逻辑学上的"审名""辨类"。《韩非子·扬权》说的"审名以定位，明分以辩类"，也就是通过分析各"罪名"的涵义，给它下一定义来确定它的位置，明确其界限，进而找出各"罪名"的差别，将其归为不同的类。因此，若将"盗""贼"罪各集为一篇，首先要在形形色色的各类犯罪中找出"盗""贼"罪的本质属性。人们先要对它们有充分认识，才能用"盗""贼"的概念，表述出它们的内涵，明确它们外延反映的一切有关"盗""贼"罪的行为。这样才可能将"盗""贼"罪各列为一篇。

《法经》反映，在当时名辩思潮的影响下，依据名学"类"的理论制定出"罪名之制"，明显优于单纯按照事物外部特征而编纂的"刑名之制"的刑书。《法经》按"罪名"编纂法典遂成为古代制定法典的模式。[①]《法经》直接影响了当时其他国家的立法。商鞅曾携《法经》入秦，并在此基础上制定了《秦律》。汉律为萧何在秦律六篇基础上，参照当时其他法律，增加了三篇，名为《九章律》。后世法典基本上在此基础上进一步完善。

第二节 法家风尚与秦至西汉初的法制

◆ 预读文献与思考

1. 以下文献信息与"汉承秦制"有何联系？

《汉书·萧何传》："萧何，沛人也。以文毋害为沛主吏掾[yuàn]。……沛公至咸阳，诸将皆争走金、帛、财物之府分之，（萧）何独先入收秦丞相、御史律令图书藏之。沛公具知天下厄塞、户口多少、强弱处、民所疾苦者，以（萧）何得秦图书也。"

《汉书·曹参传》："曹参，沛人也。秦时为狱掾，而萧何为主吏，居县为豪吏矣。……（曹）参代（萧）何为相国，举事无所变更，一遵何之约束。……（曹）参为相国三年，薨，……百姓歌之曰：'萧何为法，讲若画一；曹参代之，守而勿失。……'"

《汉书·张苍传》："张苍，阳武人也，好书律历。秦时为御史。"

《汉书·刑法志》："汉兴，高祖初入关，约法三章曰'杀人者死，伤人及盗抵罪。'蠲[juān]削（削除）繁苛，兆民大说（广大民众非常喜悦）。其后四夷未

---

① 参见高恒：《论中国古代法学与名学的关系》，载杨一凡（总主编）：《中国法制史考证》（乙编第三卷），中国社会科学出版社 2003 年版。

附,兵革未息,三章之法不足以御奸,于是相国萧何捃[jùn]摭[zhí]秦法,取其于时者,作律九章。"

《晋书·刑法志》:"汉承秦制,萧何定律,除参夷连坐之罪,增部主见知之条,益事律《兴》、《厩》、《户》三篇,合为九篇;叔孙通益律所不及,《傍章》(有关礼仪)十八篇;张汤《越宫律》(涉及宫廷警卫)二十七篇;赵禹《朝律》(有关朝觐皇帝的礼制)六篇;合六十篇。又汉时决事,集为《令甲》以下三百余篇,及司徒鲍公撰嫁娶辞讼决为《法比都目》,凡九百六卷。"

2. 结合以下文献,分析并推论春秋至汉代,受肉刑者处于什么样的社会地位?汉文帝肉刑改革的主要社会意义何在?有的学者认为汉文帝肉刑改革,保存了违法者的劳动力,符合人类社会发展的需要,有利于维持地主阶级统治。你是否同意这个观点?理由是什么?

《左传·昭公五年》记载,楚灵王接待晋国使者韩宣子和叔向前,召集大夫们商议认为:晋,吾仇敌也。苟得志焉,无恤其他。今其来者,上卿、上大夫也。若吾以韩起为阍[hūn],以羊舌肸[xī](也即叔向)为司宫,足以辱晋,吾亦得志矣。可乎?

《韩非子·内储说下》记载,齐中大夫有夷射者,御饮于王,醉甚而出,倚于郎门,门者刖跪请曰:"足下无意赐之余沥乎?"夷射叱[chì]曰:"去!刑余之人,何事乃敢乞饮长者。"刖跪走退。及夷射去,刖跪因捐水郎门霤[liù]下,类溺者(小便)之状。明日,王出而诃[hē]之曰:"谁溺于是?"刖跪对曰:"臣不见也。虽然,昨日中大夫夷射立于此。"王因诛夷射而杀之(说明:刖跪又作刖危,因刖者步履艰危得名)。

《汉书·刑法志》:(汉文帝)即位十三年,齐太仓令淳于公有罪当刑,诏狱逮系长安。淳于公无男,有五女,当行会逮,骂其女曰:"生子不生男,缓急非有益!"其少女缇[tí]萦[yíng],自伤悲泣,乃随其父至长安,上书曰:"妾父为吏,齐中皆称其廉平,今坐法当刑。妾伤夫死者不可复生,刑者不可复属,虽后欲改过自新,其道亡繇[yóu]也。妾愿没入为官婢,以赎父刑罪,使得自新。"书奏天子,天子怜悲其意,遂下令曰:"……夫刑至断支体,刻肌肤,终身不息,何其刑之痛而不德也!岂为民父母之意哉!其除肉刑,有以易之;及令罪人各以轻重,不亡逃,有年而免。具为令。"

《汉书》卷六十二《司马迁传》:"仆以口语遇遭此祸(司马迁为李陵辩护被汉武帝处以宫刑),重为乡党戮笑,污辱先人,亦何面目复上父母之丘墓乎?虽累百世,垢弥甚耳!……每念斯耻,汗未尝不发背沾衣也。"

3. 汉文帝肉刑改革中斩左、右趾中的替代刑很不一样,结合以下文献思考原因何在?

《韩非子·和氏》记载,楚人和氏得玉璞[pú](未经雕琢的玉石)楚山中,奉而献之厉王。厉王使玉人相之,玉人曰:"石也。"王以和为诳[kuáng],而刖其左足。及厉王薨,武王即位。和又奉其璞而献之武王。武王使人相之,有曰:"石也。"王有以为诳而刖其右足。武王薨,文王即位,和乃抱其璞而哭与楚山之下,三日三夜,泣尽而继之以血。王闻之,使人问其故,曰:"天下刖者多矣,子奚哭之悲也?"和曰:"吾非悲刖也,悲夫宝玉而视之石也,忠贞之士而名之以诳,此吾所以悲也。"王乃使玉人理其璞,果得宝焉,遂命曰"和氏之璧"。

一、秦的历史及皇权政治的开启

公元前221年,秦一统天下后,销废民间兵器,在都城将之铸成铜人十二照斜阳。在政法方面,秦国及统一天下后的秦朝以法家学说为宗,焚书又坑儒,推重刑,定繁法,时称"万事皆有法式"。因此,秦至西汉初期的法制均打上了法家烙印。秦始皇以天下为己家。胡亥与赵高合谋登上皇位,这份庞大产业传至秦二世胡亥。二世杀蒙恬,杀蒙毅,杀扶苏等兄弟姐妹二十多人,"赋敛天下"。没有正规武装的陈胜、吴广以竹木为兵器起来反抗,粗人刘邦、项羽相继攻秦。不几年,秦的统治就被推翻。此正如唐人所谓:"竹帛烟销帝业虚,关河空锁祖龙居。坑灰未冷山东乱,刘项原来不读书。"(章碣[jié]:《焚书坑》)不过,"百代皆行秦政制",这个过渡王朝正式开启的皇权政治——中央专制集权却在中国沿用了数千年。

这种一权独大的皇权政治体系,没有外在社会群体有效制约(魏晋南北朝稍显例外),以皇帝为代表的政治体,其自身欲望无限扩张,直至民众忍受的极限。这个临界点也就是民众揭竿而起的时候。历代王朝的更替,其实也不过是统治时间的或长或短而已,它们间的权力本质并无区别。

为了让自己的权力不受监控,同时为监控下级权力机构提供理论基础,秦汉以来的中央集权机构潜在地使用两种相矛盾的人性论作为治理理论。其一,高居权力顶端的天子代表了天意和民意,以有德者自居。因此,作为性善的最高掌权者不受(从历史经验来观察)也没有必要受到有效监控。其二,作为最高权力的代理人和执行人,各级官吏有鱼肉百姓、欺上瞒下的可能。因此,在历代皇帝看来各级官吏是性恶的。

比如,明太祖认为天下各有关机构官员都曾贪赃,自己派去监察百官的御史也是借御史之名"扬威胁众,恣肆贪淫",任命的府、州、县官一到任后,就和吏役合伙做坏事,危害百姓,各有关机构"惟务贪奸",不顾及民众死活,至于武臣则是一批"赶不上禽兽的心"的"恶人"。① 皇帝有必要对他们全方位地监控。历史上发展出复杂的官吏监控法制,甚至将地方权力分立(如宋代)或设立权力监督机制(如秦御史大夫、汉代刺史、元朝肃政廉访使、明清都察院及特务政治),预防及监控官员违法犯罪(参见第七章第二节)。

秦汉以后,上级统治者君临天下时(或官员管制其下属时),他们总是以自身人性善自居,上一级对下一级而言就是有德者。相反,当下级面对上级官员时,下级官员被看做有为非倾向,上级有必要监督下一级。在整个政治体系中,只有皇帝才是真正的、最后的集德之大成者,是永远伟大和善的。这样,以皇帝为符号的最高权力不必分割,事实上也不可制约。

因此,潜意识里建立在两种对立的人性论认识之上的专制皇权政治,对应了两种不同的学说思想。两种不同人性论学说(儒、法),在秦汉以后的历代王朝有着广泛市场。由此才会有儒表法里。上层统治者宣扬儒家经典与学说,但在实际的治理中,则用法家之术监控下级官吏与臣民。

▶ 二、云梦秦简与秦律

秦孝公时任用商鞅变法,以《法经》为依据制定秦律。秦王嬴政即位后,继承原有制度法令,又制定许多新法律。在秦灭六国前,秦国法律形式很多。《史记·李斯列传》记载在秦始皇三十四年(公元前221年),由左丞相李斯主持"明法度,定律令",修订和补充原有法律。但是秦律在后世基本亡佚。幸运的是,有一位生活在公元前262—217年的小官吏,在死亡前将抄录的法律文书作为陪葬品,埋藏于当今湖北省云梦县睡虎地的某处。至1975年12月,他的墓地被挖掘,从中出土秦简1155枚,其中法律文书有600多枚。这使得今人得以了解秦律的大概。这位小官吏名叫喜,我们由衷感谢他!

根据喜死亡的时间——公元前217年,可以推测墓中的法律应该主要颁布于秦统一六国之前,当然,这些法律在统一后仍适用。因此,云梦秦简中的秦律即是秦国后期也是秦朝早期的法律。

喜生活在焚书坑儒之前,此时的法律虽然受到法家思想支配,但并没有排斥其他指导思想,比方儒家。它不是商鞅变法时制定的秦律原貌,也不是撰写于秦始皇统一六国后的律文,而是在商鞅秦律基础上,经过从商鞅死后到秦昭王这段时期逐步累积而撰写的秦律。公元前221年,秦统一六国,自春秋开始的诸国中央集权化趋势至此成形。公元前213年、212年,秦始皇先后焚书坑儒。至此,儒家思想受到打击,而此前云梦秦简的法律虽主要受法家

---

① 杨一凡:《明大诰研究》,社会科学文献出版社2009年版,第69—70页。

影响,也多少受其他学派(比如儒家)影响。

（一）主要法律文书

出土的秦法律文书大致可分为四大类,具体如下:

1.《秦律十八种》

《秦律十八种》是比较完整的律文。这包括《田律》《厩[jiù]苑律》《仓律》《金布律》《关市律》《工律》《工人程》《均工》《徭律》《司空》《军爵律》《置吏律》《效律》《传食律》《行书》《内史杂》《尉杂》《属邦》等。每一种大约都不是该律全文抄写,只是按其需要摘录了十八种秦律的一部分。

其中,《田律》《厩苑律》是关于农田水利、山林保护、牛马饲养方面的法律,规定要及时报告降雨后,农田受益面积和农作物遭受风、虫、水、旱等灾害的情况,不许任意砍伐山林,按受田之数缴纳刍[chú]稿(饲料),对牛马饲养好的奖励、坏的惩戒。《仓律》《金布律》对国家粮食贮存保管和发放、货币流通、市场交易等作了规定。《关市律》《工律》《工人程》是关于官营手工业生产定额制度的法律。《均工》《徭律》《司空律》是关于徭役征发、工程兴建、刑徒监管的法律。《置吏律》《受爵律》《内史杂》等是关于官吏任免、军爵赏赐以及官吏职务方面的法律。《效律》是一篇完整的律文,涉及检验物资账目及度量衡统一等制度。

2.《秦律杂抄》

这一部分是对律文的部分摘录,大多与军事有关。包括《除吏律》《游士律》《除弟子律》《藏律》《公车司马律》《牛羊课》《傅律》《敦表律》《捕盗律》《戍律》等十一种律文的摘录。

3.《法律答问》

这是以问答形式对秦律某些条文、术语以及律文意图所作出的解释,相当于官方的法律解释学。中国古代已知的律学(也即法律解释之学)最早可上溯到此时。之后,汉魏晋、唐宋、明清时期都有较发达的律学。

4.《封诊式》

这是关于官吏审理案件的要求以及对案件调查、勘验、审讯、查封等程序方面的规定和文书程式,后来称"爰[yuán]书"。其中还有目前已知早期法医检验记载,记录各种法医检验的理论与技术,说明古代法医学相关物证技术渊源甚早。

（二）主要法律形式

目前所知的秦的法律形式主要有:

律。自商鞅改法改律以后,律成为某一专门事类正式颁布的稳定的基本法律,包括刑事法规与具有行政管理性质的法规。目前的云梦秦简所反映的秦律比较散乱，不足以反映其体系化或法典化。

令（制、诏）。令主要用于君主对某件事的批定，又称为"制"，作为一种法律形式则通常用"令"，又称为诏。其效力常高于正式制定的法律形式。令具有便于随时修改补充，把其中一部分作为律的细则的性质。令背后代表了至高无上的皇权。正是这种皇权恰恰突破了法律的稳定性。唐代的敕就是从这种诏令发展而来的。

式。式指式例、准则、格式等，也就是程式、格式。云梦秦简中有《封诊式》，规定官吏审理案件的准则、书写审讯笔录、现场勘查笔录、查封笔录等法律文书程式的法律文件。由此看来，"式"作为法律形式至迟在秦代就存在。"式"的一种叫"爰书"，是犯人口供记录、案件讯辞、证言、现场勘验笔录、法医检验报告以及司法机关和其他相关的诉讼案件、吏卒亡故、驿马病死等向上级的报告。后代继承了这种法律形式，如汉代的《章程》，西魏的《大统式》（行政细则的规定），隋唐宋的"式"，但内容发生了一些变化。

法律答问。《法律答问》是官方对条文、术语和律义所作解释，以问答形式作出，其与法律条文具有同等效力。比如"夫盗千钱，妻所匿三百，可（何）以论妻？妻智（知）夫盗而论之，当以三百论为盗，不智（知），为收"。意为：丈夫在妻子处藏子三百……妻若知丈夫盗窃而藏钱，应按盗钱三百论处，若不知道，作为收藏。

秦律深受法家思想影响，法家讲究"圣人为法，必使之明白易知"。国家制定的法律易于知晓，以便令百姓明白和遵守，百姓学法要以吏为师，《法律答问》形式可能同上述思想有关。当时官吏除完成其他政务，熟知法律和普法成为其重要事务。这大概是秦汉间为何墓主人频频以法律文书为陪葬品的重要原因（如考古挖掘的云梦、龙岗、张家山等地）。后代就很少见到这种情况了。

程和课。程是用来规定主管人员考核官营手工业生产者劳动数量与质量的法律，秦法律中有《工人程》。这种法律形式后代不再出现。课本意是考查、考核的意思，秦代的课是关于考核、检验及督查的专门法规，秦法律中有《牛羊课》，是检验和考核羊、牛畜养人员的法律。

廷行事。廷行事相当于判例。所谓行事指已行之事，廷可能指朝廷或廷尉（这是秦的中央司法机关）。司法机关的判例就是已行的成例或判例。这种作为廷行事的判例是指已判决生效的案例，可以作为日后审理案件判决的法律依据。廷行事及汉代的决事比性质相似。《法律答问》中有十余条以"廷行事"作为依据，说明司法官吏先前的某些判决具有法律效力。

（三）秦律的主要内容

秦的立法大权掌握在君主手中，因此，所有法制无不以君主利益为核心。在当时丞相李斯的主持下，秦朝政治与经济等诸方面据说"皆有法式"。

因此，理解秦法，要先了解李斯。

李斯原本为楚国上蔡县一管理仓库的小吏。有一天，他看见厕中老鼠与仓中老鼠处境不同，待遇相差很大，于是得出如下高论——人之贤不肖譬如鼠，因为其所处环境不同导致。于是他抛弃这个铁饭碗，师从荀子学帝王之术。学成后他觉得楚王乃无用之辈，七国之中只有秦国可以建功立业，于是入秦，拜为长史。李斯的抉择充分表明他有着高人一等的眼界。后来，韩国派来一个叫郑国的人离间秦国。东窗事发后，秦国宗室大臣建议秦王逐走外国来的游士。身为外国专家的李斯赶紧向秦王上书议逐客令，以历史事实来说明秦的强大，恰恰与外国游士有关。他的以下千古名言打动了秦王嬴政："是以太山不让土壤，故能成其大；河海不择细流，故能就其深。"于是秦王收回成命。

秦始皇死后，赵高与李斯合谋，立胡亥为皇帝。指鹿为马的赵高把持朝政，兴建阿房宫，"赋敛天下"，受到李斯指责。赵向胡亥诬李斯欲谋反，于是胡亥令赵高逮捕李斯，"榜掠千金，不胜痛，自诬服"。李斯很自负，自认为能说会道，希望上书给二世，期待他醒悟过来后赦免他，但这些书信全落到赵高手里。赵高先后派出十余名亲信，自称是二世的使者来审讯李斯。李斯以实相告，赵高动不动就令人打他。二世真派人来审讯时，李斯以为同以前一样，不敢再说实话，自称谋反属实。在秦二世二年七月，司法官员"具斯五刑"，论腰斩咸阳市。① 李斯被处具五刑，具体而言，为先黥、再劓、斩左右趾，后笞杀之（用藤条或荆条将人打死），枭其首，菹[zū]其骨（将尸骨捣烂）肉于市，若是诽谤辱骂诅咒的罪犯先把其舌头割掉。

秦代刑罚如此残酷，我们首先了解秦代的刑事法律制度。

1. 主要犯罪形式

目前所见秦代法律方面的材料有限，虽然所见罪名很多，但并不系统，主要可以归纳为以下几种，

危害皇权罪。涉及这一类的行为，如谋反、泄露皇帝行踪等机密，诽谤皇帝，非所宜言（对皇帝说了不适当的话，不适当的标准由皇帝来确定），处刑非常残酷，因为皇帝自认为天子，代表国家，所以这类罪名类似于现代危害国家安全的罪行。

---

① 参见《史记》卷八十七《李斯列传》。

侵犯财产罪。这包括强盗与窃盗行为。秦律《法律答问》规定对"盗采人桑叶，赃不盈一钱"的也要处"赀[zī]徭三旬"，即处服劳役三十天的刑罚。《盐铁论·刑德》载"秦之法，盗马者死"。凡盗窃的知情者或家属也要处刑。如《法律答问》说："甲盗，赃值千钱，乙知其盗，受分赃不盈一钱，问乙何论？同论。"知情者虽分赃不足一钱，也要和盗千钱者同样论处，反映出秦律对"盗"的处刑非常严酷。

侵犯人身罪。贼的主要含义是侵犯人的身体。在人被侵犯时，四邻及典、老都有救助的义务。如《法律答问》有："贼入甲室，贼伤甲，甲号寇，其四邻、典、老皆出不存，问当论不当？审不存，不当论；典、老虽不存，当论。"这应是商鞅"相收司连坐"的继续。

乏徭罪。秦的徭役相当繁重。秦律规定男子必须服徭役，否则构成逃避徭役罪。在《法律答问》中包括"逋事"与"乏徭"两罪名，前者是下达征发徭役命令而逃走不报到，后者是到达服徭役地点又逃走的。与此相关的还有逃避赋税罪。国家为了实现向臣民征收赋役，法律开始严禁隐匿成年男子、申报废、疾不实，严禁在户籍上弄虚作假。秦简中的《傅律》就是关于户籍管理的法律文书。商鞅在逃亡途中，想找个旅店歇脚而被店老板所拒，可以想见当时国家对流动人口的控制多么强大！唐朝中央政府为了便于税收，禁止民众自由迁徙，尤其是禁止民众从重税区迁入轻税区。这种户籍与人口的控制，以实现征收赋役为主要目标的，也即"财产不自由，人身也不自由"，前者往往以后者为条件。

破坏婚姻家庭秩序罪。这涉及非法婚姻罪，娶别人家逃走的妻子；通奸罪，若是亲属间通奸（比如同母异父的兄妹），则处以弃市之刑，清末修订法律时，沈家本欲删除刑律中的通奸罪（时称"和奸罪"），仍遭到反对派的很大阻力；不孝罪，父母可请求官府直接惩处不孝子。

2. 主要刑罚

由于当时遗留至今的法律文献有限，因此目前所知的秦刑罚不成体系，传世文献散见的秦死刑种类有车裂、枭首（悬首于木杆）、夷三族、肢解（如秦始皇处置荆轲）、镬[huò]烹（把人投入锅中煮死，商鞅时所设）、腰斩（比如李斯的结局）、剖腹，等等。这些死刑执行方式，从今日人道主义标准看，惨不忍睹！

出土秦律表明，秦繁多的刑名可以归纳为死刑、肉刑、徒刑、放逐刑、经济刑、附加刑等几种。其中死刑具体形式包括弃市，在闹市处死，表示罪恶之人被众人抛弃；定杀，麻风病人有罪被置于水中淹死；生埋；磔[zhé]，分裂肢体；戮，先让犯人活着受辱而后斩杀。肉刑形式主要有延续旧有的传统，包括斩左趾,刖左足之刑;腐,即宫刑;黥;劓;笞。后世在犯人身上刺字的刑罚是黥刑的变种。宋朝凡犯盗罪,都要脸上刺字,然后发配到边远恶地。元代规定汉人如犯盗窃罪,"初犯,刺左臂,谓已得财者。再犯刺右臂,三犯刺项"。① 明清均有刺字,成为常见的刑罚。

作为劳役性的徒刑有:鬼薪,男子砍柴以作祭祀之作用;白粲,女子择白米以作祭祀之用;城旦、舂[chōng],前者是早起去筑城的苦役,一般是先处肉刑后再服苦役,如黥为城旦,犯罪的妇人根据生理条件的不同,而服舂米的劳役;司寇,即强制男犯到边远地区服劳役,以防外寇,女犯作如司寇,即服相当于司寇的劳役;隶臣妾,罪犯及其家属罚为官奴婢,男为隶臣,女为隶妾。这些肉刑多与徒刑结合使用,如斩左趾黥城旦,先斩左足,后黥,再处以城旦的苦役。可见刑罚之繁重!

放逐刑秦时称为迁刑,即迁到边远地区的刑罚,无路程远近之别,家属随迁。《史记》记载:"始皇八年,长安君反,死屯留。军吏皆斩死,迁其民于临洮[táo]。""始皇九年,嫪[lào]毐[ǎi]舍人夺爵,迁蜀者四千余家。"② 至北周时《大律》确立严格的五等流刑。目前所见秦律尚未确立迁刑具体距离。早在之前就有流放刑的零星记载。比如《史记·殷本纪》记载商王太甲暴虐不遵《汤法》,被伊尹放逐于桐宫。自北周以后,流刑相延不已。唐律中另有"杀人移乡"制度。清代流刑充军有很多级别,如近边、极边、烟瘴[zhàng]之地。

秦律中的"赀"为经济处罚,包括罚财物和罚徭戍两类。前者以罚盾、铠甲为主,称为赀甲、赀盾、赀徭等,这是当时赀刑常见形式。被罚者有民也有官吏,被罚徭戍的主要是庶民。赀惩处的罪犯有经济和政治等方面的过失和一般违法行为。经济方面的过失如官营手工业产品质量不合格,管理官府物质不善,度量衡器不标准。政治上的过失而被赀,如官吏拆开伪造的文书未能察觉,知道违法行为不抓捕,等。但受赀刑者未影响其原先臣民的身份,如果缴纳不起罚金,可以用劳役抵偿。赀刑在战国时各诸侯国间较普遍。《韩非子·外储说右下》记载秦昭王有病,"百姓里买牛而家为王祷"。昭王认为此"非令而擅祷",是法不立,就下令"赀之人二甲"。

附加刑也是羞辱刑,主要是指髡[kūn]与耐(又称"完")两种,前者剃光头发,后者剃去须鬓、保留头发。通常,髡首的目的就是为了施加侮辱,给罪犯打上明显标记。战国时期的楚国也有髡刑。比如《楚辞·涉江》记载楚国著名隐士"接舆髡首"。

---

① 《元史》卷一〇四《刑法志》。
② 《史记》卷六《秦始皇本纪》。

3. 定罪量刑的基本原则

秦以罪犯身高六尺（正常情况相当于十五周岁）来确定刑事责任年龄的标准，低于这个高度的不承担刑事责任，受株连的家属则没有限制。汉代以后，改为以实际年龄作为确定刑事责任的标准。

想想看

秦为何以身高确定刑事责任年龄的承担？

法律注重区分行为人的故意与过失。秦简《法律答问》记载："甲告乙盗牛若贼伤人，今乙不盗牛，不伤人，问甲何（论）？端为，为诬人；不端，为告不审。"甲控告乙盗牛或杀伤人，经了解不实，如果控告者故意的（端为），就构成诬告罪；不是故意，则属于控告不实。诬告罪比控告不实处罪重，体现故意从重，过失从轻的立法精神。

教唆未成年人犯罪加重处罚。现代中国刑法同样规定，教唆不满十八周岁的人犯罪，应当从重处罚。这是因为选择未成年人作为教唆对象，既说明行为人主观恶性严重，又说明教唆行为本身腐蚀性大，社会危害性严重，理应从重处罚。

累犯加重处罚。同样，现代中国《刑法》对被判处一定刑罚的犯罪人，在刑罚执行完毕或赦免以后，在法定期限内又故意犯一定之罪的累犯，从重处罚。其立法理由在于，依法受过刑事处罚，最后又犯罪的，说明行为人的人身危险性较为严重，理当构成加刑情节。

自首减免刑。秦律中称为"自出"，自首及犯罪后能主动消除犯罪后果的可减免处罚。现代中国刑法规定，自首行为法律后果是：无论罪行轻重，均可以从轻或者减轻处罚，如犯罪较轻的，可以免除处罚。现代法律之所以规定"可以"（而非应当）从轻处罚，这取决于法官自由裁量权，以防止罪犯恶意利用自首制度达到不当目的。

诬告反坐。诬告在秦律中称"诬人"，诬告罪的成立必须是"端告"，即故意。如《法律答问》记载："甲盗羊，乙知，即端告曰甲盗牛，问乙为诬人，且为告不审？当为告盗加赃。"乙知甲盗羊，却故意控告甲盗牛，即要甲从轻罪入于重罪，"端告者"以控告盗窃而增多赃数处理。

（四）秦律与法、儒思想

战国后期与秦朝法律成文化是在商鞅等法家思想指导下建立的，带有深厚的法家思想特征。

比如，李悝撰造《法经》，首先打击的是"盗""贼"。出土秦律中关于镇压

"盗""贼"的律文比比皆是。商鞅为政时禁止民众私斗,出土秦律中对私斗者轻则处以"耐",重则"完城旦"。商鞅还鼓励民众努力从事农耕,生产多者给予奖励,出土秦律反映官员监督农民、奖励养牛有效者和检查生产进行情况等,二者基本原则大致相同。

受法家以刑去刑的重刑主义影响,秦律刑罚很严酷,如具五刑、连坐法等。连坐是指本人因与正犯同职、同士伍等关系而一同处罪。但是,商鞅本人也受儒家思想影响,商鞅的老师尸子(又名尸佼)是子思的学生,子思是儒学宗师孔子的孙子。儒家思想受到严厉打击是在秦始皇三十五年(公元前212年)坑儒。另外,作为回应家族、宗法社会的制度,云梦秦简所反映的秦律或多或少要与儒家思想发生联系。这主要表现在如下方面:

1. 秦律"不孝"罪的规定

《封诊式》记载两位父亲要求官府对其子施刑并流放,结果官府均照办。《法律答问》记载:"免老告人为不孝,谒[yè]杀(请求把不孝子杀了),当三环之不?不当环。亟执勿失。"即免老(达到一定年龄不再承担国家赋役)告某子不孝,需判死刑,应立刻将之逮捕,不要让其逃跑。官府对老人提出的要求予以照办,说明法律赋予父家长惩罚不孝之子的权利,这反映了秦律维护伦理秩序。

2. 秦律对"家罪"的规定

秦律规定的"非公室告,勿听"就是最明显的例子。"非公室告"就是"子告父母,臣妾告主""主擅杀、刑髡其子、臣妾",儿子控告父母,奴婢控告主人,主人擅自杀死、刑伤、髡剃其子或奴婢,都称为"非公室告",对这些家罪,家庭成员负有隐瞒责任,不可以官府告发,否则受罚。从而限制子告父母,奴隶告主人。公室告是指控他人的杀伤和盗窃行为。这体现了秦统治者对家族伦理秩序的维护在一定程度上与儒家的容隐制度有近似之处。相反,如上述,主人若要惩处奴婢,可以向县署直接请求处理。

(五)秦律的影响

秦律集战国变法之大成,开汉魏立法先河,堪称历代律典之宗。秦人自许"皆有法式""法令由一统"。出土的秦律有律可查的律名不下二十余个,其中许多律名在出土的西汉初年律名中也能找到,说明汉律深受秦律影响。学者还指出,秦律中的一些法律原则一直影响了后来诸朝的法典。如《法律答问》"盗罪轻于亡,以亡论",也即罪人犯两罪,从一重罪论处。《唐律》中即有"诸二罪以上俱发,以重者论"。《法律答问》"甲谋遣乙盗杀人,受分十钱。问乙高未盈六尺(即,相当于未成年),甲何论?当磔"。对教唆未成年犯罪的人从重论处。《唐律》也有"即有人教令,坐其教令者"。《法律答问》规定甲被强盗所伤,甲大声求救时典、老(负有管理本村之责)即使当时不在场,也要受到惩处。《唐律》有"诸邻里被强盗及杀人,告而不救助者,杖一百。闻而不救助者,减一等"。①

▶ 三、司法机制

(一)司法机关

皇帝对一切审判拥有最后决定权。学者指出,从有关文献看,秦的司法官吏体系从中央到地方事实上可分中央(朝廷)、郡、县三级,朝廷和郡都设有监察官吏。廷尉是朝廷最重要的司法官。秦至汉代廷尉主要负责皇帝交办的案件和下级司法机构遇到的疑难案件。

在地方上,郡守是负责一郡军政司法的长官,他在本郡之内还有权修治律令、颁布某些法律公告。郡监负责监察。断狱都尉是郡守的属官,在郡守之下分管治狱。县令(大县)、县长(小县)是一县的军政司法长官,治理刑狱自然也是其重要任务。县令、县长的副职县丞也负责举劾犯罪、管理狱政等事务。作为武官,县尉负责一县的治安。县令、县丞之的狱掾可以单独承办诉讼案件。县司法机构中治理刑狱的办事人员还有令史,可承担拘捕被告、现场检查、侦查、法医检验及向上级报告等任务。秦及历代司法官吏体系的一个主要特征是县和县以上政权的主管官员都兼管司法。②

县以下设乡,乡有三老、有秩[zhì]、啬夫、游徼。三老负责教化工作,啬夫处理诉讼、征收赋税,游徼捕捉盗贼、管理治安。县之下还设有亭,亭长负责一方治安和接待行旅食宿。乡之下的管理人员为里典,里典与伍老协助官府的工作,督察户籍的申报,里、伍之间发生纠纷先由其调解,发生盗贼案件典老要及时向官府报告,否则要追究他们的法律责任。所以,里典与伍老可类似官府在民间社会的神经末梢。

(二)诉讼制度

1. 两种诉讼形式

一种是官吏主动纠举犯罪、提起诉讼,这称为官诉。如针对盗马、群盗案件。另一种是当事人向司法机构提出诉讼,其他任何知情者都有告发犯罪的义务,这称为举发。如前所述,秦律规定,同里四邻发生贼杀事件,里典(正)、伍老即使未在家,也要负连带责任,目的在于强制人们彼此监督,相互纠举。

---

① 参见陈公柔:《云梦秦墓出土〈封诊式〉简册研究》,载杨一凡(总主编):《中国法制史考证》(甲编第二卷),中国社会科学出版社2003年版。

② 参见刘海年:《秦代法吏体系考略》,载杨一凡(总主编):《中国法制史考证》(甲编第二卷),中国社会科学出版社2003年版。

另外,还有告诉的各种限制,如前述"非公室告""诬告反坐"及禁止轻罪重告。

2. 审理过程

从李斯谋反案的审讯,大致可知,秦最高层的司法程序大致可表述为:讯问首先从提出罪状开始,通过嫌疑犯与讯问者的问答来进行下去。这时疑犯要被捆在狱中,若有必要,还要受到"榜掠"(即严刑拷打)。讯问的目的对于疑犯而言就是迫使他自认罪状。而且在再三的讯问中,如果疑犯"服"了,罪状也就最终得以确认。这时,就由讯问者以文书形式完成报告(当时称为"论"),即刑罚得以确定下来。①

而审理一般的案件,学者认为,结合云梦秦简及成书时间为西汉开国初期的《奏谳书》等出土法律文献可知,县是当时有权下达判决、执行刑罚的最末端组织。在实施逮捕时,有时由应当确认嫌疑人身份的乡亭实施审讯,然后将讯问结果和本人送到县里。有时即便是在县负责的审判正在进行之中,有关当事人也由乡亭实施讯问。

在案件受理时,并不考虑犯罪地点与嫌疑人籍贯,而贯彻发现地原则。通过听供、诘问明确事实关系,列举出备用的适用律令,乃是对带到法庭上的人课以何种刑罚的草案,属于一种事务程序,已经适用于秦汉时期的审判之中。这种事务性程序由小吏来承担。这意味着,承担听取供述与诘问的小吏,对审判有着很大作用,他们制成的供述记录很大程度上左右着量刑。之后则由县令主持作出判断。在审判时,若遇律令无明文规定,或者因有多种判断而不能量刑的情况下,便以"疑某罪——对某某的量刑存有疑义"的形式移交给上级。

对无疑义的案件,在量刑后上报作结。《奏谳书》反映出西汉开国初期地位再高的人(如曾贵为丞相的周勃)在讯问上也无特别的待遇,无论贵贱都要接受小吏的讯问。这说明,从春秋战国到秦汉帝国的成立,身份秩序的解体以及重组是这种审判制度的形成背景。但是,审判并非完全无视贵贱之差,在量刑时是要考虑身份差异的。当时就有因为爵位而减免刑的。②

至西汉时期,刑狱诉讼程序依准是劾、掠治、传爰书、讯鞫、论报、具狱。秦汉刑狱诉讼程序大致相同。劾即起诉。通常,基层官员向县长起诉,或由里典直接将被告捆缚送都县令处,类似于现代的公诉。主官刑狱诉讼的县吏根据劾状传讯被告,进行验问掠治。

---

① 参见〔日〕籾山明:《中国古代诉讼制度研究》,李力译,上海古籍出版社2009年版,第45页。
② 参见〔日〕宫宅潔:《秦汉时期的审判制度》,载杨一凡(总主编):《中国法制史考证》(丙编第一卷),中国社会科学出版社2003年版。

为获得案情真相,云梦秦简中的《封诊式》要求司法官员做好记录(即"爰书"),规定对多次改变口供、不老实认罪服罪者,方可施加刑讯,并以不通过笞掠的方式弄清案情为上策。案件通常由行为地的官署处理。如果被告在其他县,应移书他县请求协助查问。如属于欠官府债务或被判处赀、赎者住在另一县,应即发文书到所住的县,由该县索缴。

秦律注重案件的现场调查和法医检验。一般派县令史前往处理。令史必须将调查检验的情况及其结果详细写出书面报告给县署。秦简《封诊式》中的"贼死"案例就记录了被害人尸体的现状、衣着、杀伤部位、痕迹、周围情况以及知情人的口供等。"出子"案例记录了两个女人殴打,导致一人流产,除由法医检验流产的胎儿,又命有生育经验的女性检验流产者的阴部出血和创伤情况。

在审理案件时,官员发现诬告、控告不实者要追究刑事责任。如果犯人不服判决,本人或别人可向法庭提出"乞鞫"(请求复审),法庭应允许其请求。不同身份地位的人,其诉讼资格存在差异。犯罪行为查清以后,就进入"具狱"结案,也即确定犯人在案件中所犯的罪行性质。①

与商鞅等人提出"一断于法"有所差异,出土的秦律体现了"刑有等级"的特征。通常而言,对大致同样的罪,刑徒、奴婢刑罚最重,庶民次之,吏和有爵位的人最轻。

▶ **四、汉代历史简介**

从初见秦始皇遂生"大丈夫当取而代之"的"大志",到身死乌江边上,项羽的人生经历了让人"羡慕—嫉妒—恨"的过程。在传统时代,玩政治若讲究正义,脸不厚心不黑,往往会玩完。从鸿门宴到楚汉二分天下的约定,都表明项羽不擅长玩政治。但对法界中人而言,缺乏契约精神、严格守信和公平正义,将尔虞我诈作游戏规则,法律必将失去社会信任的基础,这对法律乃致命一击。

公元前202年,在垓[gāi]下(今河南鹿邑)之战击破项羽后,刘邦登临帝位,建立了刘家的汉王朝,定都长安。西汉共历高祖、惠帝、汉高后吕雉[zhì]、文帝、景帝、武帝、昭帝、宣帝、元帝、成帝、哀帝、平帝、孺子刘婴十三个统治者,统治时间二百余年。刘邦称帝后,在七年间铲除开国时所封的异姓王,大封同姓王,完成新政权的稳定。高祖与惠帝之后,刘邦的老婆吕后揽政,打压

---

① 本书部分参见黄展岳:《云梦秦律简论》,载杨一凡(总主编):《中国法制史考证》(甲编第二卷),中国社会科学出版社2003年版。

刘氏家族,培植吕氏宗亲。直至吕氏死后,在开国重臣陈平等人的帮助下,才为刘家夺回权力、消灭诸吕,并于公元前180年拥立惠帝之弟代王刘恒为帝(也即汉文帝)。汉文帝广施仁政,休养生息,最终开创了"文景之治"。此时国库充实,以致史书记载当时国库粮食与穿钱的绳子因为时间久远都腐烂了。不过,西汉官员宁愿让这些好东西烂掉也不愿发放给百姓,真是"不怜百姓而惜仓库"。

文帝之后,景帝延续了文帝方略。公元前154年吴楚等同姓王发动"七国之乱"。平叛后诸侯王势力大大削弱。公元前140年汉武帝刘彻继位后,一改休养生息、黄老无为之治,在政法方面设定种种措施,进一步削弱诸侯势力,强化中央专制集权,并向东南西北全方位扩张领土,打击边疆少数民族。这种过度有为的积极政策导致百姓不堪骚扰,以致盗贼蜂起。在学术上他罢黜百家、独尊儒术。经董仲舒修正过的儒家思想迎合了大一统的政治需要,自此成为正统思想,儒家经典成为官办学校的主要教材,影响中国两千余年。由此可见,一种学术成为正统思想,往往并不是因为其代表了真理,而是因为对统治者有用。钱锺书在《围城》中说:"从前的愚民政策是不许人民受教育,现代愚民政策是只许人民受某一种教育。不受教育的人,因为不识字,上人的当,受教育的人,因为识了字,上印刷品的当。"春秋之前近似前一种情况,秦汉以下类似后一种情况。

武帝、昭帝之后,霍光立刘询(即汉宣帝)。霍光病死后,汉宣帝清除霍光亲党,控制大局。其政局在西汉后期稍有声色。宣帝、元帝之后,成帝刘骜[ào]继位,汉成帝生活荒淫。独裁者一旦将注意力转移到美女与美酒上,大权就容易旁落,为其他想独裁的外戚或宦官所掌控。公元前6年哀帝继位,在位仅六年即死去。公元1年,年仅九岁的平帝刘衎[kàn]继位,在位五年后被王莽毒杀。在这一连串的政局乱象中,公元8年王莽假借天命,搞起禅让大典,佯装从刘婴处半推半就接过帝位,改国号为"新",刘汉政权便落入了王家手中。后世史家将这两百多年的历史称为西汉,以便与后来刘秀推翻王莽新朝重建的汉朝(史称东汉)区别。王莽不是个恰当的统治者,他托古改制的乱政引发了公元23年的长安暴动,自己被乱民攻杀,首级悬挂于市场示众,舌头被乱民切食,新朝灭亡。人,暴怒到极点,心态严重扭曲后,其手段之残忍可能超越你我想象。

汉家宗室刘秀在公元25年称帝,建立东汉政权。经十几年的努力,中国又重新统一。东汉是西汉的延续,在一定程度上再现西汉时期的隆盛。东汉王朝历光武帝、明帝、章帝、和帝、殇[shāng]帝、安帝、顺帝、冲帝、质帝、恒帝、灵帝、献帝近二百年。

光武帝与其先祖刘邦不同,他给予功臣优厚待遇但少实权。明、章两帝在学术文化上宣扬儒术,传播佛教;对外发动战争。但盛运至此而止,之后的东汉政坛基本上是在太后把政与宦官专权间来回摇摆。光武帝改革官制,皇权愈强,中后期皇帝幼弱,导致外戚、宦官相继挟君主专权,这是刘秀机关算尽的结局(明朝与此近似)。

自和帝以后,皇帝大都幼年继位,年轻的太后们没有政治经验,需要父兄们来帮忙;一旦皇帝长大,则仰赖宦官们从舅舅、外公那里把大权夺回。权力来回摆动,要以许多人流血与掉脑袋为代价。公元89年,年仅十岁的和帝刘肇[zhào]即位。窦太后临朝听政,遂有窦氏家族掌权,祸乱朝政。公元92年,和帝心腹宦官郑众助其平定窦氏,郑众由此受封。

汉安帝时,邓太后临朝听政,外戚邓骘[zhì]当政。安帝因不能亲政,双方积怨渐深。邓太后一死,邓骘没了靠山,安帝在宦官帮助下,迫使邓骘自杀,于是宦官大权在握。汉安帝、汉顺帝死后,两岁的太子刘炳[bǐng]继位,是为汉冲帝。此时由梁太后临朝,外戚梁冀大将军当政。五个月后汉冲帝死去,八岁的刘缵[zuǎn]为帝(也即汉质帝),第二年被梁冀毒杀,十五岁的刘志被立为恒帝,梁冀大权独揽。短短三年换三个小皇帝,可以想象当时政坛多么混乱!

公元150年,梁太后病死,梁冀失去了权力依靠。恒帝联合宦官发动政变,杀掉梁冀,抄没的家产充入官府,为此朝廷减天下租税一半。赶跑恶虎,引来凶狼——宦官乱政没比外戚弄权好到哪儿。毕竟,任何人爬到独裁权力的巅峰,都容易坏得无与伦比。此正如英国的阿克顿勋爵所言,绝对的权力导致绝对的腐败。

汉灵帝时大兴土木,纵情声色,宠幸宦官,造成"十常侍之乱"(常侍负责传达诏令和处理文书)。到东汉末年,袁绍与外戚何进的部下攻入宫中杀尽宦官2000多人,方结束外戚与宦官交替专权的局面。随着诛杀宦官、黄巾起义、董卓与李傕[jué]、郭汜[sì]之乱等一系列内外忧患的发生,社会上流民遍地,人吃人现象处处出现,暴动层出不穷。战乱导致黄淮一带"白骨露于野,千里无鸡鸣"(曹操:《蒿里行》)。各地豪强乘机拥众自立,瓦解东汉王朝,逐渐形成了魏、蜀、吴三国鼎立局面。

汉代以至中国历史多少都回应着元朝张养浩的经典名句:"兴,百姓苦;亡,百姓苦。"(《山坡羊·潼关怀古》)国力强盛,诸如汉武帝这样的独裁者大兴土木,劳民伤财,百姓要受苦;战祸不断,诸如汉灵帝这样的亡国者倾心情色,灾难四起,百姓也受苦。以上,是皇权政治下的周期性铁律,中国历史上下数千年,在此种权力结构下始终无法破局。

五、西汉初期法制

（一）汉承秦制

刘邦攻入咸阳后，与秦人约法三章，"杀人者死，伤人及盗抵罪"，受到秦民欢迎。然而这种"约"的有效期只有几个月，很快项羽的大军到来，刘邦这支弱旅说的话怎么能算数？西汉建立以后，刘邦感到"三章之法，不足以御奸"。之前萧何曾收秦国的图籍律令，这时，在刘邦的授命下，萧何参照秦律，"取其宜时者，作律九章"。史书记载他在秦律六篇基础上增加了《户律》、（户籍、赋税与婚姻）、《兴律》（征发徭役、城防守备等）、《厩律》（牛马畜牧和驿传之事），合称九章。但有学者指出，出土的云梦睡虎地秦简反映，秦律中已有《厩律》，秦简中还附抄了魏国的《户律》，秦简中虽未看到《兴律》，但这些简文中的律只是秦律体系中的一部分，因此《兴律》在秦律中也有可能存在。故而，《户》《兴》《厩》三篇在汉代萧何之前当已存在，萧何只是将之沿袭下来。① 目前通常所说的汉律，就是指九章律。后来叔孙通增加了九章律不涉及的其他部分为《傍章》十八篇，另有韩信申军法，张苍作章程。汉初的官僚集团中，诸如萧何、曹参和张苍等人都曾是秦朝负责刑狱、司法的小官吏，熟知秦律。因此，汉承秦制成了顺理成章的事。不过，两汉四百年间，未能形成完备严谨的律典留传世间。

1983—1984年湖北省江陵张家山西汉前期的墓葬里出土的部分竹简中有500多支为汉律，其中有许多律名与睡虎地秦简律名相同，如《贼律》《金布律》《徭律》《置吏律》《效律》等，另外也有一些新律，如《吏律》《钱律》等，使今人得以了解汉律的部分内容及秦汉律的相互继承关系。

（二）法家思想与汉初法制

从汉高祖至汉武帝登基前的几十年中（公元前206—公元前140），西汉初期统治者的法律思想经历了先法家、后"黄老"、再儒家三个阶段。黄老讲究无为，但是汉初刘邦几乎无日不在紧张的平叛、除逆的斗争中奔波，比如在五年杀燕王，六年捕韩信，七年攻韩王信。因此，刘邦为天子的七年是即使想休息无为也不可能。在这种情况下，统治者来不及总结过去的法律思想与制度。因此，占主导的仍是法家思想与秦之法制。比如，刘邦在七年下诏"捕赵王及群臣反者"，下诏"赵有敢随王者罪三族"，这直接与秦之刑罚一脉相承。另外，秦代许多苛法到刘邦之后才废除。如吕后元年废除"过误之语为妖言"

---

① 参见李力：《从几条未引起人们注意的史料辨析〈法经〉》，载杨一凡（总主编）：《中国法制史考证》（甲编第二卷），中国社会科学出版社2003年版。

加以重责的《妖言令》，汉惠帝时"除挟书律"，都说明刘邦并未全部接收黄老无为政策，更谈不上全部废除秦律。

(三) 黄老思想与肉刑改革

1. 黄老思想与刑制变革

汉初的汉承秦制同时也继承了内嵌其中的法家思想。到惠帝、文帝与景帝时期崇尚黄老思想，推崇"治道贵清静而民自定"，在立法指导思想上"轻徭薄赋""约法省刑"，直接表现为官府先后废除许多继承自秦代的苛刻法律。汉高祖连年征战，民力疲惫，财物相当匮乏。为此中央推行清静无为、与民休息的政治法律思想。与这种清静无为、废除秦苛法的政策相对应，汉文帝元年不仅"尽除收孥相坐律令"，在五年"除盗铸钱令"，而且在十三年(公元前167年)下诏废除肉刑，改革刑罚制度。缇萦向汉文帝上书救父，倾诉肉刑的非人道，点燃了文帝刑制改革的导火索。缇萦对汉文帝的促动，正与当时法律主导政策与思想倾向相适应。缇萦敢于上书救父，彰显出一位魅力女性的超凡胆识！

在当时的丞相张苍、御史大夫冯敬的提议下，文帝时期的刑罚改革的内容为：当完者——完为城旦舂；黥者，髡钳为城旦舂；劓者，笞三百；斩左趾，笞五百；斩右趾，弃市。也就是说，文帝十三年刑罚制度的改革是以徒刑、笞刑和死刑来替代三种主要的肉刑：黥、劓、刖刑。这次刑罚改革意味着中国早期刑罚由野蛮向文明演进，刑罚沿着宽缓的趋势发展，直至唐朝律典，其对罪行与刑罚的规定，被古人评价为"得古今之平"。自唐末五代，刑罚渐渐开始残酷起来。自文帝刑罚改革开始，法定的肉刑体系开始变为历史的陈迹，长时期存在的肉刑体系至此趋向瓦解。

皇帝为表仁慈、革新刑罚，大臣立马奉承、迎合，提出改革的细则，但刑罚改革未以细致思考与社会评估为基础。通常，国家立法决策有漫长的调研、起草、修改、评估、审议等程序，周期很长。汉文帝仓促下令改革刑罚，滋生其他问题。黥、劓、斩左趾改为笞刑，是从重改轻；而斩右趾入于死刑，是从轻改重。也就是说"死刑即重，而生刑又轻"。又因笞数太多，由三百至五百，所以受笞刑的人也难以活命。因此在客观上又造成"外有轻刑之名，内实杀人"的情况。到汉景帝时期又两次减刑改革，第一次把笞五百改为笞三百；笞三百改为笞二百。第二次：笞三百改为笞二百；笞二百改为笞一百。并限制刑具的长度厚薄及加笞的部位，施刑中执行刑罚者不得更换，改变了受刑之人难以活命的情况。

在当时次于死刑的就是徒刑与笞刑，为解决这一"生刑又轻，民易犯之"的问题，景帝及之后时期宫刑仍然存在。比如在汉武帝时，司马迁为兵败向匈奴投降的李陵辩护，被皇帝判为"诬君"之罪，要处死刑。司马迁没有那么多钱赎罪,最后施以宫刑作为替代刑。《报任安书》一文表达了司马迁因受宫刑的悲愤心情。为了解决"死刑太重"的问题,东汉明帝、章帝时又开始使用斩左右趾。因此两汉肉刑中仍有宫刑与斩左右趾。文帝废肉刑为后来传统社会的五刑体系的确定奠定了基础。

值得注意的是,云梦秦简中的秦律条文未见有关刑徒(隶臣妾、城旦舂、鬼薪、白粲等)服刑期限的规定。秦的刑徒很可能是没有服刑期限的终生服刑。诸如终生性身份的隶臣妾,必待取赎后才能成为庶人,这与后世刑徒服刑一定时间后恢复原先身份的情况不同。汉文帝十三年减刑诏令一是废除肉刑(包括黥、劓、刖等),以笞代肉刑;二是规定各种刑徒的刑期和对原已服刑者的减免办法:罪犯的案件审理完后,判为城旦舂的,服役满三年后改服鬼薪白粲的劳役。鬼薪白粲的劳役服一年,再入官府服隶臣妾的劳役满一年,就免罪为常人;隶臣妾劳役期满二年后,派往边境服伺察寇贼的劳役,这种司寇劳役满一年以及作如司寇期满二年,都免罪为常人。《汉书·刑法志》的这段文字规定了刑期,改原来的终生服刑为有期徒刑。

2. 肉刑改革的意义

有法制史教材认为文帝改革刑制的积极意义在于保护生产力,这个观点颇值怀疑。《汉书·刑法志》提到汉文帝即位后,"是以刑罚大省,至于断狱四百,有刑错之风"。文景时代,推行黄老无为之策,一年刑事案件只有四百起,而罪犯所受处罚有死刑、肉刑、徒刑、迁刑、财产刑等,肉刑仅是其一。与当时几千万人口相比,就算四百起刑事案件的罪犯全部处以肉刑,也无足轻重,与保护生产力关系不大。另外,罪犯处肉刑后也未必失去劳力(如黥、劓刑),同时,斩左趾黥城旦说明罪犯还能劳动。因此,评价改革肉刑的积极意义不应单从所谓的生产力与生产关系(这种思路实际潜在地讨论地主阶级的剥削统治)这种陈旧的思维定势出发,而应予以同情理解的姿态,尽量从当时当地人的角度、尽可能在历史场景中思考其意义之所在。这样,才最有可能使结论更接近历史的实况。

肉刑具有识别罪犯身份和耻辱的双重作用,其特点是使受刑人在肉体上受到痛苦,同时也使受刑人在肉体上打下了不可磨灭、不可改变的印记,使其在常人中被识别出来,这给受刑人带来终生不息的精神上的折磨。比如商鞅变法时,太子师傅公子虔受劓刑,他羞于见人,十年闭门不出,足见肉刑蕴含的耻辱功能。[①]

[①] 关于肉刑具有耻辱性质参见吴平:《我国古代的耻辱刑》,载杨一凡(总主编):《中国法制史考证》(乙编第二卷),中国社会科学出版社2003年版。

再比如,战国时期的孙膑为同学庞涓[juān]所害,处以膑刑,"欲隐勿现"。后来孙膑被偷带至齐国,因卓越的军事才能受到齐王重用,当齐威王打算任命他当领兵打仗之大将时,孙膑也不得不辞去,理由是"刑余之人不可"。为什么刑余之人就不可抛头露面当大将呢?对此,再看另一例子。在齐国征伐鲁国的战争中,鲁国臧坚受伤被俘。齐灵公派阉人夙[sù]沙卫去看望臧坚,臧坚一面表示拜谢,一面又因不满灵公竟派受过肉刑的使臣"礼于士",最后自杀身亡。① 这是受肉刑之人被鄙视的典型。

楚灵王要接待晋国使者韩宣子(韩起)和叔向(羊舌肸)时,曾召集大夫们商议,试图以韩起为阍,也即刖其足使守门,以羊舌肸为司宫,也即对之处以宫刑,这将足以侮辱晋国。这段话中的刖和宫等刑罚,包括两个不可分的要素,这就是不仅毁伤其肉体,还要使其在受刑后终生充任贱役,使晋国受辱。楚灵王与大臣的讨论也充分说明肉刑是一种很严重的耻辱刑。

肉刑这种伴随终生的身份性及对后代所产生的不能消除的影响,应当说对人的长期伤害才是最主要的。因为肉体所受伤痛只是暂时的,甚至并处的劳役刑也不是绝对没有终止之期,伤残有时也只是一种外表的畸形或行动不便。真正的问题是"哀莫大于心死",只有受到肉刑以后所具有的卑贱身份,才让人没有了希望、永远丧失改悔从善的机会。因此,废除肉刑和规定刑期的最大意义是开辟改过自新之路,使罪人有可能复归社会,使其本人和其后代不致被社会长期歧视。正如缇萦所说,肉刑一旦受之,"虽后欲改过自新,其道亡繇也"。②

肉刑改革对后代刑罚制度产生很大影响,即旧五刑逐渐解体,由更为人道的新五刑取代之。自汉文帝十三年明令改革肉刑,到隋文帝开皇元年(581)正式确定了笞、杖、徒、流、死为封建五刑,历经700多年发展与变化。在此期间,虽然多次有关肉刑存、废之争,尤其是死刑太重,而生刑又太轻,诸如班固就认为应该恢复肉刑,作为中间过渡的刑罚,但最终肉刑还是没有明令恢复。至魏文帝曹丕即位后,司徒王朗提出,"可信(伸)其居作(劳役)之岁数。内有以生易死不赀[zī]之恩,外无以刖易钛骹耳之声。议者百馀人,与朗同者多。帝以吴、蜀未平,且寝"。③ 即以延长劳役刑的时间代替肉刑,朝后来的笞杖徒流刑发展。肉刑没有成为法定刑出现在法典中,但却以非刑,即法外之刑的形式出现于以后两千多年的法律实践中。如在宋代,将应配役(徒

---

① 参见《左传·襄公十七年》。
② 参见张建国:《帝制时代的中国法》,法律出版社1999年版,第234、239—241页。
③ 《三国志·魏书·陈群传》。

刑)的犯人刺面而称为"刺配"。南朝刘宋时劫窃等死罪,断其脚筋。清代初年割脚筋是仅次于斩刑的刑罚。肉刑的残余是凌迟刑,宋代俗称"剐[guǎ]刑",如《水浒传》中的坏女人王婆就吃了一剐。

课后阅读文献

张建国:《帝制时代的中国法》,法律出版社 1999 年版。
刘海年:《战国秦代法制管窥》,法律出版社 2006 年版。
金春峰:《汉代思想史》,中国社会科学出版社 2006 年版。
以下适合有研究兴趣的读者
于明:《法律规则、社会规范与转型社会中的司法——〈叔向使诒子产书〉的法理学解读》,载《北大法律评论》(第十卷第二辑),北京大学出版社 2009 年版。
〔日〕大庭脩[xiū]:《秦汉法制史研究》,林剑鸣(译),上海人民出版社 1991 年版。
〔日〕籾[mí]山明:《中国古代诉讼制度研究》,李力(译),上海古籍出版社 2009 年版。
〔日〕鹰取祐司:《秦汉时代的刑罚与爵制性身份序列》,载周东平(主编):《法律史译评》,北京大学出版社 2013 年版。
童书业:《春秋史》(校订本),中华书局 2006 年版。
杨宽:《战国史》,上海人民出版社 2003 年版。
《睡虎地秦墓竹简》,文物出版社 1978 年版。
甘肃省文物考古研究所(编):《天水放马滩秦简》,中华书局 2009 年版。
王焕林:《里耶秦简校诂》,中国文联出版公司 2007 年版。
蔡万进:《张家山汉简〈奏谳书〉研究》,广西师范大学出版社 2006 年版。
湖北省荆沙铁路考古队(编):《包山楚简》,文物出版社 1991 年版。
陈伟:《包山楚简初探》,武汉大学出版社 1996 年版。
陈伟:《新出楚简研读》,武汉大学出版社 2010 年版。
《龙岗秦简》,中华书局 2001 年版。
《张家山汉墓竹简》,文物出版社 2001 年版。
〔日〕堀毅:《秦汉法制史论考》,法律出版社 1988 年版。
彭浩等(编):《二年律令与奏谳书:张家山二四七号汉墓出土法律文献释读》,上海古籍出版社 2007 年版。
朱汉民、陈松长(编):《岳麓书院藏秦简(叁)》,上海辞书出版社 2013 年版。

课后深度思考题

试比对"云梦秦简"与"张家山汉简"之间的相似性及秦汉法律的传承关系,并思考秦汉之间为何发生这种传承。

第三章 法制儒家化时期

学习重点:(1)《春秋》决狱;(2)法制儒家化及其社会背景;(3)魏晋律学;(4)魏晋南北朝的法制创新。

第一节 汉代法制及其儒家化

◆ 预读文献与思考

1. 以下法律活动特征与何种现象发生联系，为什么在古时候人们认为存在这种联系？

《礼记·月令》："孟秋之月，……是月也，命有司（有关机构）修法制，缮囹圄，具桎梏，禁止奸，慎罪邪，务搏执；命理瞻伤、察创、视折、审断，决狱讼，必端平，戮有罪，严断刑。……仲秋之月，……乃命有司，申严百刑，斩杀必当，毋或枉桡[ráo]，枉桡不当，反受不怏。"

《汉书·刑法志》：刑罚威狱，以类天之震曜[yào]杀戮也（象征上天的雷电对万物的杀戮）；温慈惠和，以效天之生殖长育也（效仿上天生养万物）。《书》云"天秩有礼"（上天将进用懂得礼义的人），"天讨有罪"（上天将讨伐有罪的人）。故圣人因天秩而制五礼，因天讨而作五刑。

《后汉书·光武帝纪》：建武五年（29）久旱无雨，光武帝下诏说："久旱伤麦，秋种未下，朕甚忧之。将残吏未胜，狱多冤结，元元（百姓）愁恨，感动天气乎？其令中都官、三辅、郡国出系囚（把关押的囚犯放出），罪非犯殊死（斩刑）一切勿案，见徒免为庶人（赦免为常人）。"

《隋书·刑法志》：夫刑者，制死生之命，详善恶之源，剪乱诛暴，禁人为非者也。圣王仰视法星（圣王仰观显示刑法的星象），旁观习坎（研读记载有治狱卜辞的坎卦），弥缝五气（协调五气运行），取则四时（遵循四时规则），莫不先春风以播恩，后秋霜而动宪（执法处罪）。是以宣慈惠爱，导其萌芽，刑罚威努，随其肃杀。

《唐律疏议·名例》；《易》曰"天垂象，圣人则之（效法天象）。"观雷电而制威刑，睹秋霜而有肃杀。

《新唐书·玄宗纪》：唐开元十六年（728）"以久雨降囚罪，徒以下原之"（徒罪以下的犯人赦免）。

2. 比较如下两个案例，思考它们存在的相似性。

《太平御览》卷六百四十记载了如下案例：甲父乙与丙争言相斗，丙以佩刀刺乙，甲即以杖击丙，误伤乙，甲当何论？或曰："殴父也，当枭首"。论曰："臣（董仲舒自称）愚以父子至亲也，闻其斗，莫不有忧[chù]怅[chàng]之心，扶杖而救之，非所以欲诟父也。《春秋》之义，许止父病，进药于其父而卒，君子原心（司法官员核查当事人的主观动机），赦而不诛。甲非律所谓殴父，不当坐。"

《太平御览》卷八百三十六引应劭《风俗通》:"沛中有富豪,家赀三千万,小妇子是男(小的是男孩),又早失母,其大妇女甚不贤(大女儿很不贤惠)。公病困,恐死后必当争财,男儿判不全得,因呼族人为遗令。云悉以财属女(把财产都分给女儿),但以一剑与男,年十五以付之。儿后大,姊不肯与剑,男乃诣官诉之。司空何武(何武是西汉末的监察官员)曰:剑,所以决断也;限年十五,有智力足也。女,乃婿温饱十五年已幸矣!议者皆服,谓武原情度事得其理。"

3. 根据以下文献,概括"春秋决狱"的基本特征。

"(曹操)尝出军,行经麦中,令士卒无败麦,犯者死。骑士皆下马,付麦以相持。于是太祖(曹操)马腾入麦中,敕主簿(掌管文书的官员)议罪。主簿对以《春秋》之义,罚不加于尊(刑罚不施加于尊者)。太祖曰:'制法而自犯之,何以帅下(治理下属)?然孤为军师,不可自杀,请自刑。'因援剑割发以置地。"(《魏志》卷一注引《曹瞒传》)

▶ 一、董仲舒的政法思想

从法律思想看,一脉相承的历代法典可分为两个系统,一是以《法经》为代表包括秦汉法制在内的法家系统,二是以魏晋律为代表的儒家系统。后者经由董仲舒引经折狱过渡到以礼入律。汉武帝时推行"罢黜百家,独尊儒术"的思想,董仲舒修正的儒家思想成为此时及之后历朝的正统法律思想,并直接促成了汉武帝及之后的法制儒家化过程。

其实,刘邦这样的无赖自当上皇帝,并不怎么看得起儒士,他曾将儒士的帽子丢到地上并在上面撒尿以侮辱他们。虽然叔孙通给他定制朝仪,让刘邦顿感当皇帝之乐,但刘邦及之后的儿孙们未觉得这种思想有上升为正统的必要,直到汉武帝的出现。

董仲舒改订的儒家思想为何成为国家的法律指导思想?原因一,经过六七十年的"与民休息",汉朝积累了大量财富,奠定国家从"无为"向"有为"转变的物质基础。原因二,汉初吸取秦短期而亡的教训,实现郡国并行制,在全国设立郡县的同时,大封诸侯,包括同姓王与异姓王,异姓王逐渐被中央王朝所灭。但是,到了文帝、景帝、武帝时期,同姓诸王蠢蠢欲动,尤其是"七国之乱"曾威胁中央的皇权政治。因此,中央一方面实行"削藩""推恩令"等政策,强化中央集权。另一方面中央需要与之相配套的政法思想作为指导,显然,黄老清静无为思想缺乏这种功能。

至汉武帝时期,鼓吹《春秋》大一统思想的董仲舒脱颖而出。董仲舒大约生活在公元前179—104年,老家广川(今河北枣强县与景县间)。汉景帝时他以精通儒家经典《春秋》而征为儒士,到汉武帝时他因提出三纲、独尊儒术、德主刑辅、灾异谴告、《春秋》大一统等主张,受到汉武帝重视。董仲舒认为"三纲"受之"天意",谁也不能违背,在"三纲"中,君权受之于天,主宰一切,臣民必须服从君权。君为臣纲、父为子纲、夫为妻纲的思想成为汉朝以后各朝廷立法的核心原则。董仲舒不仅是汉代名儒,而且是传统时代正统思想的奠基人。他的思想上承孔子、孟子和荀子,兼而吸收阴阳五行等神秘思想,为当时的立法、司法活动提供权威理论基础,具体如下:

(一)"天人合一"思想

受阴阳家思想影响,董仲舒认为人是天(既是自然之天,又是主宰自然的上天)的一部分,所以人的行为根据一定要在天的行动中寻找。① 他在《春秋繁露·为人者天》里指出,天是最高的神,"天者,百神之君也,王者之所最尊也"。天是派生出世界万物的本源,"天者万物之祖,万物非天不生"。因此,人也是天派生出的,故人体现了天的特征。"人之为人本于天,天亦人之曾祖父也。"

这种"天人合一"的理论宣布自然界和人类社会是统一体。因此,人类社会应比照"天"的意志和特征来行事。"天"的意志和特征是通过"阴阳""五行"体现。人类社会的道德、法律与政治都以此为据:"君臣、父子、夫妇之义,皆取诸阴阳之道。……天之亲阳而疏阴,任德而任刑也。是故仁义制度之数,尽取之天。……五道之三纲,可求于天。"通过这与五行关系的论证,使得政治与法律制度具有了神圣性。孔孟儒家认为社会有五伦,即君臣、父子、夫妇、兄弟、朋友。董仲舒从中选出三伦,称为三纲。"纲"的意思是网的大绳,所有的细绳都连在大绳上。君为臣纲就是说君为臣之主,其他两纲亦是这个意思。②

他还说王者以庆、赏、罚、刑为"四政",相当于"四季",官府的组织也是以四季为模型,每级每个官员下面有三个副手,模仿一季有三个月,官员像这样分为四级,是因为人的才能和德性分为四等。由于天人关系密切,因此政治上的过失必然表现为自然界异常现象。比如,人间政治的过失必然使天生气、发怒,天怒的表现是通过自然界的灾异(如地震、日蚀等)向人间提出警告,要君主改正。③ 因此,董仲舒提出人类社会必须按照"天"的运行规律存在

---

① 参见冯友兰:《中国哲学简史》,北京大学出版社1996年第2版,第166页。
② 参见同上注书,第170页。
③ 参见同上注书,第170—171页。

与发展。

受之影响,后代统治者将法律与某些自然现象相联系,指出法律具有与自然现象相同的性质与功能,并以自然现象的变化来解释法律制度的内容。因此,立法遵循"则天立法"原则,以"天"为制定法律的最终依据;在法律实施方面,实行"刑狱时令""灾异赦宥"制度,即审案断狱、执行刑罚要受到一定的时间限制。

在统治者看来,自然景观的变化往往包含着特定的社会人事意义,因此出现灾害性天气、地震、日食、彗星等,都可能促使他们反省自身的刑事政策,从而审查各级司法机关审断案件有无冤狱,另一方面对在押囚犯给予宽免。将法律的特征与自然现象联系起来,天有雷霆闪电,时有秋残冬藏,法律正是根据天的这些景象而立,法的惩罚功能与天的自然属性相类,这从直观上使人们感觉到法律存在的天然合理性。它为人们建构了自然的规律性特征与法律运作特点间的联系,建立起对于当时法律合理性的信念,从而无条件地接受法律、服从法律。法律运作的这种特征是中国传统的天道自然观及天人合一论在法律理论上的具体表现,使统治者在运用法律工具实施统治时更具有自然神秘性,并由此奠定权威性与正当性。①

(二)"大一统"尊君思想

与孔孟推崇贵族政体不一样,董仲舒的理论拥护一权独大的中央集权政体,并从神学角度来论证其合理性。他在《为人者天》提出:"唯天子受命于天,天下受命于天子,一国则受命于君。"在《顺命》提出:"天子受命于天,诸侯受命于天子,子受命于父,臣妾受命于君,妻受命于夫。"为了尊君,董仲舒要求臣民无条件地忠于君主。而孔、孟反对君主的极权政治,比如孟子就说过"民为贵,社稷次之,君为轻"。千年以后,独裁者朱元璋看到这句话大为光火。董仲舒这种曲解、背叛祖师的做法,实际上与法家接近。

(三)"德主刑辅"理论

这个理论与孔、孟"以德去刑"和法家"以刑去刑"不同,与荀子"德刑并重"相近。董仲舒的"德主刑辅"理论结合了"天道""阴阳"的神秘性。他在《春秋繁露·天道无二》中提出,"天之任阳不任阴,好德不好刑如是。故阳出而前,阴出而后,尊德而卑刑之心见矣。阳出而积于夏,任德以崇事也;阴出而积于冬,错刑于容处也"。

这种理论首先把德、刑都纳入"天道""阴阳""五行"的轨道之中,使它们

---

① 法律与自然现象联系的论述,参见朱勇:《中国古代法律的自然主义特征》,载《中国法律文化论集》,中国政法大学出版社 2007 年版,第 61—74 页。

在时空上相统一。其次,偏重儒家的"德治"并将之置于首位。再次,肯定了法家的刑罚,是德的辅助手段,但给它披上了神圣外衣。符合"天道"的治理方式是"德治",与刑不可缺一。① 这种理论是在儒家理想主义、法家重刑主义经验上的总结,并成为当时及之后两千多年正统法律思想的支柱,与孔子"子不语怪、力、乱、神"的朴实思想大不一样。

 想想看

董仲舒的上述思想,以今天的标准来看,其在逻辑上存在什么欠缺吗?有无不合理与非科学性呢?

二、《春秋》决狱

(一)《春秋》决狱的内容特征

董仲舒开启的法制儒家化经历了司法—释法—立法儒家化三个步骤。西汉处在第一个阶段。当然,这三个步骤并非完全不同的先后顺序。司法官员在用儒家经义作为法律依据判决时,就部分地存在解释法律的作用,同样,当频繁以儒家经义解释法律时且将这些解释成果固定化后,就部分具有立法儒家化的色彩。武帝及其之后,儒家思想与知识分子受到推崇,董仲舒先后任大中大夫、江都相、胶西相。他退休后,仍以顾问形式参与朝廷政议与司法。鉴于汉律承自秦制,在法律体系中引入儒家思想并非一朝一夕之功。因此,董仲舒修正过的儒家思想首先进入司法实践这一灵活的领域。

司法儒家化的集中表现是《春秋》决狱。儒家经典著作及其所含原则是传统时代国家司法的重要依据。儒家经典主要有"四书""五经",其中最重要的是《春秋经》。孔子作《春秋》后,先后出现了三个学派研究《春秋》。在西汉初影响广泛的为春秋公羊学派,他们擅长"微言大义",从义理方面解释《春秋经》,对《春秋》中简略的文字无尽地阐释和发挥。一定程度上,公羊学说可视为古代的解释学,汉、魏、晋时期的律学家也主要渊源于这个学派。公羊学派学者畅意讲出自己的理解,借解释以立新论,其大胆解释容易造成穿凿比附,流于主观性。至晚清康有为等人需要倡导维新思想。公羊学说也是在解释经书"微言大义"的名分下,为容纳西方思想提供了便利途径。

作为公羊学派的代表,董仲舒在《春秋繁露·十指》中认为:"《春秋》二百

---

① 董仲舒政法思想,部分参见武树臣:《董仲舒的法律思想和司法实践》,载《法律史论集》(第一卷),法律出版社1998年版。

四十二年之事,天下之大,事变之博,无不有也。"治国之策莫不藏于其中。只要谙习《春秋》,善于从中总结先王治民之道,并用于当时的司法实践中,就可取得很好的效果。董仲舒把《春秋》看做可以由之引申出法律原则的最高本原,这些法律原则是可以通过举一反三的方式总结提炼出来,即从具体事物中抽象出一般原则的推论方法,也即归纳法。在他看来,《春秋》是先王给后世君主用以治国的经世大法,他从中概括出许多儒家经义,比如,"《春秋》之法,以人随君,以君随天。曰:'缘民臣之心,不可一日无君'"。"《春秋》之义,臣不讨贼,非臣也。子不复仇,非子也。"这也就是杀父之仇不共戴天思想的来源。

董仲舒善于从《春秋》的具体故事、案例中引申出法律原则,又善于引具体先例来论述法律原则,也就是"微言大义"。当时朝廷派廷尉张汤到董仲舒住处,咨询案件处理。为此,董仲舒作《春秋决狱》十六卷,载判例232事。董仲舒在《春秋繁露》中说:"春秋之听狱也,必本其事而原其志;志邪者不待成,首恶者罪特重,本直者其论轻。"也就是说,考察犯罪事实的同时还应推究他的犯罪动机,主观动机恶的行为人即使犯罪未遂也应惩罚;共同犯罪的首犯要加重处罚,情有可原的行为人应减轻处罚。《春秋决狱》在后代大多亡佚,散见案例很少。

那么,《春秋》决狱与之前秦汉司法审判风格有何重大差异?

先看秦至汉初的审判实例。张家山汉简"奏谳书"中有一件狱簿文书,是秦始皇二十七年(公元前220年)南郡官吏复审隼[sǔn]纵囚案的记载。其大意是某县出现叛乱,官府征兵讨伐,第三次才获胜。按律规定前两次战败逃亡者都应处死。隼巡查至此,地方官报告此事,他即上书朝廷,要求仅追究官吏责任,而不依法捕杀普通逃兵。这种行为被认为是"释法而上书",意在宽纵罪人,南郡官员随即按查。文书以"鞫之"为目概述案情,以"令"为题分析案情性质、援引法条:"令:……吏所兴与群盗遇,去北,以儋[dān]乏不斗论;律:儋乏不斗,斩;篡遂纵囚,死罪囚,黥为城旦;上造以上耐为鬼薪",最后以"当之"裁判,追究隼放纵死囚之罪。① 法家一些篇章,如《韩非子》中《六反》《诡使》等倡导以君上利益和制定法为唯一标准、全然不顾民俗风尚和事理人情的理论,这种司法风格为秦汉官吏所奉守。

如下殴父案等案例反向推导可知,在当时司法官员严格适用法律并继承法家严格按法律文义定罪的风格下,学者认为,秦与汉初的判文都简要叙述

---

① 参见王志强:《制定法在中国古代司法判决中的适用》,载《法学研究》2006年第5期;张建国:《帝制时代的中国法》,法律出版社1999年版,第279—286页。

案情、明确引用法条,并严格按照语义适用律文。有的案件中皆有后世所谓"可矜"(值得同情)之处,但司法官员在裁决时并不体谅。即使律文简单客观归罪的规定和这样解释的后果将导致不合理的苛酷裁决,他们依然严格按照文义解释的方式适用制定法。

由于完全排除司法官员引入其他裁判依据的可能性和自由裁量权,制定法得到严格的形式性恪守,即使是特殊情势下宽赦罪人,或毫无犯意时造成过错,只要不具备律文载明的免责条件,就一律不予宽贷。司法裁决的这种风格,是当时法家法制指导思想下的必然结果。秦朝及其前身秦国在相当长的一段时期奉行法家主张,以法为教、以吏为师,事皆有法而严刑峻法。秦代与汉初的司法裁判显现着冷峻的风格,对制定法明确援引并严格守文而判,制定法在司法中可谓唯我独尊①(西汉初年官方对"不殊贵贱、一断于法"司法风格的延续,另参见第八章第二节)。

董仲舒提出应重点考察行为人的主观意志,显示出汉代以来司法官员逐渐从《春秋》抽象出法律原则作为案件判决依据。从《太平御览》卷六百四十记载的案例可知,乙是甲之父,这是事实,甲以杖击乙,这也是事实。法律上规定"殴父,当枭首",这也是事实。判决的结论就是对甲处以枭首刑。这种秦至汉初严格守文、简单定罪的审判风格遭到董仲舒的反对。他从《春秋》援引一个案例"许止进药",从中引出一个法律原则——"原心论罪",强调根据当事人的主观动机来定罪。志善而违法者从轻处罚,志恶而合法者从重处罚。将之施用于当时正在审理的"殴父"案,从而得出无罪结论。这实际上创制了一个新的判例,尽管适用于古老的判例,但对今后同类审判活动具有指导意义。

(二)《春秋》决狱的影响

《春秋》决狱对汉代司法产生了很大影响。董仲舒弟子吕步舒、廷尉张汤、宣帝时的廷尉于定国等都先后学《春秋》,并运用到具体司法中。秦至汉初侧重拘泥法条及客观归罪的司法审判风格至此转变,颇有点像从19世纪欧洲盛行的概念法学到20世纪自由法学的兴起。19世纪的概念法学倡导法官适用法律仅能作机械的逻辑推演,一切法律解释应以立法文本为依归。法律之外的因素(比如经济、社会道德及当事人的利害关系)一概予以排除,不应有价值判断。概念法学禁止司法活动"造法",认为法律本身完美无缺,因而连带地要求法学所使用之方法除逻辑演绎外,不能再有"目的考量"或"利益衡量"。概念法学对于法律的解释,偏重于形式逻辑的操作,排除法官对案件

---

① 参见王志强:《制定法在中国古代司法判决中的适用》,载《法学研究》2006年第5期。

的利益衡量或目的考量。法家风尚影响下秦至汉初的司法官员正与此近似,致力于统一适用法律。至 20 世纪,学者对概念法学的猛烈批判产生了自由法学运动。该运动倡导法官应自由探求活的法律,主张法官在法律之外寻求活法,从而将法律解释学从僵化、保守的概念法学中解放,赋予法官较大的自由裁量权,弹性地解释法律。

概念法学内含着立法者万能与法典万能的梦想,把法律与"法律社会的基础""法律的实在性"以及"法律制度的目的"隔离,以法条为基石,以注释为能事,致使法学成为一种无价值的学问,法官成为自动的机械。① 战国法家的法律万能论正与此近似,这种"物极必反"式的转化由董仲舒来启动,为个别案情调整法律,以实现官员所追求的公义。《春秋》决狱的审判方式实际上使得儒家经义被等同甚至高于现行法的权威,从而使得儒家思想进入法律领域成为可能。儒家思想正是从司法领域入手,深入到法律解释(汉魏时期的以礼注律)和立法领域(魏晋时期的以礼入律、隋唐时期的一准乎礼)。

（三）对《春秋》决狱的评析

不过,《春秋》决狱是十全十美的吗?《春秋》决狱注重原心定罪,以主观动机之"善""恶"作为判断有罪的依据。就算董仲舒凭借高深儒学素养及公正心,恐怕也难以确保其判决总是行进在正义的轨道上。以前述"甲以杖击乙"案为例,董仲舒认为甲并非真心在杖击父亲乙,原因在于"父子至亲也,闻其斗,莫不有怵怅之心"。对此,完全可以作如下追问:当儿子的在这种情况下是否一定会有怵怅之心?是否会有某个不孝子借此收拾他父亲而刚好又钻了董仲舒自以为是的空子?对那些不能严格遵守儒家经典、伦常的官吏而言,难免主观臆断和陷害无辜,最后在司法实践中造成任意裁判的弊端。②

《太平御览》卷八三六引应邵《风俗通》的那个案例虽说与《春秋》决狱没有直接关系,且何武的裁判看起来也是公正的(符合社会公众的认可和预期),但是这种裁判不靠明显的证据说话。想想看,若剑明确有证明小弟到了十五岁就与大姐"决断"的意思,当事人的姐姐、姐夫为何不提前预作防备?何武基于贤良长者的玄想、臆断的司法风格,岂不正与《春秋》决狱的倾向近似? 司法官员积极追求社会可以认可的公正结果,甚至不惜背离法律与裁判

---

① 参见杨仁寿:《法学方法论》,中国政法大学出版社 1999 年版,第 66 页。
② 关于中国古代是否依法判决的研究,参考俞荣根:《罪刑法定与非法定的和合》,载《中西法律传统》(第三卷),中国政法大学出版社 2003 年版。

的逻辑,其极端,便是司法官将有可能迈向擅断的深渊。① 这种能动司法与秦至汉初官员的机械守法成为两个极端。

在商鞅、韩非等人设想的"法制模型"特征之一为,法律以及司法机构高度自治,政治意志与法律裁判适当分离。虽然法家认识到君主与法律运作关系甚为密切,但多次提到,君主不应干涉法律运作,君主应该遵守法律。"法之不行,自上犯之。"在法家风尚之下,秦至西汉初年,司法审判具有明显的法条主义倾向,强调严守既有法律或判例。

汉武帝以后,儒家思想上升为政治意识形态,引用儒家经典《春秋》作为司法审判依据成为风尚,这种风尚依赖于王朝的政治思想判断,超越了既有法律规范。此时的司法审判不完全是适用既有法律规范,或经由解释既有法律规范的结果。这种决狱方式实际上也就是在司法审判中要讲政治,讲政治的结果必然在司法中引入政治意识形态、朝廷政策导向或其他正统思想的判断。《春秋》决狱赋予官员在事实判断和法律适用方面一定的权限,从而实现官员所认为的正义。

隋唐以后,儒家精义大都被纳入律典,因此《春秋》决狱之风渐息。但是,宋元明清时期司法官员至少审理民事案件时,在法律规范之外大量引述天理、人情作为依据,官员所谓的天理与人情,主要是基于自己及大众对公正、道德认知的感觉,这种感觉通过官员个人玄想与体悟,在审案时临时确定。这可算作是《春秋》决狱这种"能动"司法在后世的余波。

三、汉律形式与主要法规

(一)法律形式

汉代法律形式中以律令数量为多,其与之前之后的朝代有何异同呢?学者认为,汉代称作律令的法规性质上颇不一样,汉代律令并不按照刑罚、非刑罚的观点分类,除《九章律》外还存在许多称为律的法典或单行法,比如《田律》《田租税律》《钱律》《金布律》《上计律》《酎[zhòu]金律》《尉律》等。其中,诸如《田律》《金布律》也见于《秦律十八种》。至于汉代的令,是随时编纂原来单行诏令的结果,具有不受篇数条数限制的性质,当时存在诸如《田令》《水令》《缗[mín]钱令》《盗铸钱令》《金布令》等许多称作令的法律名称。汉代与秦代的不同在于令不仅仅是单行法令,而是作为法典来制定的。汉代律令大量增加及其内容纷乱的结果,造成正确适用法的困难,因此至东汉时期出现

---

① 顾元对何武断案作了有深度地分析,参见顾元:《天道与中国传统司法》,载(韩国)《亚洲研究》第 11 期(2010 年),第 32—33 页。

删定律令的言论。据当时律令学家陈宠的建议，要考虑将律令改为符合儒教的经义并且减少死刑以下的刑罚数，作为删定法令的方向。①

律是具有稳定性、普遍适用的基本法律形式。秦汉与魏晋以后的律不同在于，秦汉时期的律分正律与杂律。正律也即基本法典，如《九章律》。杂律是一些专门法规，内容相对单一，如《上计律》（考核地方官的法律）、《尚方律》（抑制官吏自行提高品级待遇的法律）、《左官律》（贬抑诸侯王国官吏政治权力的法律）、《大乐律》（关于宗庙祭祀与任官仪式的法律），等。魏晋以后出现重要变化——律基本只有正律，也即国家颁行的律典。

令又称诏或诏令，也即皇帝的命令。"天子之言，曰令"，是皇帝根据个案而发布的法令。皇帝权威至高无上，因此令的效力高于律。令是皇帝在法律之外发布的，越积越多，以至法官无法遍览，为了便于检索与阅读，汉宣帝时进行分类整理，编成《令甲、令乙、令丙》等，这是综合性的令。还有以地区为名的，如《北边挈[qiè]令》《乐浪挈令》，有的以官府名称命名，如《廷尉挈令》《大鸿胪挈令》，这些令的内容大都未能保留至今。

科是针对某类事一个方面制定的单行法规或实施细则，科源自秦的课。在汉代，科作为一种弥补法令不足的法律形式广泛使用。

"已行故事曰比"，比也就是判例，又称决事比，与秦的"廷行事"类似。"比谓类例"，用来以后比附、参照断案的典型判例。法律无相关规定，"取比类以决之，故云决事比"。因此，比又叫做决事比。汉代用判例断案，比越来越多，到汉武帝时，死罪决事比就有 13472 条。到汉宣帝时，廷尉于定国整理法律 960 卷，大辟 490 条，1882 事，死事决事比 13472 条，可适用于断罪的共有 16272 条。② 比的大量出现易造成司法官员以比破法。

为什么在一个朝代中后期各种法律数量总会急速增长呢？中国古人的思维偏向于具体与形象思维，表现在立法技术中就是法律过于具体，同时受法家思想影响以及为确保皇帝的法令不至于被官员曲解，立法时要求罪名与刑法之间尽量对应，以压缩司法官员自由裁量空间。如学者指出，当时的立法者尽量在罪行与刑罚及其赎换刑之间确定一一对应的数量关系。各代刑律的定刑方式皆如出一辙，几乎排除了量刑的余地。量刑机械化实际上标志着绝对的法定刑主义。这种原则影响到法律的构成，促进实体法规定的细则化，以面面俱到地规定违法行为，但细则化并不能解决法律疏简而又僵硬的

---

① 参见〔日〕滋贺秀三：《关于曹魏〈新律〉十八篇篇目》；〔日〕堀敏一：《晋泰始律令的制定》，均载杨一凡（总主编）：《中国法制史考证》（丙编第二卷），中国社会科学出版社 2003 年版。

② 参见程树德：《九朝律考》，中华书局 2006 年版，第 32—33 页。

问题。①

这种立法技术对于维护皇权、避免司法官员判决时上下其手能带来暂时好处,但是时间一长,社会上违法行为日趋复杂,导致法律漏洞不断增多。最后,立法者只好不断地制定更多具体化的法律来弥补,其结果便是到王朝中后期,法律数量爆炸性增长,最后连司法官员都无法一一遍睹。这种情况在汉、宋时期颇为典型。

(二)刑事法规

1. 刑法原则

这个时期有许多刑法原则沿用自前朝,比如西周时期就曾予以区分故意(非眚[shěng])与过失(眚);区分惯犯("惟终")与偶犯("非终");自首减刑,比如东汉明帝、章帝时诏令规定对自告之罪以平时赎金的一半赎罪即可,当然,若已有犯罪结果并且其危害无法去除,一般不能减刑;诬告反坐;等等。除此,还有一些刑法原则值得关注,包括:

(1)刑事责任年龄的确定

与秦不同,汉代户籍制度较之前更为完善,这为国家弄清民众年龄提供了条件。汉惠帝时曾下诏规定民众七十岁以上、十岁以下的"有罪当刑者,皆完之"。②汉宣帝时规定八十岁以上的老人犯罪只要不是诬告、杀伤人等罪行,则免予处罚。另外,汉律还规定八岁以下、八十岁以上,只要不是亲手杀人,皆免予刑罚。综上所述,汉代要承担确定刑事责任的年龄大致在七八岁至七十或八十岁之间,一定程度上表明当时立法者认识到这些人社会危害程度小以及体恤老幼等群体。

(2)容隐制度

与法家倡导"骨肉可刑"、大义灭亲的思想不同,儒家创始人孔子提倡父子相为容隐的伦理维护思想。容隐制度至汉宣帝时以皇帝诏令形式得以确立,当时规定子女容隐犯罪的父母、妻子容隐犯罪的丈夫、孙子容隐犯罪的祖父母皆无罪,也就是说,类似今日刑法中规定的包庇罪在当时不仅免予处罚,并且得到鼓励。若是父母容隐子女、丈夫容隐妻子、祖父母容隐孙子,犯死罪的话皆由廷尉告知皇帝来处理。其立法本意在于维护父子之亲、夫妇之道这样的天性和伦理亲情。容隐制度到了唐宋以后涉及范围越来越广。当然,不能把容隐绝对化,诸如"谋反""大逆"这样的重大政治犯罪向来是禁止容隐的(容隐另参见第九章第四部分)。

---

① 参见季卫东:《法治秩序的建构》,中国政法大学出版社 1999 年版,第 59—60 页。
② 《汉书·惠帝本纪》。

想想看

容隐制度与秦律中的"非公室告"有什么异同?

(3) 贵族官员的法律特权

汉代(及以后的朝代)法制强调官僚贵族享有一些法律特权,其典型表现就是贵族官员犯罪可先请示皇帝裁决,其他司法官员不得直接审理,一般可以获得减刑或免刑。比如,《汉书·东方朔传》记载,汉武帝外甥昭平君杀死其妻(武帝之女),"系狱官,以公主子,廷尉上请,请论。"后世的八议制度与汉代的"有罪先请"制的性质近似。西汉时期两千石[dàn]以上的官员方可上请,东汉时该标准下降至六百石的官员。

因行为人的身份差异,致使法律后果不同的现象在秦律中也有类似反映。如《秦律杂抄》的《中劳律》规定:"不当禀军中而禀者,皆赀二甲,法(废);非吏也,戍二岁。"即不应从军中领粮而领了的,若是官吏,皆罚二甲,撤职永不叙用;若非官吏,则罚戍边二年。该法条表明因官职的有无而实施同罪异罚原则,说明秦律并未完全继承法家"刑无等级"的思想。由此要注意到,从法律思想到法律制度最后到法律实践,中间要经过诸多环节并受各种因素的影响,指望法律思想与法律实践的内容完全重合,在古今都不现实。

2. 犯罪种类

以下所枚举的犯罪类型大多在汉武帝时代出现。当时,汉武帝面临地方诸侯威胁中央,为此,他在政策法令方面的突出表现,就是设定各种具有针对性的罪名,削弱诸侯王的势力,惩治威胁中央集权的犯罪,打击触犯皇帝尊严的犯罪。皇帝是立法者,法律自然优先保护皇室利益,之后才是对民间社会秩序的管理与维护,这点历代大都如此。

阿党与附益罪,该罪针对西汉前期诸侯势力威胁中央集权的背景而出台。阿党,又称阿附,"谓治狱吏以私恩曲挠相为也。""诸侯有罪,傅相不举奏,为阿党。"附益为中央朝臣阿媚王侯。汉代不少大臣因阿党、附益罪而受惩,如东汉时孙滨因阿党罪受罚。①

事国人过律,诸侯王每年役使的吏民不能超过一定的限额,否则免为庶人。如汉文帝时的诸侯王高成因此被免为庶人。法律的目的为防止诸侯王扩充实力图谋不轨。

其他惩治威胁中央集权的罪名,比如非正罪,继承爵位、诸侯王位置的不

---

① 参见程树德:《九朝律考》,中华书局2006年版,第131—132页。

是嫡系正宗（嫡妻所生）故而免为庶人，此罪对诸侯王位延续构成限制。出界罪，诸侯王擅自越出国界者，免为庶人，重者处死，此罪目的是防止诸侯彼此串通。以上法律对这些王侯的政治、经济、军事权力作出诸种限制，削弱诸侯王的力量并孤立之，诸侯王逐渐失去在其封地上的军事与政治权力，只剩下收税的权力，贫穷者甚至乘牛车出行。到东汉末年，声称是西汉中山靖王刘胜后代的刘备已经穷到贩草席为生了。

危害君主专制与尊严的犯罪，在思想言论方面的犯罪有："左道"罪，"左道"是政治思想上离经叛道惑乱百姓的罪名。犯此罪要处大辟之刑。"腹诽"罪，如对皇帝的政令被推断为内心反对，即使未以外在的言论、行动作出表示，也可以定为"腹诽"判罪处刑。《汉书·食货志》记载张汤与大农令颜异不和，武帝元狩四年发布"盗铸诸金钱罪皆死"的诏令后，有人在大农令颜异面前评论此项法令"不便"，其并未说话，只是略微显现出亦有同感的表示，结果张汤以"九卿见令不便，不入言而腹诽"的理由对其"论死"，"自是之后，有腹诽之法"。

"妖言罪"，"妖言"是被认为对皇帝说话"过误"不当。《汉书·高后纪》注引颜师古的解释："过误之语，以为妖言"，即说错了话，可以被认为妖言罪。因此，这种罪行没有一个预先的客观标准，取决于事后皇帝主观把握，与秦代的"非所宜言罪"近似。《汉书·夏侯胜传》记载汉昭帝驾崩后，昌邑王承位后，多次外出，夏侯胜劝说："天久阴而不雨，臣下有谋上者，陛下出欲何之？"昌邑王大怒，认为夏侯胜出"妖言"，捕起来判罪。"妖言罪"虽经文帝、章帝（东汉）废除，但并未完全弃置不用。《后汉书·章帝纪》记载："往者妖言大狱，所及广远，一人犯罪，禁止王属，莫得垂缨[yīng]仕宦王朝。""妖言"罪本人的亲属不得做官。这些恐怖的法令，正如孟德斯鸠在《论法的精神》所言："专制政治用恐惧与谎言来维持政治。"

不忠于朝廷的犯罪，比如欺谩、诋欺、诬罔罪，主要指臣下欺骗皇帝之类的行为。不敬、大不敬罪，对皇帝本人、皇帝的父祖及皇帝使用过的器物轻蔑失礼称为不敬、大不敬。诸如臣下侍奉宗庙时"醉歌堂下"，在宫阙附近实施暴力行为；把御用器物如天子之弓置于地上，不尊天子之马；大臣奏事，漏泄机密，到宫中至司马门时不下马等行为都是大不敬。

不道罪，凡背弃为臣之道，祸乱民政，危害君主及国家，颠覆社会体制的行为，一般称为不道。"不道"的罪名很灵活，臣下对皇帝不尽职尽忠，可谓"不道"，非议诏书、误朝、距闭使者、臣下营私舞弊都有可能是不道。臣下或百姓谋反或聚众反抗当时的统治（群盗），可在不道罪名前附加更为严重的罪名，如"大逆不道""结信贵戚，背君向臣，倾乱国政"的不忠不道。除此还有怨望诽谤政治、废坏诏书等罪。

此外，在张家山出土的西汉初期法律《二年律令》的《贼盗》篇中，开篇就是规制反、降、谋反等危害国家政权或危害国家安全的犯罪行为。学者统计，这类政治犯罪有七种，分罪名有十二种，为《贼盗》中各种犯罪行为中罪名最多的一类犯罪。这类犯罪处刑普遍很重，十二种分罪名中有八种犯罪行为处以腰斩、弃市、磔三种死刑，有四种犯罪行为要处以黥为城旦舂或城旦舂两种劳役重刑。①

危害社会管理的犯罪，比如群饮酒罪，三人以上无故群饮酒要"罚金四两"。首匿罪，指主谋藏匿诸如谋反、谋大逆的严重犯人。通行饮食罪，给盗贼通情报、当向导、供饮食。"见知故纵，监临部主"罪，前者是官民见知有人犯法，必须举报，否则是故纵；后者是官员对主管的下级官员的犯罪行为要及时纠举，否则实行连坐。面对这些数量繁多的罪刑，对臣民而言，最好的保全方式就是"天高皇帝远"，尽量离"孤家寡人"远远的。

以上罪行与刑罚主要出现在汉武帝之后，统治者抛弃了汉初黄老清静无为、宽政省刑的政策。这种国家过度有为的积极政策，比如打击四夷、盘剥百姓、惩治商人，导致社会矛盾大量出现，盗贼蜂起，中央为此制定相应法律、设定繁多的罪名以维持统治。也因此，中国古人倾向于把法律越来越多看做是乱世出现的一个标志。

想想看

前文引述的诸如"周有乱政，而作九刑"之类的话，其所表达的观念与逻辑有无道理？

（三）家庭婚姻中的法律原则

董仲舒发展了儒家思想，把家庭关系与政治关系相提并论，家庭关系中父为子纲、夫为妻纲，同政治关系中"君为臣纲"相对应。

1. 父为子纲与汉代法律

在家庭关系中，汉代儒家提倡父为子纲，其在法律中的主要表现就是维护父家长的权力，因此汉律与司法实践中特别推崇孝道。比如汉代将孝行作为士民入仕的必备品行和升级的重要条件。不孝者则不得当官，"不为亲行

---

① 参见连宏：《〈二年律令·贼盗〉中所见罪名及其法律精神研究》，载霍存福等（主编）：《中国法律传统与法律精神》，山东人民出版社 2010 年版，第 667 页。

三年服,不得选举"。① 孝并无具体的、客观的外在内容,这一道德规则获得法律效力,势必造成道德与法律之间界线的模糊,使得道德法律化,法律道德化。

与孝道相对应,汉代有"不孝"与"大逆"等罪。"不孝"罪者要处死刑,如《春秋公羊传·文公十六年》何休注:"不孝者,斩首枭之。"告父母属"不孝",《汉书·衡山王刘赐传》记载:"太子爽,坐告王父,不孝,弃市。"子女以下犯上,如杀父母或殴打父母,前者是"大逆"罪,《通鉴》卷一六六记载依《汉律》"杀母以大逆论"。此罪本人腰斩,妻子弃市。对于殴父行为,《太平御览》卷六四〇记载依《汉律》"当枭首"。孝与汉代法律的融合主要从司法实践而不是立法方面开始的。执法者据王朝政策及具体案件惩处儒家教义反对的不孝行为,到后世时机成熟后成为判例(比),然后列入正式法律。这是当时法制儒家化的基本发展趋势。

由于汉代缺乏对孝道有关的统一立法,因此对不孝罪处罚的结果并不完全相同。在汉代之前的秦律中也有不孝罪,那么秦汉对同一罪的规定有什么本质区别吗?学者认为,在董仲舒看来,秦律是"诛名而不察实",即过分关注外在行为,忽视罪犯的内在动机。汉代立法中没有对不孝行为的具体规定。而是对可能伤害父母之心及使人产生不孝之心的行为不问轻重一律严惩。这样的法律直接作用于人心,而不仅仅规范外在行为,因此,要解决这样的难题,只能求助于学理与法律智慧高超的法官(如董仲舒),实际上增加了法律本身的不确定性。②

若以今天的标准来看,孝作为家庭内部的一种道德,完全应当是私人化的事情。为何汉代及后世统治者如此重孝呢?在古人看来,国是家的扩大,家是国的缩小,两者同构。因此官员称为父母官,君臣关系类比为父子关系。反之,也有人把家当作国来治理。如汉李通"居家如宫庭",冯良"遇妻子如君臣"。《大学》提出:"修身、齐家、治国、平天下",这种从个人修身养性到治理国家与天下的扩展逻辑,才能如让古人如此认可。孝道这种今人看似私人领域的事务在那时以至后来的时代与政务发生了巨大联系。孝深深蕴含政治目的,成为政治之道。孝一方面有助于君臣、上下修养品德,另一方面在必要时候可以教臣民移孝作忠,从而利于统治。《后汉书》说"求忠臣必于孝子之门"也正是这个道理。

当然,忠孝之间可能存在矛盾,常言道"忠孝不两全",这个时候统治者自

---

① 《汉书·杨雄传》,引应劭注。
② 参见侯欣一:《孝与汉代社会及法律》,载《法律史论集》(第一卷),法律出版社1998年版,第80—81页。

然鼓励臣民为了忠应该抛弃孝,也即人所熟知的大义灭亲。魏晋以后的针对谋反、谋大逆等重罪排除亲亲相为容隐制度,是此原则的具体反映。一旦违法行为与统治无关,则魏晋以后的法律大都支持亲亲相为容隐,此时大亲可以灭义。孝的本意是"无违",在大多数情况下,忠孝间诸多原则相通,二者核心都是顺从、尊敬长辈与长上。当一个人对一切事物都可以顺从并处处不忘自己的义务时,离一个顺民就不远了。因此,汉儒及后代的治民者才会宣传"以孝治天下"。①

汉代重视孝影响了历代。清初立国时期教育学生的第一条即为"孝",顺治时期广泛颁行《孝经》于各大官办学校。② 雍正帝向全国强行推广的法制与道德教化读本《圣谕广训》中,第一条也是"敦孝悌以重人伦"。在统治者看来,"百善孝为先",孝是教化民众端正习俗的根本,培养孝道同时可以塑造民众忠的素质。

2. 夫为妻纲与汉代法律

在婚姻关系中,夫妻二人高、下的极端地位在秦律里面表现得不明显。汉儒则讲究"夫为妻纲",确立了夫妻间很不平等的原则。除了丈夫可以休妻的七个理由(七出)以及对女性的三个补救(三不去)外,当时许多儒家经典中的相关语录成为主流社会推崇的常识,影响了人们的婚姻关系及法制。比如《仪礼》说:"夫者,妻之天也。"《女诫》说:"夫有再娶之义,妇无二适之文,故曰夫者,天也。"丈夫是妻子的天,可以再娶,而妻子则只能从一而终。注意,《女诫》是东汉一位叫班昭的女性所写,用以教导妇女做人道理的教化之书。如用今天的标准来看,这部书实际上就是女人教导女人要听从丈夫、服从丈夫等等,真是有点难以想象。

一如以前,汉代亦是实行一夫一妻多妾制,妻妾地位的高下决定了其子女的政治性身份的地位高下,当时的"非正罪"就与此相关。在财产分割方面,汉代以及整个中国传统时代,大致遵照父母生前成家的诸子即可均分家产的制度,以遗嘱继承财产则是罕见形式。诸子均分制在中国相沿两千余年,西洋、日本则长期盛行长子继承制,与中国大相径庭。在中国家族伦理本位的社会,财产实为夫妇父子共有,财产所有的最小单位是家而非个人,富家对贫穷宗亲有救济义务。加上汉以后官府号召同居共财的生活模式,故长子日后独有财产的观念无法产生,亲属间相盗窃也要比常人盗处罪轻得多。

---

① 本书部分参见侯欣一:《孝与汉代社会及法律》,载《法律史论集》(第一卷),法律出版社1998年版,第69页。

② 参见艾永民:《清朝行政法律之儒家化》,载《中国政法大学学报》2009年第5期。

在结婚程序上,妻必须明媒正娶,举行仪式(六礼);妾则等于奴婢,不必遵守六礼,且妾受制于妻。《汉书·恩泽侯表》记载当时的法律规定不准"乱妻妾位"。在汉以后的社会,妾不能参加家族祭祀,如无儿子的话,死后也不能被人祭祀。通常,丈夫休妻要受"三不去"的限制,这对妾则不适用。妾通常没有自己的财产,本人即属于丈夫的财产,以至可以作为礼物赠与他人。妻妾地位有天壤之别,且禁止妻妾失序的规定一直为明清法律所继承。

▶ 四、司法机制

(一)司法机关

1. 中央司法机关

历代皇帝独掌司法大权,虽然有的皇帝亲自裁决重大疑难案件,但是大多数皇帝没有精力亲审所有案件,他必须把司法事务交由其他职能机构来处理。一如秦朝,汉代的廷尉掌管全国刑狱与司法审判,负责审理皇帝下达的"诏狱"和地方上报的疑案。丞相和御史大夫与御史中丞也参与审理一些重大案件。汉武帝为维护独裁权力,先后设尚书这样的内朝秘书班子,赋予其一定的司法审判权力。至汉成帝时,尚书中设置了"三公曹",负责审理案件。到东汉时,尚书由曾经的秘书班子一跃成为朝廷中枢机构,其属下的六曹中的二千石曹与外朝官的廷尉同时负责司法和审判,实际架空了廷尉职权。

 回忆一下

有关告发、起诉、审讯(鞠狱)的法律规定在《九章律》中应属于哪一篇?

2. 地方司法机关

汉代地方没有专设的司法刑狱机构,司法审判是诸如郡守(司法方面的专职卜属为决曹掾)与县令(司法方面主要的佐官为狱掾、狱史)这样的地方长官诸政务活动中的一种,具体情况大致与秦相同,此处从略。

(二)司法的过程

1. 诉讼的提起

这个过程既包括民众自行到官府起诉、纠举罪犯,时称"告劾",也包括官员主动纠举罪犯,时称"察举非法""举劾犯罪"。与宋朝具有时代特征的"越诉法"不同,包括汉代在内的绝大多数时代都要求当事人逐级上诉。另外,汉代还有"诣阙[què]告诉"制度,民众可以直接到京城向皇帝申诉。这种特殊诉讼形式在当时尚未成为正式制度,其目的一定程度是保障民情上达,舒解民冤,同时也蕴含了政治功能:上层官员了解下层社会主要是依赖官僚体系

由下至上的单通道信息传递机制,皇帝通过"诣阙告诉"了解底层社会的信息,有助于避免被地方官员所蒙蔽,实现对地方的控制。① "诣阙告诉"的这种功能与晋代设置的登闻鼓制度基本一样。《周礼·秋官·大司寇》记载的"以肺石达穷民"制度,就是设肺石于天子的宫外,冤民可以站肺石旁边申诉,晋代以后的登闻鼓制度和清代嘉庆年间开放的京控制度等都具有这种政治功能,也即,民众利益保护(申冤)只有与王朝的政治利益结合起来,才最有可能引起权力机构注意并保护之。

2. 审判、复审与执行

在案件受理后,官府就可以拘传当事人,除了贵族官员具有上请特权外,汉律规定老幼、废疾和女性犯罪可不戴刑具,以表法律体恤之意。如同周秦之制,汉代刑事审判亦有读鞫、乞鞫制度。其中,乞鞫(当事人请求复审)必须向上级报批,并在案件判决后三个月内提出来。一般案件由郡县执行其判决,死刑案件郡可以执行。地方官如遇疑难案件,则由县、郡至廷尉,向皇帝逐级呈报,议罪断决,时称奏谳。汉朝时官方将奏谳的案例汇编成册,供司法官员参考。1983 年湖北张家山汉墓中曾出土《奏谳书》。

不过,由于汉代的司法腐败,往往存在富人行贿,使罪犯得不到惩犯、无过错者被处刑。当时郡守司法权限很大,虽然法律确立了乞鞫制度,罪犯及家属可以向上级请求复审,但是当时"守令(郡守和县令)杀人,不待奏报"。清朝学者赵翼在《陔[gāi]馀[yú]丛考》一书中考证,西汉的义纵、尹赏、何并及东汉的史弼、董宣、严延年和李膺[yīng]等郡守或地方高层长官都曾在司法实践中擅自处决大量罪犯,甚至未及审判就处死犯人,表明当时地方官的司法权力相当大。这种权力自魏晋隋唐日益受到限制。宋代至少法律上规定,死刑案件必须由省级机构和朝廷做最后的审理,明清时期知府和州县官员则只有行使笞杖刑的权力,尽管这在司法实践中往往未必得到执行。

在死刑执行时间方面,除谋反、大逆这种严重威胁政治的重大犯罪,其死刑执行决不待时外,汉代死刑执行受"天人感应""天人合一"思想影响——要求人间制度与天的运行规律相一致,实行"秋冬行刑",即在秋天霜降后、冬至以前执行。汉代人认为此时天地始肃,杀气到了,可以顺应上天的意志处决人犯。

---

① 相关研究参见陈柏峰:《古今中国"真相"了解体制暗合的思考》,载《中西法律传统》(第 4 卷),中国政法大学出版社 2004 年版。

第二节　三国至南北朝的法制及其儒家化

◆ 预读文献与思考

1. 结合以下文献思考,魏晋以后法制儒家化的社会基础与动力是什么?这个时期的社会与宋以后的社会有何显著区别?

清代学者沈垚认为:"六朝人礼学极精,唐以前士大夫重门阀,虽异于古之宗法,然尚与古不相远,史传中所载多礼家精粹之言。至明则士大夫皆出草野,议论与古绝不相似矣。古人于亲亲中寓贵贵之意,宗法与封建相维。诸侯世国,则有封建;大夫世家,则有宗法。"①

2. 以下案例涉及法制儒家化后何种司法原则?

《魏书·刑罚志》记载,时司州表:"河东郡民李怜生行毒药,案以死坐。其母诉称:'一子年老,更无期亲,例合上请。'检籍不谬,未及判申(还没有判决上报),怜母身丧。州断三年服终后乃行决(司州判决李怜生服丧三年结束后再执行判刑)。"司徒法曹参军许琰[yǎn]谓州判为允。主簿李玚[yáng]驳曰:"案《法例律》:'诸犯死罪,若祖父母、父母年七十以上,无成人子孙,旁无期亲者,具状上请(准备好罪犯的罪状向皇帝请示)。流者鞭笞,留养其亲,终则从流(尊长死亡后罪犯再服流刑)。不在原赦之例。'检上请之言,非应府州所决。毒杀人者斩,妻子流,计其所犯,实重余宪(罪犯行为重于其余律条)。准之情律,所亏不浅。且怜既怀鸩毒之心,谓不可参邻人伍(不可和邻人同住)。计其母在,犹宜阖门投畀(也应全家流放),况今死也,引以三年之礼乎?且给假殡葬,足示仁宽,今已卒哭,不合更延。可依法处斩,流其妻子。实足诚彼氓庶,肃是刑章。"……诏从之。

▶ 一、大纷争:三国至南北朝的历史

魏、蜀、吴三国形成于公元220年。这一年,曹丕装模作样地搞禅让制,从汉献帝那儿接过帝位,自称魏文帝,后历明帝、魏齐王、高贵乡公、元帝。蜀则历蜀汉昭烈帝(刘备)及后主(刘禅);吴则历大帝(孙权)、会稽王、景帝、乌程侯。三国并存时间约三十四年(229—263),但纷争局面持续九十年之久,最后由魏晋一统。

三国初期,各国的吏治整顿与经济发展以曹魏的成就比较突出。曹操统

---

① (清)沈垚:《落帆楼文集》(卷八),《与张渊甫》第14页,吴兴刘氏嘉业堂刊,跋于(民国)戊午年(1918)。

一北方后,开展屯田,革新东汉以来的弊政,抑制豪强势力,扫除宦官和外戚专权。魏文帝时实行九品中正制,选举士族为官,在经济上也给予士族特权。魏国建立不久,政权开始腐败。齐王芳在位时,发生了辅政的宗室曹爽和太傅司马懿的权力之争。司马氏是东汉以来的世家大族,司马懿本人富有谋略,他以退为进,装成年老病重。正始十年(249)他发动政变,轻而易举地击败并处死了志大才疏的曹爽。接着,司马氏于魏景元四年(263)出兵灭蜀。两年以后,历史在这里重演——司马炎效仿王莽、曹丕一类人的做法,以接受禅让为名,从魏元帝那接过帝位,代魏为晋。明人评价他"再受禅依样画葫芦"(见《三国演义》),经典之极。禅让!禅让!中国政治史上恐怕没有比这更假模假样的权力交接模式了。

刘备于221年称帝后,打着为关羽报仇的旗号与吴军进行了夷陵(今湖北宜昌一带)之战,败退后入蜀,病死于白帝城,由诸葛亮辅佐继位的后主,即人称扶不起的阿斗刘禅。诸葛亮死后,蒋琬[wǎn]、费祎等人相继为相,因循守成而已。景耀元年(258)以后,宦官擅权,政治腐败。大将军姜维北伐,却劳而无功。景耀六年(263),魏军三路攻蜀,在这年冬灭蜀。

吴国经赤壁之战,取得东南半壁。建安十六年(211)孙权迁至秣[mò]陵(今南京),次年,改秣陵为建业。夷陵之战的胜利使得吴国限制了蜀国出三峡发展。司马氏以先灭蜀后取吴作为国策,至晋太康元年(280),六路大军东进,攻下建业,历史上以酷刑闻名的吴帝孙皓投降,吴灭。正所谓"千寻铁锁沉江底,一片降幡出石头"(刘禹锡:《西塞山怀古》)。历经魏、蜀、吴三个局部的统一和相持后,天下大势,分久必合。至此,中国又暂时一统于西晋。

西晋皇帝认为曹魏未实行真正的分封,导致国破家亡,于是立亲近宗室27人为王。《晋律》中与前朝律典颇不一样的《诸侯律》就是分封制的反映。受封诸侯有相对独立的政权、财权和军队。诸侯大权在握,便野心膨胀,"八王之乱"就渊源于此。西晋第二个皇帝晋惠帝当有资格获得史上最白痴皇帝的"声誉"。在他统治时期,大臣上报有民众饿死,晋惠帝大感不解——百姓饿死,那为何不喝肉粥呢?皇帝老婆贾南风虽非白痴,却掌政无方,随之而来的"八王之乱"陷王朝于破败。北方匈奴、鲜卑、羯[jié]、氐、羌五个少数民族乘机南侵,令西晋在公元317年就草草结束其53年的统治。西晋5个皇帝中,一位病死尚算自然灭亡,另外二位被杀、二位被毒死。对这些皇帝而言,"万岁"称号恰如咒语。之后,北方及四川出现十六个国家,它们间互相攻伐、血战屠城,政局乱象非三国时代可比拟!

西晋时期,盛行的门阀士族享有政治、经济特权,形成了凌驾社会之上的特权阶层。他们的特权大都纳入当时法制，这成为法制儒家化的社会动力。这股特权势力为317年在建康（今江苏南京）建立的东晋王朝延续。晋朝皇族司马睿在建康建立的东晋保有江南半壁，并得到王敦、王导等门阀士族的支持，时人称皇室与王氏兄弟共天下。至公元420年，大将刘裕发动政变，将安帝缢杀后，废恭帝自立，是为宋武帝。正如唐人所谓："吴宫花草埋幽径，晋代衣冠成古丘"（李白：《登金陵凤凰台》）。

作为两晋以后中国历史上的一个分裂时期，南北朝时限从公元420年开始，到589年结束。南朝宋、齐、梁、陈四个朝代，都城均在建康。刘宋自宋武帝、少帝、文帝之后，孝武帝、明帝先后为帝，他们俩不仅对诸将疑忌，而且兄弟间"擅长"相互残杀，从叔祖、叔父到亲兄弟都在被杀之列。乱世枭雄萧道成以禅让之名建立了齐。齐高帝、武帝之后，皇帝们纷纷杀戮自己的兄亲、叔侄，至东昏侯时，疑心过重的他几乎将朝内大臣全部杀光。公元501年，雍州刺史萧衍攻入建康，是为梁武帝。公元548年，大将侯景倒戈攻梁。侯景攻陷台城后，自称佛教皈依者的梁武帝未能得到佛祖保佑，饿死于城中。侯景之乱的结果是曾经繁荣的江南一朝回到"解放前"——"千里绝烟，人迹罕见，白骨成聚如丘陇"（《南史·侯景传》）。侯景败后，权柄落到大将陈霸先手里。公元557年，陈霸先废梁敬帝，自立为帝，建立陈，是为陈武帝。南朝宫廷刀光剑影，政权频频易手，兴亡弹指间，此有如清人所云："眼看他起朱楼，眼看他宴宾客，眼看他楼塌了！"（孔尚任：《桃花扇》）

在北方，公元386年拓跋[bá]部首领拓跋珪建立北魏，至439年结束了十六国分裂局面。北魏第六代皇帝孝文帝实行汉化，改革鲜卑旧俗、迁都洛阳。至年幼的孝明帝即位时，母胡太后临朝听政，胡氏腐化淫乱，臣下胡作非为。至528年，胡太后毒杀孝明帝，立三岁堂侄为帝，羯人的畜牧部落酋长尔朱荣另立孝庄帝，并攻入洛阳，沉杀胡太后，其余朝臣2000多人在河阴（今河南孟津）一并被围杀。接着，孝庄帝杀尔朱荣，尔朱荣之侄尔朱兆杀孝庄帝，原尔朱荣旧部高欢迫使尔朱兆兵败自杀。之后，高欢与关中的宇文泰各自拥立北魏宗室为傀儡皇帝。杀！杀！杀！北魏走向了灭亡之路。

公元534年，权臣高欢、宇文泰将北魏切成东、西两块，也即东魏、西魏。20多年后，东魏为北齐代替，西魏为北周代替。北方这五个朝代总称为北朝。北周灭北齐后，在公元581年，北周外戚杨坚废年幼的周静帝自立，改国号为隋，是为文帝，北朝结束。公元589年，隋文帝杨坚南下灭陈，结束近300年分裂局面。天下大势，分久必合。

二、立法概况

(一) 三国时期立法概况

三国时期战乱不止,统治者强调以法律治理乱世,树立法律的权威,安定社会。曹魏、刘蜀、孙吴初都以汉为宗,不便明改汉制,新颁法令没有以律或令为名称,而是主要称之为"科",以区别于汉的律令。吴国先后两次立法,具体内容现并不清楚。1996年湖南长沙走马楼发现大量吴简,其中涉及政治、法律、税收与户籍登记等内容,将有助于今人理解当时吴国的法律制度。

在蜀国,刘备曾经令诸葛亮等人共造蜀科,蜀科内容不明,当是适应蜀汉军政实际状况的临时法律。除蜀科外,《三国志·蜀志·诸葛亮传》记载又有《科令》两篇,《军令》三篇,大概是些单行法令,但大部分散失。

对后代影响更大的法制来自于魏。魏科有单行的法令,如建安十八年(213)的《甲子科》对汉的肉刑作了修改。魏明帝在汉律基础上制定了《新律》,把科纳入律内。《新律》早已失传,对晋律的制定有一定影响。曹魏的《新律》由以下十八篇组成:(1)刑名,(2)盗,(3)劫略,(4)贼,(5)诈伪,(6)毁亡,(7)告劾,(8)捕,(9)系讯,(10)断狱,(11)请赇[qiú],(12)杂,(13)户,(14)兴擅,(15)乏留,(16)惊事,(17)偿赃,(18)免坐。其中,盗、贼、捕、杂、户五篇是汉《九章律》存在的名称,其他十三篇的名称主要至魏才出现。《九章律》中的《具律》被改为《刑名》;《厩律》一部分被移到其他律篇及令以外,作为篇目被废止;《兴律》消失于《兴擅》《乏留》等篇中,原《囚律》的内容过于宽泛,因此被一分为二,加上从若干他律分出或者从令、科采集来的事项,新设立《系讯》《断狱》二律,《囚律》因此消融于新的两篇律中,新设了从《劫略》到《免坐》的十二篇篇目。另有《州郡令》45篇治地方官,《尚书官令》《军中令》共180篇治朝官与军队。

与汉代不同,魏的律典、令典在一个时期分别只存在一部。魏的《新律》则已经不允许十八篇以外单行律存在。晋紧随魏之后更进一步,将战国以来行政法规与刑罚法规界线模糊的状况区分开来,创造了完整的晋泰始律令体系形态,即律法典和令法典都作为体系化的法典而并立,隋唐划时代的律令典范正源自于此。①

---

① 参见〔日〕滋贺秀三:《关于曹魏〈新律〉十八篇篇目》;〔日〕堀敏一:《晋泰始律令的制定》,均载杨一凡(总主编):《中国法制史考证》(丙编第二卷),中国社会科学出版社2003年版。

(二)西晋立法概况

汉晋律之间已有较大差异。学者指出,汉《九章律》与秦律一脉相承,以法家思想为理论基础。至晋时为之一变,新制定的晋律,是在儒家思想指导下制定出来的。与《唐律》相比,《晋律》虽非"一准乎礼",但大体上以儒家思想作为理论根据。在内容上,《晋律》删除了许多严刑峻法的条款,在体例方面,《晋律》较汉魏律严谨,比如律、令区分明确,列入《晋律》的仅是较稳定的法律规范,《晋书·刑法志》称一切临时性条款"不入律,悉以为令"。[①]

需要指出的是,魏令在连接汉令至晋令发展过程中有着重要地位。魏令中尚有《州郡令》《尚书官令》和《军中令》等,这些令与驳杂的汉令不同,魏令是行政处理方面的准则,因此可以被分为地方行政、中央行政和军事关系等的法令。西晋时的法律形式有《晋令》四十篇,其已经成为体系化的统一令典。晋朝体系化的令典出现后,就有北齐令以尚书二十八曹的名称作为篇目,这或许就是最初效仿魏令来的。

与晋律的重要地位相比,晋令处于从属地位,其是被当作权宜之制、在将来太平盛世应该被废止的法律来对待。在晋之前的时期,诸如汉令也附有刑事惩罚的规则,故而律、令之间的界线并不很清楚。至晋代,这种罚则从晋令中删除,统一纳入晋律。至此律令互相独立,分工明确。因此晋令设有"违令罪"一条,"违令有罪入律",违令者按律治罪。这种立法方式影响了后来的唐律令。学者指出,令依旧是根据以律为背景的所谓"违令之罪"而强制执行的法规,没有独立于律外。它依然是作为补充律的副法。违令罪的规定一直沿袭到后代。它作为专制国家的行政法规,自然与近代行政法大为不同,具有以刑罚为后盾的强制执行性质。[②]

西晋还有《晋故事》三十卷,是自令中划出的制书、诏诰等法律文书的汇编,或有关户调、占田、课田等方面的规定。至唐代仍有故事,也即过往之事,或旧日的成例、典章制度,被之后援以为例。唐代除一部分令、式规定被视为故事外,多数故事是律令格式之外或制敕诏令等临时措置以外的规范。不过与晋代不同,唐代未曾汇编过故事。

西晋对后世影响最大的是《晋律》(又称《泰始律》),是司马昭命贾充、羊祜[hù]、杜预等十四人在汉、魏律基础上(尤其是汉《九章律》)修订,四年后于

---

① 参见高恒:《论中国古代法学与名学的关系》,载杨一凡(总主编):《中国法制史考证》(乙编第三卷),中国社会科学出版社2003年版。

② 参见〔日〕堀敏一:《晋泰始律令的制定》,载杨一凡(总主编):《中国法制史考证》(丙编第二卷),中国社会科学出版社2003年版。

泰始二年颁布(268)。值得特别指出的是,司马懿儿媳妇羊氏为羊祜之姐,杜预为司马懿女婿。世家大族间相互联姻,由此可见一斑。《晋律》计有刑名、法例、盗律、贼律、诈伪、请赇、告劾、捕律、系讯、断狱、杂律、户律、擅兴律、毁亡、卫宫、水火、厩律、关市、违制、诸侯,计20篇,620条,两万七千余字。汉代的《厩律》篇在魏的《新律》中被废止,但在晋《泰始律》中重新出现。此外,晋律新设的《卫宫律》与《关市律》当与晋令篇目有关系,晋律中的《诸侯律》与晋特有的诸侯制度有关。张斐、杜预为该法典作注释,称为"张杜律"。

（三）南北朝立法概况

自西晋以后,因南北分裂,法典形式也产生了南北的一些区别。南朝统治者偏安江南一隅,在政治上无所作为,士家大族以清谈为高雅,不理世俗政务。因此,在法律制度上,除了承继晋制以外,基本无多大建树。宋沿用《晋律》。南齐的《永明律》也是略为增损《晋律》制成。梁武帝萧衍令蔡法度、沈约编定《梁律》《梁令》《梁科》。晋张斐、杜预两家的旧律成了蔡法度编制《梁律》的依据。《梁律》篇目与《晋律》几无更改,仅增"仓库"而删"诸侯"。南朝陈制定律令,其篇目条纲,与梁的法制没有重大差异。陈霸先虽撰成《陈律》,但并不成功,其中以官当徒的"官当"制为后世法制继承。

北魏在孝文帝主持下,由律学家崔浩、高允、常景等人编修,于太和九年(495)颁行《北魏律》。该律指导思想是"纳礼入律",汇集了华北地区的儒学文化,成为北系诸律的先河。北魏分裂为东魏与西魏后,东魏制定了《麟趾格》,以格代科,成为一种新的法律形式,其本源于汉魏时期的科。西魏制定《大统式》,北齐取代东魏,制定了《北齐律》,《北齐律》共十二篇,集北朝立法之大成。北周取代西魏后,仿《尚书·大诰》而制定《大律》,共二十五篇。《大律》是北周效仿周代礼制而成,不合时宜。因此,在北周基础上建立的隋转而采用《北齐律》而废《大律》,但《大律》首创流刑五等之制为后世法律所沿用。学者认为,在体系、渊源方面,南北法典是一致的。北朝《北魏律》《北齐律》《北周律》(又称《大律》)虽然掺杂了若干鲜卑族的习惯,但基本上仍以《汉律》为主体。这样,南朝用《晋律》,北朝沿袭《汉律》,而《晋律》又是因袭《汉律》而来。所以,南北朝法典并没有根本性区别。[①]

[①] 参见倪正茂:《隋代法制考》,载杨一凡(总主编):《中国法制史考证》(甲编第四卷),中国社会科学出版社2003年版。

南北朝时期法律创新之处

律名	编立者	创新处
魏《新律》	陈群、刘劭等	"八议入律"、《具律》改为"刑名"置律首
晋《泰始律》	贾充等	准五服以制罪
《北魏律》	崔浩等	存留养亲
东魏《麟趾格》	不详	以格代科
西魏《大统式》	苏绰[chāo]等	—
《北齐律》	高颎[yǐng]等	《名例》置律首,确立"重罪十条"
北周《大律》	赵肃等	流刑五等
《陈律》	范泉等	"官当"之制

三、法典结构变化

（一）篇章体系变化

1. 篇目增加

由汉律九篇变为《魏律》十八篇,又变为二十篇（《泰始律》《北魏律》）、二十五篇（《大律》）,最后定型为十二篇（《北齐律》）,为隋唐律沿用。篇目的增加,有助于减少汉末"篇少则文荒,文荒则事寡,事寡则罪漏"的缺陷。汉代用大量令、决事比来弥补这种缺陷,但这又将导致当时"文书盈于几阁,典者不能遍睹"。

2. 体系合理化

这方面最典型的表现就是对《具律》位置的处理。中国先民对法律逻辑的认识与成熟经历了很长时间。汉律受《法经》影响,其中具有总则性质的《具律》在第六篇,既不在最前,也不在最后,有损其作为总则篇的功能与地位,造成汉代法典体例的混乱。《新律》将其改为《刑名》列于律首,统领诸篇。到晋律时,《刑名》又分为《刑名》《法例》,这种立法方式为宋、齐、梁、陈及北魏时期的律典所沿用,至《北齐律》中合二为一——《名例律》。《名例律》置于篇首的做法一直延续到清代。

（二）法律形式完备化

秦汉时期的律令尚未作明确区别。与秦汉不同,这一时期立法者明确区分律令的不同性质。这主要表现在《晋律》。"律以正罪名,令以存事制。"即律是以定罪量刑为主的法典,令是规定国家各种制度的法律,一个偏于消极方面,另一重于积极方面。从曹魏《新律》至此,律已经成为刑事法律规范专用的法律形式,《新律》十八篇之外不存在单行律。秦汉时期以律命名的行政管理性质的法律（如《田律》）已经被纳入到令中。因此令不再是天子之诏令，而是成为律的补充形式，违令者将按律定罪。曹魏的令有《州郡令》《尚书官令》《军中令》三大类，分别对应地方、中央、军队的相关机构据此执行。这与秦汉的令有显著区别。其次，法律形式增多，在律、令、科、故事之外，又出现了格、式等形式，为隋唐"律、令、格、式"法律结构的出现奠定了基础。

四、门阀士族：法制儒家化的中坚力量

（一）门阀士族对立法的影响

如前所述，秦推行小家庭制，甚至一度推行极端的"个人主义"。但至汉代，随着分家令的消失，一些人依靠军功、入仕、与皇室或高官联姻等形式，成为各类豪族。魏晋时期的门阀士族可以上溯到这个时代。学者认为，光武帝刘秀建立东汉正是依赖豪族的支持成功的。各路豪杰随着东汉的建立，也获得政治上的权力，并以此巩固和加强了自己的地位，贯穿东汉始终握有权力，乃至东汉的历史可以被看做是豪族的历史。

豪族的典型表现包括经济实力雄厚，广占田产；垄断政治权力，地方官有权以"贤良""方正"和"孝廉"等名目向朝廷推举合适人才，地方官与豪族关系密切，豪族借此获得更多的政治权力；家族规模扩大。① 由此，豪族们原本依靠各种学识、能力或政绩获得权力，一旦他们获得这些位置后，就逐渐把血统、家世、门第变成当官的重要条件。官僚原本是"做成的"（凭后天努力），汉魏晋时期的豪族官僚则日益是"生成的"（靠先天出身）②，形成了门阀士族。这与宋朝以来全面推广科举制度以后的状况大不一样（参见第五章第一节）。

魏晋以来，门阀士族集团势力日渐膨胀，他们从官位名分上编造血统高贵的传说，不与庶姓、寒族交往通婚。借助经济上的"品官占田荫客制"和政治上的"九品中正制"，门阀士族与官僚逐渐融为一体，垄断国家政权。同时，他们把经济或政治上的各种特权陆续写入法律中，又因为这些人重视儒家经学，自比于周代的封建贵族，因此他们需要借来早先的宗法观念、礼仪习俗、阐发并践行儒家家族道德观念。他们主持立法时，把儒家礼治思想反映在条文中，以维护门阀士族的地位。一如学者认为，魏晋南北朝则尤为以家族为本位之儒学之光大时代，盖应门第社会之实际需要而然耳。③

门阀士族直接参与了法律的制定，使儒家礼义思想渗透于法律中。比

---

① 参见瞿同祖：《汉代社会结构》，邱立波（译），上海世纪出版集团2007年版，第204—211页。
② "做成"与"生成"，参见王亚南：《中国官僚政治研究》，中国社会科学出版社1981年版，第79—81页。
③ 余英时：《士与中国文化》，上海人民出版社1987年版，第399页。

如,司马昭、司马炎家族为东汉末年的儒家大族,其建立西晋,所制定的法律尤为儒家化,且为南朝所继承,北魏修律,亦继承之而来。学者认为,儒家有系统地修改法律则自曹魏始。由魏而唐,中国的法律发生了急转弯,以礼入法,礼法合一。

法制儒家化实际上是社会宗族群体势力增长的反映。魏晋南北朝时期宗族兴起,族权变大,成为当时社会变化与转型的主流。从魏晋士族一直发展到"百室合户,千丁共籍"的宗主督护制,当时社会精英主流也由秦汉时六亲不认的法家之吏(如秦推行"骨肉可刑"的大义灭亲思想)变成了具有家族群体自治色彩、以"德高望重"被地方上举荐的"孝廉""贤良""方正"之属,并成为宗法色彩极浓的门阀士族。而法制儒家化的进一步趋势,正是以此为社会基础与背景。① 法律在这个时代得以儒家化,有其强大的社会因素作为推动力。

西晋至南朝宋齐梁陈的法律重视身份秩序,这与儒家某些主张相同,促进了法律"礼法融合"的过程,为隋唐律典成熟期的"一准乎礼"奠定了基础。到北朝末期,法律面貌已经发生巨大变化,礼律融合过程大致完成,礼义道德观念化为具体的法律条文和制度。至此,汉代开始的《春秋》决狱就没有存在的必要。可以说,这一时期法律的儒家化依托门阀士族为社会基础,起到了承先启后,连接汉、唐两个法律高峰的桥梁作用。②

(二)确立门阀士族的政治与经济制度

1. 九品中正制

强化中央集权的有效措施之一,便是绕开门阀,不拘一格选拔人才,为己所用。曹操多次发布"唯才是举"令即有此意。可是,汉魏之际世家大族掌控政局,与这些利益集团相适应的人才荐举制度——九品中正制应运而生。九品中正制又称九品官人法,该制度始于魏文帝黄初元年(220)陈群的建议。即,分别在州、郡设大中正、小中正官,以有鉴别能力的贤者充任,依照"簿伐"(出身)、"状"(才能)、"品"(德行)写出"行状"(评语),定其等级,将本辖区的士人分为上下九等,作为授官的依据,品第的评定有严格程序,由小中正官将品评结果上报大中正官,再经大中正官上报司徒,由中央按品第高下任官。

该制沿用至南朝四个朝代,其在一定程度上识别人才、推动社会向善有正面作用。但是该制度的标准缺乏客观性(如以道德、社会舆论等作为评价

---

① 以上参见秦晖:《传统十论——本土社会的制度、文化及其变革》,复旦大学出版社2003年版,第81—82页。

② 本书部分参见郑定、赵晓耕(主编):《中国法制史教学参考书》,中国人民大学出版社2003年版,第80—81页。

的重要依据),无法避免中正官主观臆断。为减少中正官在荐举人才时发生腐败,"簿伐"因具有客观性,其在三项中的权重自然增加。

另外,该制度规定州中正官须由二品以上高官担任,魏晋时期高官多出豪门,凡州郡掌管选举的官吏,比如中正、主簿、功曹之类都从他们中择人任用,中央到地方高级长官亦由他们独占。因此九品中正制成为维护门阀士族的重要政治工具,造成"上品无寒门,下品无世族",门阀士族由此垄断官吏选拔权。由于这个制度,至南北朝时期形成了许多固定的世族大家,如南朝的王、谢等姓,北朝的王、崔等姓。愈到后来,这种人才选拔愈是以世族门第(而非德行与才能)为依据。

想想看

这种制度与法家的"任能授官"思想、曹操的"唯才是举"口号存在什么显著差异?

2. 品官占田荫客令

如果没有伴随着经济条件的改变,则官僚贵族身份就不易形成。西晋武帝太康元年(280)颁布了"品官占田荫客令",主要内容为,一品官可占田五十顷,占佃客十五户,每低一品,递减五顷,九品占十顷,占佃客一户。官僚可依官品高低荫附亲属,多者荫附九族,少的可荫附三世。无官职的士族可依门第高低享受荫附特权。受荫附的佃客不在官府立户籍,不向官府纳税,门阀士族据此占据了大量人口与租税。根据这一法律规定,各级官吏依官品高低所占有的土地,免予向国家缴纳租税;他们所荫庇的亲属免予为国家承担服役义务;他们所荫附的衣食客和佃客,也不受官府控制而仅为其私家提供服务、劳役、耕作或实物。

该法律所规定的具体数额,并非各级品官实际占有的最高限额,而只是法律所允许的品官们可以享受免税免役特权的基本数额。也就是说,凡达到某一级官品,即可按照法律所规定的数额,合法地享受占有若干免税土地、荫庇若干免役亲属、荫附若干免役佃客与衣食客的经济特权。至于超出这一法定数额之外的土地、佃客及其他人口等,西晋官府并未作出任何具有实际意义的禁止性法律规定,官僚贵族地主们可以随便占有使用,只不过要依法纳税课役罢了。

该制度原本是限制官僚士族过度占有田地,由于没有规定官僚士族占田过限将受到何种处罚,实质上相当于将之前官僚士族所占田地合法化。因此,这些门阀贵族在其势力控制范围内几乎类似于半独立的王国。占田令行之十年以后发生"八王之乱",使占田令受到破坏,门阀士族进一步占据更多的土地(南朝)与人口。

以上两种法制分别从政治、经济两个角度巩固了门阀士族的地位,造成当时一种变态的"封建"制度(有点类似西周那种世卿世禄制度)。魏晋、南北朝法制儒家化趋势的进一步推进,也正是与这一稳固的门阀士族现象相联系的。

(三)法制儒家化表现

法制儒家化的典型外在标志为:讲究等级身份特权、同罪异罚,以孝道、三纲五常等为立法的重要原则,与法家适成鲜明对比。尤其是这个时期官僚贵族司法特权被纳入法律制度,比如"八议""官当"法制化,等等。

1."八议"入律

"八议"指八种权贵人物犯罪以后在司法审判上给予不同于常人的照顾。一般司法官员对这八种人无权直接过问,也不得适用普通法律规定的诉讼程序,而必须由皇帝指定某些高级官员议定,最后经皇帝作出裁决,往往是予以赦免或宽宥处理。这八种人分别是,"亲",皇帝宗室亲戚,主要是皇帝及后妃们的近亲属;"故",皇帝故旧、朋友;"贤",有大德行的贤人君子;"能",在政治、军事等方面有出众才能的人;"功",对国家有大的功勋的人;"贵",有较高级别官爵的人;"勤",为勤于政务并且政绩突出的人;"宾",前朝皇帝和他的嫡系后裔。八议制度在程序上是由皇帝来议而非司法官员按照正常程序判决,在实体结果上是减刑处罪。

"八议"制源于《周礼》"八辟"。周有"刑不上大夫",秦有"议官""议爵",汉有"先请",但都未成为完整的法律体系。汉代贵族官员有罪先请是该制度在政法实践中的雏形,至《魏律》八议正式入律。"八议"入律,使贵族官僚享有特权,该制度维护了等级制,促使礼与律的进一步融合。此后,"八议"制度一直沿用到清代,对后世法律制度的影响极为深远。"八议"并不很可怕,毕竟它是传统时代公开的不平等制度而人信之。公开宣传平等而实际不平等的制度才是最糟糕的,它意味着社会上法制信任的普遍缺失。

2."官当"入律

"官当"即官员犯徒罪,可以其官品、爵位抵罪,又称"以官当徒"。该制度进一步扩大了门阀士族法律上的特权。《北魏律》规定公、侯、伯、子、男五等爵,每等抵三年徒刑。官当制正式确立于陈。西晋《晋律》首次规定某些官僚犯罪后,可以用削除官籍或免除官职的处理方式折抵三年徒刑;否则要依法执行所判"正刑"。但作为一项正式的法律制度,当时的"官当"规定尚不够系统与完整。至《北魏律·法例律》规定:公、侯、伯、子、男五等爵每等抵三年徒刑,官员从第五品起,一阶当刑二年,以阶当刑二岁;免官后三年,照原官降一级叙用。①

陈朝《陈律》使用"官当"一词,该制度方系统化。《陈律》明确规定:五岁四岁刑,若有官准当二年,余并居作。其三岁刑,若有官准当二年,余一年赎。若公坐过误,罚金。其二岁刑,有官者赎论。② 学者认为,根据这一法律规定,凡犯罪应处五年或四年徒刑的官吏,可以官职折当二年刑期,其余未折当部分依法服刑;犯罪应处三年徒刑的官吏,也可以官职折当二年刑期,未折当的一年徒刑可缴纳赎金抵罪;因公务过失犯罪或者失误者,只处罚金;若犯罪应处二年徒刑的官吏,则可缴纳赎金折抵所服罪刑。③

3. 准五服以制罪

晋《泰始律》确立了"准五服以制罪"。先来看《魏书·刑罚志》记载如下案例:北魏宣武帝永平三年(510),冀州阜城平民费羊皮母亲去世,家贫无法入葬,于是将七岁女儿卖给同城的张回做奴婢。后来其女儿又被转卖给俞县的梁定之,但未说明这个女孩来自己家。朝廷就此案进行讨论,即如何适用"亲属相犯"的处罚以及对于买卖人口的相关规定。按当时法律:"掠人、掠卖人为奴婢者皆死。"但同时对亲属间相卖规定了例外情况,"卖子者一岁刑;卖五服内亲属,在尊长者死,期亲及妾与子妇流"。法律表明服制不一,处罚有异。出卖子孙,只处一年徒刑;对于出卖五服内尊长的,处死刑;出卖期亲及妾与子妇的,处以流刑。费羊皮卖的虽是良人,但卖的是自己女儿,且是为了安葬其母亲,众官讨论后,认为其孝心可嘉,免除刑罚。这是当时以礼入法的重要体现。在此,亲属间相犯,由于尊卑、长幼关系的差异,同等行为招致的法律后果有巨大差别。所谓"准五服以制罪"也就是指亲属间相犯,依五等丧服规定的亲等定罪量刑。"五服"是以丧服质地及服丧期限为标志表示亲属间血缘亲疏关系及尊卑的五个等级,该法目的使法律成为"峻礼教之防"的工具("五服"及相应法律原则参见第九章)。

4. 犯罪存留养亲

该制度首创于《北魏律》,对死刑犯的祖父母、父母在七十岁以上,除了该死刑犯外没有其他成人子孙及五服内的亲属,则司法官员将其情况向皇帝请示,由皇帝决定免死留养其父母或祖父母,流刑犯则处鞭笞后留下来养赡双亲。这一原则并非为了宽恕罪犯本人,而是使儿子孝养双亲得以实现,以体

---

① 参见《魏书·刑罚志》。
② 参见《隋书·刑法志》。
③ 参见马志冰:《从魏晋之际官僚贵族世袭特权的法律化制度化看士族门阀制度的确立与发展》,载《中国文化研究》2000年"春之卷"。

现儒家的人伦孝道精神,成为礼、法结合的典型之一。

5. "重罪十条"入律

所谓"重罪十条",就是特殊罪刑的加重适用,即,只要行为人的罪行属于十种重罪中的一种,即排除适用容隐、八议、犯罪存留养亲、官当、论赎等任何减免刑或缓刑的条件,定罪后决不待时,立即执行。北齐将"重罪十条"正式入律,置于律首。在这十种重罪中,有部分罪名在秦汉就已经出现,如汉代的"不道""不孝""不敬""大不敬"等。十种重罪中的"反逆"(推翻王朝统治)、"大逆"(毁坏皇帝祖庙、皇陵、宫殿)、"叛"(叛国行为)、"降"(投降到敌对政权)、"不敬"(触犯皇帝的至尊地位)等是威胁王朝统治的犯罪;其次,"不道"是威胁社会秩序的暴力性犯罪,主要是恶性杀人行为,比如肢解人等。这一部分与法制儒家化没有直接关系。

其他几种重罪则均是违反伦常纲纪的行为,是儒家思想进入法律的表现,这包括恶逆,殴打及谋杀尊长;不孝,没有善事父母,比如骂父母、父母去世不为之举丧;不义,夫死不举丧;内乱,与有亲属关系者发生两性关系。以上四种重罪是直接危害家庭伦常的犯罪行为,其同时也是儒家礼的规定。因此,"重罪十条"入律,其中的一部分也是礼、法结合的重要表现,强化了君权、父权、夫权。隋唐在此基础上发展出"十恶",一直沿用到清代。

▶ **五、魏晋律学**

(一)律学简况

律学主要是指法律解释之学。律学家源于汉代的经学家(即研究儒家经典的学者)。当时的经学家擅长对儒家经典注解、"微言大义",即从儒家经书的所谓精妙语言中探寻深奥道理。这种以注释经典为代表的学风直至唐宋之际才明显转变。① 中国古代的律学自秦迄宋,颇为兴盛,至元而衰,正或许与唐宋之际学风的转向有关。律学是中国古代法律研究最重要也是最具代表性的成果。他们注解法律的标准方式是分章断句、逐章逐句进行。西汉时法律繁多,朝廷未作统一的法律解释。当时的经学家对之进行解释。著名的律学家有杜周(其法律解释成果称为《大杜律》)、杜延年(其法律解释成果称为《小杜律》)父子,东汉私人解释法律更为盛行。至三国魏明帝时规定以郑玄的注释为准。

---

① 顾颉刚曾谓:"然古代之学,信仰前师而已,无待于思辨,故既有所感犹可以无记。自宋以来,始正式入于研究之途,笔记书之多且精亦遂托始于宋。"参见顾颉刚:《浪口村随笔》,辽宁教育出版社1998年版,序言。

魏晋时期律学家开始注重对法律的体例、篇章结构概念的研究及解释。其成就表现为,如改《具律》为《刑名》并置于律首,"累犯加重"等。由于东晋以来官方法律注释的确立,私家注律受到限制,最后局限于对法律条文的解释以及法律适用的解释,这种讲究"有术无学"的学风缺少法学意义的抽象研究,如探讨法的本源、法的性质、法的各种原理等(如良法、恶法的标准、立法依据、司法制度等)。

魏晋律学注律是以儒家经义解释法律,着重阐述法律条文所体现的精神。有学者认为,这些解释不少是牵强附会,对于法典体例以及名词、概念的含义则研究不够,更少运用抽象、概括的方式对所注释的法律含义作出合乎逻辑的解答。晋代的张斐、杜预等人的律注虽仍是以儒家思想为理论基础,但在解释具体法律条文、名词时注重从法理上推究,使所注释的名词、术语符合当时的伦理观念和等级制度。[①]

律学成就在南北朝时存在差异。学者指出,北魏初入中原,主持讨论修订法律的大臣是来自山东的士族,其知识为源自汉代的律学,这与南方专守《晋律》不同。这次修订法律大约只是修改旧文,使从轻典,主要内容与之前大致相似。到正始年间(504—507)再次修订法律由刘芳、常景负责。刘芳律学渊源自南朝,常景律学渊源自河西凉州(今甘肃一带)。故正始修律一方面采纳南朝律学,同时,河西凉州所保留的魏晋律学遗存在这次修律过程的影响特别显著。因此,北魏法律的修订汇集了中原、河西及南朝三大法律文化的结晶,其取精用宏,比南朝但知守成西晋旧律要强。《北魏律》经由北齐,至隋唐,成为两千年来东亚刑律的重要准则。

此外,北朝有许多著名的大儒,比方北魏研究公羊春秋的专家高允,擅长以儒家经义裁决疑案,时间长达30余年,享有盛誉。高允的律学知识为汉儒(董仲舒学说)嫡传正宗。另外还有崔宏、崔浩父子。这父子俩是北魏汉人士族的代表及中原学术中心。他们家学所传之一为汉魏晋的律学。北魏中原士族继承汉魏遗风,法律仍为家世相传之学。而南朝家世多不以律学相传授,或南朝士族多不屑研究刑律,所以南朝虽承用晋律,比汉律更进一步,但律学没有大发展,这是南北朝律学传承的重大差异。[②]

---

① 参见高恒:《张斐的〈律注要略〉》,载杨一凡(总主编):《中国法制史考证》(乙编第三卷),中国社会科学出版社2003年版。
② 关于隋唐与魏晋礼法制度的渊源,部分参考陈寅恪:《隋唐制度渊源略论稿》,生活·读书·新知三联书店2001年版,主要是"礼仪"与"刑律"二篇。

（二）律学成就、特征与欠缺

1. 律学的成就

魏晋时期律学成就的代表是张斐、杜预对《泰始律》的解释。张斐等人的解释为字义解释，推动法律解释合理化。尤其是张斐，其对晋律的字义解释，共涉及体现《晋律》精神的二十个基本法律术语，包括五个罪名：谩、诈、不敬、不道、恶逆；认定犯罪性质、区分犯罪情节的法律术语有十个：戏、斗、贼、盗、强、略、故、失、过失、戕［qiāng］、造意、谋、率、群、赃。

有学者认为，诸如谩、诈虽在汉律中已有此罪名，但其区别是由张斐作出明确界定，二者分别是臣民对君主的欺骗行为、一般民众间以欺骗手段进行的犯罪行为。不道、不敬、恶逆三个罪名虽亦见于汉律，但当时并无确切解释，以至在法律适时引起混乱。张斐解释"不道"为违反天然本性（即伦理纲常）。《唐律》把"杀一家非死罪三人及支解人"等行为视为不道，使得该罪名得以具体化。张斐认为"不敬"就是违反传统社会的等级制度。张斐对此三者所下定义虽然也很笼统，但毕竟把握了其基本特征。

另外，尽管之前的法律已区分故、误，但一直未有人从理论上作出明确解释。张斐认为"不意误犯谓之过失"，其特点在于应当预见自己的行为可能发生危害社会的结果，因为疏忽大意没有预见。"意以为然谓失"类似于行为人已经预见到自己的行为可能发生危害社会的结果，但轻信可以避免而致导致了这种后果。他认为"贼"即无端的故意杀伤，也即是非因被害人的言行而引起的故意杀伤，与斗杀伤相区别。"戏"即双方同意进行的游戏，本无伤害对方的意思，将之与过失误杀伤人区别开了。对《晋律》中有关共同犯罪的法律术语造意、谋、率、群的解释，也是他对古代共同犯罪理论的贡献。"造意"是指在共同犯罪中首先提出犯罪意图的行为。与现代不同，古代仅把共犯中的造意者定为首犯。张斐对谋的定义明显影响了《唐律·名例》的如下解释："称谋者二人以上。""率"指犯罪集团的首领，即具有策划、组织集团犯罪活动能力的人。张斐认为凡称"群"者最少要有三人。《唐律·名例》亦称"称众者三人以上"。"强"、"略"、"盗"是用来确定是否侵犯财产或侵犯人身犯罪的三个法律术语。据张斐解释，"强"即违反被害者的意愿，"略"即用攻击他人过失的方式取得财物。①

其次是罪名解释。张斐对《晋律》中一些相类似又容易混淆的罪名作了适当解释。如"向人室庐道径射，不得为过，失之禁也。都城人众中走马杀

---

① 参见高恒：《张斐的〈律注要略〉》，载杨一凡（总主编）：《中国法制史考证》（乙编第三卷），中国社会科学出版社2003年版。

人,当为贼,贼之似也。"即面向有人居住的房屋或有人通行的街道直射,致人死伤,并非意外,不能说是过失。大城市人烟稠密的地方,骑马驰骋,发生致人死伤事故和有意杀伤他人实际上没有差别,应以贼杀伤人论罪。

此外,律学促进了法典结构的体系化。张斐在《注律表》中论述,之所以律典以《刑名》为首,是为了便于确定罪名制度、刑名及定罪量刑的标准,从而统一罪名、刑名轻重,确立定罪量刑的加减原则。这种律典编排顺序具有合理而明确的目的,非《法经》《九章律》所能比。

2. 律学特征与欠缺

总之,律学的突出成就推动了古代法学与法制发展。不过,律学与西方法学存在明显差异。学者指出,西方法学之所以能成一门科学,主要因为它是坚持围绕正义与权利所发展起来的一套科学理论。早在古罗马时期,就有学者论述法学是研究正义与非正义的学科。传统中国的法律学术,在秦表现为对法律字词、条文的简要解释(如《法律答问》),汉代开始则转变成为依据儒家经典讲、注释制定法的学问。律学从文字、逻辑和技术上详细解释法律条文,关注的中心问题是刑罚的宽与严,肉刑的存与废,律、令等法条的具体运用,以及礼与刑的关系等。探讨礼与刑的关系不等同于对人类普遍正义与个体权利的研究。律学是对现行制定法条文和词句作文字上的注解,以期服务于法律具体施行。

11世纪末开始,意大利波伦亚首先复兴罗马法的研究。在相应产生的法学流派中,起先的注释法学派以经院哲学为理论基础,对法律名词、条文和原则进行解释,此与中国律学近似。在13至17世纪,先后发展起来的评论法学派和人文主义法学派与此不同。评论法学派的研究方式为辨证推理、逻辑推理、讨论、三段论法等,重视解决各种法律体系间产生的法律冲突。人文主义法学派依据人文主义理性思想(天赋人权、发扬个性),通过注释这种形式,达到探究学理的目的。这个学理蕴含在罗马法之中,富有现实意义的权利、契约和正义等根本问题。它们的讨论偏重学术性,而非重实用。

春秋战国时期,中国虽然出现了具有逻辑思辨性质的"名学",但它未能形成系统的逻辑学。占主流的传统士人观察和研究问题时,不重视对客观现象的区别、解释、归类、推理和对于对象性质及其过程分析与精确描述,而是借助经验证明、直觉体验和简单类比罗列(比如董仲舒),超越逻辑演进过程,直接得出某种结果或"真理"。逻辑学对法律科学的意义是通过命题、推理方式,以证实或证伪命题。传统中国思维是通过举例、类比、归纳,以证实符合经验的知识。这样的知识缺乏对法律现象的概括和法律规律的把握,抽象性和普遍性较欠缺,不易上升到科学原理层面。

在司法实践中,出现法律漏洞或法条竞合,或适用案件的关联法条相互矛盾时,司法官员一般不是靠律学家的解释解决问题,而主要是层层上报,寻找级别更高的官员依据权威处理这种法条上的问题。朝廷靠不断创制细则化的规则,而非律学的注解来弥补法律漏洞(比如清代刑部官员提请皇帝增设新例)。这就没有为法律解释学留下多少发展空间,法律解释学或中国律学因此主要停留对字词、罪名解释之上。在区分故意与过失、强奸与通奸、律无正条不得为罪等方面,尽管中国要比西方早几百年以至上千年,但严格的刑法学理论并没有产生在中国。中国人的思维方式为体现为经验、体悟、断想和智慧的律学发展提供了条件。[①] 因此,至清末,中国律学伴随中华法系的崩溃一起结束其历史使命。

(三)律博士的设置

曹魏时在中央司法机构中设律博士,负责教授法律、培养司法官吏并考核法律知识,训练地方上管理狱讼的官吏。晋朝把律博士设在廷尉衙门内。此制度在北魏得到沿用,北齐把廷尉衙门改为大理寺,在律博士之外,又添设了"明法掾""明法"等职务,大都是熟悉法令的人才。律博士的设置一定程度促进了魏晋至唐律学的发展。这种状况与明清不同。学者指出,清代统治者提倡律学的办法与从汉、魏到唐、宋采取的办法有所不同。汉魏而下用的是开办专门培养法律人才的学校(律学),设置主管律学的官署(律博士)和开科取士(明法科及其他制科)的办法。而明清两代则是通过设立讲读律例的制度,督促官吏们研究律学。其办法是每到年终,京内和京外各个部门的官吏都要由自己的上司考核,看他们学习律例的成绩如何。如果发现有"不能讲解、不晓律意者",官要受到罚俸一月、吏要受到笞四十的惩罚。[②]

▶ 六、刑罚制度的变化

(一)流刑的制度化

梁武帝时曾有流刑,当时官府将违背容隐制度、证明其母亲犯罪的一位名叫景慈的男性流放。北魏据"赦死从流"原则,对死刑犯因赦免而减一等为流刑,将流刑定为法定刑,填补了自汉文帝改革肉刑以来死刑与徒刑之间的空白。至北周时期创立了规范的流刑五等,将罪犯流放到四千五百里之外,称流藩服;四千里,称流镇服;三千五百里,称流荒服;三千里,称流要服;二千

---

① 律学与西方法学的差异,部分参见张中秋:《传统中国律学论辩》,载《中国法律文化论集》,中国政法大学出版社2007年版,第120—137页。

② 参见吴建璠:《清代律学及其终结》,载杨一凡(总主编):《中国法制史考证》(乙编第三卷),中国社会科学出版社2003年版。

五百里，称流卫服。这种流刑五等制度是当时崇拜西周盛制的统治者仿照《尚书·禹贡》中的"甸、候、绥、要、荒"五服制定。流刑制自此历代相沿不已。隋律把流刑分为三等，唐律亦同，但比隋各远一千里，分别为二千、二千五、三千里，皆服劳役一年。清代流刑分为三等：一千、二千五、三千里，各杖一百，终生不得返乡。

（二）逐步缩小缘坐范围

所谓缘坐是指一人犯罪（正犯）而使有亲属关系或有家属关系的人受到株连、连带处刑的制度，比如族刑。与男性不同，这种制度陷秦汉以来的出嫁女于"腹背受敌"的双重风险——出嫁女性因生父犯族刑要一同连带处刑，而夫家犯族刑也要随之处刑。至曹魏《新律》颁布后，才去除了出嫁女的这一双重风险，未出嫁女性（时称在室女）从父母之诛，已嫁之妇，从夫家之罚。至此，始确立缘坐不及出嫁女。魏《新律》还规定大逆无道本人腰斩，但不及祖父母、孙。

？ 想想看

缘坐与连坐这两个法律概念有什么差异？

（三）新五刑体制逐渐形成

自汉文帝肉刑改革以后，原有的肉刑体系开始崩溃。魏晋南北朝时期，逐渐形成新的五刑体系。其中，《新律》中法定刑为死刑、髡刑、完刑、作刑、赎刑、罚金刑、杂抵罪（以夺爵、免官抵罪的总称）等。《晋律》确定刑有五种，包括死刑、髡刑、赎刑、杂抵罪和罚金刑。《北齐律》在《北魏律》基础上最后确定了死、流、徒、鞭、杖五刑。这为隋唐时期律典中的笞、杖、徒、流、死五种刑罚体系的确立奠定基础。在这期间，肉刑日趋减少，宫刑也逐渐成为非法定刑。比方，曹魏曾禁止宫刑，北魏、东魏又开始使用。西魏时期曾下令禁止使用宫刑，将应宫者没为官奴婢，至北齐时，宫刑不再是一种法定刑。

总体而言，魏晋南北朝时期或许受儒家伦理、人道主义影响，法典中正式确立的刑罚有宽缓趋势。这种趋势至唐代中后期开始打破，法定刑及法外酷刑日渐严酷。

▶ **七、司法机制**

（一）司法机关及其变化

三国魏晋时期司法机构名称基本沿用汉制，中央司法审判机构为廷尉，北周效仿西周，将廷尉改称大司寇，北齐则改称为大理寺（三国的吴改称大理),大理寺卿、大理寺少卿、大理寺丞各一人为主官,其下设正、监、平各一人,律博士四人等。大理寺作为中央司法审判机构,其职能到元明清时有所变化。汉代所设尚书下面的二千石曹具有司法审判职能,曹魏时二千石曹继续作为兼理刑狱的机构,北齐时尚书省由六尚书分别统领各曹(各部门),其中,三公曹和比部曹都具有一定的司法行政职能,这成为隋唐时期尚书省刑部(负责重大案件的复核)的前身。隋文帝时依照北齐之制,设大理寺专司审判,将都官尚书改为刑部尚书,是中国设置刑部的最早时间。

(二)诉讼制度

此时期的诉讼制度基本沿用汉制,其实,整个中国传统时期的一般诉讼制度一直没有太大变化。当然,这一时期有一些制度创新。晋武帝设置了登闻鼓直诉制度,将登闻鼓悬于朝堂外,允许有重大枉屈的百姓击鼓鸣冤,官府听到鼓声后应记录百姓冤状向皇帝奏报。这种制度不依诉讼等级直接诉于皇帝或钦差大臣,成为直诉的途径之一。有冤情者可以击打朝堂外的鼓,直接向皇帝、中央司法长官诉冤,有关机构听到鼓声后向皇帝报告,这种制度一直沿用到清代。比如,元朝至元年间规定如为人杀其父母兄弟夫妇,冤无所诉,听其来击登闻鼓,但民众因细事而击登闻鼓则要给予惩处。

(三)司法审判过程中的变化

作为强化皇帝集权趋势的表现,魏晋南北朝时期的皇帝常常自行参与司法审判。早在汉代皇帝(或派官员)就常审录囚徒(时称"录[lù]囚"或"虑囚"),对在监罪犯重新讯问考查,若发现冤假错案则及时纠正。这一时期诸如魏明帝、晋武帝、宋武帝等皇帝们就经常参与审讯囚徒。北周武帝听讼则忙到了"秉烛达旦"的地步。皇帝们亲临审讯囚徒虽说是对人命案件与司法审判的重视,但是由于其权力没有任何约束,往往更可能因其个人恣意,破坏法律的稳定性和法制给人的预期。恰恰是这种最高权力,在传统时代最容易成为破坏法制的力量。臣民违法,顶多污染一摊水;君主违法,连同水源一起污染。战国法家学派指出:"法之不行,自上犯之。"这种评价一针见血。比如北齐文宣帝高洋喜怒无常,他把刑具全列于殿上,一不高兴,亲手砍杀肢解臣下,或命左右把被杀者割成肉块吞吃。高洋到金凤台拜佛念经,召来许多死刑犯,把粗竹席绑在他们两肩当翅膀,强令他们向台下飞,称"放生"。囚犯全部摔死,皇帝则欢笑不已。

在汉代,诸如郡守一类的地方高官有很大的司法审判权力,他们擅自处决罪犯往往得到皇帝的许可。至曹魏、晋代时期,县令审判权受到限制,凡是重囚经县审判后必须上报郡,由郡守派督邮查核。南朝宋时规定郡太守复审县的案件后才可以执行,如果郡太守不能决断,则上交给州刺史,州刺史不能决断则上交给中央廷尉。至北魏太武帝时规定死刑案件要上报皇帝亲自过问,案件没有疑问或冤屈才可以执行死刑,北魏律确定的这种"死刑复奏制"也即死刑执行前奏请皇帝批准,是慎刑及加强皇帝司法权的典型表现。宋孝武帝时规定凡死刑重犯都要上报朝廷。

上述死刑复奏制度虽因魏晋南北朝时期战乱不断,未能全面得到实行。但为后来隋唐确立死刑复奏制奠定基础,直至清代,正常情况下死刑案件只能由皇帝作终局判决。

受礼教及维持风化认识的影响,这一时期对妇女行刑作了一些特殊规定。如魏、晋时期规定妇女以罚金代替笞杖,以免因用刑致身体裸露,《梁律》还要求怀孕的女性不得受到决罚,《北魏律》规定怀孕的女囚产后一百天才可以决罚。

课后阅读文献

李贞德:《公主之死:你所不知道的中国法律史》,生活·读书·新知三联书店2008年版。

瞿同祖:《汉代社会结构》,邱立波(译),上海世纪出版集团2007年版。

以下适合有研究兴趣的读者

张建国:《汉文帝刑制改革相关问题题点试诠》,载《法律史论集》(第一卷),法律出版社1998年版。

侯欣一:《孝与汉代社会及法律》,载《法律史论集》(第一卷),法律出版社1998年版。

黄源盛:《汉唐法制与儒家传统》(上篇),台湾元照出版有限公司2009年版。

〔美〕桂思卓:《从编年史到经典:董仲舒的春秋诠释学》,朱腾(译),中国政法大学出版社2010年版,第六、七章。

祝总斌:《略论晋律之"儒家化"》,载《中国史研究》1985年第2期。

〔日〕富[fù]谷至:《论出土法律资料对〈汉书〉、〈晋书〉、〈魏书〉"刑法志"研究的几点启示》,薛夷风(译),周东平(校),载《法律史论集》(第六卷),法律出版社2006年版。

田余庆:《东晋门阀政治》,北京大学出版社1989年版。

程树德:《九朝律考》,中华书局2003年版。

《春秋繁露义证》,苏舆撰,锺哲(点校),中华书局1992年版。

《春秋繁露新注》,曾振宇、傅永聚(注),商务印书馆2010年版。

北京大学历史系、中国文物研究所、长沙市文物考古研究所走马楼简牍整理组(编):《长沙走马楼三国吴简·竹简(壹)》(上、中、下册),文物出版社2003年版。

课后深度思考题

1. 结合以下表明汉、宋两代法制发展的文献,思考为什么在王朝的中后期呈现这种相似性并造成一定的混乱？这与古人的立法技术与法律思想存在的欠缺有无何种联系？统治者的政治活动、立法数量及司法腐败之间存在必然联系吗？

《汉书·刑法志》记载："及至孝武（指汉武帝）即位，外事四夷之功，内盛耳目之好，征发烦数，百姓贫耗，穷民犯法，酷吏击断，奸轨不胜。……其后奸猾巧法，转相比况，禁罔浸密。律、令凡三百五十九章，大辟四百九条，千八百八十二事，死罪决事比万三千四百七十二事。文书盈于几阁，典者不能遍睹。是以郡国承用者驳，或罪同而论异。奸吏因缘为市，所欲活则傅生议，所欲陷则予死比，议者咸冤伤之。"

宋代李心传的《建炎以来朝野杂记》卷四《淳熙事类》记载："淳熙事类，孝宗时所修也。国初但有《刑统》，谓之律。后有敕令格式，与律并行。若不同则从敕令格式。然士大夫罕通法律，而数书散漫，故吏得以舞文，上患之。淳熙中，始命敕局官取敕令格式及申明五书，分门来上，七年（1180 年，南宋第二个皇帝宋孝宗时）四月乃成，为总门三十三，别门四百二十，诏颁行之，赐名《淳熙事类》。"①

2. 以下是晋代律学家张斐对晋律的字义解释，试比较其与现代刑法中类似概念的异同（括号中文字为今人注解）。②

《晋书·刑法志》："其知而犯之谓之故，意以为然谓之失（认为是对的而去做），违忠欺上谓之谩，背信藏巧谓之诈（隐藏奸巧），亏礼废节谓之不敬（损害礼义、废弃节度），两讼相趣（攻击）谓之斗，两和相害谓之戏，无变斩击谓之贼，不意误犯谓之过失（未想到犯法而犯了），逆节绝理谓之不道（违反节制、灭绝伦理），陵上僭贵谓之恶逆（欺辱尊长、超过本分），将害未发谓之戕（预谋危害他人），唱首先言谓之造意（首先倡导作害），二人对议谓之谋，制众建计谓之率（驱使众人并出谋划策）。不和谓之强（不和同），攻恶谓之略（凶恶的犯罪），三人谓之群，取非其物谓之盗，货财之利谓之赃（非法得来的财物）。"

---

① 《建炎以来朝野杂记》，台湾文海出版社 1967 年初版（影印明钞校聚珍本）。
② 注解参考马建石、高潮（主编）：《中国历代刑法志注译》，吉林人民出版社 1994 年版，第 92—93 页。

第四章　律典成熟期

学习重点：(1)《开皇律》与《北齐律》《唐律》的联系；(2) 唐律的篇章结构及名例主要内容；(3) 唐代主要司法机关及诉讼审判制度。

传统法律制度至隋唐时期发展到高峰,从篇章体例到法律具体概念都更成熟。同时,儒家礼的许多重要原则基本吸纳进正式的法典中,时人称唐律典的特点为"一准乎礼"。至此,法制儒家化完成了其长达几百年的进程。不过,唐律典"一准乎礼",这里的礼主要是唐礼,是秦汉以来繁衍变异了的礼,其构成帝制王朝的官方正统。唐礼参考古礼及帝王自己的便利为基础,集中表现在君臣官民上下等级之制及家族宗法尊卑之制两方面。具体而言,前者主要涉及以严刑重典维护君臣之别,以有罪无刑维护权贵地位,以同罪异罚区别良民、贱民之分。后者主要涉及尊长拥有特权,准五服以制罪等等。

汉唐时期的礼与春秋战国时期儒家的礼有一些差异。比如,孔子所理解的礼是双向义务制,他提出君君、臣臣、父父、子子,也即君臣、父子、夫妇和上下各尽其道,各守本分。《礼记·礼运》中更要求"父慈、子孝,兄良、弟弟(通悌[tì]),夫义、妇听,长惠、幼顺,君仁、臣忠"。这里更是典型的要求社会不同层级间承担双向的、相对的义务。但是经过后来统治者朝自己有利的方向修改,忠就变成了愚忠,孝变成了愚孝,形成了下级向上级、卑幼对尊长单向度的、绝对的义务制。也就是后人耳熟的话——"君要臣死,臣不得不死";"父要子亡,子不得不亡";"男可重婚,女无再适"。同理,在唐律典中有许多"不敬""不孝"的罪名,但没有制裁君主不仁、父不慈、兄不良、夫不义等的罪名。① 这是典型的单向义务制在律典中的体现。

在这一时期,"礼"与"律"融为一体,中国传统法出现典型的"伦理法"色彩。在法律形式方面,隋、唐时期的法律形式多样,构成周密的成文法体系。在立法技术方面,法典体例、结构科学严谨,律疏结合,法律内容广博而义理精神、法律原则和制度所涉广泛,考虑周全;刑罚制度宽缓适中,与之前的暴秦、之后的五代、明清相比,唐律典中的刑罚要宽缓得多,也因为此,唐律典人称"以为出入得古今之平"。法律术语表述规范,条文简要,举例恰当,达到很高水平。隋唐(尤其是唐)对宋、元明清及东亚诸国的律典有着直接影响。唐律被称为中华法系杰出代表,雄居世界法律体系之林。

唐律最后完成"一准乎礼"的进程,与其继承自魏晋以来门阀士族为社会基础有重要关系。学者指出,唐代官府要职,仍然多用世家大族,大臣通过恩荫可以升到将相。唐代宰相在369年里分属98族,包括裴氏、崔氏、张氏等。可见唐代政权与门阀士族有密切关系。南北朝的门第势力在唐初依然有相当力量,从他们历次编撰氏族谱志一事上可以看出。以至唐太宗以朝廷官爵与门阀士族来争尊卑。唐太宗命高士廉等修氏族志,他指责臣下以崔、卢、

---

① 参见苏亦工:《唐律"一准乎礼"辩证》,载《政法论坛》2006年第3期。

王、谢为重，提出要以官爵高下而非门第作为等级。①

唐代全面推行科举制，官职向普通民众逐渐开放，客观上地打击了门阀士族。宋代进士考试占据了政治上的重要地位。宋廷抑制王室贵族和大将的势力，地方上实行分权制，让大量受教育的读书人作为社会中坚力量，这是宋以下诸朝一反唐代弊端的方式。门阀士族不再，也影响了当时法制，律典中维护宗法势力的一些法条逐渐被虚化。

第一节　隋代法制概况

◆ 预读文献与思考

以下文献反映皇帝对一国的立法、执法和司法审判过程有何程度的影响？为什么在中央专制集权的国家会产生这种影响？为什么皇帝会冲击法制的稳定性？在什么样的政治环境中才有可能消除这种负面影响？结合这些文献，思考传统中国依法审判存在的限度。（括号中的文字为注解。）

《隋书·刑法志》记载，（隋文帝，即高祖）诏颁之曰："……枭首、轘[huàn]身，义无所取，不益惩肃之理，徒表安忍之怀。鞭之为用，残剥肤体，彻骨侵肌，酷似切脔[luán]（零切碎割）。虽云远古之式，事乖仁者之刑，枭轘及鞭，并令去也。贵砺[lì]带之书，不当徒罚，广轩冕之廕[yìn]，旁及诸亲。流役六年，改为五载。刑徒五岁，变从三祀（年）。其余以轻代重，化死为生，条目甚多，备于简策。宜班诸海内，为时轨范，杂格严科，并宜除削。先施法令，欲人无犯之心，国有常刑。诛而不怒（罪刑相当）之义。措而不用，庶或非远，万方百辟（众诸侯），知吾此怀。"自前代相承，有司讯考，皆以法外。或有用大棒、束杖，车辐、鞋底、压踝（用木棍压犯人踝子骨）、杖桄[guāng]之属，楚毒备至，多所诬伏。虽文致于法（舞弄法条致人于罪），而每有枉滥，莫能自理。至是尽除苛惨之法，讯囚不得过二百，枷杖大小，咸为之程品（一定规格），行杖者不得易人。……有枉屈县不理者，令以次经郡及州，至省仍不理，乃诣[yì]阙[quē]申诉。有所未惬，听挝登闻鼓，有司录状奏之。

……

高祖性猜忌，……恒令左右觇[chān]视内外（监视内外官吏），有小过失，则加以重罪。又患令史赃污，因私使人以钱帛遗之，得犯立斩。每于殿廷打人，一日之中，或至数四。尝怒问事挥楚不甚（官吏刑讯下手不够狠），即命斩

---

① 参见钱穆：《国史大纲》，商务印书馆1996年版，第482—485页。

之。……

是时帝意每尚惨急,而奸回(恶行)不止,京市白日,公行掣[chè]盗,人间强盗,亦往往而有。……诏有能纠告者,没贼家产业,以赏纠人。时月之间,内外宁息。其后无赖之徒,候富人子弟出路者,而故遗物于其前,偶拾取则擒以送官,而取其赏。大抵被陷者甚众。帝知之,乃命盗一钱已上皆弃市。行旅皆晏起早宿(晚起早睡),天下懔[lǐn]懔(畏惧)焉。此后又定制行署取一钱已上,闻见不告言者,坐至死。自此四人共盗一榱[cuī]桷[jué](屋椽),三人同窃一瓜,事发即时行决(处死)。

……

(炀帝)三年,新律成。凡五百条,为十八篇。诏施行之,谓之《大业律》。……其五刑之内,降从轻典者,二百余条。其枷杖决罚讯囚之制,并轻于旧。是时百姓久厌严刻,喜于刑宽。后帝乃外征四夷,内穷嗜欲,兵革岁动,赋敛滋繁。有司皆临时迫胁,苟求济事,宪章遐[xiá]弃(把法律远远丢到一边),贿赂公行,穷人无告,聚为盗贼。帝乃更立严刑,敕天下窃盗已上,罪无轻重,不待闻奏,皆斩。百姓转相群聚,攻剽[piāo]城邑,诛罚不能禁。帝以盗贼不息,乃益肆淫刑。九年,又诏为盗者籍没其家。自是群贼大起,郡县官人又各专威福,生杀任情矣。及杨玄感反,帝诛之,罪及九族。其尤重者,行辕裂枭首之刑。或磔而射之。命公卿已下,脔啖[dàn](吃下去)其肉。百姓怨嗟,天下大溃。

▶ 一、隋朝历史简介

581年,出身北周贵族的杨坚以"禅让"方式从8岁小孩周静帝那里夺得帝位,建国号隋。作为开国皇帝,隋文帝设立三省六部,三省长官同为宰相,以分割旧时丞相一人的权力;改地方州郡县三级制为州县二级制,州县九品以上官吏均由吏部委任,强化皇权对地方控制及防止豪族把持地方;重颁均田令;开始以科举制选拔人才,逐渐替代以往门阀士族垄断政权的局面;制定新刑律《开皇律》。这一切成为下一个朝代——盛唐的政治文化基础。

文帝废掉原太子杨勇后,另立看起来清心寡欲、生活俭朴的次子杨广。事后证明,杨广的这种形象是装给其父看的。数年后,杨广乘父亲重病之际,与其宠幸的宣华夫人淫乱。在被父亲发现后,杨广派人杀死文帝,血溅御屏,取得九五之尊。这,就是历史上"赫赫有名"的隋炀帝。炀帝得志后,再没有能监控他的人,曾经压抑的各种欲望,至此反弹与释放到无穷无尽的程度——开挖南北大运河;修建宏大的东都洛阳;一年内每月役使民工达二百万;征调民工一百二十万人修筑长城,亡者过半;三次出征高丽而败北,死伤无数;巡游江南,花费惊人。全国当时人口不足五千万,被征调的男性不下一千万。炀帝大业年间所征发劳力之多、劳役辛苦程度以及劳工死亡率之高均为史上罕见。这,尚不包括炀帝各种在此难以言表的艳史版本在内。其结局,自然要靠民众卖儿卖女、流民遍地为代价,以群雄揭竿、宇文化及手杀炀帝来收场。

乱世,阴谋家遍出,最后角逐胜利的,人称李渊。他建立了唐朝,时为公元618年。

二、《开皇律》主要内容

(一)《开皇律》的前生与今世

开皇元年(581)至三年(583)修订颁布《开皇律》,当时的法制指导思想是"取适于时,留意宽简",《开皇律》继承了《北齐律》"法令明审,科条简要"的特色,共十二篇,五百条,刑律十二篇体制最终确定下来。

学者指出,隋朝在修律时,多采纳北齐的制度,因此以《北齐律》为主。比如,从篇名看,《北齐律》与隋律都是十二篇,两者篇名完全相同的有:"名例""擅兴""斗讼""诈伪""贼盗""杂律"等篇。不同的有,《开皇律》分"捕断"为"捕亡"和"断狱"篇,没有"毁损"等,北齐律合"捕亡"与"断狱"为"捕断"等。此外,《开皇律》中的"卫禁""职制""户婚""厩库"等篇名与北齐律中的有关篇名大致近似。其中,改"禁卫"为"卫禁",卫指宫廷警卫,禁为关禁,这种改动是依据由内而外的顺序;"违制"改为"职制",重在职务,除规定违反制度的官员要依法惩处外,还对官员职责要求作了规范;"捕断"作为律目仅见于《北齐律》,"毁损"易出现前后重复,如斗讼中亦会出现毁损现象,故《开皇律》均删除该律目。具体律目比较,参见如下表格:

《北齐律》	名例	禁卫	婚户	擅兴	违制	诈伪	斗讼	贼盗	捕断	毁损	厩牧	杂律
《开皇律》	名例	卫禁	职制	户婚	厩库	擅兴	贼盗	斗讼	诈伪	杂律	捕亡	断狱

其次,从刑名来看,《北齐律》刑名有五,即死、流、徒、鞭、杖。隋《开皇律》规定的刑名也为五种,即死、流、徒、杖、笞。再其次,《北齐律》有重罪十条,隋律与《北齐律》之不同仅在于隋律有"不睦"而无"降"罪。但隋律对《北周律》亦有一定的承袭。开皇三年修订《开皇律》时曾将开皇元年颁行的《开皇律》削除死罪81条,流罪154条,徒、杖罪1000多条,仅留律文500条。从那以后,唐宋明清律典中的律条数量基本接近,大致在436至502条之间。只有《北周律》的1527条在数量上与开皇元年颁行的《开皇律》1700多条比较接

近。另值得注意的是,中国古代法制至少自秦,即有"徙边"之刑,相当于隋的"流刑"。但是在北周之前的各个朝代,流刑(迁徙到边疆)都不以明文规定远近之分、等级之别,只是从北周开始,才有远近、等级之分。这说明隋律明显地从北周承袭了这一点。①

那么,作为在北周基础上建立的新政权,隋文帝制定的礼仪、法制为何不怎么依北周之制呢?北周制定法律及礼仪和职官制度时,均强行效仿《周礼》的内容。所以隋朝虽在北周基础所建立,但其法律、礼仪与职官制度大都未继承北周而主要采纳北齐的相关制度。《北周律》矫揉造作,在数十年后被天然淘汰了。②

(二)改革刑罚制度

《开皇律》取消酷刑(比如枭首、轘裂)等,确立五刑制度,包括死刑,分为绞、斩二等;流刑三等,流一千里至二千里,以五百里为等差,同时分别服劳役二年、二年半、三年;徒刑五等,一年至三年,以半年为等差;杖刑五等,六十至一百下,以十下为等差;笞刑五等,从十至五十下,以十下为等差。这种五刑二十等刑罚体系一直沿用到清朝,可见其影响之大。

(三)确立十恶罪名

《开皇律》继承《北齐律》的"重罪十条",稍作修改,确立了十恶重罪,包括谋反、谋大逆、谋叛、恶逆、不道、大不敬、不孝、不睦、不义、内乱。谋反是指谋危社稷,也即推翻皇帝统治;谋大逆,是谋毁皇室的宗庙、山陵宫阙;谋叛,是谋求背国以顺从敌对政权;恶逆,是殴及谋杀祖父母、父母、杀叔伯父母、姑、兄弟、外祖父母、夫等;不道是杀一家非死罪三人(即杀死一家三口,而按法律这三人不应为死罪)及肢解人等;大不敬是盗大祀神御之物(供奉昊天上帝等的宗庙的帷帐及盛放酒醴的馔具等)、皇帝乘舆等;不孝是告发与诅咒祖父母、父母,父母在别籍异财(与父母分户籍分割财产),父母丧,隐匿信息不举丧等严重的行为,死后不孝指父母去世后,在三年守丧期间不遵守守丧制度的行为;不睦,谋杀缌麻以上亲戚,殴打和告发丈夫及大功以上尊长,以及妻子殴打丈夫、告发丈夫等行为;不义,是杀本属府主刺史、县令、现授业师,夫丧匿不举哀等等;内乱,奸小功以上亲。这十种罪名,法律规定对相关罪犯要加重适用刑罚。比如,贵族、官员不准享受议、请、减等待遇;凡属十恶重罪,罪犯就算遇到皇帝大赦天下,也要排除适用。

---

① 参见倪正茂:《隋代法制考》,载杨一凡(总主编):《中国法制史考证》(甲编第四卷),中国社会科学出版社 2003 年版。

② 隋唐与魏晋礼法制度渊源均参考陈寅恪:《隋唐制度渊源略论稿》,生活·读书·新知三联书店 2001 年版,主要是"礼仪"与"刑律"二篇。

十恶与重罪十条存在一些差异,十恶中将叛与降合并为叛,或为这两种罪非常接近,不易区分,立法者将之合并起来。十恶中同时增加了不睦,说明国家对家庭伦理的重视与维护。在反逆、叛等罪名前增加了谋,与《北齐律》相比,突出官方对此类行为的打击提前到思想观念与谋划的准备阶段。十恶说明当时立法以王朝的利益和家族伦理为重点保护中心。重罪十条与十恶罪名的差异对比参见下表:

重罪十条	反逆	叛	大逆	恶逆	降	不道	不敬	不孝	不义	内乱
十恶	谋反	谋大逆	谋叛	恶逆		不道	大不敬	不孝	不睦	不义	内乱

(四)优待贵族官员的立法

这一点,秦汉以来有久远传统。《开皇律》一方面继承"八议""官当""听赎"制,又创"例减"之制,也即凡是八议对象以及七品以上官犯"十恶"之外的罪照例减一等处治。这些身份特权法制为唐律全盘照收。由此也可看出,在传统中国,当官是保护自己及家庭成员的绝佳途径!

《开皇律》施行时间虽短,但其主体内容被唐代律令采纳与完善,直接成为唐律的蓝本。除了律典,隋文帝时尚有令、格、式等法律形式。学者指出,律是量定犯罪和刑罚的刑法典,令由行政制度及规则等构成,两者通常情况下互为表里。若犯令,即使律中没有单独的罚则,也可根据律中的"违令罪"处罚,形成严密的处罚体系。律令是国家两大基本法典,随着时间推移,实施的律令也会删改,其表现为不仅直接变更律令条文,原条文还因随时发布的敕令加以补充,出现事实上的改废情况。在这种敕中,把后来仍行用的内容加以编纂,这称为格。格对于律令而言是具有补充意义的法典。式多为关于实施律令而制定的细则法规,对律令来说具有从属关系。格与式对于基本法典律令而言是辅助性的法典。将上述四种法典加以组合,构筑法律体系的正是隋文帝。① 这四种法律体系的行用延续到唐朝。

不过,隋文帝既立法又废法,在其末年社会矛盾激化的情况下,下令对盗一钱以上者皆弃市,不再依律审判。其废法专制至迟在开皇十年以前就屡见不鲜,由于其喜怒无常,杀戮太过,功臣大将都被其猜忌处死。到后来甚至下令"盗边粮一升以上皆斩,并籍没其家"。为隋的灭亡埋下了祸根。

---

① 参见〔日〕八重津洋平:《〈故唐律疏议〉研究》,载杨一凡(总主编):《中国法制史考证》(丙编第二卷),中国社会科学出版社2003年版。

三、《大业律》的颁行

隋炀帝登基后，再也没有人能监控他时，曾经刻意压抑的物欲与性欲反弹得相当厉害。这样的人当皇帝，可以想象其影响下的法制也将会是多么糟。

隋炀帝于公元607年颁行《大业律》。这位自高自大的皇帝一边每个月役使民力二百万，一边在法制方面标榜"宽政"，这部律典体例十八篇，分《开皇律》中的"户婚""厩库""贼盗""斗讼"为"户"律和"婚"律、"厩牧"律和"仓库"律、"贼"律和"盗"律、"斗"律和"告劾"律，又增加"请赇[qiú]"律、"关市"律，并删去许多重刑。但是炀帝的个性决定了其执法必然是反复无常。他后来另外又制定严刑，规定窃盗以上不分罪行轻重，也不必上奏，一律处于斩刑，其他涉及谋反罪等新设的酷刑更多。炀帝这种立法又废法的做法，超越了他父亲。炀帝在立法与司法上的两种不同表现，提醒我们理解法制时万万注意，把思想言论（以法律文本表达的仁慈、宽政）等同于司法实践，那是非常危险的。

皇帝们和法制的关系，正有点像18世纪美国的潘恩在《常识》中所言："在专制国家，国王就是法律；在民主国家，法律就是国王。"了解传统中国真实的法律世界，不能只看法条以及帝王和官员的宣传。在特权大于法制的政局下，法的文本与实践间的差距最大；在法制高于特权的结构中，法的文本与实践间的差距才最小。关注真实的法律实践，乃法律人的安身之本。

第二节 一代盛典：唐代法制与影响

◆ 预读文献与思考

请在括号内填上唐律相应的律目，并标上其在唐律中的相应序号。
（　　）宫卫事了，设官为次，故在"卫禁"之下。
（　　）敬上防非，于事尤重，故列"名列"之下。
（　　）既论职司事讫，即户口、婚姻，故在"职制"之下。
（　　）厩库事讫，须备不虞，故此论兵次于"厩库"之下。
（　　）前禁擅发兵马，此须防止贼盗，故次"擅兴"之下。
（　　）户事既终，厩库为次，故在"户婚"之下。
（　　）贼盗之后，须防斗讼，故次于"贼盗"之下。
（　　）此篇拾遗补阙，错综成文，班杂不同，故次"诈伪"之下。
（　　）斗讼之后，须防诈伪，故次于"斗讼"之下。

(　　)此篇综一部条流,以为决断之法,故承众篇之下。

(　　)若有逃亡,恐其滋蔓,故须捕系以置疏网,故次"杂律"之下。

▶ 一、唐朝历史简介

李唐王朝历高祖、太宗、高宗、中宗、睿宗、玄宗、肃宗、代宗、德宗、顺宗、宪宗、穆宗、敬宗、文宗、武宗、宣宗、懿宗、僖宗、昭宗及哀帝共二十帝,在中宗、睿宗之间曾出现过武则天建立的周政权。626年,秦王李世民伏兵玄武门,杀兄长李建成和小弟李元吉,逼高祖提前下岗,自己当上皇帝,是为唐太宗。

想想看,按儒家法则与唐律典,若是其他人具备唐太宗的上述行为,则其法律后果(相应罪名与刑罚)为何?唐太宗的所作所为是否违背唐律典?

李世民以逆势夺帝位,但以顺势治天下。所以,如果与唐太宗的同行们相比,唐太宗算是个了不起的皇帝。历史学家也给予他"贞观之治"的政绩赞誉——国家强大、政治稳定、经济发展。如果从普通臣民角度来看,他们只是没有被前朝那种吃不饱、穿不暖的民生问题彻底逼到绝路上去。

唐太宗之后,懦弱的李治即位。有个女人注定影响唐朝历史,她是武则天。传统政治向来是男人的角斗场,一位女性主导政治,她必须足够狠,方能摆平众多的男性竞争者。武则天原本是唐太宗的才人(属皇帝妻妾系列中较低的一个等级)。太宗死后,她通过各种精明而又残酷得在此不忍表述的手段成为太宗之子高宗的皇后。大约过了六十年,唐玄宗以儿子之妻杨玉环为贵妃,差不多以其祖宗李治为榜样。武则天连杀亲子李弘与李贤。按照孔孟儒家标准看,武则天其实就是禽兽。

高宗死后,武则天立太子李显为帝,是为中宗。中宗尚未终,武则天改立李旦为帝。李旦没完蛋,武则天废李旦自己称帝,改国号周。武周政权正式存续时间为公元690—705年。一位女人突然当政,没有原本属于自己的功臣旧部,要想维持统治,简单点的方法不外乎依靠酷吏、严刑和告密。

若干年后,宰相张柬之等人发动政变,拥立中宗李显复位,重建李氏王朝。中宗被贬时,饱经尘世忧患,一朝复位,醉心于极乐之中,大权旁落于皇后韦氏、女儿安乐公主之手。令人惊异的是,中宗置戴绿帽不顾,放任皇后与他人淫乐无度,直至被韦后毒杀为止。中宗的人生悲哀,在于他处在一个不该处的位置,却无念头和能力收拾局面。随后,李旦的儿子李隆基联合太平公主发动政变,杀韦后、安乐公主,拥立李旦即位,是为睿宗。接下来,太平公主(睿宗妹妹)因与李隆基(即后来的唐玄宗)争权而身亡。与血染的宫廷政治相比,民主政治有助于权力平稳交接,不至于将那么多无辜的人卷进死亡的泥淖。当然,皇帝们不可能实行民主政治,否则怎能轮到他们当皇帝?

唐玄宗即位后开始有所作为,史学家送给他"开元之治"的政绩美誉。不过,最高掌权者没有外在约束而能自行约束的,千世难得一见。皇帝政治的风险在于国家命运系于一人之身,一人喜怒决定万民前途,皇帝打个喷嚏,所有人就得感冒。老年治国时期的玄宗,与杨贵妃倾心情色,盲信贵妃堂兄杨国忠,宦官干政。政局乱象对皇帝的潜在同行——其他野心家而言就是机会!

自公元755年始,八年战乱拉开序幕,安禄山与史思明经过多年准备,发动叛乱。唐玄宗仓皇逃往成都,皇位甩给李亨,是为肃宗。幸运的是,安史集团内讧不断:安禄山为儿子安庆绪所杀,安庆绪为史思明所杀,史思明为儿子史朝义所杀,公元763年,史朝义兵败自杀。

安史之乱后,"人烟断绝,千里萧条"的唐朝出现了藩镇割据(相当于地方诸侯争霸)和宦官专权。这两种政局乱象的结果是,中央与藩镇连年战争致军民死伤无数,自顺宗到昭宗10个唐朝后期的皇帝中,9个由宦官或废或立。在唐僖宗打猎、淫乐、重赋及天下民众"夫妻不相活,父子不相救"(刘允章《直谏书》语)之时,科举不第的山东人黄巢起义(这点与晚清洪秀全类似),饥民立马响应。在这期间,唐王朝又兴起一批节度使,其中以汴宋节度使朱全忠(原名朱温,曾为黄巢部下)影响最大。公元903年,朱全忠挟持唐昭宗还京,同时下令杀尽侍候皇帝的宦官数百人,出使在外的宦官就地处决。次年,朱全忠又逼唐昭宗迁都洛阳,然后使人杀昭宗,立李柷[zhù]为太子,是为哀帝。天祐二年(905),天不佑李唐王朝——朱全忠大肆贬逐朝官,把崔枢等被贬朝官三十余人斩杀于白马驿,血染江河。公元907年,朱全忠全不忠,逼哀帝向己禅位,改国号梁,建都于开封。

唐朝,结束。

二、初唐立法指导思想

唐代先后制定、颁布了三部正式律典,分别是《武德律》(624)、《贞观律》(637)、《永徽律》(651)。这三部律典都是唐前期出现的,初唐的立法思想直接影响了唐代律典。

(一)保持法的稳定性与连续性

唐初的皇帝们以文帝、炀帝立法又废法为教训。唐太宗在《贞观政要》中谈到,法令常变,无益于治理,且官员不能尽记,又前后矛盾,官吏就可能舞文弄法,乘机行贿受贿。对那些不适时宜的法律必须作适当修订的,也要按严格程序进行。比如,《唐律·职制》规定:"诸律令式,不便于事者,皆须申尚书省议定奏闻;若不申议,辄奏改行者,徒二年。"皇帝针对个案作出的裁决(制敕断罪),不为永格者,以后不得引为法律依据。《唐律》很大程度继承了《开皇律》,二者都是十二篇,篇名、内容及其排列顺序一样,二者都有"十恶"之条、排序亦同。

不过,皇帝们既特别擅长从历史上吸取经验教训(宋朝为此组织学者编了厚厚的《资治通鉴》),又容易把经验教训一股脑全抛弃。所以,在历史教训带来短暂启示后,又不可避免的重演,王朝的治乱循环,由此而生。当法制的历史不再启示未来,民众将在苦难中彷徨。一个民族及其统治者忘却曾经破坏规则带来的灾难,这样的国度终将再次重蹈覆辙。

(二)宽严适中、简约易明

唐高祖时即曾强调立法要宽简,高祖武德年间制定新律,篇目全依据《开皇律》,置《大业律》不顾,乃为《开皇律》"刑网简要,疏而不失"优点所致。到唐太宗时的《贞观律》删除了《武德律》中一些苛刻的刑罚。与隋朝相比,唐律在立法内容方面宽大、刑轻;立法形式方面简明,以便臣民了解法律内容,便于司法官员掌握。立法要简明扼要,最好要让老百姓看懂,这几乎是历代统治者的做法。这种想法其实潜含如下意思:法律是用来治理民众的,为了使他们能及时知法、守法以致惧怕法律,除了向他们强制"普法"外,首先就是法条必须容易明晓。

(三)"德礼为政教之本,刑罚为政教之用"

唐律的《名例》篇疏议里专门提及"德礼为政教之本,刑罚为政教之用"。也就是说,治国必须兼用德礼和刑罚,二者间一个是根本,另一个是实现这个根本的工具。政教的根本在于三纲五常,只有用刑罚才能保证其得到实现。因此,违背礼的行为,将以刑罚处置,也即以礼教为政教的内容以法作为保障。

显然,唐律这个法制指导的根本思想与董仲舒修正过的儒家思想——德主刑辅一脉相承。

▶ 三、法律的编订

唐代高宗及其之前的时间段,政局大致比较稳定,因此有条件在立法方面编订耗时耗力的律典,兼而编订令、格、式。后期不是宫廷内斗,就是叛乱不断。刀光剑影间,再没有给立法者修订律典的稳定政局了。同时,前期具有稳定法律形式的律典不适于后期统治者面临急需解决处理的问题。再加上祖宗之制不可变,于是立法者只好以颁敕、编敕以及便于实用的"刑律统类"作为更好的选择。这种立法影响到宋元时期。

(一)《贞观律》

李渊进占长安后,向民众约法20条,规定杀人、劫盗、背军、叛逆等处死,其余蠲免。后来，在刘文静、裴寂等人的先后协助下，唐高祖在武德七年（624）颁布了《武德律》，当时时势紧张，基于《开皇律》的《武德律》没有太多建树。唐太宗耗时十一年，于贞观十一年（637）完成了《贞观律》。该律仍以《开皇律》为基础，篇名数目完全一样，唐律的风格由此确立下来。但与《武德律》相比，制度上有很大创新，主要表现为：

1. 创设加役流为减死之罚

唐太宗为表宽政，将律典绞刑中的五十条改为加役流，也即流放至三千里外，居作（服劳役）三年。

2. 进一步缩小缘坐范围

当时旧法规定兄弟虽分居，但事涉谋反也要缘坐处死。《新唐书·刑法志》记载唐太宗认为过重，提出反逆中的两类行为"兴师动众"与"恶言相犯"两者轻重不同，应当有所区别处罪。经大臣讨论，最后确定"反逆者，祖孙与兄弟缘；皆配役；恶言犯法者，兄弟配流而已"。也就是说，若罪犯本人谋反、谋大逆，其祖孙和兄弟因牵连而处罪，一律配交官府为奴；恶语犯法之人，其兄弟只处流放。

3. 确立类推等量刑制度

除八议、诬告反坐等断罪量刑原则外，律典《名例》篇规定："诸断罪无正条，其应出罪者，则举重以明轻；其应入罪者，则举轻以明重。"唐律中对法无明文规定的行为，审理时认为应减免刑罚，则指出律文中比该行为更重的情节如何处理，若是应予减免刑罚，则该行为更可减免，是"举重以明轻"。如《盗贼》篇规定，夜间无故入人家者，主人当时将其杀死，不负刑事责任，今若主人仅是将其打伤，比杀死更轻，更是无罪。反之则"举轻以明重"，《贼盗》篇规定："谋杀期［jī］亲尊长者，不论已伤、未伤，皆斩。今若有人侵犯期亲尊长比已伤、未伤更重，自应处死刑无疑。"

这种举重明轻、举轻明重的类推适用原则体现了当时立法者追求律条简约的特点。其与现代法律中的类推存在一定的差异。现代的类推适用原则存在于民法、刑法中。在现代刑法中，犯罪行为如法律无明文规定，可以比照刑法中比较相似的犯罪行为定罪量刑，但其适用一般受到现代罪刑法定原则的禁止或限制。

（二）《永徽律》与《永徽律疏》

唐高宗继位后，于永徽二年（651）在《贞观律》的基础上，由长孙无忌等编制律、令、格、式，其所修订的律又称《永徽律》，共502条。长孙无忌等人继承魏晋律学成果，在后来历时一年完成了对律的"疏议"工作，即对律条逐条解释,以利于科举考试的需求,后来成为法官准确适用法律的重要途径。律疏合于律文之后,合称《永徽律疏》,后世称之为《故唐律疏议》,简称为《唐律疏议》(或《唐律疏义》)。正由于这部律学作品,唐律得以完整保存,传至今日。

《唐律疏议》是律文、注文、疏文三合一。注是对律文罪名的罪状、律文等适用所作的补充解释和说明,疏是对律文、注文逐条逐名解释。疏由"议"和"问答"两部分组成。疏下首列"议",对律文及注的意义用议论的方式分析与阐发,"议"即列举实例以作解释。日本学者指出,律疏是逐条地使用明确用语加以定义,不仅及于有关联的律条规定,而且对于与令、式等其他法典的有关规定适当照应。律疏以问答体提出问题,用明快的方式予以解答。此外,为了准确地理解律文各条的法意,加入该规定的历史出典的提示等内容,甚至连细微的地方都考虑得颇为详尽。可谓是自东汉马融、郑玄,晋杜预、张斐等众多律学家之后,代表了汉至唐律学研究领域发展的精华。①《唐律疏议》在永徽四年编纂,开元二十五年曾部分修订。

律条与疏举例:
《唐律·名例》:笞刑五,笞一十。赎铜一斤。笞二十,赎铜二斤。
〔疏〕议曰:笞者,击,又训为耻。言人有小愆,故加捶挞以耻之。汉时笞则竹,今时则用楚。

(三) 其他法律形式的编订

除律典以外,唐代还有令、格、式。唐朝的这种法律体系是对隋代的沿袭。这种体系到后来发生变化,至宋朝消亡。学者认为,不但是唐代,整个帝制中国的法典编纂都表明存在了三个阶段——各个皇帝的指令;汇总诏敕的副法典;基本法典。法的效力按上述顺序依次减低,稳定性的高低则是反向排列。律令是基本法典,格、编敕、条例类属副法典。所以律令稳定不动,现行法的修改通过格、敕进行,律令在此基础上保持基本的、一般准则的作用。②唐、五代至宋朝,这种三阶段模式表现得尤为突出。

令。唐代初期律、令同时制定。令用以"设范立制",也即有关国家制度的规定,如中央与地方的官制、祭祀、选举、仪制等等,是规范国家制度与严格尊卑贵贱等级秩序的法律。它允许或禁止朝廷各府衙及人们做某事,规定团体和个人办事原则和所必须遵守的规章。唐太宗贞观年间颁行了房玄龄等

---

① 参见〔日〕八重津洋平:《〈故唐律疏议〉研究》,载杨一凡(总主编):《中国法制史考证》(丙编第二卷),中国社会科学出版社2003年版。
② 参见〔日〕池田温:《律令法》,载杨一凡(总主编):《中国法制史考证》(丙编第一卷),中国社会科学出版社2003年版,第115页。

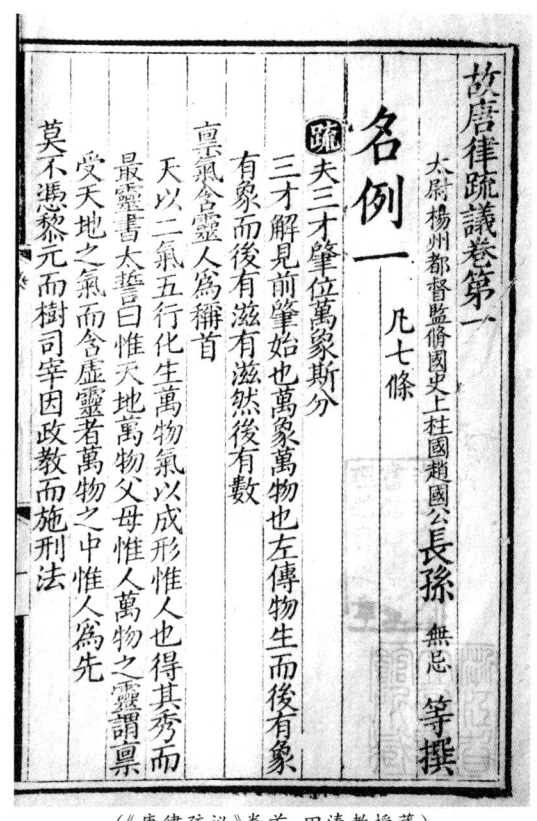

(《唐律疏议》卷首，田涛教授藏)

制定的《贞观令》30卷，至唐玄宗开元年间曾修订过。其中《开元七年令》有27篇正篇，1546条，规定了唐朝政治、经济制度，各府衙的组织权限以及活动原则。其所涉及的内容远超出唐律，它在国家日常生活中时时刻刻都发生着直接作用。与令相比，律典作为刑法，用"以正刑定罪"，但它日常生活中起的主要是一种威慑作用，"违令有罪则入律"，只有在其他法律无法得到执行时，它才以其所具有的国家超强制力手段加以干预。其本身并未对国家制度作正面的原则性规定。

唐令在后代亡佚散落很多，日本学者仁井田陞以多年心力，编成《唐令拾遗》，这是目前所见最全的一部唐令文献。宋代令从"禁于未然"出发，正面规范人的行为，及约束禁止行为人不得为一定行为。如开宝元年(968)颁布的《捕盗令》，仁宗时颁定的《禄令》等。明朝洪武元年(1368)颁布《大明令》，分为吏、户、礼、兵、刑、工六篇，以示"教之于先"，凡违背令的禁止性规定，律没有罪名的，笞五十下。清朝不再有令的形式，其内容编入"会典"。

格。格用以"禁违正邪",经唐太宗改造而正式制度化。它是皇帝诏令的删辑,由各朝廷府衙负责实施的法的追加和修改,必须以律、令、式等已有成法为前提才能发生效力。唐宋的"格"与东魏时期同"律"并列意义上的格不同,前者是官吏职掌制度等内容为主的行政法规汇编,辅助、保证律的实施。皇帝发布对国家机构或个人因时因事而颁行的敕命,其中一些具有普遍指导意义、能补充律令的,经过整理汇编起来,即称为格。唐太宗贞观年间删订唐高祖武德年间以来的敕格三千余件,最后留下七百条格,编为十八卷。唐高宗永徽年间初期格分为两部,一为留于本司(中央各部门)施行遵守的叫《留司格》,颁行天下州县的叫《散颁格》。至唐代后期,格演变为格后敕,内容多偏于刑狱,成为唐后期断罪的主要依据。

式。式用"以轨物程事",是法的具体实施细则,包括国家各级机关的办事规则和公文程式,规定了公文、表册的格式和处理日常公务的程序。唐代的令和式关系密切,如果相关制度规定很详细,那么式即可照搬令文,以致在当时的公文中"令式"并举。《唐六典》为唐代重要制度的记录,因此其中一些内容多有令、式相合之处。明清时期,这方面的内容均编入"会典"。

律与令、格、式的关系如下,前者从消极方面规定违反令、格、式或其他犯罪的行为给予制裁,后者从积极方面要求国家各级官吏应当遵守的具体规则。

(四)唐后期立法活动

唐朝前期以修定律、令、格、式为立法主要内容。这时期虽然也有制敕,但其法律效力和适用范围受到限制。通常只有经皇帝任命的立法机构的检查和删改,确定为"永格""常式"并正式拟为格、式的制敕,才具有普遍的法律效力。到了唐后期,"编敕"成为当时主要立法内容。比如,唐后期较大的立法活动有7次,只有一次修格,没有修订过律、令、式。主要活动是编撰格后敕与刑律统类。格是依敕拟定的法律文件,"格后敕"是将多年的制敕分类整理编次而成,并不对制度内容作增改。

唐大中年间出现的"刑律统类"是依刑律(也即律典)的分类编在一起的格敕。这种将有关刑事的律、令、格、式、敕按照律典篇目顺序分类编排,开五代时期"刑律统类"与《宋刑统》编纂方式的先河。因此二者实质都是"编敕"。其结果是唐后期敕的地位日重,它的法律效力、适用范围超过律、令、格、式,取代了律典的地位。原因在于唐后期政局与经济发生巨大变化,安史之乱后,藩镇割据,均田制与租庸调制均已崩溃,中央专制集权的官僚秩序也已大遭破坏。面对形势变化,早期的律、令、格、式不相适应,小修小改无以补救。政局动荡之下,统治者无力大规模修订律、令、格、式,且律、令、格、式是具有较强稳定性的法律形式,无法应付复杂多变的局势,只有那种具有极大灵活性、可据需要随时颁布的制敕可解燃眉之急。同时统治者不愿意丢弃祖宗旧制,只可存旧增新,因此唐后期"编敕"成为必然选择。这直接影响了宋代的法律形式,也即敕、令、格、式。①

在宋代,作为律典的《宋刑统》的地位在被其他法律形式取代后,统治者照旧不愿意丢弃祖宗旧制,只不过是存旧增新。也就是说,有宋一代,《宋刑统》虽然日渐退出司法审判领域,但是统治者从未宣布废止。

四、《永徽律》体系与主要内容

(一)《名例律》

本篇共 57 条。名是唐律规定的各种罪名,例是定罪量刑的通例、原则。犯罪(罪名)总是有其对应的刑罚,据其情节轻重处罚,所以"名例"列于第一。"名例"主要概括最基本的刑罚、性质最严重的犯罪、贵族官僚减免刑罚的特权、刑罚适用原则和法律用语的解释。至明清时期,五刑图、丧服图、狱具图、八字(以、准、皆、各、其、及、即、若等律典中重要概念)纳入"名例律",以便统一认识。具体而言,其重要内容如下,

1. 五刑二十等的刑罚体系

刑名	等级	数量	等差
笞	5	10—50 下	10 下
杖	5	60—100 下	10 下
徒	5	1—3 年	半年
流	3	2000—3000 里	500 里
死	2	绞/斩	/

2. 特殊犯罪和特殊身份者犯罪的特别规定

这是在立法上区别法律打击重点和优待对象。前者是"十恶",后者是"八议""上请""例减""赎""官当",等等。

前文已述,八议是与皇帝关系密切的八种权贵人物若犯死罪,司法机关必须申报皇帝,说明他们本应处死的犯罪事实及应议理由(属于"八议"中哪一类),请求交大臣集议,再申报皇帝,由皇帝考虑处理。只要不是前三恶罪(谋反、谋大逆、谋叛),通常都能减免死罪。"八议"如犯流罪以下,通例减一

---

① 本书参见刘俊文:《论唐代后期法制的变化》,载《北京大学学报》1986 年第 2 期。

等处理,不必议。死罪由皇帝议定、裁决,通常死刑减为流刑。

上请就是指身份略低于"八议"的其他权贵人物(八议对象的近亲属和五品以上官员)犯死罪的话,在司法官员判决死刑后,可以上请皇帝,请求宽免。

例减是指身份略低于上请范畴的权贵人物(包括应"上请"之人的近亲属和七品以上官员)犯流刑以下的罪行要照例减刑一等。赎是八议、上请、官当及九品以上官员犯流刑以下罪时,可以缴纳钱财代替刑罚。律典规定笞刑是铜一至五斤,杖刑是铜六至十斤,徒刑是铜二十至六十斤,流刑是八十至一百斤。

律典规定官员如系私罪,五品以上官员可抵两年徒刑,九品以上官员可以抵一年徒刑;如系公罪,则可以各自多加一年。公罪是指官员承办公事不力,失误或差错,而不是出于自己私利的犯罪。因此其犯罪主体是承办公务的官员。私罪是指与公事无关,而是为了私利犯罪(如盗窃),或虽承公事,但假公济私而犯罪(如徇私枉法)。这种犯罪主体是不特定对象。

3. 名例主要刑法适用原则

这时期的刑法适用原则基本沿用自前朝制度,比如区分故意与过失,同财共居者有罪相为容隐,亲属间相犯罪五服以制罪,等等。详述如下:

(1)"累犯"加重处罚

罪犯已被告诉或在执行刑罚时又再次犯罪的,将前罪与后罪通计一并从重累计处刑。与这较接近的是数罪并发从一重罪处罚。它是指罪犯在被告发前犯二个以上罪行,则按其中一个重罪处刑,重罪吸收轻罪。

比较一下,现代刑法规定,累犯是指被判处一定刑罚的犯罪人,在刑罚执行完毕或者赦免以后五年之内故意犯罪的,是为累犯,累犯要从重处罚。这是因为行为人的恶性比较大,之前的惩罚未使他得到应有的教训与悔改。

(2)老幼病残犯罪减免刑

至少自汉代以来,法律就对这些人群犯罪给予一定的宽宥。唐律对老、幼规定了三个级别,老分为七十岁以上、八十岁以上和九十岁以上,幼分为十五岁以下、十岁以下、七岁以下。其中,九十岁以上、七岁以下虽犯死罪通常不予追究。残犯指身体残疾,通常分为废疾(疾、折一肢、盲一目等)和笃疾(双目盲、两肢废、癫狂等)。通常年龄越大或越小或残疾程度越严重,罪犯承担的刑事责任就越轻。

(3)自首减免刑

自首是指"诸犯罪未发而自发者,原其罪"。未被举发而能向官府交待,则宽免其罪。但自首可能出现以下两种情况,一是自首不实,陈述的罪行不完全符合事实,如抢劫说成是盗窃;自首不尽,陈述的罪行不彻底,如枉法得赃十五匹,自首为十四匹。于此,律典规定要追究其不实、不尽者,应处死刑的,减一等处理。犯人的轻罪被发觉,能自首重罪,免其重罪。若罪犯行为造成的实际损害无法补救时,则不能适用自首免刑。

(4) 共犯以造意为首

共犯是指二人以上共同犯罪。魏晋时期的律学家界定造意者就是"倡首先言谓之造意",也即首先倡导作乱者。唐律典区别了主犯、从犯,从犯罪行减首犯一等。但是也有例外,若是一家人共犯,律典只处罚同居尊长。其立法主旨在于强加尊长对家庭成员管教的义务。外人与监临主守官吏(负有监管职责的官员)共同犯罪,虽由外人造意,仍以监临主守官为首犯。该立法主旨在于加强监临主守官吏的职责。

比较一下,中国现行《刑法》第 26 条第 1 款规定,组织、领导犯罪集团进行犯罪活动或者在共同犯罪中起主要作用的,是主犯。这里的主犯与唐律典中的造意者有近似之处。

(5) "化外人"犯罪的法律适用原则

唐朝是个大国,当时来到长安或泉州之类的城市经商和文化交流的外国人或少数民族很多,这也反映在当时的律典中。如《名例》规定:"诸化外人,同类相犯者,各依本俗法;异类相犯者,以法律论。"也就是说,来自于同一地区的化外人相犯,依据他们习俗与法制作为判决的依据,如来自不同地区的化外人或某一化外人与唐朝的臣民相犯,则依据唐律典处理。前者有点近似于今天国际法中的属人法,后者有点近似于国际法中的属地法。

关于化外人,《疏议》的解释是:"化外人,谓蕃夷之国,别立君长者,各有风俗,制法不同。"学者指出,这里的化外,也即统治者所倡导的礼义、制定的法令未能贯彻实施的地方(蕃夷之国)。"化外人"犯罪的法律适用原则主要调整与"礼教"法律文化有差异和冲突的民族的法律适用。[①]因此,"化外人"包括相当于今天意义上的来自遥远国度的外国人,也包括不受中原文化礼义教化的中国边疆少数民族或藩属国。到了明朝,则一律规定化外人相犯不管是同类或异类均以明律典作为判决依据。

接下来律典从第二篇《卫禁律》至第十篇《杂律》,大致按照以皇帝利益为标准先重罪、后轻罪的顺序编排。

(二)《卫禁律》

本篇共 33 条,涉及宫门、城门警卫、关津、宗庙、禁苑、和边镇禁卫等方面的罪名。《疏议》对此作了解释:"卫者,言警卫之法,禁者,以关禁为名。但敬

---

① 参见苏钦:《中国民族法制研究》,中国文史出版社 2004 年版,第 4 页。

上防非,于事尤重,故次《名例》下,居诸篇之前。""卫"即保卫皇帝的安全,目的是"敬上","禁"即禁止擅自出入关津要塞,目的是"防非"。在那时,皇帝本人就是天子,代表国家。皇帝的利益与安危也即等同于国家的利益与安危。因此这一篇如以今人语言表述,相当于危害国家安全的犯罪,是众罪之首。我国现代刑法典分则第一章为"危害国家安全罪",涉及危害主权、领土完整和安全、分裂国家、颠覆国家政权、推翻社会主义制度的行为。在唐代,皇帝作为国家核心,保卫国家安全首先即是保卫皇权。其他篇章也是以此为准,依次排序。古今有相通之义。

（三）《职制律》

本篇共59条。《职制律》的条款大多为对官员的惩戒,实质上相当于"官吏惩戒法",其主要内容涉及官吏职守、公务规纪、贪赃、渎职、违礼等犯罪的处罚规定。《疏议》解释说:"言职司法制,备在此篇。宫卫事了,设官为次,故在卫禁之下。"也就是说,"职"即职司,相当于今天的国家机关及工作人员；"制"即法制。"职制"是对公职人员的规定及惩治其犯罪的法律。

《职制律》法条数量很多,仅次于《杂律》(62条)和《斗讼》(60条)。该篇对官员犯罪作了全面规定,甚至连鸡毛蒜皮大小的事也不放过。如律典的第95条规定,官员无故不上班或请假违期,"一日笞十,十日加一等",若是边要之官,还再加一等。因此,唐律典一方面规定了官员的各种法律特权,礼待臣下,但另一方面治官之严甚于治民。如同样是窃盗,官盗比民盗加重二等处刑。此篇排序第三,说明当时立法者非常重视对官吏的治理,此与战国时期法家提出"明主治吏不治民"的思想传统相通。

严于治官是政治制度成熟的表现,这一传统在现代法律中未得到继承。现行中国《刑法》以官员为特殊主体的犯罪主要是"贪污贿赂罪"和"渎职罪",分别为《刑法》分则第8、9章,处于倒数第二、三的位置上,其次是法律条款少。现代社会关系复杂,官员队伍庞大,治官的法律应更严密,但事实未必如此。如贪污贿赂罪有15条法条,"渎职罪"有23个法条,这不足"职制"律的2/3,而唐律典中涉及治官的规定遍及唐律。

比较一下两部刑事法律惩处的轻重:唐律138条:"诸监临主司受财而枉法者,一尺杖一百,一匹加一等,十五匹绞。"中国现行《刑法》规定,"贪污数额不满五千元",情节较轻的给予行政处分。唐官员贪赃枉法折绢一尺所受之刑(杖一百下)比现代官员贪污四千元所受之处分重许多倍。中国现行《刑法》规定,"贪十万元以上"处10年以上有期徒刑、无期徒刑,情节特别严重的处以死刑。唐律典以至整个传统中国的律典通常只有法定情节而无酌定情节,是一种绝对刑,也即贪赃每达到一个固定的数额,就会有一个对应的刑罚,没有现代《刑法》对犯罪情节的认定多采用模糊概念,如"数额较大""数额巨大""情节严重""情节特别严重"等表述。法条的这种刚性化会有很多欠缺,但其优点是:避免司法官员过度自由裁量、"酌情"认定,以"能动"的司法导致同罪异罚和司法不公。

(四)《户婚律》

本篇共46条,主要内容为涉及违反户籍、土地、赋税、婚姻、家庭、继承等方面管理制度犯罪的规定,用以保证国家赋役来源,维护家庭伦理关系。在统治者看来,治吏要先于治民,而后由官吏去治民。因此《户婚律》列于《职制律》之后,该设计不仅合理,更是统治经验在法典例上成熟的表现。孔子在《论语》中说道:"其身正,不令而行;身不正,虽令不行。"法要产生威信就必须首先防范、惩治官员犯罪,保证官员自身言行正直,才谈得上官员对百姓的管理。如果抛开君主专制政体不论,唐律典这种先治官的法典体例对当代有一定的借鉴意义。

《户婚律》核心内容有两个,一是户籍监控,通过户籍管理与控制民众,禁止民众随意迁徙,收取民财,征发徭役,壮大国家实力,保证国家存在的物质基础。另一个是婚姻家庭监控,确立夫权、宗法制,培养孝子。

? 想想看

可否按照现代民法学的分类方式,将唐律典中的《户婚律》及历代涉及户婚等的法律法规汇编在一起,将之命名为有传统中国特色的"民法典"?

(五)《厩库律》

本篇共28条,主要是关于畜产及仓库的犯罪,包括违反官私牲口牧养及征用、官府仓库管理等的犯罪,以及家畜毁伤他人人身和财物时的处罚或赔偿。依《疏议》所说,《厩库律》包括两方面的内容,"厩者,鸠聚也,马牛之所聚;库者,舍也,兵甲财帛之所藏"。在唐朝,马、牛既是生产工具,又是交通工具,同时还是军事工具。因此不分官有、私有均受到严格保护。"库"即国库,国库之所藏,唐律一概称之为"官物",如果统治自称代表国家,或强奸民意宣称代表全体人民,那么这种"官物"就成了国家所有,或全民所有的"公共财物"。

对"官物"予以重点保护是唐律及传统法律一贯传统。睡虎地出土秦律表明,与对盗窃私人财产的处罚相比,秦律对官府财产的规定不仅细致得多,从积极作为到消极不作为都有严密立法,而且对盗窃官府财产者的处罚更严酷。在法律中规定保护财产所有权的任务时是先国有,次集体所有,最后才是公民私有财产的情况出现在我国现行《刑法》第2条。《刑法》第13条中,最大的侵犯财产罪是侵犯国有财产,之后是侵犯集体所有的财产,之后才是私人所有财产。《刑法》第六章"侵犯财产罪"中,法条屡次出现"公私财产"概念,"公"在"私"前,先"公"后"私"。这与唐律中屡次出现的"官私物"的排序有异曲同工之妙。

要治民就得收税,赋税收归国有即需加以保护,于是有了第五篇《厩库律》,治民还须役民力,使民为国家服兵役和劳役,于是有了第六篇《擅兴律》。因此这两篇均由《户婚律》派生出来,依次排在其后。

(六)《擅兴律》

本篇共24条,关于军队士兵的犯罪,具体内容包括违反徭役兴发、公共设施兴造修缮、军需供应、兵员调遣、城郭防守、兵器储用等方面管理的犯罪的法律。"擅"狭义上是指擅发兵,泛指军人犯罪;"兴"是工程兴造。该篇的重点是严法治军,以确保皇帝对军队的绝对统治权。治军得当,可为国家安全提供保障。《擅兴律》的重要性不可否定,排位本可提前。但在有的立法者看来,兵源来自于民,军队供养取自于赋税,甚至他们把"厩库"视为军队的武器库和总后勤,所以《疏议》说:"厩库足讫,须备不虞,故此论兵次于《厩库》之下。"即武器充足,保证后勤,才能"论兵",因此"擅兴"后于"厩库"。

前几篇除《名例律》外,《卫禁律》是有关惩治侵犯皇帝安全、尊严和权力的犯罪;其次是《职制律》,实即治官,是有关官员的犯罪;再次是《户婚律》,实即治民,是有关户籍、田宅、赋役及婚姻的犯罪;其次是《擅兴律》,即治军,是有关军人的犯罪。这五篇实体性规定以犯罪所侵犯的对象为准,或以犯罪主体为准,按照皇帝自我利益为标准,由重罪到轻罪,依次罗列。

(七)《贼盗律》

本篇共54条,涉及谋反、大逆、杀人、盗窃等方面的犯罪,上述以外的重罪莫过于侵犯人身和财产的犯罪,具体内容包括危害国家安全、危害君主和皇室成员、盗取御用之物、侵害人身身体、侵害财产、抢劫和诱拐人口、侵害坟墓尸体、绑架勒索和劫囚等方面犯罪的法律。比如"残害死尸""夜无故入人家""恐喝取人财物""盗缌[sī]麻小功财产物"等犯罪行为。早在《法经》就提及"王者之政,莫急于贼盗",可见立法者对打击此类犯罪行为的重视程度。贼指杀伤人,盗主要包括强盗、窃盗、监守盗等。故本篇名为"贼盗"。

此篇中有些重要制度值得关注。"六赃",所谓赃罪或犯赃就是一切与赃有联系的犯罪,它是与金钱和物质有关的各种犯罪的总称,并以赃的数量和价值作为定罪量刑的标准,其分为以下六种:强盗、窃盗、枉法、不枉法、受所监临及坐赃。强盗(以暴力抢劫)与窃盗(以隐秘的方式取得他人财产)犯罪主体为不特定对象,侵犯的客体均为唐律典所保护的财产关系。受财枉法

（官吏受贿而违法处理事务）、不枉法（官吏受贿但未违法办事）与受所监临财物（收受所辖区百姓财物）属于受贿罪，犯罪主体皆为官吏。坐赃是指因赃致罪，是除上述赃罪之外的其他犯赃行为，犯罪主体为不特定对象。与现代中国不同，唐代的六赃皆以绢匹为计赃单位，凡评估绢以外赃物的赃值，先要根据犯罪地当时物价计算出赃物价值，然后按当地当时的绢价格，换算成绢匹数，即赃值。

（八）《斗讼律》

本篇共60条，主要惩治斗殴、争讼方面的犯罪。此类犯罪的危害性显然不如"贼盗"，故列于其后。"斗讼"具体内容有"两相殴伤论如律""过失杀伤人"等，接下来是与争讼有关的实体法性质的规定——"诬告反坐""告祖父母绞""告人罪须明注年月"。

唐律典根据罪犯杀人的主观意图轻重与情节，划分了六种杀人的谱系，时称六杀。这包括谋杀，即预谋杀人；故杀，之前无预谋、因情急杀人；斗杀，在斗殴中致人死亡；误杀，死者与罪犯预期杀死的对象不一，近似于现代刑法学中的对象错误；戏杀，在嬉戏过程中致他人死亡；过失杀，超过罪犯本人能预测或应注意的范畴（耳目所不及、思虑所不到）致人死亡，近似于现代刑法学中的意外事件，该罪在六杀中罪行最轻，罪犯可以听赎而免受刑罚。①

本篇规定的保辜制度在汉代就大致确立，比如《张家山汉简·二年律令》规定如果因殴斗杀人，伤者在二旬中（二十天内）死亡，则加害方被定为杀人罪。在《唐律》中，对保辜罪的规定为更全面，根据斗殴人所使用的凶器危险程度，分别定以十日（以手足相殴）、二十日（以他物相殴）、三十日（以刃及汤火伤人）、五十日（折跌肢体及破骨），受害人在上述确立的时限内死亡，则加害者要以杀人罪论刑，受害人若在时期外死亡，则加害者以殴伤罪论刑。保辜制度实际含有禁止使用危险性器械伤人、促使加害方及时为伤者护理照看或聘请医生为之医治的机制。

想想看

产生保辜制度的主要原因是什么？为什么现代法制中不再存在该制度？

（九）《诈伪律》

本篇共26条，主要是惩治欺诈财产、官爵和伪造官府皇帝印章公文、伪造

---

① 传统律典与现代法律的"过失"概念非常不一样，对清代相关法律概念与司法实例的研究，可参见〔美〕胡宗绮：《过失杀人：划分犯罪意图的谱系》，载〔美〕黄宗智（等主编）：《从诉讼档案出发》，法律出版社2009年版。

宫殿门符和兵符、妄认良人为奴、教唆犯罪、作伪证等的犯罪。此类犯罪侵犯客体固然重要,但终非一般人所能为,不像现代伪造公文印章似的泛滥成灾,远不如"斗讼"现象更普遍、频繁,故排在第九。

(十)《杂律》

本篇共62条,其内容非常广泛,是上述八大实体性犯罪之外的其他罪名,涉及坐赃、钱债、买卖、借贷、水火、犯奸、赌博、弃毁、亡失等方面的犯罪。还包括"违令罪""不应得为罪"等两个"口袋式"罪名,以包罗所有其他罪名无法涵盖的违法行为。这些罪名很难明确归类,故取名为"杂律"。正因为其"杂",才克服了法典篇数繁杂的弊端,同时又将一切可能设想的犯罪尽收其中,起拾遗补缺的作用。

以上实体性罪名由《卫禁律》至《杂律》,自上层而下层,由大罪而小罪,维护君权,惩治犯罪,其先后主次与逻辑较为分明。

(十一)《捕亡律》

本篇共18条,其主要内容是关于捕捉罪犯、逃役人和逃走的兵士、逃走的奴隶及逮捕、拘禁的法律以及规定缉捕人员职责的法律。

(十二)《断狱律》

本篇共34条,其主要内容是审讯、判决、行刑、上诉、复审、死刑复核、法官责任等等。比如,律典对刑讯作了明确限定,拷囚不得超过三次、总数不得过杖二百、拷满二百仍不招者,取保暂放。在司法官员审理与复审案件时,禁止"入人罪",即无罪断成有罪,轻罪断成重罪,或"出人罪",也即把有罪判为无罪,重罪判为轻罪。另外还确立了官员审判权限、死刑复奏制、判决执行等。在此,全部律条和纲目交错汇总,是量刑处罪的最终结论,故置于整个律典的末尾。

最后两篇以程序性为主的法律,按司法的一般过程排列。唐律各篇有关犯罪与刑罚的规定都要经过此程序实现,至此,全律结束。[①]

综上,大致可把唐律典的编排逻辑概述如下:先总则,后分则;先实体罪,后司法程序;先重罪,后轻罪;先治官,后治民。

试试看

掌握了上述唐律的编排逻辑后,你能否在几分钟之内把唐律典十二篇篇名按先后顺序背下来?

---

① 本书唐律各篇结构的解说,部分参见高积顺、张东华:《唐律十二篇体例研究》,载《法律史论集》(第五卷),法律出版社2004年版。

五、唐律基本精神与历史地位

（一）唐律基本精神

整体而言，唐律的基本精神就是维护"三纲五常"，而这"三纲五常"也是传统中国正统文化礼的核心表现，且与儒家经典密切相关。学者指出，作为关于儒家经典的训诂注疏、义理阐释等的学问，经学成为《唐律疏议》的理论基础。比如，《唐律疏议》在开篇对《名例律》本身进行释义几乎全部运用儒家经典，包括引《易经》"天垂象，圣人则之"及《国语》中的"古者大刑用甲兵"等等。这种情况在十二篇中随处可见。《唐律疏议》以大量的儒家经典来解释法律条文，将经学义理作为法学原理，经学义理成为法源，使法律与经义融为一体，以经义说明唐律典的正当性、合理性，进而证实其合法性。① 可以说，唐律典是礼法合一的典范之作。

1. 维护君主专制与等级特权

唐律典的基本精神是"一准乎礼"。董仲舒修正过的儒家思想上升为传统时代的正统思想，与春秋战国时期的儒家思想有所差异，唐律典中的礼重视维护"三纲五常"，也即君为臣纲、父为子纲、夫为妻纲，体现以下级（卑幼、子民、大臣）单向度地向上级（父母、长官、皇帝）履行义务，而非像之前儒家提出的诸如"父慈、子孝；君仁、臣忠"的双向义务制。也正是体现这种单向义务制的礼，才能获得专制皇权政治的支持。因此，"一准乎礼"其实重视对君主专制与等级特权的维护。比方"十恶"重惩谋反、谋大逆、大不敬等罪行，为八种权贵人物设定的八议制度，上请、例减和官当等制度。律典基本上不提及上级对下级应负担的义务。

2. 维护家族伦理

唐律典重视对家族伦理的维护。其典型表现是"三纲"中的另外两纲——父为子纲、夫为妻纲在唐律典中体现无遗。比如"七出""三不去""亲亲相为容隐"，告发祖父母、父母要处以绞刑，禁止妻妾失序，禁止父母在世时儿子别籍异财，禁止父母被杀后子女与人私和。此外，还在司法实践中有限度地允许子女为被杀的父母复仇、手刃仇人，等等。

（二）唐律的影响

首先，唐律典是后代律典的典范之作。宋代唯一的律典《宋刑统》几乎是唐律的再现，元朝在司法实践中常引唐律典作为审判依据，元朝虽没有编纂

---

① 参见王宏治：《经学：中华法系的理论基础——试论〈唐律疏议〉与经学的关系》，载《中华法系国际学术研讨会文集》，中国政法大学出版社2007年版。

律典，但其诸多法律形式的篇目与唐律一致。明朝洪武初期制定《明律》时，篇目曾一准于唐。至《大明律》定型后，仍大约有十分之三、四的法条同于唐律典。清律则明显承继明律而来。可见唐律典对后代的深远影响。

其次，作为当时的东亚大国，唐朝的律典对东亚诸国也有重大影响。学者指出，日本曾多次派遣唐使来到唐朝，其中法制是这些使者学者的重点。公元701年日本历史上划时代的法典《大宝律令》，从其12篇的篇目、次序而言均与唐律一样。就其律文看来，也是撷取唐律，甚至连文句也相同，只是在某些方面有所简化。比如将唐律中的"八议"省为"六议"，去掉了"议勤""议宾"；将唐律"十恶"改为"八虐"，略去了"不睦""内乱"。唐律中的五刑、"官当"之制也为《大宝律令》沿用。此后，日本颁布一系列律、令、格、式，其内涵与唐制一样。

在朝鲜高丽王朝474年中(918—1392)，其法律制度基本沿袭唐朝。高丽王朝的法律共71条，在唐律中撷取69条，从唐《狱官令》中摘录2条而成。

越南后黎氏王朝在1429年（相当于中国明朝中后期）模仿唐朝的均田制，按类授田。越南历史上著名的《洪德律》是折中于唐宋元明的法律、而以唐律为主的法典。比如，《洪德律》中的五刑、八议、十恶、自首、老弱、过失的规定都与唐律相同。①

▶ 六、唐代土地与赋税法规

（一）土地法规

为限制地主、贵族兼并土地，限制其势力，控制更多劳动人手，加强皇权经济势力，唐代继承了北魏以来的均田制，稍作改变，于唐初的武德七年(624)颁布均田法。规定丁男（十八岁以上）和中男（二十一岁以上）各受永业田二十亩，口分田八十亩。老男（六十岁以上）、笃疾及废疾者各四十亩口分田，寡妻妾各三十亩口分田。永业田可继承、出卖，口分田在受田者死亡后返还给官府，唐律典的《户婚律》篇禁止私卖"口分田"。

均田制未完全打破贵族占有大量农田的状况，也未能将土地全部均分给农民。高宗永徽年间，曾多次诏令禁止买卖永业田、口分田，但并无处理办法，但土地买卖、兼并之风日甚。这里要注意的是，秦汉以来一方面国家试图对土地实行直接控制（如均田法的颁、授制度），另一方面，又经常出现土地买卖。但是这种土地买卖中很多是权贵人物（如战国时期的赵括、汉代的萧何、

---

① 参见《隋唐法制考证举要》，载杨一凡（总主编）：《中国法制史考证》（甲编第四卷），中国社会科学出版社2003年版；刘俊文（等主编）：《中日文化交流大系·法制卷》，浙江人民出版社1996年版。

魏晋时期的门阀士族)的强买强卖,不能等同于平等市场主体的自由买卖。至安史之乱后,均田法基本遭到破坏。

(二)赋役法规

1. 租庸调法

租庸调法以均田法为基础,在武德七年(624)与均田法同时颁行。其内容实为三部分:租以民众从国家处分得的土地为基础,每丁每年纳租粟二石或稻三石;调以户税为基础,随乡土所产,蚕乡每丁每年纳绫或绢二丈,绵三两,非蚕乡纳布二丈五尺,麻三斤;庸以人身为基础,每丁每年服役二十日(闰月加二日),或以每日纳庸绢三尺或布三尺七寸五分作为替代。唐以前以一夫一妇(称为"床")为征收单位,唐代则以男丁计征,因为妇女不受田,所以也不课税。

租庸调法与均田法相互依存,为此官府每年造一次人口账,每三年造一次户籍账,以保证征收赋役。农村基层单位头领里正根据户籍具体办理授田、课役。为了保证收税,唐律典禁止民众"脱漏户口",即在申报户口时少登或漏登。由此可见,当时官府是通过控制人身来实现对民众财产的控制,也即前文所说的"财产不自由,人身也不自由"。

2. 两税法及其影响

均田法事实上并不能使民众足额受田,但租庸调法却要求农民如数课役。安史之乱后,均田制全面破坏,全国户籍上尚能征收赋役的数量不及战乱前的三分之一,因此租庸调法也难以为继。而且战乱时期官府军费大增,于是在唐德宗建中元年(780),朝廷采纳宰相杨炎建议,实行两税法。

据《旧唐书·杨炎传》记载,征收两税法的基本方式是,"凡百役之费,一钱之敛,先度其数,而赋于人,量出以制入,户无主客,以见居为簿,人无丁中,以贫富为差"。该法以大历十四年(779)全国垦田之数为准,总计当时全国开支总数以定两税数额,按民众资产等级、田产数全部分摊,是为"量出以制入"。不论民众原来的籍贯何处,统统按照现在所居地点登记、征税。过去租庸调及杂税废除,该法"量出以制入",以官方各项财政支出作为征税数额的依据,相当于将之前各项法定甚至非法的税收都纳入法定轨道。每年分夏、秋征收。

对这种"量出以制入"式的两税法,钱穆的评价颇中肯:税夏、秋两征,租、庸、杂徭悉省,其制简捷明白,可以止吏奸;而未必能惠民生。又此制因出制入,与农业经济之情况亦不合。今量出为入,则有不顾田收,随意加征之弊。杨炎此制,本以便政府,不为农民计也。①

两税法按资产课税,官吏、豪强隐占的客户也要纳税,与品官占田荫客不

---

① 参见钱穆:《国史大纲》,商务印书馆1996年版,第418—421页。

同,增加了朝廷税、削弱了大户特权。两税法"量出以制入",等于向全国民众漫无限制的剥削。"量出以制入"是传统税法的一大特点。这种"量出制入式"的赋役征敛设置,完全视权力机构的财政需要随时增加,至于私人土地的实际收益状况、民众赋役承担能力,并不是王朝关注的重心所在。

与此不同,英国国王约翰于1215年颁布的《英国大宪章》第12条规定,国王除赎回自己身体、国王长子受封武士时所需、国王长女出嫁时所需之外,不得征收代役税或贡金,除非全国公意许可。第14条规定,为征求关于征收贡金或代役税的全国公意,国王应以诏书于规定日期和地点召集大主教、主教、长者、伯爵、男爵及其他长官等人讨论。也就是说,英国中世纪通过召开议会,以"公意"名义限定国王征税数量的制度。① 这种体制在中国传统法文化下是完全不存在的。英国国王为了征税,被迫召开会议,与贵族、大地主等人协商征税数额,由此而制定的《大宪章》确立了议会与法治精神,限定了国王征税的权力。中国的皇权空前强大,缺乏制约这种权力的有效力量,因此皇帝征税及各类赋税改革,不存在与被征税对象协商的可能。这样,历代皇帝征税直到权力肆虐的极限(也即大规模的官逼民反)才停止。

在性质上作为并税改革的第一次,两税法对后代影响深远。明末清初的思想家黄宗羲在《明夷待访录·田制三》中提出,历代并税改革,每改革一次税就加重一次,将前面滥征的各种摊派与附加与正税合在一起征收。改革后官府渐渐忘记了这一并征收的赋税已经包含了摊派和附加,再次另行摊派。结果是改一次,赋税增加一回,一次比一次重。黄宗羲的观点以及所反映的历史现象,被现代学者秦晖总结为"黄宗羲定律"。② 比如,两税法是将租(土地税,征收谷物)、庸(人头税,征收绢)、调(户税,征收麻布)等正税和正税之外又新出现的地税、户税合并,根据占有土地的数量征收夏、秋两税,取消其他杂税。这是第一次"并税"。这样在两税中就没有了租、庸、调之名,但实际上一样也没少。至晚唐时期两税之外的杂税重又蜂起。

宋代税制也称两税,也分夏、秋两季征收,性质与唐代两税基本相同,这种税法原本已含有人头税、田租、户税及其他杂税,但统治者在"两税"之外又开征了新的人头税,时称"丁身钱米",属于典型的重复征税。后来,在田租、人头税之外又层出不穷地出现了多如牛毛的"杂变之赋",以及时称"支移""折变"等变相的增税,又令农民服"差役"。

明代在两税、丁口税和各种杂税之外,又征劳役(力差)和代役金(银差)。

---

① 参见《外国法制史资料选编》,北京大学出版社1982年版,第251页。
② 参见秦晖:《并税改革与"黄宗羲定律"》,载《农村合作经济经营管理》2002年第3期。

这些税本来是十年一轮。但万历九年(1581)张居正推行"一条鞭法"改革,取代了唐后期以来沿用的两税法,把税粮、丁口税、差役和所有杂税全都归并到一起。原来每十年中轮值一年的差役负担,如今分摊到十年里征收了。这实际上是把银、力二差又归并到了两税中。但不久每到轮值之年,各种杂役又纷纷派了下来。新法实行不到40年,因辽东战起,各种田赋加派和"三饷[xiǎng]加派"又纷至沓来,出现了"鞭外有鞭,条外有条"的现象——明末朝廷先后加派旧饷(辽饷)500万两,新饷(剿饷)900万两和练饷730万两。户部尚书倪元璐要改革,又把三饷归并为一,实际上是把这些杂派又并入了正税("两税")。这些税收改革方式直接成为明朝灭亡的导火索。

清雍正五年(1727)在全国实行丁徭与地赋合而为一,民众纳地丁银之外再没有徭役的"摊丁入地"制度。可是这一系列措施并没有完全杜绝苛捐杂税,因为力役或人丁负担不久就在合并后的"地丁银"之外重复出现。

总之,在费税改革与公共财政缺乏宪政的依托,种种制度的改进没有民意监管的程序,以公平正义精神为导向,都难免陷入"黄宗羲定律"的咒语之中:各类杂税编入正税,于是冒出新的杂税,永无止境。

七、司法机制与法律实效

(一) 司法机制

1. 中央审判机构

在秦朝以前,中央司法机构主要为单一的审判系统(司寇);秦至南北朝时期是审判系统与监察系统(廷尉和御史大夫)结合;隋唐以后则为审判、复核和监察三个系统。其中,大理寺负责审理中央百官及京师地区徒刑以上案件(审判),然后报刑部复核,死刑案件的判决要奏请皇帝批准,御史台负责监察官员。

与唐及元明清诸朝不同,学者认为宋代为缩短时间,提高司法办事效率,但又不致草率行事,将死刑的复核分成两种:凡属有证有据,不难判决的死刑案,其判决执行权交州府官员掌管,执行前无须报中央刑部核准,州、府只是在死刑执行后将案情申报刑部,刑部事后复审;如属证据不足或有疑难的死刑案则申报中央裁决。这就改变了以往朝代死刑案不问有无疑难,一律报中央核准才能执行的做法。至北宋神宗元丰改制以后,州、府判决的死刑案必须报路提刑司核准,才能执行。① 唐代尚书省的刑部主要负责复核大理寺审结的流刑以下及地方徒刑以上案件,复核通过后,流刑即可执行,如认为判决

---

① 参见戴建国:《宋代法制初探》,黑龙江人民出版社2000年版,第200、225页。

有疑问,则发回大理寺重审。此外刑部还掌管对狱囚的管理。御史台负责监督大理寺、刑部的司法活动。

2. "三司推事"

唐代全国性的重大疑难案件通常由大理寺卿、刑部侍郎和御史中丞共同审理,时称"三司推事"。明清时期三司会审、秋审等制度与此有一定的渊源。这种"三司"执法机构的出现,打破了秦汉以来廷尉大理一司独揽中央司法的陈规,从而把皇帝之下的中央司法权一分为三。"三司推事"是奉诏推鞫国家大狱。唐玄宗时代,三司会同鞫案的情况变得普遍起来,向专职化发展。

3. 地方司法机构

唐代地方实行州、县两级制,另外还设置道作为监察区域。其中,州的综合行政长官刺史负有司法审判职能,下属辅助官员法曹参军、户曹参军协助长官处理民刑事案件。县令的属官县尉等人辅助长官处理司法审判。

(二) 律典与司法实践的距离

法律条文的规定是一回事,执行可能是另一回事,这或许是理解历代法制的一个关键。以唐律为例,学者指出,唐代的流刑目的是将犯人投于蛮荒之地,置于绝远之境。但唐代执行流刑时并不拘守律文规定的里程远近,而强调"边地""远恶处"。

其次,据《唐律疏议》,唐律中的"八议"只有"亲"和"贵"有明确解释,"亲"指皇帝袒免以上亲及太皇太后、皇太后缌麻以上亲,皇后小功以上亲。"贵"指职事官三品以上官,散官二品以上及爵一品者。"功"和"宾"或许亦有所指,但不甚明确。其余"故""贤""能""勤"的解释都是用模糊不清、闪烁不定的词汇很笼统地解释。

出现这种情况的原因之一,是因为唐律典的"八议"本源于《周礼》的"八辟",而《周礼》本来就是战国儒者根据当时各国政治制度所撰写的具有深厚理想色彩的著作。究竟何为八辟,《周礼》本身就没有说清楚。汉代人对之的理解亦甚为含糊。据唐律典,八议者犯十恶以外的死罪,首先要列举所犯之罪,注明犯者属八议中的哪一种身份,奏请皇帝裁判。大臣们在详议报告中只列举所触犯的律文而不正式决定处何死刑。至于流以下罪,则不必上请。主管司法机构可依律减轻一等处罚之。但在唐代史籍中,很难发现完全符合或基本依据上述程序进行的八议案例。

再比如,唐代执行杖刑多不依律,其适用范围之大,超出律文规定,犯罪之人不论地位高低,所犯之罪不论情节轻重,均可施以杖刑。特别是在武则天时期,杖几乎可用于任何案件,轻则杖四十,重则杖一百,特重者杖死。流刑主要剥夺犯人自由,于身体并无伤害。作为次死之刑而无损于犯人身体,虽然律文这样规定,但后来政治的实际需要必然突破律文束缚。由于地理条件的限制,流刑在里程上已无法增加,于是把普遍适用的杖刑附加于流刑,以加重对犯流者的惩罚,在剥夺犯人自由的同时,增加其肉体痛苦。从武则天时起,流刑附加杖刑一百的案例开始增多。

再次,唐律对死刑规定了两种:斩、绞。但除法定斩、绞刑外,其他早已明文废除的酷刑在唐代并未销声匿迹。比如太宗贞观十四年(640)代州都督刘兰成因谋反而被腰斩。在武则天时期诸如肢解、磔、夷三族等酷刑更是死灰复燃。还有,唐律虽规定别籍异财入十恶之"不孝"。但至唐玄宗时,别籍异财已较普遍,光凭徒二年、三年刑加以惩罚已不能有效制止,故官府对此行为加重处罚,以收禁止之效。在天宝年间以流刑惩治此类违法行为,至唐肃宗乾元元年(758)则对此先杖决六年,再处以流刑。

还有,安史之乱后,均田制退出历史舞台,相应的租庸调制无法实行,为维护均田制而设置的许多法律条文相应失去了实施价值。唐律典颁于唐初,对违反均田制和租庸调制的行为设置了专门条文,但至唐后期这些法律条文无法得到执行。开元天宝年间对于买卖口分田、永业田者,已不按违法律事依律惩处。

最后,历朝皇帝颁布的敕令经常取代原先的法律条文,作为皇帝就特定的人或事发布的命令,制敕的地位高于律,其可以规定唐律中没有规定的罪名。如唐律典《杂律》中只规定"私铸钱"是犯罪行为,未言及私销、私贮钱行为。后来的制敕把后二种行为都定为犯罪行为。①

课后阅读文献

苏亦工:《唐律"一准乎礼"辩证》,载《政法论坛》2006 年第 3 期。
刘俊文:《论唐代后期法制的变化》,载《北京大学学报》1986 年第 2 期。
以下适合有研究兴趣的读者
杨廷福:《唐律初探》,天津人民出版社 1981 年版。
戴炎辉:《唐律通论》,(台湾)编译馆出版、正中书局印行,1977 年版。
戴炎辉:《唐律各论》,(台湾)成文出版社有限公司 1988 年版。
《唐律疏议笺解》(上、下册),刘俊文撰,中华书局 1996 年版。
黄源盛:《汉唐法制与儒家传统》(下篇),台湾元照出版有限公司 2009 年版。
黄源盛(主编):《唐律与传统法文化》,台湾元照出版有限公司 2011 年版。

---

① 参见张建一:《唐律实施考》、《隋唐法制考证举要》,载杨一凡(总主编):《中国法制史考证》(甲编第四卷),中国社会科学出版社 2003 年版。

〔宋〕宋敏求(编):《唐大诏令集》,洪丕谟等(点校),学林出版社1992年版。
〔日〕仁井田陞(辑):《唐令拾遗》,栗劲等(编译),长春出版社1989年版。
刘俊文:《敦煌吐鲁番唐代法制文书考释》,中华书局1989年版。

课后深度思考题

1. 结合上列戴炎辉的著作,试思考以现代刑法学诸理论分析研究唐律各篇的可能与限度。

2. 阅读以下文献,结合前引隋代法制史文献及俞荣根:《罪刑法定与非法定的和合》(载《中西法律传统》(第三卷),中国政法大学出版社2003年版),思考中国古代司法审判是否以依法审判为主要制度,理由是什么?影响依法审判的因素主要是什么?

《晋书·刑法志》记载,晋代三公尚书刘颂提出:"律法断罪,皆当以法律令正文,若无正文,依附名例断之,其正文名例所不及,皆勿论。法吏以上,所执不同,得为异议。如律之文,守法之官,唯当奉用律令。"

《唐律·名例律》:"诸断罪皆须具引律令格式正文,违者笞三十。"

《唐律·断狱律》:"诸鞫狱者,皆须依所告状鞫之。若于本状之外,别求他罪者,以故入人罪论。"

《唐律·杂律》:"诸不应得为而为之者,笞四十;事理重者,杖八十。"

《贞观政要》卷八《刑法》记载,贞观五年(631),张蕴[yùn]古为大理丞。相州人李好德素有风疾,言涉妖妄,诏令鞫其狱。蕴古言:"好德癫病有征,法不当坐。"太宗许将宽宥。蕴古密报其旨,仍引与博戏。持书侍御史权万纪劾奏之。太宗大怒,令斩于东市。既而悔之,谓房玄龄曰:"公等食人之禄,须忧人之忧,事无巨细,咸当留意。今不问则不言,见事都不谏诤,何所辅弼?如蕴古身为法官,与囚博戏,漏泄朕言,此亦罪状甚重。若据常律,未至极刑。朕当时盛怒,即令处置。公等竟无一言,所司又不覆奏,遂即决之,岂是道理。"因诏曰:"凡有死刑,虽令即决,皆须五覆奏。"五覆奏自蕴古始也。又曰:"守文定罪,或恐有冤。自今以后,门下省覆,有据法令合死而情可矜者,宜录奏闻。"

第五章 反律典化时期

学习重点：(1)《宋刑统》与《元典章》的结构变化；(2) 宋代折杖法；(3) 元代"四等人"制度与刑罚数量的变化；(4) 宋元司法机构、诉讼制度的特征。

第一节　五代至元的转型社会

◆ 预读文献与思考

宋代法制与司法实践具有反律典化趋势,下列文献是其表现之一。试思考宋代(尤其是南宋)反律典化趋势的原因为何?并归纳反律典化的表现。

《宋会要辑稿·刑法》一之四二记载:二十一年(1151)七月二十八日太师尚书仆射[yè]同中书门下平章事(相当于宰相)提举详定一司,敕令秦桧等上《盐法》敕一卷、令一卷、格一卷、式一卷、目录一卷,《续降指挥》一百三十卷、目录二十卷;《茶法》敕、令、格、式并目录共一卷,《续降指挥》八十八卷、目录一十五卷。诏颁行。《盐法》以《绍兴编类江湖淮浙京西路盐法》为名,《茶法》以《绍兴编类江湖淮浙福建广南京西路茶法》为名。先是,绍兴十九年(1149)十月三十日,干办行在诸军粮料院王珏[jué]言:"窃以茶盐之法,祖宗成宪非不详备,然岁月寖久,积弊滋深。盖缘州郡申明或因都省批送,或因陈献,或因海行,并皆随事设宜,画时颁降。比自建炎(南宋第一个年号)之后来未编集,例多断阙,改之之文,无复参照,往往州县所引专法,间是一时省记,因此黠[xiá]吏(狡猾的官吏)舞文,得以轻重其手。望下敕令,所取应系茶盐文字、并续降画一、见行条法,看详编定。"于是敕令所言:"寻下诸处抄录到《元丰江湖淮浙路盐法》,并元丰修书后来应干茶盐续降指挥八千七百三十件。今将见行遵用条法逐一看详,分门编类。"至是上之。时太师、尚书左仆射秦桧为提举,刑部侍郎韩仲通为详定,左迪功郎魏师逊……为删定官。诏修进茶盐法,依吏部七司例皆推恩。

(说明:"指挥"为中央官署对下级官署下达的指令,是经立法程序整理删修后具有永久效力的法律形式。本文献中的《盐法》"续降指挥"和《茶法》"续降指挥"是由陆续颁布的诏敕(又称散敕)编集而成,未经正式立法程序。续降指挥分春秋两季编集颁布,作为临时性的法令供官员参照执行。)

学者认为,宋代有多少种法律,目前已经难确知。但宋代法律形式之多、数量之多,在历代无与伦比。在法律形式上,北宋中期之前除《刑统》和各类不同效力等级的《编敕》之外,还有《编令》《编格》《编式》《敕式》《令式》《格式》《断例》《条贯》《条例》《条制》《条式》《条约》等名目。自宋神宗开创敕令格式统类合编立法体例之后,在《申明刑统》和各类敕令格式以外,新增《敕令格》《敕令式》《敕令》《令格》《条令》《诏令》等名类。在法律数量上,宋真宗《咸平三司编敕》仅6卷,宋神宗《熙宁三司敕式》已达400卷之多;南宋初的《绍兴编类宽恤诏令》200卷,宋宁宗《嘉定宽恤诏令》多达758卷。特别是宋神宗开创敕令格式统类合编体例后,法律规模突出庞大起来。如宋仁宗《嘉祐编敕》仅30卷,而宋神宗《元丰敕令格式》达2006卷,宋徽宗时《政和重修敕令格式》530卷,宋哲宗《元祐敕令格式》也达1000卷,《淳熙条法事类》也有420卷。①

一、社会的变迁

士族在汉末开始崛起。其更早的渊源在于汉武帝时期通过政治与选拔官吏(时人称为"选举")相结合的方式,振兴以儒学为中心的学问。这导致社会重视礼仪、名节。至东汉基于儒家与国家的重视产生了诸多名门望族。东汉末年曹操提出诸如"唯才是举"的政令,其实就是冲击士大夫所尊奉的精神堡垒——儒家孔孟道德学说。但魏晋时期门阀士族力量相当强大,甚至东晋王敦、王导兄弟与皇族司马氏共治天下。这种由封建性的贵族垄断的贵族政治,对皇权产生了相当的制约。

唐初,门阀士族尚依靠作为家学的儒家及礼法门风,依旧拥有超越于政治之上的社会地位,帝王大权还不及山东士族的社会影响力。唐前期政治属贵族全体专有,由三省(中书、门下、尚书)合议,皇帝本身亦是贵族的一员,政治由皇帝和贵族协议。宋元以后则贵族没落,皇帝日趋独占国家权力。出于皇权扩张需要,唐太宗、高宗开始摧毁大姓。唐太宗时修《贞观氏族志》,把以李家皇族为代表的关陇贵族和新上台的官僚集团列为新的士族,试图替代具有显赫地位的山东与江南士族。唐高宗时改《贞观氏族志》为《姓氏录》,把武姓四家列为一等,五品以上官全部列入,以新兴的武氏家族和官场新贵取代关陇集团,魏晋以来的门第政治风气与旧有门阀士族逐渐毁灭。唐代科举考试进士及第每次不过二三十人,宋代一科进士每次多达四五百人,诸科进士多达七八百人,为出自寒门的知识精英登上仕途开辟了广阔天空。于是旧时门阀士族风气更是难以维系。

唐后期战乱频繁,盛世化为乌有。黄巢攻入长安后的亲历者韦庄有《秦妇吟》诗为证:"内库烧为锦绣灰,天街踏尽公卿骨。"唐末战乱最终埋葬了中古的门阀士族,南北朝时,依托社会力量和文化道德声望跻身于公卿成为往事。鱼贯入朝的,是帝王至尊之下,通过科举考试胜出的读书人。新的官僚集团主要由这些平民出身的既得利益者组成。

读书人一旦不再为官,则家道中落。这点北宋的张载即已指出——"公卿一日崛起于贫贱之中,以至公相,只能为三四十年计。既死,则众子分裂,

---

① 郭东旭:《宋代法制研究》,河北大学出版社1997年版,第16—18页。

未几荡尽,则家遂不存"。① 此时,家族丧失了对政治、社会与文化等各类资源的长期垄断。至此,士族作为制约皇权的强大社会力量已消亡,这种社会变迁的直接后果是导致明清两代高度的皇权专制。政治力量控制或打击作为个人与国家间的中间结构,如大家族、各类社团、行会,或禁止臣下互相联系(比方明朝新设"奸党罪"),造成"原子化"的个人直接面对政治权力,实现皇权高度专制。

与中国历史相比,中古英格兰的历史上,封建性贵族政治通过限制国王权力(如前文所述),所要求的各项权利正是后来的宪政之本,在斗争过程中发展出议会与法治精神,有助于向现代宪政民主的过渡。而在中国专制帝王治下的"平等"社会,也即民众在皇帝面前平等的低贱,帝王们不可能也没有必要与民众协商政治事务。因此,历史只能依靠暴力革命,呈现出改朝换代式的演变。

魏晋时期,门阀士族要靠儒家学问与礼法等自我标明。作为垄断政治权力的集团,他们对立法的直接影响,就是当时律典以一准乎礼为其特色。由于立法的滞后性,唐中后期士族衰败,但国家律典对礼的轻视,则要等到元明时期才显著出现。唐代及之前时期,经学家(研究儒家经典的学者)的著述(称"疏"),多以对儒家经书中的注详细解说,原则上是疏不突破注。唐人"疏不破注"的做法,束缚宋代学者的头脑,难以在注释古文献方面有所创新。至北宋一些学者打破后人对汉唐儒家经典作注的迷信,这种新学风不再一味死钻训诂(即以通俗的语言解释词义),而是在解释前人著述的同时,阐述自己的见解和主张,甚至要求建立一家之言。如前文所述,注疏之学在律典研究方面的表现就是律学。魏晋唐时期律学的成熟,至宋元时期日渐衰落,也当与唐宋之际学风的转变相关。

▶ 二、五代政局与法制

(一) 五代历史简介

从公元907年到公元960年,短短的五十四年内中原相继出现了梁、唐、晋、汉、周五个朝代。在五代政权周围,又有吴越、吴、南唐、闽、南汉、楚、荆南、前蜀、后蜀、北汉十个小国及其他少数民族政权,此即为历史上的"五代十国"时期。五代的政治中心主要为汴梁(今开封)与洛阳。

---

① 本书部分观点与北宋张载的言论,参见王焱:《陈寅恪政治史研究发微》,载《自由与社群》,生活·读书·新知三联书店1998年版,第352—354页;牟发松:《内藤湖南和陈寅恪的"六朝隋唐论"试析》,载《史学理论研究》2002年第3期。

这一时期北方契丹人借混战之机不断强大，逐步形成强大的军事集团，为后来辽、宋、金对峙的形成埋下伏笔。这个军事政权混战的时期，五个朝代中维持时间最长的后梁也只有十七年。当时，叛变投唐的黄巢旧部将领朱温灭唐建立后梁。朱温生性残暴，且给儿子戴绿帽。在军民怨恨中，公元912年，朱温次子朱友珪[guī]杀父自立为帝。次年，朱温第四子朱友贞又杀兄自立为帝。沙陀部人李存勖[xù]于923年称帝，建后唐，称庄宗，同年攻占开封灭后梁。936年大将石敬瑭叛后唐，以认契丹主耶律德光为父等各项屈辱条件，获得契丹出兵击败唐军，建立晋。942年石敬瑭死后，侄儿石重贵称帝。946年，辽兵灭晋，洗劫中原后满载财物北撤。沙陀部人刘知远时为河东节度使，世居太原，947年后晋亡，他便改国号汉，后定都于汴。948年他的第二子刘承祐继位，称隐帝。

两年后大将郭威攻入京城，杀死汉隐帝，建后周，称太祖。他在954年死后，柴荣以周太祖养子身份继位，是为世宗。959年世宗病死，其子柴宗训继位，称恭皇帝。恭皇帝在位仅六个月，辽兵南侵，后周归德军节度使、禁军统帅赵匡胤率军出征，受麾下几位部将拥立，于陈桥黄袍加身，胁迫周恭帝禅位，夺取皇位，即宋太祖。宋太祖平定南方各国，200多年割据局面基本上结束。

(二) 五代法制简况

唐代后期社会剧变，原有唐律不能适应社会变化。唐宣宗大中七年(853)，将刑律分类为门，附以有关的格、敕、令、式，编成《大中刑律统类》共一千二百五十条，分为一百二十一门，也称《刑法统类》。这种立法技术直接影响了五代与北宋的法制。

五代王朝政局不稳，皇帝随时因人因事颁敕处理问题，敕颁多了，为避免重复与前后矛盾，就要汇编整理。敕与编敕从唐后期至北宋都占有重要地位。

在《大中刑律统类》影响下，以律为主，将有关敕、令、格、式汇集在一起，加以分类，编为一部法典，称为《刑统》，这是五代时期主要的立法成就。如后唐《同光刑律统类》、后晋《天福杂敕》、后周《大周续编敕》《大周刑统》。其中，《大周刑统》不易理解的条文，以《唐律疏议》的疏议解释，律文容易明了处，将疏议省略，并把与律条文相近的令、格、式、敕依次编在律后。由于"刑名之要，尽统于兹（此）"，故定名为《大周刑统》。北宋《宋刑统》的编纂方式以此为基础。

西方谚语云："枪炮响处法无声"，说的是战乱摧毁法律，在动乱的时代，法律难得栖息之地。五代十国时期政局动荡，战乱不止。当时上自皇帝下至官吏，多为军阀出身，嗜血成性，有的君主以杀人为嬉戏，视人命如草芥。各国处刑比唐律典严酷,比如后晋时窃盗赃满三匹决杀;后唐时规定贩私盐十斤以上即处死。当时新增的刑罚有刺面、决杖、配流、断舌、断筋等,西辽政权还创设了传统时代最残酷的刑罚——凌迟刑。梁、唐、晋、汉四代刑罚极为惨刻,皇帝们巩固统治的法宝无非杀、杀、杀。宋初法令则继承了五代时期律、刑的酷烈,统治者试图纠正五代以来的积弊,施以仁政。相比之下,古人称唐律典"得古今之平"确非虚言!

三、宋代历史与政局

(一)宋代历史简介

宋代包括北宋和南宋,其中北宋定都开封,南宋定都临安(今杭州)。自公元960年到公元1279年三百二十年间,宋代有太祖、太宗、真宗、仁宗、英宗、神宗、哲宗、徽宗、钦宗、高宗、孝宗、光宗、宁宗、理宗、度宗、恭帝、端宗、帝昺[bǐng],共计十八代君主。两宋与辽、西夏、金、元四个政权交互并存着部分时间。

宋太祖吸取唐五代藩镇权力太大、君弱臣强的教训,强化中央集权。在建隆二年(961),宋太祖邀请石守信等大将喝酒,削夺他们兵权,同时赏赐大量良田美宅,使他们颐养天年。这种"杯酒释兵权"的做法虽然对一起出生入死的将领而言不够哥们,但比之前刘邦和此后朱元璋那种"狡兔死,走狗烹,飞鸟尽,良弓藏"的残酷方式温和许多。

自此,中央真正控制了地方军政大权。皇帝提拔文官作为新的既得利益集团来控制武官集团。文官治军的好处是,两宋地方官极少有能力造反。但这种制度并非完美无缺,它束缚军队手脚,宋代在对外军事上积弱不振、无法与外敌抗衡的悲剧与此密切相关。

太祖、太宗时期,统治者除致力于结束分裂割据局面之外,着重在政治、军事和经济方面进行改革,以确保宋朝统治长治久安。真宗至哲宗时期,人口增加,经济有所增长。然而,这一时期社会矛盾日益严重:军队数量猛增,官僚机构庞大,权贵利用权势加剧兼并民众土地,官府财政连年亏空。作为应对,仁宗时期推行"庆历新政",神宗时期推行"王安石变法"。两次改革收效甚微,朝政日益萎靡,愈发贫弱。徽宗、钦宗时期民众倾家荡产,纷纷反抗暴政。《水浒传》描述的"花石纲"与宋江领导的起义即发生在这个时期。

官僚集团"擅长"掠夺民财,却拙于应付外患。北宋与西夏战事刚结束,金军又大举南下,在靖康元年(1126),攻占开封。次年二月,废徽宗、钦宗二帝,北宋灭亡。1127年,康王赵构建立南宋,是为宋高宗。开初,金军南侵江浙,宋高宗逃亡海上三四个月。直至金军北撤,南宋朝廷方立足江南,向敌对政权妥协求和,偏安自保。宋人谓"安得中山千日酒,酩然直到太平时"(王中:《干戈》)。这种渴求,恰是当时反面事实的表现。

南宋后期,朝政先后掌握在史弥远、谢方叔、贾似道等奸臣之手。在醉生梦死的日子里,面对蒙古大军步步进逼,皇帝与权臣或杀抗金、抗蒙将领,或强夺民田,或娶漂亮娼尼为妾,以宣淫为快,以斗蟋蟀为乐。南宋,朱熹发展与传播对后世影响巨大的理学体系,讲究义理与伦理道德。只是,道德、道德,道德如何约束高官!?

南宋末期朝廷在消极防御的战略方针指导下,对北方蒙古、西夏、金三国厮杀作壁上观,基本没有积极行动。等到西夏和金相继灭亡后、蒙古军南下攻宋,才被迫应战,至此已为时太晚。1279年,南宋最后一个皇帝赵昺由大臣背着投海身亡。

宋廷,没了。

(二)叠床架屋般的权力结构及其风险

1. 权力架构的变化

宋太祖陈桥兵变是五代以来士兵拥立皇帝的第五次。由不断的兵变产生出来的王室,至此终于看到军人掌政的风险。宋太祖种种政治变革的努力包括:使军队指挥权相互制约,直接对皇帝负责,军队作战必须按预先计划实施,不得临时变更;在宰相之下设数名参知政事、枢密使、三司使,以分其军、政、财三权;规定地方上每年赋税收入,除支度给用外,全部送到京城,地方财权通过路转运使、州通判、县主簿最终统归中央,削夺地方割据的经济基础;路设四司(转运使司、提点刑狱司、安抚使司、提举常平司),主要以重要文臣担任,四者听命于皇帝,互不统属,路下设府、州、军、监,为直属中央的同级行政机构,该级长官职衔冠以"权知",表示并非久任,各州设通判,地方军民政务必须通判与知州合署,才可发布及生效,县令也由朝廷官员兼任。路的长官与知州、知县都是临时差遣,以三年一换及籍贯回避制对之限制。宋王朝分拆官僚权力,实现自己权力的集中。没有了魏晋那种门阀士族的制约,皇帝较轻易地强化了中央专制集权。明清皇权在这个基础上进一步空前强化。

《宋史·职官志》称宋代"至于仆射、尚书、丞、郎、员外,居其官不知其职者,十常八九。其官人受授之别,则有官、有职、有差遣。官以寓禄秩、叙位著,职以待文学之选,而别为差遣以治内外之事"。为适应专制皇权政治的需要,宋代官、职、差遣相分离,其中官为确定官位及俸禄,实为虚衔,当时主要官职(仆射、尚书等)都不担任与官职名称相符的职务;职用于授予文官的荣誉,无实际职务,如学士等;差遣指官员担任的实际职务,也称职事官,均为临时指派,如枢密使、三司使等,通常在所任职务前加上"判、知、权、管勾、提点"等称谓,以示其临时性,可随时撤换。除非有皇帝旨意,三省六部"正官"也不管理本机关事务,而由皇帝派来的其他官员管理,正官不过是领俸禄不理实务的闲官。

2. 负面影响

这种"事为之防,曲为之制"的制度防止了官员专权,也让宋代社会付出了巨大代价,那就是导致了相当严重的"冗官"等现象。北宋元祐年间有人云:"昔以一官治之者,今析为四五,昔以一吏主之者,今增为六七。官愈多,吏愈众,禄愈广,事愈繁。"宋代王禹偁[chēng]任官济州时,开始只有一刺史、一司户,后设一团练推官,又增通判、副使、判局、推官、监酒榷税四人,曹官又增司理。

另外是军费大增。与汉、唐建国后士兵复员不同,宋代前期尚有藩镇割据的余毒,外有辽、西夏、金、元的先后进攻,军队不仅不能复员,而且越来越多,从开国时的二十万到宋英宗时的一百一十六万左右。清代大学者赵翼认为,唐代刘晏时期一千二百万贯军费供中原之兵有余,宋代以三千六百万贯供川、陕一军尚不足,川陕兵六万八千四百四十九人,官占一万一千七员,兵士所给钱不足官员的十分之一。① 至英宗时,全国财政收入只有缗钱五千万,军费开支为六千万。这些数字比例令人触目惊心,真可谓"竭生灵之膏血以奉军旅之费"。同时,王朝不放心军人操政,故优待士大夫,让文人治理武人,并扩大科举录取名额,拼命提高文官待遇,时人称"恩逮于百官,惟恐不足;财取于万民,不留其余"。

基于上述原因,宋疆土虽远不如汉唐,宋太宗时岁入两倍于唐,元符年间,宋赋役几十倍于汉,两税比唐增加了七倍,这一切自然要由民众承担。因此,在宋代(甚至整个传统时代),民众唯一自保及保护家人的好方法,便是想方设法挤进官僚体系。

在这种独特的政治架构下,北宋后期王朝一方面对百姓的管制一如既往的强大,另一方面其内部行政效率与对外作战能力极为低下。宋钦宗时期金人南下,双方议和,条件之一是宋输金五百万两黄金,白银五千万两,宋钦宗欣然允诺。当时宋、金的兵力对比是二十万与六万,孤军深入的金在宋搜刮百姓黄金二十万两后即退兵。开封解围,宋廷却好了伤疤忘了痛,重现"文恬武嬉"景象(这点酷似1842年中英《南京条约》签订后的京师气象)。第二年,宋钦宗拒绝支援山西、河北等地军民,金军又一路到达开封。宋钦宗亲赴金

---

① 参见(清)赵翼:《廿二史札记》,辽宁教育出版社2000年版,第427—428页。

营投降求和,金将议和条件再度抬高到黄金一百万锭,银一千万锭,宋钦宗自金营返回第一件事就是搜刮百姓,八天才搜括到三十万两黄金,又搜十五天,又搜得七万两黄金,直到金军把两帝、宫女及无数财物掳走为止。

宋室南渡后,屈膝求和,每年给金的银、绢二十五万两、匹。支撑以上的唯一办法,就是向民众敲骨吸髓。南宋时版图仅为全宋一半,赋税为两宋最高额,超过唐代十倍以上。其结果,便是民众"嗷嗷之声,比比皆是"。① 与前朝相比,宋代一方面为应付辽、金、西夏、元的先后入侵而打仗,另一方面为保存这个皇权政治而向辽、金等提供岁币,还得支付庞大官僚体系的工资,为此特别重视经济贸易管理与控制,以竭尽全力地搜刮民众(参见第七章第一节)。故而宋代民商事、经济管理方面的法律尤为发达,统治者极端重视理财,其首要目的就是为了应对这种财政上的巨大困境。

因此,作为唐律典翻版的《宋刑统》,其所应对的社会与唐代前期相差甚远。这就注定了独特政局下的《宋刑统》难以适应宋代社会。所以,尽管两宋时期《宋刑统》一直是作为生效的法律而存在,但是朝廷在此之外因时因事颁发了更多的敕、令、例代替《宋刑统》,且早在北宋神宗时期就出现了"引例破法"的情况。

当时司法中最重要的法律形式是敕。学者认为,宋代颁敕,削弱了律典的权威。敕这种新刑法对律典未曾涉及的犯罪,特别是经济犯罪规定了刑罚。如宋代为保证盐等的专卖(时称"榷盐"),频繁修订盐法等各种经济管理法律(参见第七章第一节),设定针对私盐的刑罚,用于对付典型的贩卖私盐的行为。随着食盐等专卖政策在不同时间不同地点频繁变动,贩私盐的形式也在变化,与此对应的刑罚也须变化。而律一经颁布,就作为半永久性的法典加以维持的刑法,所以要制定律那样稳定的惩办贩卖私盐的刑法很难。因此,律典以外的敕充当了新刑法的角色,而无法随时糅合到律典中去。礼是律的渊源,律因为礼具有超越时空的权威,才成了一旦制定就不能改变的法律,时人对之无可奈何,只是把它当作理当遵守的原则加以保存。律典是永久性的立法,经济法规则必须根据政策而变化,不能载入律典,不得不用敕的形式收容这些法规。② 南宋时期这种情况更严重,直接导致的结果,便是《宋

---

① 本书凡未注明的宋代数据与文献均引自钱穆:《国史大纲》,商务印书馆1996年版,第548、572、607、624页;邱树森、陈振江(主编):《新编中国通史》(第二册),福建人民出版社1993年版,第227—234、272—275页。

② 参见〔日〕宫崎市定:《宋元时期的法制与审判机构——〈元典章〉的时代背景及社会背景》,姚荣涛(译),载杨一凡(总主编):《中国法制史考证》(丙编第三卷),中国社会科学出版社2003年版,第13—14页。

刑统》成为高高在上的具文。因此,官府实质上以频繁立法、司法实践等途径反对律典化。

四、元代历史与政局

(一)元代历史简介

作为中国历史上特殊的一页,元是由蒙古民族建立的朝代。在进入中原前,蒙古各部间相互残杀、掠夺财富。在部落间的战争中,斡[wò]难河流域以铁木真为首领的部落逐渐强大起来,统一了蒙古。1206年,蒙古贵族聚集在斡难河源,拥戴铁木真为大汗,尊称成吉思汗。他建立蒙古政权的同时,创立领户分封制、法典及文字。蒙古族长于征服而短于治理。在接下来的半个世纪中,蒙古西征至多瑙河和幼发拉底河畔。同时还东征高丽、南征大理,攻灭畏兀儿、吐蕃、西夏和金朝。蒙哥(元宪宗)死后,中统元年(1260),忽必烈即位。他战胜争夺汗位的弟弟阿里不哥后,在至元八年(1271)正式改国号为大元。次年,定都于大都(今北京)。自成吉思汗(元太祖)建国起,历史上泛称为元朝。至元十三年(1276),元军攻陷南宋首都临安。至元十六年(1279),元统一全国。元的疆域比过去任何一个朝代都要辽阔。元统治者共历太祖、太宗、定宗、宪宗、世祖、成宗、武宗、仁宗、英宗、泰定帝、天顺帝、文宗、明宗、宁宗、顺帝十五帝。

忽必烈统治时期是元全盛之时。元中期以后,政治日渐败坏,统治阶级内的权力争夺日趋激烈。1295年忽必烈死后,铁穆耳继位。铁穆耳之后,从至大元年(1308)武宗即位到元统元年(1333)顺帝妥欢帖睦尔即位,二十多年间换了九个皇帝。英宗以后的几个皇帝,几乎都大肆挥霍。为弥补财政亏空,官府扩大税额,导致民族矛盾尖锐。御史大夫铁失联络藩王也孙铁木儿刺杀英宗后,也孙铁木儿在上都即位,是为泰定帝。泰定帝以先加封后诛杀的方式,结果了铁失。

文宗时,受权臣燕铁木儿相助,毒杀兄长明宗。感恩戴德的文宗大封燕铁木儿三代,燕铁木儿独受命为丞相,官衔字数合计达53字——"开府仪同三司、上柱国、太师、太平王、答剌罕、中书右丞相、录军国重事、监修国史、提调燕王宫相府事、大都督、领龙翊亲军都指挥使司事",凡是号令、刑名、钱粮等一切中书政务都听其决断。横行无忌的燕铁木儿直止纵欲而亡为止。顺帝时,伯颜处死燕铁木儿之子,专权自恣,其官衔多达33个,字数长达二百四十六字①,此当为中国历史之最。创纪录的伯颜在打猎时被顺帝趁机贬职,死于

---

① 详参见(元)陶宗仪:《南村辍耕录》,辽宁教育出版社1998年版,第29页。

迁往南方的途中。顺帝起用脱脱为中书右丞相,欲革除旧政,励精图治,但之后沉浸于哈麻引进西蕃僧的淫乐之法,政局自然一败涂地。

历史上,人祸常常与天灾齐来。元朝末年,朝廷变乱钞票,经济崩溃,黄河决口。山东、河南和江淮一带民间秘密流传着白莲教,白莲教向农民宣传"弥勒佛下生"和"明王出世",光明将战胜黑暗。1351年,白莲教首领韩山童、刘福通发动红巾军起义。同年,布贩徐寿辉起兵于蕲[qí]州(今湖北蕲春)。1352年,响应刘福通号召的富豪郭子兴起义,自称红军。

3年后郭子兴死,朱元璋掌握了这支军队领导权。在东南,另有同为盐贩的方国珍部、张士诚部起义。1357年,张士诚遣将攻击败退于安丰(今安徽寿县)的刘福通、韩林儿,刘、韩二人为朱元璋所救,安置于滁州。同年九月,陈友谅杀企图篡夺徐寿辉位置的倪文俊,夺得徐寿辉部兵权。1360年,陈友谅锤杀徐寿辉于采石(今安徽当涂)后称帝。同年,朱元璋派兵迎刘福通、韩林儿至应天(今南京),中途将二人沉杀于水中。随后朱元璋于1363年在鄱阳湖攻破陈友谅部,1367年攻破张士诚部、方国珍部。依靠过人的胆识、阴谋与暴力,朱元璋在群雄中胜出,同年即皇帝位。传说中,蛊为取百种毒虫于器皿中使之互相蚕食,最后剩下的那条剧毒之虫。朱元璋,就是这种蛊。至正二十八年(1368),明军攻陷大都,元顺帝北逃,元亡。在漠北的元君臣仍沿用元朝国号,史称北元。

(二)元代政局

与隋唐三省六部制有所不同,元代中央行政机构主要由中书省(下设六部)、枢密院(掌军事)与御史台(监察与考核官吏)组成,此外还有主管全国佛教及吐蕃(相当于今西藏)军政的宣政院,治理蒙古诸王、附马、色目人刑名事务的大宗正府等,地方最高机构简称行省。中央与地方军政机构设达鲁花赤(蒙古语,即镇守者),通常由蒙古人和色目人担任,负责监控汉族官民。

元朝是个典型的由武人统治的朝代。元世祖在位的三十余年几乎年年用兵,平定海都(窝阔台之孙)、乃颜(蒙古藩王)反叛。元灭南宋后,并未在南方文化教育的基础上建立稳定统治。统治者依恃其武力优越,除了惊羡中原的财富,并不重视文治。因此,元代帝王多不习汉文。他们最初治理中原的思维方式远不能和后来的满清相比。比如,元太宗窝阔台时期,要不是耶律楚材向皇帝解释,稳定农业并对民众收税的所得远胜于放牧,元太宗就很可能听从大臣别迭的建议——汉族农业对财政无益,不如把汉民驱赶走,在其土地上放牧。① 这种恐怖的政治计算表明，皇帝允许或维持民众的存在，以对国家（也即皇室）有利为前提。忽必烈时期，先后擅长推行官卖铁铜等器、增盐税、专卖药材、改进钞法、制定市舶条例、没收私造铁器、官营酿酒、清理江南六省钱谷、增江南赋税和盐酒醋税的阿合马、卢世荣和桑哥等理财高手深受皇帝赞赏。

元朝政治上的另一特点是等级明显，各等级人的法律地位相差巨大。第一等是蒙古人；第二等是色目人（西域人、回回人）；第三等是汉人（原金统治区的汉民）；第四等是南人（原南宋统治区汉民）。高官必须用蒙古人，州县官员多出身军人，汉人、南人主要担任州县低级小吏。蒙古人不能好好任用汉人、南人，而只用了他们中间的坏人。整体而言，这样的统治缺乏长远的政治理想，亦无所谓政治责任，他们的统治任务主有两项：一是镇压反抗，二是征敛赋税。自元世祖开始，即任命"财计之臣"务于聚敛。各种商税日增月涨，没有止境。比如，从至元七年（1270）到天历年间（1328）左右，中央所定税收在59年间增加了100倍。从至元十三年（1276）到至大年间（1308），两淮盐价由中统钞九贯涨到一百五十贯（详细的内容参见第七章第一节）。蒙古人入主中原历一百余年，中国自秦汉以来传统的文治政权意识始终未被接受，他们的政治未摆脱古代贵族封建、武装移民的特点。但当时一般社会文化、经济水准却比春秋时代高出百倍。蒙古人的倒退政治使社会乱象百出。②

与此同时，贪污成为政治上的常见之事。仅成宗大德年间，七道奉使宣抚使查贪官达一万八千七十三人。史上讥讽贪官的经典文学作品《醉太平·讥贪小利者》就出现于元朝——"夺泥燕口，削铁针头，刮金佛面细搜求，无中觅有。鹌鹑嗉里寻豌豆，鹭鸶腿上劈精肉，蚊子腹内刳[kū]脂油，亏老先生下手"！另一无名氏的《（中吕）朝天子·志感》："不读书有权，不识字有钱，不晓事倒有人夸荐。老天只恁心忒[tuī]偏，贤和愚无分辨。折挫英雄，消磨良善，越聪明越命蹇[jiǎn]。志高如鲁连，德过如闵骞[qiān]，依本分只落的人轻贱。"表明元时人对黑暗社会的强烈怨刺，当时只要凭关系，没有真才实学的败类就可以当官。这种批评的锋芒直指元代政治制度。顺帝时期的元曲《正宫·醉太平》这样讥奸佞专权："堂堂大元，奸佞专权。开河变钞祸根源，惹红巾万千。官法滥、刑法重、黎民怨。人吃人、钞买钞、何曾见？贼做官、官做贼、混愚贤。哀哉可怜！"该曲在元末自京城到江南，人人传唱。明初统治者

---

① 参见吴思：《血酬定律：中国历史中的生存游戏》，中国工人出版社2003年版，第31—33页。
② 元朝数据及史实源自钱穆：《国史大纲》，商务印书馆1996年版，第631—662页。

提出的"重典治吏"与对元末贪官横行的认识不无关系。

在这样的政局下,元统治者既不可能,也未充分吸收汉族王朝立法的智慧,在吸收唐律典成熟的经验基础上制定一部新律典。同时,动荡的政局决定他们在宋朝反律典化的趋势之下继续行进,当时通行的法律形式主是因事立法、权宜特色的判例。

第二节　宋元的法律制度

◆ 预读文献与思考

1. 阅读下列文献,比较秦宋时期法医检验技术的差异,思考宋代以及中国古代的法医检验学有何特点?为何至晚清曾经领先世界的法医检验知识被西方传来的法医学所取代?

《洗冤集录》卷之二《附小儿尸并胞胎》:"堕胎者,准律未成形像杖一百,堕胎者徒三年。律云堕,谓打而落,谓胎子落者。按,《五藏神》论:怀胎一月如白露,二月如桃花,三月男女分,四月形像具,五月筋骨成,六月毛发生,七月动右手,是男于母左,八月动左手,是女于母右,九月三转身,十月满足。若验得未成形像,只验所堕胎作血肉一片,或一块,若经日坏烂,多化为水。"

《洗冤集录》卷之二《验尸》:"验尸并骨伤损处,痕迹未见,用糟醋泼罨[yǎn]尸首,于露天以新油绢或明油雨伞覆欲见处,迎日隔伞看,痕即见。若阴雨以熟炭隔照,此良法也。或更隐而难见,以白梅捣烂,摊在欲见处,再拥罨看。犹未全见,再以白梅取肉,加葱、椒、盐、糟一处研,拍作饼子,火上煨令极热,烙损处,下先用纸衬之,即见其损。"

《睡虎地秦墓竹简·封诊式·经死》记载:"诊必先谨审视其迹,当独抵尸所,即视索终,终所常有通迹,乃视舌出不出,头足去终所及地各几何,遗矢溺不也?乃解索,视口鼻喟然不也?及视索迹郁之状。道索终所试脱头;能脱,乃□其衣,尽视其身、头度中及篡[cuàn]。舌不出,口鼻不喟然,索迹不郁,索终急不能脱,□死难审也。即死久,口鼻或不能喟然者。自杀者必先有故,问其同居,以答其故。"①(说明:"□"表明原文缺字,这一段说的是检验此类尸体平时应注意的事项,提供检验上吊自杀的标准。)

《洗冤集录》卷之三《自缢》:"自缢身死者,两眼合,唇口黑,皮开露齿。若勒喉上即口闭,牙关紧,舌抵齿不出。若勒喉下则口开,舌尖出齿门二分至三

---

① 载刘海年、杨一凡(总主编):《中国珍稀法律典籍集成》(甲编第一册),科学出版社1994年版,第665—666页。

分。……凡验自缢之尸,……打量身四至,东、西、南、北至甚物?面觑[qū]甚处?背向甚处?其死人用甚物踏上?上量头悬去所吊处相去若干尺寸?"

2. 下列文献所反映的宋代司法审判程序与前朝相比有何特色?宋代产生这种程序与独特司法理念的政治背景是什么?

《宋会要辑稿·刑法》三之五五记载:大中祥符二年(1009)……诏:"大辟罪人案牍已具,临刑而诉冤者,并令不干碍明干官吏覆推。如本州官皆碍,则委转运、提点刑狱司就近差官。"时光化军断曹与,将刑称冤,复命县尉鞫治。刑部上言,县尉是元捕盗官,事正干碍,望颁制以防枉滥故也。

《历代名臣奏议》(卷二一八第4页)记载:宋高宗时周林上《推司不得与法司议事札子》说:"狱司推鞫,法司检断,各有司存,所以防奸也。然而推鞫之吏,狱案未成,先与法吏议其曲折,若非款状显然,如法吏之意,则谓难以出手。故于结案之时,不无高下迁就,非本情去处。臣愿严法立案,推司公事,未曾结案以前,不得辄与法司商议。"

3. 以下法条选自《庆元条法事类》中与经总制(宋代杂税经制钱和总制钱的合称)事项相关的敕、令、格、式,试说明这四种法律形式各自内涵是什么?其相互关系为何?

敕:厩库敕

诸州县镇场务收到经总制钱物解纳违限(解送时间违背规定),杖八十。……

令:场务令

诸县镇场务应本月内收趁到经总制钱物,并于次月五日尽数解纳,所委通判桩管。……

格:赏格

知、通考内收经制钱及额无拖欠违限,二十万贯以上(知州、通判在考核期内收到的经制总钱数量达二十万贯以上且数额没有拖欠及解送违背时限的),减磨勘(磨勘是宋代官员升迁任用必经的考核时限)二年。……

式:场务式

提点刑狱司申起发收支经制钱物账(以下是账目格式,从略)①

4. 试分析下引《通制条格》,其内容有何特征?其与唐律的法条有何区别?与上引《宋会要辑稿·刑法》三之五五及本章第一节预读文献所引《宋会要辑稿》法令有何相似之处?

---

① 载《庆元条法事类》卷第三十《财用门一·经总制》。

延祐元年(1314)七月十九日,钦奉圣旨节该:"中书省奏:'在前设立市舶,下番博易,非图利国,本以便民。比闻禁止以来,香货、药物销用渐少,价直陡增,民用阙乏,乞开禁事。'准奏,仰于广东、泉州、庆元复立市舶提举司,杭州依旧设立市舶库,专知市舶公事,直隶行省管领,诸人不得搅扰阻坏。"所有法则开列于后:

一、金、银、铜钱、铁货,男子妇女人口丝绵、段疋[pǐ]、销金绫罗、米粮、军器,并不许下海私贩诸番。违者,舶商、船主、纲首、事头、火长,各决一百七下,船物俱行没官。若有人首告得实,于没官物内一半充赏。重者,从重论。发船之际,仰本道廉访司严加体察。……①

一、宋代主要法律形式

(一)《宋刑统》

《宋刑统》又名《重详定刑统》,由工部尚书窦仪等人主持制定,时间为建隆四年(963)。《宋刑统》十二篇,五百零二条律文及疏与现存《唐律疏议》几乎一样。"刑统"之名是《刑律统类》的简称,意为以类统篇刑事法规。《宋刑统》深受后周法制影响,其编纂者大都是后周的旧臣,比如苏晓就是后周《刑统》的编纂者。《宋刑统》实际上是对后周颁布于958年的律典《刑律统类》的修订和扩展。后周的《刑律统类》是对后唐颁布于924年的同名律典的修订,后唐《刑律统类》又来源于737年的另一同名律典。所有这些《刑律统类》都渊源于《唐律疏议》。由此,《宋刑统》基本律条来源于唐律典。《宋刑统》的律条和所收的敕、制、令、格、式、起请条分类归入相应的二百一十三个"门"中,便于查验。209条敕、令、格、式既有唐、后周的,也有本朝的。

《宋刑统》的某一律条就某概念所作的定义(限制),且规定适用于其他法律中出现的同一概念,则此被称为"余条准此"。比如《职制律》监临之官私役使所监临条中有关于"亲属"的定义,谓"缌麻以及大功以上婚姻之家",并注明整部律典其余律条中所出现的"亲属"都适用这个定义,也即"余条"亲属准此。整部《宋刑统》中"余条准此"条共四十四条,把所有"余条准此"集中于一门,附于《名例》之后,就是"一部律内余条准此条"门,有利于律条的精简与司法官员的检索。

---

① 载《通制条格》卷第十八《关市·市舶》。

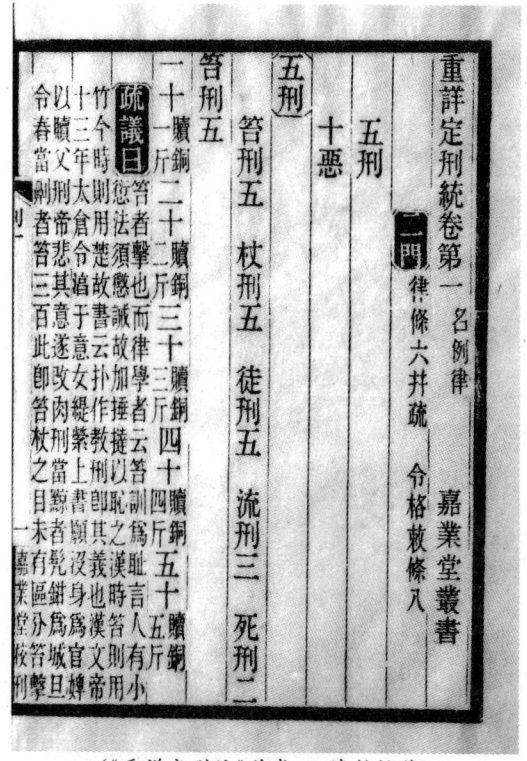

（《重详定刑统》首卷，田涛教授藏）

（二）编敕

敕本义为上级对下级的告诫，是皇帝对特定的人或事随时发布的诏令，通常包含了刑罚条款，在南北朝时就是皇帝诏令的一种。敕多了以后，官方设立专门的编敕机构，北宋仁宗时期有"详定编敕所"，神宗时设有"编修诸司敕所"，以编纂历年敕文，由此产生了有普遍适用效力的法律形式。与《宋刑统》相比，编敕是对社会灵活应对的产物，更适合实际，因此得到统治者的重视。宋神宗以后，敕在司法中获得了比《宋刑统》更具影响力的地位。宋代法律适用原则通常是敕令格式与律（即《宋刑统》）并行，若敕令格式与律的内容不同，优先适用敕令格式。明清时期不再编敕，相似内容出现于《皇明祖训》、《教民榜文》等具有告诫意义的文献中。

（三）令、格、式

令，是指令人们应该如何作为的法律，多非惩罚性条款。格，是对令要求应该如何作为的事项，或规定如何奖励举报告奸的行为。式，是公私文书的体例模式等法规。敕、令、格的关系为：今后应该如何作为（令），违犯者将处什么刑罚（敕），告发者/服从者能得多少赏赐（格）。

学者认为,北宋神宗以前,宋代编敕是将各种不同类型的法律规范混合编纂,以单一的敕的法律形式颁布实施。到神宗时设置的敕令所之类的机构,改革编敕的结构和修纂体例,将编敕改为分敕、令、格、式四种形式分类修纂。①

（四）条法事类

宋神宗开创敕令格式统类分编立法体例,敕令格式统类分编,使法律书条目繁杂,同一事类因敕令格式不同而散见各篇。具体而言,宋代的敕令格式与律并行,这些法律形式各自分散,一个文件(诏令)把令、格、敕全部包含在内。这种诏令发布后,敕令所就要把它分解为单独的敕、令、格。在司法实践中,司法官员必须在三种法律形式中去找同一来源的法规,不细查各篇不能详见,而且不熟悉敕令格式的分类法,也难以检索适用,这给法律的使用带来极大不便。小吏因此乘机舞文弄法。到了南宋第二个皇帝宋孝宗淳熙年间,皇帝开始命令修敕的机构把敕令格式及申明五种法律文书,按照其事类分门重新整合编订,"随事分门修纂,别为一书",从此南宋出现了一个新的法律形式——条法事类,即一种以"事类"(法律性质)为标准编纂的法律文集,将与某一事项有关的法规分类汇编在一起的法律,也就是一定程度上恢复了诏的原貌,现存的有《庆元条法事类》。②《庆元条法事类》是宋初至宁宗庆元年间敕、令、格、式等制度的编集。

诏一经分解为敕、令、格,就是国家法律。条法事类则是一定程度恢复诏原状。问题就来了,这岂不是浪费劳力？元代可能正是吸取这种经验,于是采取了更省事的方式——整个元代没有编纂律令格式或敕令格式。因此,除了将法律以发布时的原形保存以外,别无他法。其中的典型便是《元典章》,这样,不少法律条文内容往往包括：某一时间某一下级机构因某案件向中央某部门申请的判决意见,中央某部门批准后,指令该判决作为具有法律效力的条文适用全国。

二、宋代刑罚的变化

由《隋律》的完善,《唐律》继承的笞、杖、徒、流、死五刑刑罚体系,至唐末开始崩溃,至宋代发生变化,宋代刑罚体系的特色是创设折杖法与编配(刺配),复活刺刑,凌迟刑制度化。

---

① 参见戴建国：《〈宋刑统〉制定后的变化》,载《上海师范大学学报》1992年第4期;〔日〕宫崎市定：《宋元时期的法制与审判机构——〈元典章〉的时代背景及社会背景》,姚荣涛(译),载杨一凡(总主编)：《中国法制史考证》(丙编第三卷),中国社会科学出版社2003年版。

② 此处部分参见郭东旭：《宋代法制研究》,河北大学出版社1997年版,第16页。

(一)"重法地法"

与五代时期法律比,《宋刑统》的刑罚稍轻,但与唐律典相比,《宋刑统》律条与敕文整体上对贼盗等行为的处罪更重,这与太祖、太宗时期用重典惩治罪犯的做法一致。北宋仁宗在1062年设立"窝藏重法",规定对特定地区(开封府所属三县)的特定犯罪(盗贼,窝藏犯)判处重于法定的刑罚,这些特定地区称为"重法地",量刑标准称"重法"。"重法地法"的范围后来进一步扩大到其附近州县。到宋哲宗时期,重法地的总面积占全国的一大半,相应的"盗贼重法"取代了《宋刑统》中"贼盗律"的相关规定,直到北宋结束时,该法的适用大量减少。

学者指出,"重法地法"至少可以上溯至唐代。依照唐律典"贼盗律",强盗分得财与否,按情节分别论处;窃盗罪最高刑为加役流。但是在唐德宗三年(782)规定,在京兆界内犯盗者,强盗无论有赃无赃、窃盗赃满三匹以上,"准敕集众决杀",一律加重处罚。这项开后来"重法地"先河的规定至元和年间(806—820)仍然有效。①

(二)折杖法

折杖法的出台背景在于,五代时期"军阀"性质的王朝对强盗、窃盗处刑极重,在后汉的法律中,甚至有窃盗一钱就处死刑的酷法。因此,宋太祖觉得有必要减轻以前的严刑,行宽缓的仁政,故制定折杖法,也即把笞、杖、徒、流四种刑罚折抵为杖刑(按其轻重又分为脊杖和臀杖)的制度。其间的换算如关系如下:笞刑十至二十下折算为臀杖七下,笞三十至四十折算为臀杖八下,笞五十折算为臀杖十下;杖刑六十折算为臀杖十三下,杖七十折算臀杖十五下,杖八十折算臀杖十七下,杖九十折算臀杖十八下,杖一百折算臀杖二十;徒一年折算脊杖十三下,徒一年半折算脊杖十五下,徒二年折算脊杖十七下,徒二年半折算脊杖十八下,徒三年折算脊杖二十下。流刑二千里折算配役(服苦役)一年、脊杖十七下,流二千五百里折算配役一年、脊杖十八下,流三千里折算配役一年、脊杖二十下。

不过,折杖法未涉及死刑,与唐律典相比,宋代死刑数量大大增加。

(三)刺配与凌迟

作为一种混合刑罚,缘于后晋的刺配包括决杖、刺面与配役三个方面,因此这是一种典型的重刑。《宋刑统》对此本无规定,该刑原本针对一些强盗死罪,后来处以刺配刑的罪犯越来越多。

---

① 参见张建一:《唐律实施考》,载杨一凡(总主编):《中国法制史考证》(甲编第四卷),中国社会科学出版社2003年版。

《水浒传》第六、七回叙述林冲至"白虎堂",此堂为高太尉商议军机大事之处。林冲持刀入堂,高太尉诬其行刺,这是该处死的犯罪,随即指示开封府尹判其"手执利刃,故入节堂,杀害本官",经孙定、周施定其"不合腰悬利刃,误入节堂",脊杖二十,刺配远恶军州。《水浒传》还说宋代时脸上刺字,罪犯怕人恨怪(就像阿Q痛恨别人说"亮""光"一样),民间将脸上刺字改称为"打金印"。陆谦受高俅之托,要两个公差半路上杀死林冲,并以揭取林冲脸上金印回来做表证。

凌迟始于五代之后的西辽(由辽灭亡后的残余力量建立)。学者认为,凌迟本为"丘陵之势渐慢"之意,沈家本认为凌迟"本言山之由渐而高,杀人者欲其死之徐而不速也"。目的是使受刑者受尽折磨而慢慢死去,成为古代最残酷的刑罚。① 该刑俗称"剐刑",据传凌迟有八刀刑说法,先头面、后手尺,再胸腹、再枭首。"身具白骨而口眼之具尤动,四肢分落而呻痛之声未息",宋代酷刑承五代十国战乱时期酷刑余烈,于此表现得特为明显。北宋仁宗时规定对杀人祭鬼(民间妖术)处以凌迟,神宗以后,凌迟成为经常出现的刑罚,至南宋《庆元条法事类》,凌迟刑成为正式法定刑。直至清末法律改革,方删去这一酷刑。

三、宋代司法机制与法医学

(一)中央司法构的演变

宋初沿袭唐制,中央审判机构为大理寺,内设机构有左断刑,负责地方各州报请复审及地方官犯罪的案件,右治狱负责京城百官案件。同时案件审理归断司,检法用刑由议司负责。刑部复核大理寺的判决。宋太宗时在宫中设置了审刑院,将大理寺、刑部复核的职权归入审刑院。宋神宗时,又恢复大理寺与刑部复核的职权,审刑院并入刑部。宋代在大理寺、刑部之外设有御史台,有对官员的监察权及对犯法官员的审判权。元朝与唐宋中央司法机构职能重大不同的是,元代审判机关之一是大宗正府,大宗正府源自初期的札鲁忽赤(断事官),主要审理蒙古人、色目人和皇室案件,由蒙古族贵族掌权。此时中书省的刑部主掌涉及汉人的重大疑案复审、死刑的复核及律令拟议。大理寺不再另设,其职能归入刑部。元代僧人享有特权,故元代的审判机关还包括宣政院。宣政院一方面主持全国佛教事务和统领吐蕃地区军、民事务,一方面行使对僧人僧官刑事、民事案件的审判权。

---

① 参见宇培锋:《关于肉刑体系的沿革及废复之争》,载《法律史论集》(第三卷),法律出版社2001年版,第111—114页。

（二）提点刑狱司的设置

提点刑狱司简称提刑司，是宋太宗朝初创的专门化的地方司法、监察机构。为有效控制地方，宋朝设"路"作为对州、县监管的最高地方区划，提刑司与转运司和常平司都是路级监管机构之一。创设提刑司的主要原因在于北宋初期统治者为及时清理地方刑狱、维护统治稳定和分化转运使权力，防范地方割据以及加强对州县官吏的监管、考核。宋朝统治者为防范转运司成为藩镇的替代者，又将其所拥有的民政权力再分割，提刑司制度的设立就是地方权力分割的重要标志。提刑司"专以刑狱为事"，提刑司除了地方监察、人事管理、民政、治安、军事、财政、文化教育等方面的一些职权外（这些职能逐渐增多），司法是其最主要的职能，提刑司对地方刑事、民事案件均有审理权，但以刑事案件为主。元丰年间以后，提刑司获得了对本路死刑案件的复核裁定权，其对州县司法活动的监督和组织审理，一定程度防范了地方官员营私贪赃。提刑司与路级其他机构互不统属，彼此之间主要是互察、互考与分工合作的关系。提刑司制度的发展存在着职权增多、一专多能、责任重大而官品偏低（六七品）的问题。

提刑司的主要司法职能如下：复审疑难案件；审理当地重大案件或涉及朝廷外任重臣、不适合由地方低级官员审理的案件；处理越诉的案件。其刑事案件审理程序主要如下：受理诉状；问讯、取证、刑讯逼供、书写供状；案件原审地的州府官员核实供状；提刑司属官草拟案件判决结果；提刑司和下属集体审核；提刑司做出正式判决。从中可以看出，提刑司审理案件并未实行鞫谳分司原则，也就是说提刑司对案件的审理和检法议刑是合一的。其原因在于路级提刑等监司法机构、人员设置较简单，不具备这种条件，他们的下属官往往是身兼多重职责，故而审判机构设置不完全。此外，在审案有错的情况下可以通过集体审核制度加以弥补。

此外，宋代初期中央刑部负责审核地方死刑案件，无疑问者批准行刑。北宋神宗以后，州一级司法机构审判的所有无疑问的死刑案件，必须上报提刑司复核后才能执行，同时中央仍保留抽查地方死刑案件结果的权力。

提刑司制度对后代产生深远影响，元世祖于至元六年（1269）曾设提刑按察司，后改为肃政廉访司，主要职能为审理冤假错案，纠察地方官员的违法行为。明初设立的提刑按察使司与承宣布政使司、都指挥使司分掌省一级的司法、民政与军政大权。明清的按察使是府、县所审理案件的上诉机构，有权处理徒罪以下案件，徒以上案件报送刑部，无权擅决。①

---

① 宋代提点刑狱司制度均参考王晓龙：《宋代提点刑狱司制度研究》，人民出版社2008年版。

(三)"鞫谳分司"与"翻异别勘"

宋代地方上的审判由知州、知县负责,县可实施杖罪以下的判决,徒刑以上送至州审判。重刑或有疑义的案件得受提点刑狱或大理寺、审刑院、刑部复审。地方上的刑事审判基础原则是"鞫谳分司",即审讯是一个人,判案是另一个人。在五代时期,统治者在正式地方衙门"司法参军"外特别设立另一种私人衙门"马步狱",后称司理参军。至北宋太祖时,为防止官员舞文弄法,司理参军只负责"狱讼勘鞫"(案件事实的审理),司法参军的职务削减为"议法断刑"(法律适用),由此推动了"鞫谳分司"制的成形。

大体上,知县、知州等判罪前必须有三个预备阶段。(1)巡捕,由巡捕、县尉缉捕犯人,但不审理嫌疑犯。县尉和捉贼的军官是巡捕官,由于捕获盗贼可以据以为功,若使之推鞫,则不免有欲加之罪之嫌,所以不使之审理囚犯,尤其是死囚犯。(2)推鞫(勘鞫),由监狱的管理者狱官、狱吏把罪犯收押于"狱"后进行事实调查。这种专管鞫狱的衙门在京城有开封府、御史台等,只负责审问,判刑则属大理寺和刑部;在各州有录事参军、司理院或推官衙门负责审案。(3)检断,又称检法断刑,由各州的司法参军或各县的编录司搜检适用这个犯罪事实的刑事法规。待这三个阶段完成后,知州、知县方作出判决。

当时刑事审判的另一个原则是"翻异别勘",即犯人只要在案结时翻供,或行刑前称冤,官府就要把案件重新审问。《唐律》"狱结竟取服辩"就规定犯人翻供后,官员得把案件再审。律典没有规定再审的程序、再审时是否更换官员。北宋时对此即作了详细规定。犯人如果是在审问时翻供,案件就由本州或本府另外一个司法机构重新审问。如果是在审问完、临刑前称冤,犯人就得由州府的上级机构(称为"监司"),比如转运使、提刑使等指派其他州府的官员来重审,或将犯人提到其他州府重审。①

"鞫谳分司"和"翻异别勘"显然有助于维护司法公正与为民申冤,表面上看来,就算以今天文明时代的法制标准来看,这也是相当进步的,体现了宋代司法制度上了不起的成就。这么先进的司法成就为何出现在宋代呢?为何元明清时期未继承下来呢?究其原因,这种制度其实就是宋代"事为之防,曲为之制"的政治计算下的产物。宋代皇帝们担心下属拥兵自重造反,或司法不公刺激民众造反,以及设定渠道为民众将官吏枉法信息上报,便于皇帝们"以达民隐"和监控下属,便把原先一个官员负责的事务分割成好几个官员各自完成,于是出现了最高掌权者自己始终集权的局面下,下级官员三权甚至

---

① "鞫谳分司"与"翻异别勘"制度部分参考徐道邻:《中国法制史论著集》,台湾志文出版社1975年版。

多权分立。所以,这种表面上看起来优秀的司法创新,其实暗地里潜含着帝王们莫大的自私野心。

蒙古人入主中原后取消了大理寺,取消了律学,取消了法律考试及鞫谳分司和翻异移推制度。明朝建立后,在司法上承袭了元朝的制度,清代在这方面与明朝一脉相承。政治计算的具体细节转变后,宋代的这些司法传统也就未能继承下来。

(四)"务限法"与越诉法

唐代《杂令》中对诉讼的一些限定至宋代发展为"务限法"。宋代"务限法"规定,田宅、婚姻、债负之类的讼案,每年十月一日(农历,下同)之后至次年正月三十日方许受理①,每年二月初一日至九月三十日"务限"期间内,官府停止受理民事案件。从十月一日至第二年正月三十日为"务开"。"务"为农务。元代受理民事案件的时间比宋代长一个月。《大清律例》则规定"每年自四月初一日至七月三十日"官府不得受理户婚、田土等细事。②"务限法"的立法宗旨在于保证农业社会的村民不被陷于在官府看来无关紧要的纠纷中,从而无法致力于农业生产。

宋代的皇帝们一方面以国家也即皇室利益为标准、以农为重,限制涉及民众自身利益的钱债等民事案件诉讼的时间,另外又网开一面,设定了越诉法。越诉法的设立目的与"鞫谳分司"等制度存在相似之处。越诉行为在唐、宋律中均明令禁止。但在北宋末年却诏开越诉之禁,至南宋高宗年间,更是"增置越诉之法,广开越诉之门"。③ 该法意图之一在于中央政府钳制州县官吏,其所允许越诉的内容表明,立法者有意于钳制州县官吏的违法害民行为。

北宋末年,越诉法开禁是"针对官吏的违法科民行为"所为,宋政权南渡后,允许越诉的事由涵盖虽更为广泛,共涉及非法侵人物业、典卖田产不即割税、官吏受纳税租不依法、籴买官物、非理科配、私置税场、邀阻客商、官司私自科率百姓、官吏受理词讼不依法等七类违法行为,但仍是针对官吏违法而言,因此之所以设置越诉法是因为皇帝试图"钳制州县官吏的违法害民"。④ 所许可越诉的法令中,以州县官吏的非法科率、取受、拖延词讼、审理不公乃至因民众越诉而行打击报复的内容为多。⑤ 此外,宋代地方官员在结讼时应

---

① 参见《宋刑统》卷十三《户婚律·婚田入务》。
② 《大清律例》卷三十《刑律·诉讼》"告状不受理"例文。
③ 郭东旭:《宋代法律史论》,河北大学出版社2001年版,第336—338、第340页。
④ 参见同上注书,第341—349页。
⑤ 越诉法本书均参考海丹:《越诉之法与豪强之家——论南宋越诉法中的钳制与利用现象》,载《法原》(2010年卷,总第25期,中央民族大学法学院内部刊物)。

当给当事人断由,便于日后当事人提起诉讼时,上级机关审查。朝廷设置这种机制,试图由此上传民间隐情,上级据之监控地方官。

(五)法医检验与法医学的成熟

1. 法医检验的发展

自五代十国以来,已出现诸如五代和凝父子编写的《疑狱集》及《续疑狱集》、宋代郑克编写的《折狱龟鉴》,宋代桂万荣编写后经明朝吴讷删补的《棠荫比事》等著作,这都是当时涉及一些办案故事、检验、治狱的重要著作。在一些私人文集里面,也有若干司法检验总结的介绍,如《梦溪笔谈》中的若干篇章。《庆元条法事类》中《验尸》一篇章中还收有详细的验尸图表。在《洗冤集录》出现之前就已有专门法医学著作《内恕录》(已亡佚)。作为自然科学中的一个领域,宋代法医学的发达与当时科学技术领域的发展(尤其是活字印刷、指南针及火药的发明和应用)的大环境有密切关系。

对宋代司法检验贡献很大的主要是提刑司官员。宋代提刑官以刑事审判为主,以死刑复核为重,他们在处理死刑案件时要涉及对尸检笔录的查证与核实,这直接关系到其案件审理和平反的恰当与否,故而宋代提刑官对尸检尤为重视。北宋初年时尸检笔录沿用后周的"四缝尸首验状",主要记录尸体的正头面、背面、左侧、右侧各个身体部位的伤痕情况,要着重查看顶心、喉下等要害致命之处。此外,验状还要写清尸体原置位置、四至、着装等。但这一制度对尸检程序、时间限定等未作更多规定,运行中存在弊端。

至南宋时期,提刑官们在司法检验领域的贡献,使尸检笔录在刑事审判、平反冤假错案中作用更加突出。首先,宋孝宗乾道七年(1171)福建路提刑官郑兴裔发现州县尸检存在各种问题,于是制定《检验格目》,后获得朝廷批准,推广全国。《检验格目》要求标明尸检的时间、地点、告发人或检验人姓名及死亡原因、身体伤痕情况,并一式三份,"宪司凭此详覆"。从而为防止州县司法官吏舞弊、拖延等作出贡献。但后来检验官仍可在尸检验状文字描述上作弊。于是湖南、广西的提刑官员首先刊印正背人形图,将之随《格目》一起下发勘验。检验正背人形图以图像的形式标出身体损伤的部位。这种做法更加直观,即便不识字者也能识别,同时要求公开唱喝,起到公众监督的作用。这一检验人形图在元代一直使用,并成为明清颁发检验条格的渊源。①

《庆元条法事类》所收的"杂敕"规定:"诸尸应验而不验,或受差过两时不发,或不亲临视,或不定要害致死之因,或定而不当,各以违制论,即凭验状致

---

① 宋代提刑官对司法检验的贡献均参考王晓龙:《宋代提点刑狱司制度研究》,人民出版社2008年版,第249—258页。

罪出入者,不在自首觉举之例。其事状难明,定而失当者,杖一百,吏人、行人一等科罪。"同一门所收"杂令"规定:"诸死人未死前,无缌麻以上亲在死所,并差官验尸。……诸尸应覆验者,在州,申州,在县,于受牒时尸所最近县。"①关于哪种尸体必须差官检验,宋代不同时期颁布的许多法律对此多有规定。如北宋景祐三年(1035)开封府提出:"今后所申状内无医人姓名,及一日三申者,差人检验。"②也就是说,没有医生证明或突发性死亡,就是病死,也仍要检验。

2. 法医学集大成者

完成于南宋淳祐七年(1247)的《洗冤集录》是世界上第一本法医学名著,由曾任提刑官的宋慈所著,该书领先欧洲同类作品三百多年。此书对侦破各种疑难案件提供了许多经验技术与证据理论,对当时的司法实践有积极影响,同时,该书是千年来各类法医检验知识的集大成者。比如,早在三国时代(220—280),吴国的张举就已知道用烧猪的动物实验方法协助法医检验死者是在生前还是死后葬身火海。③ 这种检验方法为宋慈所收录,他提出:"凡生前被火烧死者,其口鼻内有烟灰,两手脚皆拳缩;缘其人未死前被火逼奔争,口开气脉往来,故呼吸灰入口鼻内。若死后烧者,其人虽手足拳缩,口内即无烟灰。"④更早在秦国时期的法医技术即提到,查明死者是否是自缢,要"视舌出不出"。⑤ 宋慈则更准确地指出:"若勒喉上即口闭,牙关紧,舌抵齿不出。若勒喉下则口开,舌尖出齿门二分至三分。"⑥

另外,《洗冤集录》中介绍用明油伞罩骨,迎着阳光隔伞验看骨伤,就能吸收和过滤部分影响观察伤痕的其他光线,伤痕就更清晰。⑦ 早在北宋,沈括就记载一老吏提过相同方案——"验伤不见迹,请用赤油伞,日中覆之,以水沃尸,迹必立见"。⑧ 有学者指出在北宋就已出现著名的区希范人体解剖图,人体解剖甚至可以上溯到西汉末王莽时期。北宋时期解剖学的显著发展与《洗

---

① 参见杨一凡、田涛(主编):《中国珍稀法律典籍续编》(第一册),黑龙江人民出版社2002年版,第798—799页。
② 《宋会要辑稿·刑法》六之二至三。
③ 参见(宋)郑克:《折狱龟鉴》卷六《证慝·张举特烧二猪证夫杀死》。
④ (宋)宋慈:《洗冤集录》卷之一《检复总说下》。
⑤ 参见刘海年、杨一凡(总主编):《中国珍稀法律典籍集成》(甲编第一册),科学出版社1994年版,第665—666页。
⑥ (宋)宋慈:《洗冤集录》卷之三《自缢》。
⑦ 参见(宋)宋慈:《洗冤集录》卷之二《验尸》。
⑧ 沈括记载的此案例见于(宋)郑克:《折狱龟鉴》卷六《证慝·李处厚沃尸求迹以证殴杀》。

冤集录》的著述、刊行有很大关系。① 所有这一切说明,《洗冤集录》并非是南宋时期没有前人经验积累的基础上横空出世。该书本身即相当于对中国历史上久已存在的各种物理检验、尸体解剖等知识的大总结及进一步的发展。宋代法医学及物证技术的发达,也与唐宋以来领先世界的科技大背景有密切关系。

(宋慈像)

具体而言,《洗冤集录》对司法检验的贡献主要表现在如下方面:其一,论述尸检官应持有的态度和应注意的检验准备事项;其二,最重要的部分,是收集和论述了如何根据尸体的不同外部特征来鉴定死因;其三,收集和论述了许多实际尸体检验的经验验方;其四,收集和论述了紧急抢救的验方。②

不过,《洗冤集录》反映的法医检验技术虽曾领先世界,但是这些技术主要来自于司法官员一代代的经验摸索与积累,而不是对自然科学基本原理的把握基础上产生的技术飞跃,当时司法官员对这些技术的运用,大多以知其然而不知其所以然的心态待之。在过于务实的时代,知识分子的精力主要花在阅读儒家经典与通过科举考试,整体上缺乏对自然科学探索的兴趣。从长时期来看,这导致技术创新概率日渐减少。因此,这些技术基本在宋代发展到高峰的同时大致到了尽头,接下来的几百年间,古代法医检验技术基本一

---

① 参见〔日〕冈野诚:《北宋区希范叛乱事件和人体解剖图的产生》,周建雄(译),载曾宪义(主编):《法律文化研究》(第三辑),中国人民大学出版社2007年版,第185—209页。
② 参见王晓龙:《宋代提点刑狱司制度研究》,人民出版社2008年版,254—256页。

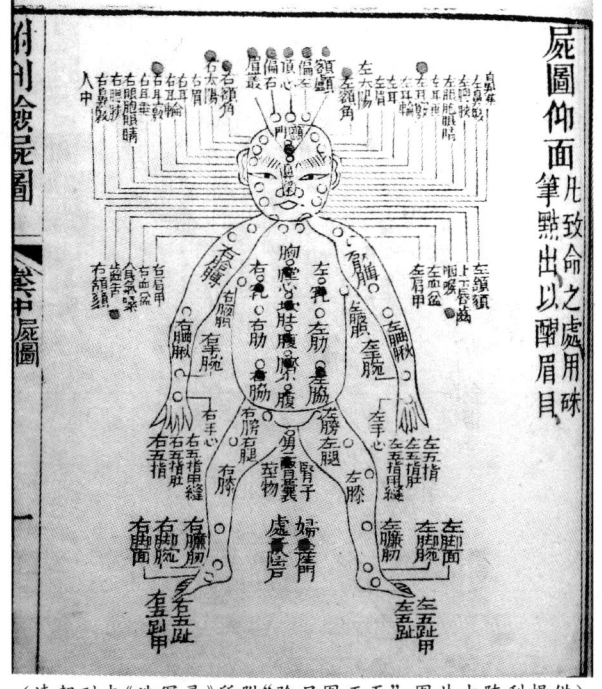

（清朝刊本《洗冤录》所附"验尸图正面"，图片由陈利提供）

成不变地沿用数百年甚至是上千年以前已有的经验。与此不同，18、19世纪是西方产业革命和科学技术飞跃发展的时代。[①] 科技发展和人类认识水平的提高给诉讼制度带来的影响之一就是"证据法的革命"。物理学、化学、医学、生物学的发达带动了法医学、弹道学等与证据的科学鉴定直接关联的学科进步，使中世纪并不十分重要的物证成为诉讼中发现真实的最有力武器之一。[②]

[①] 梁漱溟认为，中国主流文化关注人伦（如两汉经学、魏晋清谈、宋明理学、清代考据），重技术轻学理，西方传统文化关注自然世界，加之中国文化与理性早启，所以至明末清初科技方面逐渐落后于西方。参见梁漱溟：《中国文化要义》，上海人民出版社2005年版，第233—250页。

[②] 参见王亚新：《社会变革中的民事诉讼》，中国法制出版社2001年版，第306页。

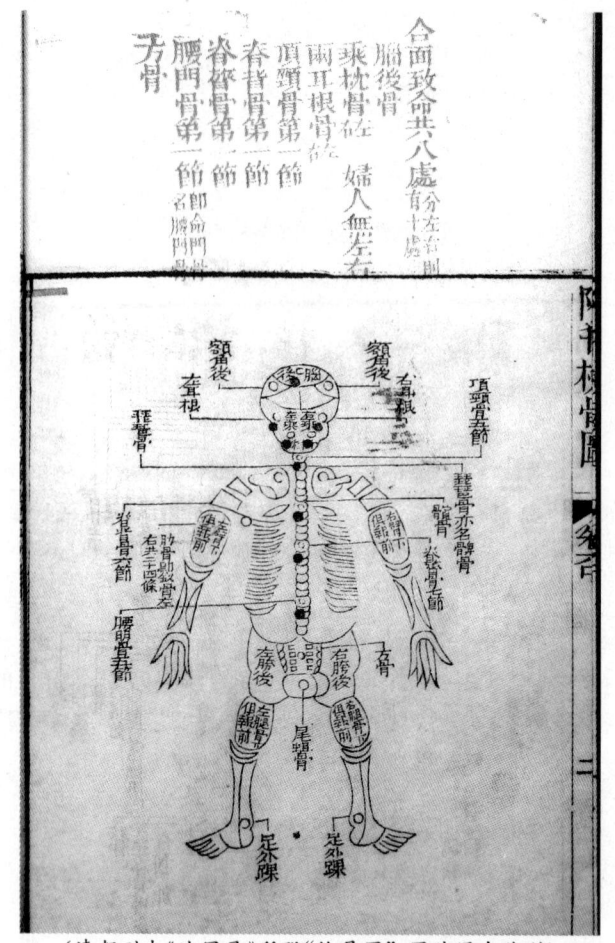

(清朝刊本《洗冤录》所附"检骨图",图片源自陈利)

　　这种状况与中西主流文化差异密切相关。爱因斯坦认为西方科学的两大基础,一为希腊哲学家发明的形式逻辑体系;二为通过系统实验发现有可能找出因果关系。受先秦时期著名学派儒、墨两家影响,中国的知识阶层重视谈说与论辩。谈说与论辩的方式不是从真前提出发,通过有效推论,得出真结论,以获取外部世界的科学知识;而是宣扬自己的学说,开导他人,求得教化天下的效果。这种目的使逻辑思维没能进入有效推演的思考,而是趋向于借助人们已有实践经验与思考对象的相似性进行推论。① 中国传统推论的特质,是类比、归纳和演绎不同形式的综合论证与朴素结合。知识阶层满足

---

① 参见崔清田:《"中国逻辑"名称困难的辨析——"唯一的逻辑"引发的困惑与质疑》,载周山(主编):《中国传统思维方法研究》,学林出版社2010年版,第14页。

于表面相似的事物之间建立联系(比如董仲舒将皇帝类比为天上的太阳)。

四、宋代的法律考试

学者指出,中国的考试制度从唐朝起,就有"明法"一科,专门用以选拔法律人才。宋朝是讲究法律的一个朝代,法律考试进入鼎盛时期。唐朝的进士本是录取文学人才的。但在北宋太宗时期,进士科也曾要考"律义"十道。由此可知宋太祖、太宗兄弟注重提倡法律。宋代的法律考试种类繁多,一直到宋灭亡,法律考试从未间断。唐代的明法考试科目是"试律七条,令三条",全部考过为第一等,考过八条为第二等,只考过七条为不及格。但是唐朝科举考试更重视词章,"明法"并不被重视。

北宋神宗熙宁三年(1070)新设立了用以考取法官(刑部和大理寺的法官)的"刑法科",考核内容为断案和对律义的掌握。宋神宗针对落第的举人还设立了新科明法,考核内容为《宋刑统》大义和断案。凡是考中新科明法的即由吏部委任为各州司法参军,身份在进士及第之上。

北宋仁宗时的"拔萃"是从现任官中拔取优秀人才的一种特别考试,主要考十道断案题。宋朝法律考试中最悠久、最重要的是"试刑法"。该考试从宋太宗起一直延续到南宋末年。京朝官对自己的法律知识有信心的,可以向吏部自动请求考试刑法。一旦考取,就派到刑部、大理寺服务。而别的考试考中了只是取得做官的资格,不一定被委任为官员。宋真宗以后,试刑法的考核内容基本固定为两方面:律义十道和徒刑以上案件断案十道。其中,徒刑以上案件先由大理寺删去原先审判所定的罪名及理由,由应试者自己重新判断,若与先前的断案一样,即视为通过,可通过六道的考生即被视为考试合格。①

与宋代情况不同,明清时期正规学校教育和科举考试都不重视法学,当时直接从事法制工作的官吏、书役等人所需的法律知识,大致都由自修、历练所得。所以官员为政多要仰赖幕友。后者从师受业,其所接受的法律教育比较制度化。不过,幕友只是协助官员处理法律事务,官员自己大多没有受过法律教育,因此知晓法律有限。这种状况源自于元朝开始不重视对官员的法律素养培训。②

五、元代的法制

元代政局相当糟,受此影响,蒙古人统治中国时没有以前那种"律"这样

---

① 参见徐道邻:《宋朝的法律考试》,载氏著:《中国法律史论著集》,台湾志文出版社 1975 年版。
② 参见张伟仁:《清代的法学教育》,载杨一凡(总主编):《中国法制史考证》(乙编第三卷),中国社会科学出版社 2003 年版。

的法律形式,他们另外还在1271年废除了金朝的《泰和律》。故而,元代是秦汉以来中国历史上唯一没有完整律典的王朝。没有像律这样的从最初就系统编纂的法典,其法律形式为不定时的单行法令乃至积累起来的判例,取随事立名。当时的法律形式称为"条格"(皇帝裁定或由中书省等有关中央机关颁发的各式政令)、"新格""通制""断例"(具体的判案事例)等。因此导致法令繁多混乱,时人称元"皆因事以立法,岁月既久,条例滋多。……官曹材识有高下之异,以致诸人罪议拟有轻重之殊,繁条碎目,与日俱增,每罚一辜或断一事,有司(有关机构)引用不能通举,若不类编颁示中外,诚恐远方之民或未识而误犯,奸贪之吏独习知而舞文,事至于斯,深为未便"。①

元代始终未曾制定律典,只是对历朝格例等(条格、断例)加以整理增删而已。其中,断例源自宋代,如当时有《熙宁法寺断例》之类。到元朝仁宗时,则将断例(判例)附入《大元通制》之中。《大元通制》由自幼接受过儒学的元英宗所颁行。

(一)"二元"法制特色

蒙古人入主中原后,其法制介于"祖述"与"附会汉法"之间,并要求不同民族各依本俗,明显具有蒙汉二元特色。早先,蒙古族在成吉思汗带领下创立了法规"札撒"(蒙语,也即法度、大法令),这种不甚完备的法规在蒙古族习惯、"约孙"(蒙古语,即规矩、道理之意)的基础上制定。成吉思汗称帝后,于1211年颁布了《条画五章》,规定重罪死处,其余杂犯量情笞决。这一法令虽较简单,却是成吉思汗颁布的系统的法令。在他死后,继位者窝阔台汗在1219年汇集成吉思汗颁布的具有普遍效力的《扎撒》,把它们重新加以明确后称之为《大扎撒》,现存条款有一半涉及死刑,历代大汗即位或处理重大问题,都要宣读其中的条文,以示遵行。该法令中的一些基本法律制度通过《大元通制》等后定的法律确立下来。

另外,窝阔台还颁行了《便宜十八事》,规定对州县非奉上级命令擅自向民众科差的应该处罪;蒙古、回鹘、河西等人种地不纳税的应处死;监主自盗官物处死;应判死罪者,官员具由申奏待报,然后行刑。这些具有重刑性质的法律为后来的明代法制所继承。

蒙古人与其他许多少数民族一样,盛行收继婚,其旧俗为"父死则妻其从母(以庶母为妻),兄弟死则收其妻",但这禁止适用于汉人。蒙古人入主中原后,民族内部仍然实行这种收继婚。该婚姻制度与汉族的儒家文化存在巨大的对立,儒家视之为违背人伦的严重行为。元代法律一般禁止汉人效仿,但

---

① 沈家本:《历代刑法考》(第二册),中华书局1988年版,第1084页。

收继婚在明清时期贫穷的汉人间却通行。①《大元通制条格》记载收继婚的相关实例：大德八年(1304)五月,中书省。枢密院呈："蒙古军驱王火你赤病故,其妻张秀儿守服六年,有本使菊米娘子将秀儿强要配与火你赤亲侄王保儿为妻。"礼部议得："王火你赤妻张秀儿服制已满,其侄王保儿欲行收继,虽系蒙古军驱,终是有姓汉人,侄收婶母,浊乱大伦,拟合禁止。"省准。②

另外,唐宋以来以十为尾数的笞杖刑此时被改为以七为尾数的笞杖刑。元世祖时为了实行所谓仁政,规定对犯人"天饶他一下,地饶他一下,我饶他一下"。因此,笞刑改为十下决七下,二十至三十决一十七下,四十至五十二十七下;杖刑六十至七十决三十七下,八十至九十决四十七下,一百决五十七下;徒刑,一年一年半,决六十七下,二年二年半,决七十七下,三年,决八十七下,四年,决九十七下,五年,决一百零七下。凡是"偷头口"(盗窃大牲畜),则偷一赔九。

受蒙古族入主中原的影响,元朝实行四等人与民族歧视政策。这其中,蒙古人享有法律特权。蒙古族一般的犯罪不受拘捕,蒙古人、色目人殴打汉人、南人,后二者不得还手,蒙古人打死汉人只征烧埋银、断罚出征。汉人、南人不得任中书省丞相、枢密院长官、御史台长官及各级达鲁花赤。汉人的刑事案件由刑部管辖,蒙古、色目人的案件一般由大宗正府管辖。

唐宋律对于杀人犯罪仅有刑罚的规定,无民事赔偿责任的内容。传统法律受儒家思想影响,主张杀父之仇不共戴天以及"杀人者死、伤人者刑"的同态复仇,再加上儒家重义轻利思想影响,人们在观念上不易接受以财产补偿的方式作为对杀人者的替代刑。

元朝的烧埋银(类似于现代的丧葬费)脱胎自蒙古族的命价银习惯,它的数量是比照命价银(也就是人命的价格)的标准确定。当时法律规定杀人犯除处死刑外(蒙古人不处死刑),另征收烧埋银五十两给死者家属。《元史·刑法志》记载的相关律文达五十余条。《元典章》卷四十三专门收录了十来则征收烧埋银的案例。"烧埋银五十两"数额在当时就比较大,甚至造成了实施上的困难。明朝定为十两,虽然远少于元朝的五十两,但根据当时的物价,十两的数额安葬死者足够敷用。朱元璋以唐律为宗。唐以来的法律均奉行"罚则不科,科则不罚"的刑罚思想。这就与烧埋银注重人命赔偿的用意相冲突。所以,朱元璋不赞成"科罚并用"(科罪之外加征烧埋银)。因此,在明清时期,

---

① 相关研究参见王志强：《清代的丧娶、收继及其法律实践》,载氏著：《法律多元下的清代国家法》,北京大学出版社2003年版。

② 《通制条格校注》,方龄贵(校注),中华书局2001年版,第152页。

通常是不科刑的杀人犯才征烧埋银给予死者家属。① 比如,清代过失杀人(相当于现代刑法中意外事件致人死亡)按律应处死刑,但清律规定缴纳赎金给死者家属作为替代。这类案件的处理实质上相当于刑事处罚转化为民事赔偿。

在语言上,元代法律文献中有许多奇特词语,这些文体径直从蒙古语原文机械地翻译过来,一般称之为硬译公牍文体。其词汇采自元代汉语口语,语法却是蒙古式。如"把你"写为"你行""你根底","对他们"写作"他每根底","有旨"写作"圣旨了也"。② 这种诸如"你每""他每"的用法影响了明清时期的语言使用。

元朝刑法具有典型的民族歧视倾向。刑部管辖汉人的重大案件,大宗正府则管辖蒙古人、色目人的重大案件。蒙古人若乘醉打死汉人,断罚出征,同时征收烧埋银给死者家属。若汉人打死蒙古人,处以死刑且照付烧埋银。蒙古人除死罪以外的罪行,一般不监禁,汉人则无此特权。《元典章》卷四九"刑部"卷一一《诸盗·强窃盗贼通例》规定,同样是盗窃,"窃盗初犯刺左臂,再犯刺右臂,三犯刺项,强盗初犯刺项",但蒙古人犯者不刺。这种因民族不同而同罪异罚的情况也出现在清朝。清朝的满族人违背律例时,可以减等或换刑。比如笞、杖刑一般换为鞭刑,若所犯为徒以上罪刑,徒一年转换为枷号二十日,每等递增五日。

当然,元代法制也大量继承了唐宋以来汉文化的法制,比如五刑、十恶、八议、准五服以制罪,宋代"务限法"规定田宅、婚姻、债负之类的讼案在每年十月一日之后至次年正月三十日方许受理,元代受理民事案件的时间则比宋代长一个月。此外,蒙古族进入中原时曾大肆杀戮与屠城,耶律楚材建议"囚当大辟必待报,违者论死"得到皇帝的许可。③《新元史·刑法志》记载,在忽必烈时期规定死刑案件地方官员审理确证后,将案情及所适用的法条一体上报宣抚司,宣抚司复审无疑后,呈中书省,中书省再上奏皇帝,皇帝许可后方可处以死刑。这种慎刑观念以及皇帝对死刑案件的终审权亦渊源自前朝。另外,《大元通制》的制定曾参照了金《泰和律》,《泰和律》与唐律典有直接渊源。

(二)主要法律形式

1.《至元新格》

元世祖在至元二十七年(1290)命中书参知政事何荣祖以公规(十二条)、

---

① 烧埋银制度参见张群:《元朝烧埋银初探》,载《内蒙古大学学报》2002年第6期。
② 参见白翠琴:《略论元朝法律文化特色》,载《民族研究》1998年第1期。
③ 参见《元史·刑法志·刑律上》。

选格(十二条)、治民(十条)、理财(四条)、赋役(十条)、课程(十条)、仓库(十二条)、造作(十一条)、防盗(六条)、察狱(九条)等十事辑为一书,称为《至元新格》,于次年颁行。学者指出,严格而言,《至元新格》不是刑律典,而是系列临时法规的汇编。这从《通制条格》、《元典章》所引用的《至元新格》中几乎见不到刑罚规定可以看出。尽管元朝有过编纂律的尝试,不过律终究未颁行。因此整个元朝没有律令,也没有构成一个完整的刑法体系。元朝统治者对逐年累积的条格、断例进行集录与整理。就是这种行为,最初大致也是由民间进行,后来官方对之整理汇编。其中,条格包含有"预防触犯刑罚"规定的教令性质,断例涉及刑法的规定。这些法规并非统一时间修订的产物,而是汇编中央随时降下的条格、断例及其发布年月。因此,它有律令那种普遍、总括的规定,也有许多个别、特殊场合的判决例,但不像律令那样呈现统一完备的状态。① 这种法令汇编内容冗长,通常包括法令颁布的具体时间、提出立法的机构、立法的起因与目的、皇帝的首肯、具体的法条内容等等,其内容与形式《宋会要辑稿·刑法》辑录的宋代某些法令形式有相似处。

2.《大元通制》

元英宗时,命儒臣以《至元新格》、著为令的"通制"《风宪宏纲》为基础,于1323年编集成法规集成《大元通制》。《大元通制》分为《诏制》《条格》《断例》三部分,计2500多条,当今遗留下来的主要是"条格"部分。在这几部分中,"断例"相当于唐宋"律"十二篇,一部分属于断案事例,也即判例,另一部分属于断案通例,即通行的法条;"条格"相当于唐令、格、式;"诏制"相当于"编敕"。

《大元通制》部分细目与唐宋律典篇目体系相似,但在行文体裁上缺乏一般法典所具有的系统划一的形式,是一部具有法律效力的法规集成,但还称不上一部律典。元朝一方面还将历代皇帝的条格加以汇编,另一方面,统治者重视判例作用。因此,元朝法律的基本形式是条格和断例的汇编,内容庞杂,结构松散。在元朝统一中国后,原先的大扎撒已不能适应社会,要求制定新的法律,但在《大元通制》的一部分即"通制条格"中,有诸如"照依扎撒处断"和"依着扎撒赔偿断遣"的话,可见扎撒对后者的影响力。

3.《至正条格》

《至正条格》为元顺帝时官方所撰。至元四年(1338),为解决"简牍滋繁,因革靡常。前后衡决,有司无所质正。往复稽留,吏或舞文"的弊端,元顺帝

---

① 参见〔日〕仁井田陞、牧野巽:《〈故唐律疏议〉制作年代考(下)》,载杨一凡(总主编):《中国法制史考证》(丙编第二卷),中国社会科学出版社2003年版。

命中书平章政事阿吉剌［là］根据《大元通制》编定条格,于至正六年(1346)颁行。其中包括诏制150条、条格1700条、断例1059条。根据《永乐大典》记载,共23卷,分目二十七:《祭祀》《户令》《学令》《选举》《宫卫》《军防》《仪制》《衣服》《公式》《禄令》《仓库》《厩牧》《田令》《赋役》《关市》《捕亡》《赏令》《医药》《假宁》《狱官》《杂令》《僧道》《营缮》《河防》《服制》《貼［dié］赤》《榷货》。《至正条格》内容性质近似《大元通制》。《至正条格》颁行天下不久,即先后有罗天麟、刘福通等人起兵,该条格已无人遵守,后代流传极少,甚至一度认为已经失传。直至2002年,在韩国古都庆州发掘了《至正条格》原典,后人方得知该法具体内容。①

4.《元典章》

《元典章》全称为《大元圣政国朝典章》,大约是江西行省地方官自行抄集的法律文书分类汇编。②《元典章》分为前、后两集。前集计《诏令》《圣政》《朝纲》《台纲》《吏部》《户部》《礼部》《兵部》《刑部》《工部》,后集计《国典》《朝纲》《吏》《户》《礼》《兵》《刑》《工》。内容包括元世祖至元英宗时期的诏令、判例和典章制度。《元典章》对后代立法最大的影响是开创了六部划分法规的体例,成为明清律典编排方式的直接渊源,适应了强化六部、集中皇权的政治需要。唐律典等旧有法典按照相近犯罪行为这样的事类规范群(如卫禁、户婚等)对法条分类编排,格则是各行政机构的权属、管辖的职事集成的法律汇编,律与格、令、式等相辅相成。以《元典章》为先声,至《大明律》定型,法典完全按照尚书六部的吏、户、礼、兵、刑、工的职事为划分标准重新编排法条,格、令、式等法律形式至此逐渐不复存在。

元代禁用金律(时称《泰和律》),但没有颁行取而代之的新律。因此,部分唐律在元朝成为参考性的法律书。这使得元代产生了很多的唐律注释作品,如吴莱的《唐律删要》、梁综的《唐律类要》《唐律明法类说》等等。

▶ 六、元代司法机制的变化

(一)代诉制度

唐宋时期,老幼笃疾除可告发涉及维护国家统治及家庭伦理的特定案件外,其他案件一律禁止赴官府告发。如《唐律·斗讼》规定:"即年八十以上,

---

① 参见《至正条格》,韩国学中央研究院(编),Humanist出版社2007年版;张帆:《评韩国学中央研究院〈至正条格〉校注本》,载《文史》2008年第1辑。
② 这一观点参见〔日〕宫崎市定:《宋元时期的法制与审判机构——〈元典章〉的时代背景及社会背景》,姚荣涛(译),载杨一凡(总主编):《中国法制史考证》(丙编第三卷),中国社会科学出版社2003年版。

十岁以下及笃疾,听告谋反、叛、逆、子孙不孝及同居之内为人侵犯者,余并不得告。"法律禁止特定当事人告发特定案件,为后来诉讼资格受限者寻求代理诉讼留下途径。太平兴国二年(977)北宋朝廷重宣上引唐律之前,老人尚可参与诉讼,但不久即受限制,《宋会要辑稿·刑法》三之一一记载北宋时规定老人应由家人代理民事诉讼。后期一些地方性法规对上述法律作了扩充。至南宋抚州《词讼约束》规定:"非单独无子孙孤孀,辄以妇女出名不受。"①这些地方法规将诉讼资格受限的范围由老人、笃疾扩大到妇女。这些人涉讼(不限于户婚等细故案件)事实上得由他人代理诉讼。

在此基础上,元代当事人诉讼资格受限的范围进一步扩大。由《元史·刑法志》"诉讼"可知,与两宋相比,元代必须由他人代理诉讼的范围中增加了闲居官员,同时对代诉的规定也大大细化:除谋反、大逆等刑事重案,或必须由当事人自诉的子孙不孝等家庭案件之外的普通案件,老人和残疾人只能让熟知案情的同居男性亲属代告;官员或退休官员由家属代告;妇女丧夫且其儿子因不可抗力无法参与诉讼时,方可出头诉讼。不过,作为诉讼代理的专业术语——"抱告"到明代方出现,在清朝成为颇繁使用的法律词汇。"抱告"当时偶称"抱状"或"抱呈",即怀抱状纸或呈状之意。②

(二)"约会"与乡村调解

元朝根据民族与宗教成分把民众分为四等,另外又大体依据职业将人划分成民户、军户、匠户、站户、灶户、儒户、僧户、道户等等。与前朝相比元代社会结构更复杂,同时统治阶层依据不同民族实行"因俗而治"。学者认为,除民户外各种户都有本系统的管理机构。元朝州县等地方行政机构司法管辖对象主要是民户。当不同系统的人户发生纠纷时,民户以外各系统的人户依仗自己不属地方行政机构管辖,往往不服审判。约会制度因此而生。其主要内容为:(1)重大刑事案件无论涉及何种人户均由地方行政机构管辖。(2)不同户与民户间发生的一般刑事案件和所有民事案件则由地方行政机构通知其他户的管理机构约定时间共同它理。(3)约会三次不到即由地方行政机构独自审理。③ 比如事涉俗人与和尚,那就需要管民的官员与"和尚的头儿""约会"诉讼。"约会"事关三四个衙门,案件相关的公文行移耗时甚长。不少机构各私所管,互相隐庇,当事人为此废时失业。

---

① (宋)黄震:《黄氏日抄·词讼约束》,载中国社会科学院历史研究所宋辽金元史研究室(点校):《名公书判清明集》"附录五",中华书局1987年版,第637—638页。
② 相关研究参见邓建鹏:《清朝诉讼代理制度研究》,载《法制与社会发展》2009年第3期。
③ 陈高华:《元朝的审判机构和审判程序》,载陈高华:《元史研究新论》,上海社会科学院出版社2006年版,第141页。

当然,"约会"制度在实践中也并非一无是处。各民族的官员或首领及各职业团体的官员共同参与,有利于调和不同民族的法律原则和习俗,维护了各自群体的利益,防止某一衙门任情枉法。约会制度主要针对轻微的刑民诉讼,约会受所审断对象的不同而受不同法律与习惯的约束。"约会"制度直接影响了明朝的军民"约会"制。

元代的调解为本地社长主持。《元典章》规定:"诸论诉婚姻、家财、田宅、债负,若不系违法重事,并听社长以理谕解,免使妨废农务,烦紊(紊,《条格》作扰)官司。"①在重视农业的传统时代,原本为督促本地村民从事农业生产所设置的社长负责婚姻、家财等民事案件的处理与调解,以免妨碍农业生产、打扰官府。比如,在徽州(现属安徽省)一带有许多在乡里很有影响的人参加合议的乡村调解。争执与纠纷是经由乡村具有"职役"功能的人出面解决的。这些人在农村中有一定职务,却又非朝廷命官。他们在处理乡村争执和纠葛时,在思想上先以"天理"——长幼、尊卑原则来权衡纷争的轻重和倾向,然后以"国法"警示纷争的双方。在最后处理时,总是"揆诸人情",给纷争双方留下余地,在情理上说得过去,又不让哪一家在村民面前丢掉面子。如果不能在乡村解决,便不得不诉诸县、州、府公堂,受国法惩处。在元代和明代,都存在这种与朝廷到县衙门的"官府"体系相区别的地方"社"、都、图的乡村纠纷解决机制。② 明代初期实行由里甲老人调解村社户婚等民事案件或轻微刑事案件,演化自元朝制度。

课后阅读文献

戴建国:《唐宋变革时期的法律与社会》,上海古籍出版社 2010 年版。

《宋代社会与法律——〈名公书判清明集讨论〉》,宋代官箴研读会(编),(台湾)东大图书公司 2002 年版。

白翠琴:《略论元朝法律文化特色》,载《民族研究》1998 年第 1 期。

以下适合有研究兴趣的读者

苏基朗:《唐宋法制史研究》,香港中文大学出版社 1996 年版。

刘馨珺:《明镜高悬:南宋县衙的狱讼》,北京大学出版社 2007 年版。

〔日〕宫崎市定:《宋元时期的法制与审判机构——〈元典章〉的时代背景及社会背景》,姚荣涛(译),载杨一凡(总主编):《中国法制史考证》(丙编第三卷),中国社会科学出版社 2003 年版。

---

① 参见黄时鉴:《元代法律资料辑存》,浙江古籍出版社 1998 年版,第 18 页。
② 参见周绍泉:《退契与元明的乡村裁判》,载《中国史研究》2002 年第 2 期。

陈高华：《元朝的审判机构和审判程序》，载陈高华：《元史研究新论》，上海社会科学院出版社 2006 年版。

柳立言：《宋代的家庭和法律》（法律篇），上海古籍出版社 2008 年版。

陈重业（主编）：《〈折狱龟鉴〉补译注》，北京大学出版社 2006 年版。

黄时鉴（辑）：《元代法律资料辑存》，浙江古籍出版社 1988 年版。

〔美〕马伯良：《宋代的法律与秩序》，杨昂、胡雯姬（译），中国政法大学出版社 2010 年版。

〔日〕梅原郁：《宋代司法制度研究》，（日本）创文社 2006 年版。

闫晓君：《出土文献与古代司法检验史研究》，文物出版社 2005 年版。

《宋刑统》，薛梅卿（点校），法律出版社 1999 年版。

《庆元条法事类》，载杨一凡、田涛（主编）：《中国珍稀法律典籍续编》（第一册），黑龙江人民出版社 2002 年版。

《宋大诏令集》，中华书局 1962 年版。

《宋会要辑稿·刑法》，马泓波（点校），河南大学出版社 2011 年版。

《名公书判清明集》，中华书局 1987 年版。

《通制条格校注》，方龄贵（校注），中华书局 2001 年版。

韩国学中央研究院（编）：《至正条格》，Humanist 出版社 2007 年版。

《大元圣政国朝典章》，中国广播电视出版社 1998 年影印元刊本版。

杨一凡（编）：《中国律学文献》（第一辑），黑龙江人民出版社 2004 年版。

课后深度思考题

1. 试比较唐律典、《宋会要辑稿·刑法》《通制条格》及《元典章》中的法律条文形式的异同，并比较法律条文间形式上的渊源与流变关系。

2. 有学者认为，宋元话本小说《错斩崔宁》（后又名《十五贯》）及元代《窦娥冤》中的官员不属于有意制造冤案，而主要是因为证据缺乏、审判能力不足以及过于自信。学者进一步认为，《窦娥冤》说明当时由于缺乏科技和其他资源，以致官员无心正法，审判者可能获取证据的手段极为罕有，因此，《十五贯》及《窦娥冤》的悲剧在于：在一个没有强有力自然科学和实证科学研究传统以及法律职业传统支持的司法制度中，就算裁判者有良心和道德也注定不可能运送正义，而更可能运送灾难和悲剧。针对两部作品与学者观点，你认为上述学者的观点是否成立？试结合宋元时期关于司法审判程序方面的法律规定，思考并论述《十五贯》及《窦娥冤》冤案产生的原因。

3. 结合邓建鹏的论文《私有制与所有权？——古代中国土地权利状态的法理分析》（载《中外法学》2005 年第 2 期），想想看，有学者把宋代"不抑兼并""田制不立"（不再设定诸如唐代那种均田制）及宋代土地可以自由买卖看做是传统中国土地私有制的重要表现，结合宋代政治与法制的历史背景，思考宋代土地是否为私有制？其法制是否以保护私有财产为主旨？

第六章 律典衰落期

学习重点：(1) 朱元璋法律理念及《明大诰》；(2) 明代"厂卫"司法及会审制度；(3) 清代司法审判制度主要内容。

第六章 阴阳之道

第一节 明代政局与律典衰落

◆ 预读文献与思考

晚清曾任刑部尚书的薛允升比较唐、明律后认为,《大明律》效仿《唐律》制定,但唐律"宽而有制",而明律(实际上也包括清律)"颇尚严刻",如在用刑上,"大抵事关典礼及风俗教化等事,唐律较明律为重,贼盗及有关币项钱粮等事,明律又较唐律为重"。① 产生这种重大变化的主要社会因素是什么?

▶ 一、明代历史与政局

公元1368年,明太祖建立明朝。明代共历太祖、惠帝、成祖、仁宗、宣宗、英宗、代宗、宪宗、孝宗、武宗、世宗、穆宗、神宗、光宗、熹[xī]宗、思宗,计十六帝。1644年明亡后的南明则历弘光、永历、隆武三帝,至1645年灭亡,总计历277年。明朝实行两京制度,初以应天为南京(今南京),后以北京为首都。

朱元璋这个经济方面头脑朴素的皇帝,小时身世飘零,曾出没于皇觉寺、淮泗[sì]间为僧,乞食度日。由"农民"起义当上皇帝的他,并非农民利益代言人,他在位时面临的许多起义正是来自农民。虽说明代是中国传统政治的再建,但政治却进一步恶化,皇权空前强大。其表现包括统治者废除丞相、设立厂卫特务机构,屠杀老朋友、旧手下。废丞相以后,明代形成了绝对的君主独裁政局。丞相在明朝以前负责统率百官,综理机务,位高权重,甚至一定限度可稍牵制皇帝们擅断。明朝废丞相,隋唐以来的三省制亦废,中央权力空前集中,皇帝成为十足的独夫。权力过于集中,对皇帝们的体力、智力、能力和精力提出了超乎寻常的要求。这种表面看似强大的皇权政治,实质上相当脆弱,难以长期正常持续运转。

皇帝精力毕竟有限,对大臣又不放心,因此把事务交给宫中的太监来办理。为了保证权力不旁落同时又能维持统治,明代的特务政治异常发达,受其影响,在司法审判方面的典型表现就是厂卫司法。明代新创设有廷杖、东西厂、锦衣卫、镇抚司狱。清朝人评价这些机制"杀人至惨,而不丽于法(不依据法律)""举朝野命,一听之武夫、宦竖之手,良可叹也"。② 朱元璋专制政体下的重典之治,比他早一千多年的同行秦始皇才稍可与之比肩。

此时期以来皇权空前强大,还与元明清时期的法律以重刑打击、取缔各

---

① 参见薛允升:《唐明律合编》,怀效锋、李鸣(点校),法律出版社1999年版,"点校说明"第3页。
② 《明史·刑法志(刑法三)》。

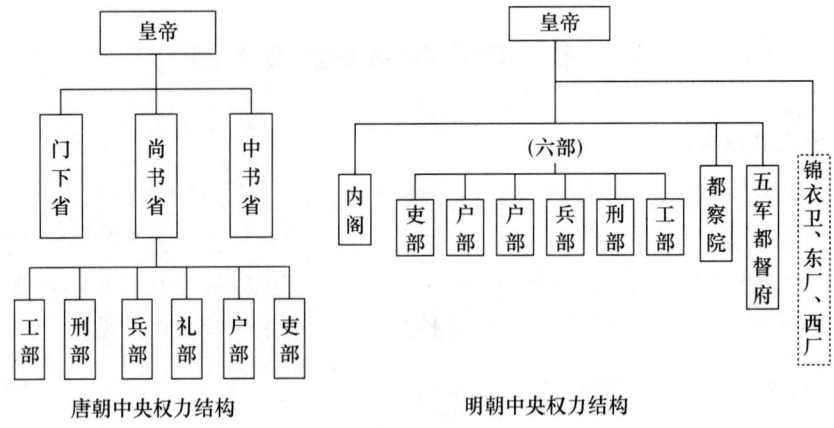

(唐、明两朝中央权力结构对比)

类独立于官方的结社聚会密切相关。元朝至元二十八年(1291)六月中书省奏准《至元新格》规定:"诸假托灵异,妄造妖言,佯修善事,夜聚明散,并凡官司已行禁治事理,社长每季须一诫谕,使民知恐,毋陷刑宪。"①类似规定为《大明律》继承:"一应左道乱正之术,或隐藏图像,烧香集众,夜聚晓散,佯修善事,扇惑人民,为首者,绞;为从者,各杖一百,流三千里。"②朱元璋首创"奸党"罪,此罪在《大明律》中皆以酷刑待之,以严禁臣下朋比结党。③清末律学名家薛允升即评价明太祖防止臣下揽权专擅、交结党援算得上是不遗余力。④"奸党"罪无疑有助于巩固王朝权力独大,故为《大清律例》全盘继承,并通过条例形式进一步细化。⑤还专门规定对山西、陕西两省"有冤抑聚众至四五十人,为从者""异姓人歃[shà]血订盟,焚表结拜弟兄,为首者"、江南地区"执持器械及聚众四五十人,有抗官重情,为从者"处以死罪⑥;对"别州、县民人伙众越境采取(矿产,引者注),聚至三十人以上,为首者发近边充军,为从枷号三个月、杖一百。不及三十名者,为首枷号三个月、杖一百;为从满杖"。⑦ 这种防止民众聚合的立法原则在当时的政法实践中得到坚决贯彻。因此,继承宋代以来的余风,这时期的民众有进一步"原子化"的趋势,相形之下,皇权更加空

---

① 载《通制条格校注》,方龄贵(校注),中华书局2001年版,第452页。
② 《大明律》卷第十一《礼律一·祭祀·禁止师巫邪术》。
③ 参见《大明律·吏律一·职制》"奸党"、"交结近侍官员""上言大臣德政"条。
④ (清)薛允升:《唐明律合编》,怀效锋、李鸣(点校),法律出版社1999年版,第167—168页。
⑤ 参见《大清律例》卷六《吏律·职制·奸党》、《吏律·职制·交结近侍官员》、《吏律·职制·上言大臣德政》及相应例文。
⑥ 参见《大清律例》卷四十六《总类·实犯死罪·兵例》及卷四十六《总类·实犯死罪·刑例》。
⑦ 参见(清)吴坛:《大清律例通考校注》,马建石、杨育棠(主编),中国政法大学出版社1992年版,第457页。

前强大。

天下平定,朱元璋六十有余,太子死,孙体弱,便有身后之虑。他一面分封诸子,另一面尽诛功臣大将。在1380年胡惟庸案发生前,虽用法严酷,但尚少法外用刑。从洪武十三年(1380)到洪武二十六年(1393)的蓝玉案时,朱元璋法外用刑,诛戮臣民。到后来立《大诰》,进一步实现法律的重刑化。

北宋时扶植文官,对明太祖而言,驱逐蒙古武力后,社会上威胁其统治的只剩下读书人。太祖用严刑酷罚(如文字狱)打击士人,使他们只能为君用而不足为君患。宋以后,贵族门阀士族势力瓦解,宋代士人尚能发挥学术领导政治、抑君权的作用,到这个时候,士人纯为君主驱使的工具。比如在明太祖时期,江西广信府贵溪县儒士夏伯启叔侄因不愿为官,二人各自截去左手大指,后被拿赴京师。明太祖指示对此二人"尔宜枭令,籍没全家"。① 明初苏州人姚叔闰、王谔[è]仅因不愿赴京为官而被枭首,全家籍没。朱元璋认为:"'率土之滨,莫非王臣',成说其来远矣。寰[huán]中士夫不为君用,是外其教者,诛其身而没其家,不为之过。"② 面对独裁皇帝的狡辩,普通臣民只能哑口无言。

在1402年,朱棣[dì]从侄儿手中夺过帝位,是为成祖,他在1421年迁都于北京。这一时期前后,社会经济获得较大发展,尤其是苏州一带商业繁荣,据说产生了一种叫做资本主义萌芽的东西。成祖时对外交往较多,最著名的有郑和七次下西洋。这种举全国之力的政治炫耀活动隐含侦查政治敌人建文帝是否逃亡海外的目的,终因国家财政有限而停止。

之后,与宋朝鼓励民众出海贸易不同,明朝实行海禁封闭政策,不许民众海外贸易。明朝没有宋代那样的巨大财政压力,对皇帝而言,防止民众里通国外比收点关税什么的意义更大。至于海禁是否会影响民众发财致富,那可不是皇帝们关心的事。与盛唐的大气不同,这个内心虚弱的王朝需要以闭关锁国的方式,造就臣民愚昧无知,以便在他们面前表虚骄自大。英宗之后,明朝国势由盛转衰。从穆宗到神宗几十年期间,内阁首辅张居正总揽朝政。明代废宰相,内阁首铺成为有实无名的真宰相。

后期的皇帝消极怠工,深居内殿,甚少与大学士、朝臣见面。明宪宗嗜好吃丹吞符,服用淫药,明武宗日夜淫乐于豹房,明世宗、明神宗共二十多年不上朝,群臣见不到皇帝,后人称之为"无头政治"。该掌权的人不愿掌权,想专

---

① 参见罗冬阳:《明太祖礼法之治研究》,高等教育出版社1998年版,第47页。
② 《御制大诰三编》,载刘海年、杨一凡(总主编):《中国珍稀法律典籍集成》(乙编第一册),科学出版社1994年版,第219页。

权的人自然应运而生。先是奸臣弄权（如严嵩），太监（如刘瑾）尾随其后。内阁与皇帝未曾直接接触，必须经由太监传达皇上旨意，于是大权归于太监，著名的有英宗时的王振、武宗时的刘瑾、熹宗时的魏忠贤。明前期成祖设东厂，宪宗时设西厂，皆以太监主持。那时皇帝尚有能力控制之，中后期的太监飞扬跋扈，想把握大权的朝臣不得不勾结太监。

大权旁落至太监与奸臣手中，内忧外患愈发严重。先是16世纪前后东南沿海倭寇侵扰。大致同一时期，西方殖民者来到中国沿海。1553年，葡萄牙人攫取了澳门居住权（部分原因是中国地方官员赠送），1624年荷兰人占据台湾。自命清高的东林党人（和其后的复社）与太监们斗得正酣之际，1628年，陕北爆发饥民起义，与之相伴的还有各地旱灾、蝗灾、人吃人及后金南侵。这伙号称忠心的知识分子却连"履巢之下岂有完卵"的简单道理都不理会。就在他们陷于无聊的义气之争时，1644年闯王李自成攻占北京。明思宗自缢，明朝统治结束。像朱元璋那样由起义军领导当上皇帝的李自成，兴奋期尚不足十天，就在清军和明朝降将吴三桂联手攻击下，退出北京，后战死于湖北。

明朝八股取士，考试范围局限在儒学"四书、五经"中，答题人只能以宋朝程、朱理学对经义的解释为准。明宪宗时（1465—1487）创立了八股文，答题人作答时必须包括八个段落（起讲、领题、提比、出题、中比、后比、束比、落下）。这种考试制度使考生追求形式，思维限于既有的理学，阻碍思想与文化等方面的创新与发展。同一时期，地球另一边的欧洲正进入文艺复兴时代，天赋人权、以人为本的思想潮流大大促进了西欧文化科技与思想创新。曾长期领先全球的中国科技（包括法医学）至明代后期开始落后，到了晚清更是一落千丈。

明清两代君主高度独裁，愈发使法律成为纯乎打击士民、维持统治的工具，对公共事务及家庭伦理的关注则远不如唐朝。这一切，致使明清律典与唐律典相比，具有明显的"得形忘意"特征。试述如下：

▶ 二、得形忘意的明清律典

洪武六—七年间（1373—1374）草成的《大明律》为十二篇，与《唐律》篇目完全一致。至洪武十三年（1380）因胡惟庸案，明太祖撤中书省，政归六部，律目因此而变化。洪武三十年（1397）颁布的《大明律》标志明代主要律典定型。这部《大明律》篇目明显受《元典章》影响，首篇"名例"，下辖吏、户、礼、兵、刑、工六篇。但每篇下面的法律条文同唐律大致相似。明清律典有明显的继承关系。顺治三年（1646）制定了《大清律集解附律》，比明律仅少一条，篇门条目一准明律，差不多是对明律的简单模仿。乾隆五年（1740）修订《大清律例》,也主要以明律典为基础。也就是说,明清律都是继受唐律而来,以唐律为蓝本,不过唐律典与明清律典之间有巨大差异。

唐律"一准乎礼",奉行"德主刑辅"原则。唐律典为维持礼的权威与伦理道德,对那些破坏礼教的行为,尤不能宽宥。如其行为与礼教无关,则常常从轻处罪。明律奉行"刑乱国用重典"思想,与唐律典相比,其伦理法色彩有所淡化,以父权、夫权为中心的宗法关系及伦理道德规范相对松动,与唐朝相比科罪轻。

明代八议对象的特权下降,只知"尊君而不知礼臣"。明清律典中均保留着八议律文,八议在赋予八种权贵人物法律特权的同时,其实某种程度也是对皇权的限制。作为一种历史久远的制度,一定程度上,其从合法性方面限制空前强大的皇权按一己之意杀戮不满意的功臣大将。也因为此,至雍正帝时甚至曾想一度废除八议,明清八议制度给予权贵的照顾较之唐代大为逊色,清代真正享有"议"这一特权的是"亲""贵"两种人,实际主要是爱新觉罗宗室家族。①

《唐律》中的"议、请、减、赎、当、免之法"很多在《大明律》中没有反映。《唐律》规定"八议者"若犯流罪以下减一等处罪的特权,这在《大明律》中亦没有出现。至此,明清时期贵族与高层官僚的法律特权明显比《唐律》降低。清代著名学者钱大昕评价《大明律》:只知尊君而不知礼臣。一眼洞穿其变化。

与《唐律》相比,《大明律》的特点为"轻其所轻,重其所重"。前者是《唐律》中某些行为量刑就已经很轻,现在《大明律》进一步减轻;后者指《唐律》本来量刑就很重,现在《大明律》进一步加重。其中,背礼的行为惩处偏轻,但威胁君主统治的犯罪普遍重惩。比如,《大明律》规定,谋反大逆但有共谋者不分首从皆凌迟处死,祖孙、父母、子、孙、兄弟及同居之人,不限异姓及伯叔兄弟之子、不限籍之同异,年十六以上不论笃疾、废疾皆斩,没有情节轻重差异。唐律典则只是规定本人不分首从斩,父子年十六以上处绞刑,其他人可不处死,笃疾、废疾者亦免刑。

与唐朝相比,明清时期的法律愈加成为维护皇帝专政的统治工具。《大明律》中反对、侵犯皇帝、皇权和中央专制集权的死罪较《唐律》增多,详见如下表格②:

---

① 八议制度变化参见苏亦工:《明清律典与条例》,中国政法大学出版社 2000 年版,第 260—283 页。

② 唐、明律的变化与处罪差异的两个列表均参考张显清:《〈大明律〉的形成及其反映的时代特点》,载《中国史研究》1989 年第 4 期。

《大明律》较《唐律》新增死罪

《大明律》条目	犯罪行为	处罚
《职制·大臣专擅选官》	凡任免官员须由朝廷选用,大臣专擅选用者	斩
同上	大臣亲戚非奉特旨除授官职者	斩
《职制·文官不许封公侯》	文官非有大功勋而所司朦胧奏请辄封公侯者	斩
《职制·奸党》	在朝官员交结朋党紊乱朝政者	斩
同上	奸邪进谗言左使杀人者	斩
同上	犯罪律该处死,若巧言谏免暗邀人心者	斩
同上	刑部及衙门官吏不执法律听从上司主使出入人罪者	斩
《职制·交结近侍官员》	官吏与内官及近侍人员互相交结漏泄事情,夤缘作弊而符同奏启者	斩
《职制·上言大臣德政》	官吏及士庶人等上言宰执大臣美政才德者即是奸党,宰执大臣知情者同罪	斩
《公式·讲读律令》	官吏人等挟诈欺公妄生异议,擅为更改变乱成法者	斩
《公式·弃毁制书印信》	弃毁皇帝制书及各衙门印信	斩
《公式·事应奏不奏》	奏事规避增减紧关情节朦胧奏准施行	斩
《漏泄军情大事》	近侍官员漏泄机密重事于人者	斩
《仪制·朝见留难》	将应朝见官员人等托故留难阻挡不即引见者	斩
《仪制·上书陈言》	百工技艺之人应有可言之事,亦许直至御前奏闻有阻挡者	斩
《邮驿·邀取实封公文》	进呈实封公文至御前,而上司官令人于中途邀截取回者	斩
《贼盗·盗制书》	盗制书、圣旨者	斩
《诈伪·诈传诏旨》	各衙门追究公事,将奏准合行事理妄称奏旨追问者	斩
《诈伪·诈称内使等官》	诈称内使、都督府、四辅谏院、六部、监察御史、按察司等官在外体访事务煽惑人民者	斩
《诈伪·近侍诈称私行》	近侍之人在外诈称私行体察事务煽惑人民者	斩
《祭祀·禁止师巫邪术》	师巫假降邪神妄称弥勒佛、白莲社、明尊教、白云宗等会煽惑人民为首者	斩
《公式·事应奏不奏》	军官犯罪不请旨论功上议	斩
《军政·纵放军人歇役》	私使军人出境因而致死者	斩
《宫卫·从驾稽违》	从车驾行而逃百户以上	斩
《诈伪·伪造宝钞》	伪造宝钞	斩
《课程·盐法》	贩私盐拒捕	斩
《仓库·收粮违限》	征收税粮违限一年以上不足者提调部粮官吏	斩

以父权、夫权为核心的传统宗法关系与伦理道德同唐代比也大为松动。

《大明律》对这方面的违法行为处罪明显比《唐律》偏轻。两者间的差异,详见下表:

唐明律宗法及伦理犯罪比较

《大明律》条目	犯罪行为	唐明律轻重比较
《户役·立嫡违法》	立嫡长子违法	明为杖刑,唐为徒刑
《户役·别籍异财》	祖父母、父母在而子孙分别立户籍、分异财产者	明为杖刑,唐为徒刑
《诉讼·子孙违犯教令》	凡子孙违犯祖父母、父母教令及奉养有缺者	明为杖刑,唐为徒刑
《诉讼·干名犯义》	子孙告发祖父母、父母,妻妾告发夫及夫之祖父母、父母者	明为徒刑,唐为绞刑
《仪制·匿父母夫丧》	闻父母及夫丧而匿不举哀者	明为徒刑,唐为流刑
《婚姻·居丧嫁娶》	居父母及夫丧不身自嫁娶者	明为杖刑,唐为徒刑
《婚姻·良贱为婚姻》	家长为奴娶良人为妻及奴自娶,奴婢妄称良人而与良人为夫妻	明为杖刑,唐为徒刑
《婚姻·出妻》	妻无应出及义绝之状而出之,犯义绝应离而不离	明为杖刑,唐为徒刑
《犯奸·和奸》	男女和奸	明为杖刑,唐为徒刑

由上可知,对不直接威胁王朝统治的"典礼及风俗教化之事,《唐律》大多较《明律》为重",对于直接维护皇权统治、镇压人民反抗的有关法律,即贼盗及钱粮,《大明律》较《唐律》为重。明代法制的这种变化,至少在元朝就有所显现。作为外来民族建立的政权,蒙古族对儒家伦理与礼仪的重视程度远不如前朝。当时法律对违反礼教的犯罪处罚力度已经比唐宋大大降低。比如:元代对遭父母丧而子女忘记哀悼拜灵却结婚的,处杖刑八十七下,并强制离婚,唐律除了强制当事人离婚外,还要处徒刑三年;唐宋律禁止的别籍异财行为在《元典章》中只要父母许可,则不为国法所禁。

《大明律》效仿《唐律》制定,但唐律涉及对违背典礼及风俗教化等事项的行为惩治,唐律较明律为重,涉及贼盗及有关官府自身利益的货币税收等行为惩治,明律又较唐律为重。因此,唐律的"形"(篇章体系结构)被明清律典所继承(小有变化),但是唐律的"意"(贵族身份等级、家族伦理、礼制等)却继承有限。明清律典是得唐律之形而忘其本意,君主高度独裁下的律典由此走向没落。

第二节　明代法律制度

◆ 预读文献与思考

1. 以下案件在事实认定与法律适用方面存在何种问题？

《明史·刑法志》记载："郭桓[huán]者，户部侍郎也。帝疑北平二司官吏李彧[yù]、赵全德等与桓为奸利，自六部左右侍郎下皆死，赃七百万，词连直省诸官吏，系死者数万人。核赃所寄借遍天下，民中人之家大抵皆破。"

2. "李春阳所犯，合依'不应得为而为之事理重者'律，杖八十，有□□减等，杖七十。系吏，候申详允日，照例纳米折价赎罪，完日还役，与供明杨桂松宁家"（引自《四川司法档案》，载《历代判例判牍》第三册，第166页）。空白处正确选项是（　　）。

A. 《教民榜文》　　B. 《宋刑统》　　C. 《大元通制》　　D. 《大诰》

3. 《西游记》五十八回叙述孙悟空打死六耳猕猴，如来认为六耳猕猴由此绝种，甚是可惜。孙悟空提出："如来不该慈悯他。他打伤我师父，抢夺我包袱，依律问他个得财伤人、白昼抢夺，也该个斩罪哩！"如将孙悟空的辩解置于小说作者所处时代（明朝中后期），比照《大明律》，请思考孙悟空的说法是否有法律依据？

4. 试将以下文献翻译成白话文，并谈谈你对明代厂卫干涉司法的见解。

《明史·刑法志·刑法三》记载：内官（宦官）同法司录囚（审理囚徒），始于正统六年。……凡大审录，赍[jī]敕（奉诏）张黄盖（黄色伞盖）于大理寺，为三尺坛，中坐（司礼监太监坐中间），三法司左右坐，御史、郎中以下捧牍立（站着捧案卷），唯诺趋走惟谨。三法司视成案，有所出入轻重，俱视中官意（都要看司礼监太监的意思），不敢忤（违背）也。成化时，会审有弟助兄斗，因殴杀人者，太监黄赐欲从末减（减等处刑）。尚书陆瑜等持不可，赐曰："同室斗者，尚被发缨冠救之（尚且披着头发顶着帽子去救他），况其兄乎？"瑜等不敢难，卒为屈法（于是枉法裁判）。万历三十四年大审，御史曹学程以建言久系（因向皇帝提建议而被长期监禁），群臣请宥，皆不听。刑部侍郎沈应文署尚书事，合院寺之长，以书抵太监陈矩，请宽学程罪。然后会审，狱具，署名同奏。矩复密启（陈矩密告皇帝），言学程母老可念（曹学程母亲年老值得同情）。帝意解，释之。……锦衣卫使亦得与法司午门外鞫囚，及秋后承天门外会审，而大审不与也（不参与大审）。每岁决囚后，图诸囚罪状于卫之外垣（写好各个囚犯罪状贴在锦衣卫的外墙上），令人观省（省察）。内臣曾奉命审录者（凡曾奉命参与审案的太监),死则于墓寝画壁(死后在墓壁上画画),南面坐(画着太监坐南面),旁列法司堂上官,及御史、刑部郎引囚鞠躬听命状(带领囚犯鞠躬听命的模样),示后世为荣观焉(向后代显示为荣耀)。

一、主要法律形式

洪武五年(1372)在各地建"申明亭",由当地百姓推选正直的里甲老人主持,亭内定期公布本地有错误之人的姓名及过错行为。儒家讲究的是诸如尧舜这样的有德者居位,但在政治现实中,只要居位,就会自称为有德者。因此当过和尚、乞丐的朱元璋也自诩为集德之大成者,于是有资格对他人道德教化。明太祖发布以教化百姓为目的法令——《教民榜文》,在申明亭内公布,发布"孝顺父母,和睦乡里,教训子孙,各安生理,毋作非为"的"圣谕",要求老人每日摇铜铃在乡间诵唱。

明初统治者提倡刑乱世用重典。他们认为元朝灭亡的原因在于宽纵、姑息之政,故而强调用重刑打击违法行为。德主刑辅、礼法结合是唐律的基本精神。宋代以前的统治者往往强调贯彻"德主刑辅",注重道德教化,限制苛刑。至宋代,朱熹开始认为教化与刑罚在治国中二者同等重要。在明初统治者看来,教化与刑罚不分主辅,甚至可以"先刑后教",发挥刑罚的威力,以辅助教化,即"明刑弼教"。表面上,"明刑弼教"意思是以刑辅教,实质上是重道德而不轻刑罚,还明确包含和体现了"刑罚立而后教化行"的倾向。① 受此思想影响,明代主要法律形式如下:

(一)律典的重建

整个元朝颁降的条格、断例等法律数量越积越多,自元太祖以来的近一百年间所行政令已达九千余条。② 法条前后矛盾、罪同罚异,成为元朝官吏舞文弄法、司法黑暗的重要原因。朱元璋总结元朝灭亡教训时,认为唐、宋都依律典断狱,只有元朝不仿效古老传统,以权宜的条格为法律依据,法律形式繁多,官吏因缘为奸,民众不胜其害。③ 因此,明初制定法律,强调要恢复和继承《唐律》,重建律典的传统。

朱元璋未当皇帝之前,自称吴王。明初律典体系有过反复变化。吴元年(1367)12月,朱元璋命左丞相李善长为律令总裁官,制定《律》《令》。律共285条,其体例按照六部顺序分为《吏律》《户律》《礼律》《兵律》《刑律》《工律》,但

---

① 参见杨一凡:《明大诰研究》,社会科学文献出版社2009年版,第83—84页。
② 参见《元史·武宗纪》。
③ 参见《大明太祖高皇帝实录》卷二十六"吴元年十月"条、卷二十七"吴元年十一月"条。

该律现已不存,具体内容不明。令计为145条,亦按六部分类,远比汉令、唐令等简单,明以后就没有令了。

朱元璋称帝后,命儒臣、刑官为其讲解唐律,讨论如何按照唐律改订现行法。洪武六年(1373)朱元璋令刑部尚书刘惟谦、翰林学士宋濂等详定《大明律》。第二年正式定律,其篇目与唐律十二篇完全相同。该律亦没有保留下来。洪武二十二年(1389)再度制定《大明律》,分为《名例律》《吏律》《户律》《礼律》《兵律》《刑律》《工律》,计七篇,共四百六十条。明律效仿《宋刑统》,篇下分门,门下列条。《大明律》共三十门,一门即一卷,计三十卷,没有《宋刑统》繁琐。洪武三十年(1397)朱元璋将制定的《大明律》颁示天下,至此《大明律》完全定型。明太祖规定子孙严守此律,群臣有讨论更改该律的,处以"变乱祖制之罪"。在这种酷刑的威吓下,直至明亡,明律都未曾修改。

明太祖推动了皇权进一步集中。他的意志具有最高法律权威,既定法律可因他自由改变。自《大明律》作为朝廷基本大法公布实施后,明太祖要求臣下严守律典,但他自己却往往不按律条行事。《大诰》中所记案例大多为律外用刑,所设峻令刑罚也多比律条加重,有些禁令前后矛盾,刑罚多变。本来有"三法司"处理全国狱讼,明太祖常把"三法司"撇在一边,直接控制司法大权。他的儿孙们照样,自己或派太监们为代表参与主导司法审判。

明太祖根据自己的个人好恶决断。对他的律外用刑,臣民不得提出疑义,否则便治以重罪。由于明太祖常非理性地"大戮官民",以致"京官每旦入朝,必与妻子诀,及暮(晚上)无事,则相庆以为又活一日"。① 这种极端的恐怖气氛,可能只有武则天统治时期稍可与之"媲美"。武则天任用酷吏来俊臣罗织冤案,上朝的大臣往往遭到突然袭击,甚至横遭灭族之祸。大臣每次上朝前,都要和家里人诀别一次。② 可以想见,在这种高压统治之下,存活下来的官员大都只能从肉体到精神完全成为皇帝的奴仆。

(二)律外重法与普法运动

1. 律外重法

虽然明初修订有《大明律》,但朱元璋认为此法是给子孙在承平时期所用,他所处的乱世必须用重典,于是《大诰》应运而生。"大诰"原为周公东征殷遗民时对臣民的训诫,朱元璋参考其名,将其亲自审理的案例整理汇编,加上"训导",作为训诫臣民的特别法,先后共四篇。明太祖在《大诰》末规定"户

---

① 关于明太祖法外用刑部分参见杨一凡:《明大诰研究》,社会科学文献出版社2009年版,第136—137页。

② 参见《旧唐书》卷一八六《酷吏上·来俊臣列传》。

户有此一本",有者,若犯死罪以下罪名,减一等科罪,无者,加一等。《续诰》和《三诰》末更规定,不敬不收《大诰》者,"非吾治化之民,迁居化外,永不令归"。同时明太祖将《大诰》规定为学校教材,洪武十九年(1386)以《御制大诰》颁国子监及天下府州县学,洪武二十一年(1388)更令各里设塾置师,聚生徒教诵《大诰》,三年后,由师生宣讲团至礼部背诵,"所诵多寡次第赏之"。这强化了明太祖的意识形态权威,巩固了其天下导师的地位。

另外,洪武二十二年至二十五年(1389—1392)直接召见耆民(至少每里一名),令"随朝观政三月遣归"。其实质是越过正式文武官僚集团,寻求更广泛的支持和拥护,以推行空前的重刑政策。明太祖组织各地《大诰》师生宣讲团的成员每年到首都来交流经验。在洪武三十年(1397)一年中,到南京来交流经验的就达十九万三千四百人。明太祖亲自接见过师生宣讲团,而且他们的路费是官府支出。① 洪武二十四年(1391)强令天下学校生员兼读《诰》与《律》。作为当时普法活动中的最重要的教材,可推断《大诰》当是古今中外普及率最高的法律。

《大诰》是重典治国的极端表现,其巧立罪名和酷刑。其酷刑有族诛、枭首、断手、刖足、挑筋去膝盖、阉割为奴等等,大都是汉律以来久不记载于律典中的酷刑。因此说《大诰》是集传统中国酷刑之大成的法律,并不为过。明太祖死后,《大诰》不再具有法律效力,但若有人犯流以下罪刑,出示《大诰》仍可以减一等治罪。这反映终明一代,《大诰》始终高度普及。

《教民榜文》也是朱元璋所颁布的一种特别刑事法规。它是皇帝的谕旨或者经过皇帝批准的官府的告示、法令以及案例,朱元璋时期发布的榜文包含了很多教训百姓遵纪守法的说教内容,所以又称"教民榜文"。《教民榜文》的法律效力和《大诰》一样比《大明律》高,而且处罚比律重,使用律外酷刑。在朱元璋以后,明成祖也颁布了一些榜文,成祖死后,榜文就被废除了。

2. 普法运动

《大明律》制定后,明太祖训令群臣读书时应读《律》,又恐怕小民不能知晓法律,命大理寺卿周桢等人解释法律条文,颁行郡县,名曰《律令直解》。在《大明律·职制·公式》里专门有"设读律令"一条,规定每年终由察院、分巡御史、按察司官员考核中央及地方官吏掌握律令的水平。凡不能讲解、不晓律意者有罚,而通晓律意的百姓,若犯谋反、叛逆以下罪,可免除刑罚一次,以威逼利诱的方式贯彻王朝的意志。

受明太祖普及《大诰》与《教民榜文》的影响,明清时期各地官府重视宣讲

---

① 参见罗冬阳:《明太祖礼法之治研究》,高等教育出版社1998年版,第104—105页。

国家律令、上谕、乡约等广义的普法工作，训令民众安分守法。当时朝廷上下强令官民学习法律，讲读法律，以知所畏惧。如明代成化年间旧例规定："各处有司，每遇朔望诣学行香之时，令师生讲说律例及御制书籍，俾官吏及合属人等通晓法律伦理，违者治罪。"上行下效，社会上涌现研究明律的风潮，出相了不少相关著作，如何广的《律解辩疑》、张楷的《律条疏议》、雷梦麟的《读律琐言》、王樵的《读律私笺》、王肯堂的《大明律例笺释》等。

康熙效仿明太祖撰写《圣谕十六条》，雍正在他父亲的基础上编写的《圣谕广训》，都是清代统治者实行法制教化的重要政策，是维护统治稳定，对老百姓思想、法制教育的重要手段。雍正自己说期望其子民"俾服诵圣训者，咸得晓然于圣祖牖[yǒu]民觉世之旨，勿徒视为条教、号令之虚文"，因此就康熙《圣谕十六条》各条目逐一"寻绎其义，推衍其文，共得万言，名曰《圣谕广训》"。皇帝们除命令全国各地区都要于每月初一、十五朗读该读本外，还要求清朝士子凡求取科甲功名者均需熟读该书，无论县考、府考或科考，其中必有默写《圣谕广训》的考试，非但不可有错，亦不得误写或添改。

为了贯彻上层统治的精神，各地长官及文人都对这两份材料作各种通俗化尝试，有浅显的文言、口语化的白话，以至方言的解释。清代徽州地方官依据当时的政法精神提出："严饬乡约以肃遵行事。照得乡约之设，所以勤宣圣谕，劝诲一方。使游手之徒，尽知耕作；浇顽之习，渐返淳良，即古遒[qiú]人木铎[duó]之意，责任綦[qí]重。本县莅任之始，他务未遑，首先举行乡约，一以尊朝廷，一以醇民俗，甚盛典也。每逢朔望，在城则以某处为约所，本县召集僚佐绅衿，亲诣督率，依期宣讲。在乡则命尔等各于附近公所，实力奉行，立有循环簿二扇，定限每月初二日，将前月讲约处所乡约姓名并听讲人数，填簿倒换，以备稽查。"①

除此之外，清代的雍正帝还要求刑部"将《大清律》内所载，凡殴杀、人命等律，逐条摘出，疏解详明，尔部可通行各省，令地方有司刊刻，散布于大小乡村，处处张挂，风雨损坏，仍复再颁。俾知斗殴之律尚然如此，则故杀、谋杀罪更可知。父兄子弟互相讲论，时存提撕警戒之心，以化其好勇斗狠之习，庶命案可以渐少，以副朕好生慎罚之至意。"②

宣讲圣谕实际上就是一种行为与思想的规范化戒律，其有助于稳定统治，却窒息了思想。这种行为是此前历代最高统治者教育、控制子民的典训

---

① （清）吴宏：《纸上经纶》，载郭成伟、田涛（点校整理）：《明清公牍秘本五种》，中国政法大学出版社 1999 年版，第 218—219 页。

② 以上均载（清）吴坛：《大清律例通考校注》，马建石、杨育棠（主编），中国政法大学出版社 1992 年版，第 374 页。

(《圣谕十六条》)

诰谟的继承。① 这些背诵《大诰》、宣讲《圣谕》的活动,是统治者以从上到下的顺序控制百姓、贯彻命令的过程。它不是社会各个阶层意志的共同表达,也不是对各个阶层共同利益的保障,而是强令百姓遵循统治者的意志、创造单方面适应统治者需求的秩序。这和早期中国一方强加于另一方的军法存在相似之处。

(三) 条例

条例也称作例,是一种权宜之法。明初就有提供司法实践参考的"事例"

---

① 参见《圣谕广训:集解与研究》,周振鹤(撰集)、顾美华(点校),上海书店出版社2006年版,第632页。

"条例"。明代出现条例的主因在于,明太祖自诩《大明律》乃"百世通行"的一代法典,为此规定《大明律》不可擅改,否则"坐以变乱祖制之罪"。律典是正式法律,具有永久效力。但至后来,僵化的明律不能适应新发生的犯罪现象。于是至明孝宗弘治十三年(1500),制定《问刑条例》二百九十七条,与《大明律》共同通行全国,永为常法。条例由单行刑事法规成为普遍效力的法规。随着时光飞逝,世变风移,嘉靖二十九年(1550)、万历十三年(1585)朝廷委派两任刑部尚书修订《问刑条例》,附在《大明律》末尾,称为《大明律附例》。

条例与律典的关系是什么呢?条例通常源自于重要的个案判决,是从判例向成文法过渡的一种形态,由判例提炼出具有约束力的新规则,就是条例,其发展的终点就是律典。律是一种抽象力强、概括性强的法律形式,条例则相对比较具体,是针对性强的法律形式。二者各有优劣,相互补充,是历代王朝的法律实践总结出来的经验,也是明清历代法律的重要原则。律虽简略,但包括的范围很广泛,因此,律典基本保持了其在明清法律中的重要地位。律典在体例上对条例具有制约作用。

明清律例体系的发展经历了相似过程:由最初的律例各自独立到律例合流。清初颁布律典后仍随时制条例,两者各自成书,康熙年间的《现行则例》即如此。条例、律典的不协调或各自分编,导致司法实践中出现一些问题。比如不便于官员查核,为某些官员营私枉法提供可乘之机。这时,有的官员及时地将律、例合编。至雍正年间,每条例纳入到内容性质接近的律条后面,至此,律、例合为一体。也就是说,明清时期律、例的关系大致经历了如下过程:先是律、例各行,而后民间合编律例,最后官方正式合编律例。

以律为纲,以例附之的法律演变模式自唐、宋以来就已经存在了。比如唐律、令、格、式四者各自为书,在唐宣宗大中时期,出现了"刑律统类",经五代,至宋朝成为主要的法律形式。刑律统类也即将令、格、式、敕中与刑律相关部分依类附入律后。这与明清时期律例各行到后来律例合编的发展过程类似。[1]《宋刑统》所附格敕主要是皇帝准奏的条文,与此类似,《大明律》所附条例也有上奏事例的标题、时间、案例概括或处刑轻重等。《宋刑统》分类为门,附以格敕;《大明律》律外生例,例附于律,两个时期的法典编纂方式有传承之处。

---

[1] 参见杨一凡(总主编):《中国法制史考证》(甲编第七卷),中国社会科学出版社2003年版,第223—233页。

二、重典的表现

（一）重典治国

明太祖重典治国主要表现在两方面：重典治吏与重典治民，即以酷刑惩治违法的官民。

首先，重典本身在国家法典中有直接的体现。《大明律》的《名例律》虽然与唐律典一样，规定了笞、杖、徒、流、死五种刑罚，但《大明律》又在具体条款中规定了刺字、凌迟、迁徙、充军等刑罚，以反对皇权和王朝为核心内容的死罪条款较唐律典更多，对谋反大逆、强盗、官吏犯赃等直接危害国家也即皇帝利益的犯罪行为治罪比唐律典更重。

唐律最早明确"六赃"。《唐律疏议》卷四《名律·以赃入罪》疏议曰："在律，正赃唯有六色，强盗，窃盗，枉法，不枉法，受所监临及坐赃。"不义之财为赃，明律仍称"六赃"。《明大诰》"六赃"重典治官犯赃。其中常人盗、窃盗犯罪主体无特指，其余指官吏。①

明清律典中的六赃包括监守盗、常人盗、窃盗、枉法、不枉法与坐赃。其中，监守盗全名是"监守自盗仓库钱粮"，犯罪主体是"监守"，即"监临主守"，即有职责和权力管理百姓及各种事务的官吏。该罪主要是官吏利用了职务上的便利犯罪，与现代刑法中的贪污罪类似。"六赃"中"监守盗"最重，赃四十两银即斩。常人盗是没有监守之责的其他人盗官物，称为"常人盗仓库钱粮"，即使为官吏身份，但对所盗之官物无监守之责者，也仍是"常人盗"，罪责比"监守盗"轻得多。坐赃是指官吏个人并没有贪赃，而是因赃致罪。这个"赃"指因故给民众或国家造成的物质损失。如《大清律例》卷三一《刑律·受赃因公科敛》律文规定，官吏非奉上司明文即"因公擅自科敛所属财物"，科敛不入己，虽不属于贪赃，亦是违法。当计赃论罪，以坐赃论。坐赃罪主体是官吏及在官差役。枉法赃/不枉法赃，前者是官吏收受当事人财物，为其谋求私利，破坏国家法制，后者则是官吏收财而不破坏法制，相当于现代刑法中贿赂罪的受贿罪。

除六赃外，治服大臣的另一表现是廷杖制度，皇帝对不满意的大臣当场在殿内杖责，使得士人失去尊严。元代中书省长官曾有在殿廷被杖的记载，明太祖将这种刑罚接受下来，他一不高兴，立刻把大臣拖下去痛打一顿。明朝的廷杖制度化，由锦衣卫施行，司礼监太监监刑。正德十四年（1519），明武

---

① 参见杨一凡（总主编）：《中国法制史考证》（甲编第七卷），中国社会科学出版社2003年版，第110—123页。

宗时廷杖一百四十六人，打死十一人；嘉靖三年（1524），明世宗廷杖争议为其生父加尊号的大臣一百三十四人，打死十多人。这种制度使得士大夫斯文扫地，毫无尊严可言。所以后人称明朝"只知尊君而不知礼臣"，确不为过。

明初重典治吏的典型表现是明太祖罗织罪名，栽赃陷害，诛杀胡惟庸。学者认为，胡惟庸案初发时，胡氏的罪状只是专权和培植党羽，则据相关法条定杀头之罪已够，但对太祖而言有替他"制造"罪状的必要。当时王朝大患是南边倭寇和北方蒙古人。对于臣子而言，其大罪是结党谋叛。明太祖和属下便代替胡氏"设想"，捏造出一个叫封绩的人，叫他供出胡惟庸勾结蒙古的罪行，算作胡党造反的罪状。后来太祖又觉得有破绽，便将封绩改户籍为河南，改身份为元朝遗臣，又叫他牵连出李善长，引起第二次屠杀。

另一方面又找出一个叫林贤的人，令其捏造出一串事迹，说胡氏通倭寇。恰巧胡惟庸死后不久，日使或日商来华，因无国书遭明廷责难。太祖就把这两件事并为一事，装点成有因果关系。再加上洪武六年前所纂的《皇明祖训》作相应记载，对后人而言上述案情成了铁案。

同时中日关系因倭寇问题恶化，朝廷深感外交失败，不得不采取下策，闭关自守，却又不愿自承失败，就大事宣传、名正言顺地把绝倭的责任推在莫须有的如瑶头上。为使天下后世的人相信，太祖把此事特地写在《大诰》中，并令全国人诵读，一面又在《皇明祖训》首章加入小注。于是胡惟庸勾结蒙古、勾结倭人成为证据确凿的实事。

胡惟庸案作为明代大案，党狱株连前后长达十四年之久。一时间，明初的功臣宿将基本被诛杀光，前后多达四万多人。① 明太祖把这些功臣当作对自家统治的最大威胁。具有讽刺性的是，朱棣自北方击败建文帝，夺取皇位，原因之一就在于，此时建文帝身边已没有得力大臣帮忙了。李善长、刘伯温、胡惟庸们若地下有灵，很可能会齐声叫喊："报应啊！报应！"

（二）重典实施效果

明太祖与汉高祖的所作所为虽有相似之处，但其气魄、肚量远不能与汉高祖相比。在西汉初，因罪被诛爵者仅占汉高祖所封功臣的7.7%，明太祖朝功臣69人，35人被诛杀，达57.25%。而胡蓝党狱株连之众，达4万5千人。② 学者据《宋史·刑法志》认为："宋兴承五季之乱，太祖、太宗颇用重典，以绳奸匿。"但宋太祖严惩的主要是贪赃的官吏，且凡有背景的贪官，常可以赎金免

---

① 参见吴晗：《胡惟庸党案考》，载杨一凡（总主编）：《中国法制史考证》（乙编第二卷），中国社会科学出版社2003年版。

② 参见罗冬阳：《明太祖礼法之治研究》，高等教育出版社1998年版，第137—138页。

死,宋太宗多循太祖成规,"注意治本,深惩赃吏"。① 这与明太祖以重刑加强治理打击相当不同。

明太祖重典治臣民的酷刑种类很多,有族诛、凌迟等三十多种,大多为明律所未设。他认为,严刑可以"使人知所警惧,不敢轻易犯法"。比如,洪武七年(1374)广东儋州民反抗朝廷,被剐者一千四百余人。两浙、江东、江西民伪造宝钞,"捕获到官,自京师至句[gōu]容(今属江苏),其途九十里,所枭之尸相望",令人触目惊心。②

然而,明太祖的重典治国政策并没有达到预期目的,时人称官员们"治之虽严,而犯者自若",贪官赃吏"如蝇之趋朽腐""朝治而暮犯,暮治而晨亦如之",豪强劣绅继续为非作歹,勾结官吏为害乡下。同时,重刑引发的民众反抗朝廷的大规模斗争在洪武年间就达上百次,此为历史上所少见。③ 显然,一个秩序良好的社会光靠重典来建立,完全是痴想。以酷刑在民众间制造畏惧之心,极端后果便是谁也不会再畏惧。当民众对酷刑已经麻木时,社会上充斥的便满是冷血的暴民和暴戾的民风,这样的统治怎么还能稳定下去?秦与明朝的历史都说明了这一点,同时宣告法家以刑去刑的重刑主义思想在现实中的破产(法家思想参见第八章第二节)。

(三)对士人的管制

对明太祖而言,驱逐蒙古人后,唯一剩下威胁统治的势力就是知识分子。因此,明太祖在司法过程中的另一重点表现就是打击士人。明太祖出身低贱,本性好猜疑,深恐被知识分子所讥讽。在他发兵起事的时候,以礼贤下士的姿态,获得知识精英们的帮助,等到天下一统,便不惜对知识分子吹毛求疵,屡兴文字狱。比如,浙江府学教授林元亮为海门卫作《谢增俸表》,表内有"作则垂宪"而被杀;北平府学训导赵伯宁为都司作《长寿表》,表内有"垂子孙而作则"而被处死;福州府学训导林伯璟[jǐng]为按察使作《贺冬表》,表内有"仪则天下"而被杀;桂林府学训导蒋质作《正旦贺表》,表内有"建中作则"而被处死;常州府学训导蒋镇为本府作《正旦贺表》,表内有"睿性生知"被处死;还有个杭州教授徐一夔[kuí]的贺表内有"光天之下,天生圣人,为世作则"等

---

① 参见金中枢:《宋初严惩赃吏》,载杨一凡(总主编):《中国法制史考证》(乙编第二卷),中国社会科学出版社2003年版。

② 参见杨一凡:《明初重典治民考实》,载《法律史论丛》第三辑,法律出版社1983年版。朱元璋、朱棣父子创设诸多史上空前残酷的刑罚,本书不忍详述,可参见丁易:《明代特务政治》,群众出版社1983年版,第363—374页。

③ 参见杨一凡:《明大诰研究》,社会科学文献出版社2009年版,第11页。

语句而被处斩。① 明太祖曾当过和尚、小偷,对"光""僧""贼"及谐音字("则""圣""生"等)特别敏感,生怕士人在讽刺他。诸如此类的文字狱在明初数不胜数。又恐怕知识分子不能为己所用,他特地颁行《大诰》,其中所列获罪的知识分子不下千人。在胡蓝二狱中被杀的几万人大部分也属知识分子。

明太祖一方面令大量士人不得善终,一方面又极力设立学校、兴办教育,用俸禄与刑罚造就一批听话的新知识分子,做皇帝个人的驯仆,以替代老一辈的士大夫。这种巩固君权的办法要以思想界死气沉沉为代价。

三、司法机制

(一)中央司法机关

明清三法司为刑部、大理寺、都察院。其中刑部掌审判职能,下设河南、山东、山西等十三清吏司,每司负责一省上报案件以及某些在京、直隶地方的上报案件,刑部机构空前扩大。大理寺由唐宋时期的审判机构变为复核机构,刑部、都察院等机构审理的案件送交大理寺复核,都察院则监督二者。都察院源自唐代御史台下面的察院,其下设十三道御史,监察明代十三个省。不过,明代三法司正常的司法职能常为厂卫特务司法所侵袭,而后者负面影响了整个明代的司法审判。明代地方司法机构与清代大致相似(参见本章第三节)。

(二)厂卫特务司法

明代的特务机构主要分为三部分:一是分驻各地的,一是驻在京城的,再是临时派遣的。除了京城的锦衣卫外,其余均由宦官主持,由宦官领导机构司礼监领导任免,由皇帝作最后决定。可以说特务司法机构是皇帝绝对独裁的表现。这些特务机构不受其他官府干涉,超然于国家纲纪法律外。从明成祖开始,分驻各省及重要城镇的特务最多,负责替皇帝侦察该地官吏民众等。第二部分驻在京城的则最为有名,一共又分三个:锦衣卫和东西厂(西厂先后两次设立,存在时间较短)。

锦衣卫本是皇帝的护卫亲军之一,又负有侦察京城官民责任。独裁者不但对臣民不放心,就是对自己的特务也不完全信任,往往用一批新特务来监视侦察原先的特务。成祖十八年(1420)设东厂,与锦衣卫均权。至明宪宗成化十三年(1477),设置过西厂,共同监控京城官民,其势力在厂卫之上。东西厂均设有提督,由宦官担任,除侦察京城官民外,连锦衣卫也在其侦察之中。明武宗时又设置过内行厂,规定东西厂皆属于其侦察范围之中,其成为特务

---

① 文字狱史实参见丁易:《明代特务政治》,群众出版社1983年版,第403—404页。

之特务的机关。

厂卫直接参与当时的司法。锦衣卫是皇帝的贴身卫队,直属于皇帝,任何人他们都可以直接逮捕,不必经过正式司法机构的法律程序。锦衣卫还与司法机构一同参与会审。朱元璋经常亲自审判案件,也直接命令锦衣卫逮捕罪犯与审理。在锦衣卫内所设的北镇抚司作为法庭,专理诏狱(皇帝交办的案件)。明成祖夺取皇位之后,又恢复锦衣卫的司法职能,负责审理皇帝交办的诏狱。一开始,重要的案件经锦衣卫的北镇抚司问讯后,便送交正式司法机构问罪定拟。到了成化年间,北镇抚司审理的案件可直接上请皇帝裁决,锦衣卫指挥使不得插手,三法司不能过问,于是北镇抚司成为直属皇帝的刑事特别法庭。

从制度上讲,北镇抚司只具有预审的权限,预审结束后应将案犯、卷宗转交刑部判决。实际上,刑部及三法司对北镇抚司移送的案件只能按其拟定的判决意见宣判,尤其是皇帝直接批准北司的判决意见,不经三法司就执行刑罚,不受法律约束,这正是皇帝集权化在司法中的表现。镇抚职权虽卑微,但权力特重。之所以如此,在于独裁者看到锦衣卫权力日益变大,故设北镇抚司,使其与锦衣卫相互牵制,最后大权归己。一如宋代的同行,明代皇帝们颇费心机!

四、主要的诉讼制度

明代的诉讼制度多继承了前代,比如禁止越诉和严惩诬告。《大明律》规定对诬告人笞者要加二等处治,诬告人杖、徒、流罪的要加所诬罪三等处治,诬告罪最高刑为杖一百、流三千里。这种超越汉、唐律诬告反坐原则,表明当时统治者对维护司法秩序超乎寻常的关注。唐朝的《唐六典》曾规定了诉讼回避制度,《大明律》更加详细,于"刑律·诉讼"篇中规定凡官吏与当事人之间有服亲、姻亲、受业师生或仇人关系,则必须移文回避,否则对官员要笞四十。此外,还有如下诉讼制度值得关注:

(一) 非官方的纠纷解决

元朝村里的社长可以调解纠纷,明朝在这个基础上更进一步。洪武二十七年(1394),朝廷命令州县官员选择民间高年、公正的老人审理其乡间的争讼,凡是户婚、田宅、斗殴等纠纷,由老人会同里胥处理,较重大的案件方向官府禀报。①

三年后,明太祖颁行《教民榜文》。《教民榜文》将几乎所有从王朝利益角

---

① 参见余兴安:《明代里老制度考述》,载《社会科学辑刊》,1988年第2期。

度看来属于"细故"的纠纷——户婚、田土、轻微斗殴、争占、失火、窃盗、骂詈、钱债、赌博、擅食田园瓜果、私宰耕牛、弃毁器物稼穑、畜产咬杀人、卑幼私擅用财、亵渎神明、子孙违犯教令、师巫邪术、六畜践食禾稼及均分水利等在今天看来大都属于民事诉讼(少部分类似于今天的刑事自诉案件)范围的处理全部归之于里甲老人,只有涉及奸、盗及诈伪等的重大案件方由官府直接受理。这种"诉讼分流"的方式有助于减轻官府负担。

《教民榜文》特地规定,凡民事纠纷不经本管里甲、老人理断者,或里甲、老人不能决断,或已经老人、里甲处置停当而辗转告官,或自行越诉者均给予严惩,以确保这一规定得到实际贯彻和执行。里老听讼解纷的过程实际就是教化的过程。老人、里甲与当事人互为邻里,相比在城里开庭听讼的官员而言,其对当地"平日是非善恶,无不周知",一些细小争端顷刻即可理断,不须费多大周折。即使要寻求证人、证据,往往可以就地解决。

不过,严格地说,里老处理讼案只是民间调解和仲裁,它不可能取代官方法律审判。里老可能解决的只是发生在家庭、家族内部及邻里之间的纠纷,却无法解决新形势下的新纠纷,如主客(本地人与外来人口之)间矛盾、商业诉讼等。明代中期之前,里长和老人一起通过解决里内的纠纷、协助诉讼的实地查证、调解工作等,对纠纷、诉讼的处理起到重要作用。但到后期其对解决争讼趋向于无能为力。

至清代,律典则规定州县官员必须全权负责纠纷与诉讼事务,不得委托他人。官员如将"词讼细事批委乡地处理完结"要罚工资一年;"若命盗案内紧要情节及重大事件滥批乡地查覆"要降三级调用。[①] 但地方官对此往往阳奉阴违。在实践中,发生在管辖区内的户婚、田土、钱债纠纷通常都先由当地保甲长、族众调解,未经其调处径行报官者,官府往往劝令先由乡保调处,调处不成方由官府受理。

(二) 军民不同的司法管辖

明朝实行世袭兵制,军人编成军户。军户之间的普通案件(户婚、田土、诈伪等)不受普通司法机构管辖,军人之间的诉讼按照百户所—千户所—卫—都指挥司顺序进行诉讼与审理。但人命案件则约会当地普通司法机构(州县、府等)会同检验、审理。民间纠纷先由基层里甲老人断决,刑事案件由县(散州)—府(直隶州)—按察司顺序诉讼。军民之间发生的诉讼则由军事机构与当地司法官会同审理。显然,这种军民约会词讼来自于元朝,并延续

---

① (清)姚雨芗(原纂)、胡仰山(增辑):《大清律例会通新纂》卷二十八《刑律·诉讼·告状不受理》,文海出版社有限公司1987年版(影印本),第2945页。

至清代。

(三) 司法官员的职责

作为强化皇权的反映,明代更加重视对司法官员的管制及对其司法职责的监控。对司法官员违法审理案件的处罚,主要涉及"告状不受理"之责与不应受理而受理之责。《大明律》规定对谋反、谋大逆等案件官员不及时受理,处以杖一百、徒三年;告恶逆官员不及时受理,处以杖一百;告杀人及强盗官员不及时受理,处以杖八十,等等。《大明律》还规定投匿名文书告发他人,官员受理此类案件,要处以杖一百;被囚禁之犯告发其他事,官员受理则处以笞四十。

五、会审制度

历史上已存在诸多众官会审裁决疑案、大案的传统,比如西周"三刺之法"、唐代"三司推事"。元朝还出现"五府"制度,由皇帝派遣中央五个机构(中书省、枢密院、大宗正府、御史台及刑部)的中级官员三年一次到各地联合审理死刑案件。是重刑案件经五府官审讯判决后仍需上报皇帝批准方可生效。① 明朝总结了历史上慎刑或恤刑的司法经验,发展出一套复杂多样的会审。这包括:

三司会审。该制度渊源于唐代的"三司推事",更早在汉代,重大案件也曾由廷尉、御史中丞和司隶校尉共同审理。明朝重大疑难案件由刑部(尚书)、大理寺(卿)、都察院(左都御史)三法司长官共审,最后报皇帝裁决,表明皇帝对重大案情的裁决不允许"专于一司"。三司会审时,初审以刑部、都察院为主,复审以大理寺为主。

九卿会审。针对特别重大、二次翻供不服的案件,由六部、通政使司、都察院、大理寺会同审理,此称为九卿会审或圆审。清代的朝审则由吏、户、礼、兵、刑、工六部及大理寺、通政司、都察院等九个衙门的首长会同审理京城内的死刑案件、重大京控案和钦命死刑要案。

朝审。明英宗天顺三年(1459)以后,在每年霜降后对秋后处决死刑的案件,由朝廷重臣(三法司)会同公、侯等爵位高者复审在押死罪囚犯的制度称为朝审。清代重要的会审形式——秋审即渊源于此。清代秋审由大理寺、刑部、都察院会同审理各省及藩部上报的死刑案件,再上报皇帝钦定。

大审。明宪宗成化十七年(1481)开始,由皇帝定期派出代表(主要是司

---

① 陈高华:《元朝的审判机构和审判程序》,载陈高华:《元史研究新论》,上海社会科学院出版社2006年版,第162—163页。

礼监太监)会同三法司在大理寺审录囚徒的会审制度即为大审。以后定为每五年一次大审。

热审。明成祖永乐二年(1404)开始实行热审。也即在每年农历的小满后十余日至六月末为止,京城囚犯由司礼监太监、锦衣卫官会同三法司官员进行审理。经热审之后,轻罪犯可以减等处置。这是在暑热季节来临之前对在押未决囚犯清理发落的制度。与前面几种会审谨慎用刑、避免冤案的原则不同,热审主要表达了体恤囚犯的精神。

会审制度的特点是参与会审的官员级别相当高,各类会审都有监察官员参加,这些会审都是为皇帝的最后判决提出建议,且皇帝常派太监参加主持会审,这是君主权力在司法审判中高度强化的表现。会审制度虽说是皇帝对慎刑的表白,但却导致多方机构干预司法,以致皇帝家奴也插手司法,最终结果是司法更加冤滥。诸如唐代的"三司推事"与明清时期的会审说明,传统时代的司法审判权不是一种专门性的权力,司法官亦不是专业性的职业。在大多数时期,只要是一个国家机关,就获得了一定的司法权限,就可以审理其所辖范围之内的案件。① 这种状况直至晚清新政时期提出司法独立的概念与机制后方有所改观。

第三节　清代法律制度

◆ 预读文献与思考

阅读以下案件及初审结果,请回答此种审理方法在当时叫什么? 在何种情况下司法官员将使用此种方式?

某年月间,张某雇李某之妻何氏,作针黹[zhǐ](针线活),言明每月工钱一千文,平日尔我相称,并无主仆名分。何氏向在张某家住宿。张某见何氏少艾,意图奸占为妾。……查,律载:豪势之人强夺良家妻女,奸占为妻妾者,绞监候。又,例载:强夺良家妻女,尚未奸污者,照已被奸占律,减一等定拟。又,律载:断罪无正条,援引他律,比附定拟。各等语。此案,张某因李某之妻何氏少艾,意图奸占为妾,向何氏调戏不从,起意强霸,勒逼李某写立约据、卖给为妾,殊属不法。查:该犯强占何氏为妾,并非强夺,亦无奸污情事。遍查律例,并无强占良家妇女为妾、并未奸污、作何治罪专条。惟,强占与强夺,情事相同,自应比例问拟。张某应比依强夺良家妻女、尚未奸污者,照已被奸

---

① 参见范忠信:《中国司法传统与当代中国司法权力潜规则》,载《中国文化与法治》,社会科学文献出版社 2007 年版。

占、律减一等例,拟杖一百,流三千里,到配,折责安置。何氏讯无被污情事,仍交本夫领回完聚会。无干省释。是否允协?拟合连犯解侯宪台审转。①

一、清代历史与政局

建立清朝的满族(后金)原活动于东北地区,于 1636 年在东北建国号为清,1644 年入北京。在鸦片战争前后,中国法制开始发生重大变化。故本节主要讲 1644 年至 1840 年期间清代的法律制度。从 1840 年鸦片战争到 1911 年清朝灭亡,将在"近代法制"一章叙述。在 1644 年清军进入北京,随后南征,通过诸如"扬州十日""嘉定三屠"之类的血战屠城,最后统一中国。在平天下的过程中,清廷圈占京城附近土地给八旗,圈田所到,田主立马逐出,财富顷刻夺走;用镇压和屠杀的方式强迫汉民效仿满族发式,以示降服;堕城郭、烧庐舍,强迫自山东到广东沿海居民内迁 50 里,隔绝沿海民众同台湾郑成功的抗清力量联系。清廷权力就在哀鸿遍野中日渐强大起来。

顺治死后,8 岁的玄烨[yè]继位,是为康熙帝。他先后平定三藩,收复台湾,征服蒙古、青海与西藏,两度进攻雅克萨的沙俄军队。康熙、雍正之后,是为清高宗乾隆,他在位的六十年成就清朝的鼎盛。在康、雍、乾的前期统治之下,文化领域出现一些成就,比如编纂了影响巨大的《四库全书》。清朝承袭明制,强化专制中央集权之路。其典型表现诸如设立南书房、军机处,地方高级官员直接向皇帝呈交奏折,内阁权力架空,汉以来丞相制度的残余也扫荡一尽,皇帝真正实现了大权独揽;大兴文字狱,在文化上压制知识分子,当时惨烈的文字狱有诸如"明史狱""南山集狱""吕留良狱"等,涉案死者大都剖棺戮尸,生者斩首或充军边远地区。知识分子害怕被政治问题牵连,于是在乾隆、嘉庆年间大都寄情于文字考证与训诂之学。"乾嘉学派"为政治高压的结果,是学术畸形的表现。

乾隆死后,嘉庆帝将前朝宠臣也可能是传统时代最大贪官和珅[shēn]治罪,抄没的财产相当于当时全国一年总收入的五倍以上!以致民间传称"和珅一倒,嘉庆吃饱"。有大贪官,必有无数潦倒的民众。至十八世纪末,民间动乱的烽火燃遍全国。自乾隆帝后期时,先后出现白莲教、闽浙海盗、苗民起义、云南夷变等,道光帝时动乱更甚。此时八旗、绿营腐化,射箭骑马都不在行,清廷不得不另行招募乡勇团练镇压动乱。镇压动乱耗去军费数亿两白银,清廷的财政危机愈发空前严重。在这时,西欧国家经过资产阶级革命,依凭坚船利炮,对外掠夺殖民地,至 1840 年鸦片战争爆发,《中英南京条约》的签

---

① (清)刚毅:《审看拟式》卷一《户律·强占良家妻女》,光绪十三年刻本。

订,自此,几百年来被明清皇帝们关得死死的中国大门终于被打开了。

清军以区区四十余万人入关,开始了统治上亿人口的两百多年历史。清代仿效明代不设丞相,以大学士理政,以便君主独裁。再加上清初高官多由满人掌握,因此,君尊臣卑比明更甚。满人对皇室自称奴才,汉人连称奴才的资格都不一定有。六部仅为中央行政长官,无权对各省、督抚直接发布命令,用人大权仰赖君主独裁。康熙期间"三藩"之乱后,各省钱粮解送京城,地方财政既无存留也谈不上建设。官府禁止生员纠党多人、把持官府,社会更是不存在任何可能制约皇权的社团。清代刑罚的残酷性在元、明的基础上继续向前发展。诸如凌迟、枭首、戮尸之类的酷刑都是相沿了五代、宋朝以来的重法。

明末清初出现了著名启蒙思想家黄宗羲、王夫之、顾炎武。他们提出许多政法思想,批评君主制,在死气沉沉的大一统时代宛如璀璨火花,熠熠生辉。比如,黄宗羲在《明夷待访录·原法》中认为,帝王专制时代的法律是"一家之法而非天下之法""此其法何曾有一毫为天下之心哉,而亦可谓之法乎"?他还在"原君"篇中提出,人世间最大的祸根就是专制君主。可惜,这些民间思想家的法律观对清初法律制定毫无影响。由此可见,历史上法律思想与法律制度的发展是不同步的。有的法律思想对当时的法制产生了影响,有的法律思想对后世的法制产生了影响,有的法律思想对法制从未产生影响。

二、主要法律形式

(一) 律典的制定

顺治二年(1645)清代设置律例馆,开始修订法律。第二年(1646)完成并颁行全国。这部律典体例采取明后期"集解附例"的形式,将与律有关的例及对律条的注释合编,定名为《大清律例集解附例》,其中律四百五十九条,律后附"条例"四百三十多条,篇目与明律一样。与文化高度发达的中原汉族相比,满族文化发展较低。这容易使征服者接受被征服者原来的制度,被征服者只要接受征服者"创造"的律典就行。实事上,这部律典也确实近似于对《大明律》的翻版,为后来清律典的完善与定型提供了典范。

康熙二十八年(1689)将《刑部现行则例》与律典合编,但一直未予颁行。雍正帝时亦颁发新的《大清律例集解附例》,律文比顺治三年律少二十六条。乾隆五年(1740)颁布了清代第三部律典《大清律例》,共有律文436条,保留了律内夹注(以小字形式注释律条重要术语),全部例条计一千零四十九条,分门别类,按年代排列于律文之后。新律典的篇目为七篇制,结构与《大明律》完全一样。至此,《大清律例》被当作"祖宗成宪",统治者认为无须再修订律条,只是每五年修订一次条例,十年一大修。至同治年间最后一次修例,例文增加到1892条。《清史稿·刑法志》这样评价:清代修例,正如宋朝编敕,有例不用律,律多为虚文,而例日益繁碎。

清代的律学与乾嘉学派的学风和考证特色有一定的关系,比较注重考证法条历史发展变化(不同时期律例的增删与修订)、比较前后律例的成败。其中的佼佼者包括乾隆时期刑部尚书吴坛的作品《大清律例通考》及以清末刑部尚书薛允升的名作《唐明律合编》与《读例存疑》。《读例存疑》收录清末以前历年所修的例,并且作者评价其得失,颇有参考价值。

(二) 例的修订

例是清代具体性的法律规定,灵活性强,成为清代重要的法律形式。例可分为条例、则例、事例、成例等。条例主要涉及刑事法规,编入《大清律例》,其附于某一相应的律文之后,是由刑部或其他行政部门(各省总督或巡抚)就一些相似的案例提出一些立法建议,经皇帝批准后成为一项事例,指导类似案件的审理判决。则例是规范某一行政部门的行政规则。事例是皇帝就某项事务发布的上谕,或皇帝批准的政府部门提出的建议(如《大清会典事例》),一般没有永久普遍的效力。成例是指经过整理编订的事例,是一种单行法规。其中,清代则例为数众多,几乎每个中央部门都编有则例,比如钦定各部的处分则例、理藩院的《理藩院则例》(内容主要是《蒙古律例》和《钦定西藏章程》的合编)、都察院的《钦定台规》等等。则例有利于调整清代各级官府的运转,但是各部门编的则例数量众多,甚至相互矛盾,至后来容易导致行政部门效率低下。

除了以上两种主要法律形式外,清代还进行过一些民族立法。比如清政府针对蒙古族颁行过《蒙古律例》,适用于青海等地少数民族的《西宁青海番夷成例》,等等。同时,中央政府还特许贵州一带少数民族之间发生纷争准用当地民族法规与习惯(统称"苗例")。这些地区的少数民族间相犯,通常优先适用民族法规,而非《大清律例》。

三、清代法制的主要特点

(一) 文字狱与严刑峻法

清代法制全面继承了前代文字狱的衣钵,并变本加厉。违背礼教(三纲五常)的思想被看成是叛逆,被疑有反清思想的著作也要被查禁。传统中国的政治至清代集权高度强化。这种绝对的权力是极权政治的表现,直接反映在律典与刑罚中。首先,《大清律例》以严刑防范威胁社会统治的犯罪(如谋反、谋大逆等)。其次,严惩思想异端。《大清律例》继承明律例重刑基础上,条文更加繁杂，刑罚更为严酷。与唐、明律相比，对于打击威胁王朝统治的思想文化犯罪大大加强。仅在顺治、康熙、雍正、乾隆四朝有案可查的文字狱近百起。凡触犯文禁，即使早已入墓的死人也要剖棺戮尸，甚至罪及子孙、族人、亲友、门生。往往为了一案而关联七八省，株连数百人，从发案到最后结束又拖延百年，造成空前灾难和恐怖。如康熙二年，浙江庄廷鑨刊印了明朝朱国桢编写的《明史》，由于其书直书努尔哈赤的名字并有对清统治者不利的文句而被人告发，庄死而遭开棺戮尸之辱，庄氏家族16岁以上、为《明史》作序、参校、刻字、售书者及地方官一律被处死，被杀者达72人，充军边疆的有几百人。

在另一起文字狱"吕留良案"中，湖南的曾静受浙江已故学者吕留良作品的影响，雍正把曾静的投书谋反案转化到吕留良的文字狱案上。原案主犯曾静和张熙被释放，由官府提供返乡路费，并成为皇帝的宣传工具，被送往各地宣讲雍正帝的伟大及自己欲图谋反是多么罪大恶极。吕留良虽死，仍被开棺戮尸枭示，儿子吕毅中、门生沈再宽被处以斩立决，吕留良的孙辈发宁古塔（今属黑龙江省）为奴，吕家财产没官，充浙江工程建设用费，其他相关人，如刻书者、收书者、门人、学生的学生有的被判斩监候、有的革除功名、有的死于狱中。同案受到牵连的人数之多，处刑之酷烈，在诸文字狱案中尤为显著。①

康、雍、乾三朝中90起文字狱案件中，从案犯的态度来看，文字狱可以划分为四种类型。(1)完全拥护清朝统治的。涉案人或为歌功颂德、献媚求进而无意间误触禁区（如"王肇基献诗案"），或为君主的根本利益而直谏犯上，这一类案件约占总数六分之一。(2)政治主张不明确，但无意反对清朝统治。如有的官员私刻朱批奏疏。这一类约占总数的一半。(3)对清朝统治者有些不满之处，但没有抗清的行动。比如对某些政治措施或"钦定"的学术观点有不同看法，通过著述发表自己的见解，或对清朝统治感到不满，通过诗文抒发自己的怨情，这一类约占三分之一。(4)反抗清朝统治的。在清初文字狱案件中，只有曾静案是属于有言论、有行为的反满抗清活动的事例。②

另外，清代还发生过一些疯汉文字狱，即涉案者是精神病患者的文字狱。中国古代法律制度中也对"痴呆""癫狂"者属十恶以外的社会行为法外施恩，允许按律收赎。在乾隆朝130余起文字狱中，疯汉文字狱类型的有25起，约

---

① 史景迁对该案有精彩叙述，文笔生动，参见 Jonathan D. Spence, *Treason by The Book*, Penguin Books Ltd, 2001.
② 孙立：《论清代的文字狱》，载杨一凡（总主编）：《中国法制史考证》（甲编第七卷），中国社会科学出版社2003年版，第726—728页。

占总数的18%。尽管有些案犯被认定确是精神病患者,也不能就此免罪。比如刘三元被乾隆认定"该犯丧心病狂之语,托诸梦呓,其疯癫似非尽由捏饰"。虽被认定为真疯子,但最后也被凌迟处死。25起疯汉文字狱中13起定为逆案,一律依大逆罪凌迟处死。这些案件的处理多不按律例规定办理,惩处方式不依既成法律。大清律徒具空文,三法司形同虚设,参与论拟的大学士等官吏不过是奉迎帝旨而已。[①]

清朝康、雍、乾时期虽屡兴、大兴文字狱,但《大清律例》中没有任何关于文字狱的规定。事实上,立法者也不可能预先以法的形式,罗列与穷尽所有忌讳的文字。文字狱往往由皇帝亲自审理或作出决定性的指示,大都比照谋大逆定罪,一经判定,罪犯本人往往立即凌迟、家人枭首。

这种法律继承了传统律典的外形,却愈发趋于成为维护皇帝私家利益的统治工具。

（二）维护旗人特权和满族统治

旗人是清代建国的基础,如同元朝的蒙古人,清代的旗人享有司法特权。清朝入关初期放任贵族与八旗兵丁"圈地运动",强占汉人田宅。同时,统治者规定禁止汉人典买旗人地产,以保证旗人产业。中央六部设满汉官职,实权授予满人,在清代中期以前,总督与巡抚以满族人居多。

四、法律适用原则及刑罚发展

（一）依法定刑与"比附"

《大清律例》"断狱"篇规定司法官员断罪皆须引律例,违法者要笞三十下。此外,法律规定司法官员审判时,对法律规定有漏洞或出现法律空白的（"断罪无正条"）,可以引用近似律条（比附）,由三法司（刑部会同都察院和大理寺）共同议定罪名,将初步判决向皇上请求审批,不得自行断决。比如,本节开头所引张某与李某之妻何氏一案,承审官员觉得此行为虽"殊属不法",但在法律文义解释上,却不符合律例惩罚罪刑构成要件中的"强夺"意含,与律规定的"强夺奸占"情况不符,但本着"强占与强夺,情事相同"的类推方式,仍将张某比附"强夺良家妻女、尚未奸污者"处断,并报上级机关审转复核。这种制度从政治功能上体现皇帝们对司法审判的控制,而非以人权保障为宗旨,与唐律"举重以明轻,举轻以明重",司法官员可以自行类推适用律条也有

[①] 郭成康：《乾隆朝疯汉文字狱探析》,载杨一凡（总主编）：《中国法制史考证》（甲编第七卷）,中国社会科学出版社2003年版,第731—732页。

所不同。

清代(及整个传统时代)客观具体化的立法使得律条过于僵化,就算是同一犯罪行为,依据犯罪的主体、客体、犯意、场所、人数、罪犯身份等各种情况,而另立罪名,各异其刑,因此法条缺乏最低限度的抽象程度,不易涵盖广泛的违法现象(这点可参见第八章所附"课后深度思考题")。这种法条困境,时人称之为"法条有限,而情伪无穷"。它造成对法律没有规定的罪行得不到惩罚,"法无明文"实际上是当时司法中的常态。这种状况一直困扰着汉代以来的司法官员。清代高层官员在司法中经常诉诸比附这样的"法律方法"。秦的廷行式、汉的决事比及后代的判例与成案,都可以看做是这种法律困境下司法官员"法律方法"的产品。

比附有点近似于现代法中的类推。它是发现、论证罚则的手段,以"情理相同"与"情罪一致"作为基准,去发现、论证法条与罚则,即将某事项之规定,推及于类似事项,强调所比附事实之间或者事实与法律之间的某种相似性。将一条法律规则扩大适用于另一种并不为该规则所涉及的、但却被认为属于该规范基础政策原则范围之内的事实情况的推理。它是基于两个或者两类法律现象在某些属性方面所具有的相似性,从而得出它们在另一些属性方面也可能相似甚至相同的结论。比附他律定罪处罚产生的根据在于,清代重视对法官裁量权的监控,规定了明确的刑事责任,试图以否定法官自由裁量权来防止官员对法律解释的异化。①

(二)充军与发遣刑

在明代充军刑的基础上,清代的充军刑进一步制度化,成为法定的刑罚。不过,明代的充军或是罪犯至边疆地区入伍为兵(终身充军),或是子孙世袭军职(永远充军),充军成为明代的军源。与此不同,清代裁撤边疆的卫所,充军的罪犯至配所不入军营操练,充军转为单纯的刑罚。该刑是将罪犯本人发配到远处服苦役,比流刑更重。分为如下几等:附近充军(二千里)、近边充军(二千五百里)、边远充军(三千里)、极边充军(四千里)、烟瘴充军(四千里)五个等级,距离以人犯原籍所在地为出发点来计算。为此清代编有《五军道里表》,专门载明某地罪犯发往某省府州。

发遣为清代特有刑罚,是将罪犯发配至边疆地区(东北与新疆等地)充当苦差,或给各省驻防八旗官兵当差为奴的刑罚,发遣各省驻防者要求在四千里外。该刑仅次于死刑。

---

① 比附本书部分参考陈新宇:《从比附援引到罪刑法定》,北京大学出版社2007年版。

五、司法机制

(一) 中央司法机构

清代刑部、大理寺、都察院等三法司的职能与明代大体类似。刑部批结流刑及由流刑派生出来的充军、发遣刑,核拟全国死刑案件无误后,即由刑部向皇帝领衔具题,由皇帝作出终审。刑部如对于地方咨达本部的案件认为事实认定与法律适用恰当,即可根据地方官员拟定的判决,以题本形式向皇帝奏闻。奉皇帝之旨同意其判决后,刑部回复地方官员,即可遵照执行。如地方官法律适用不当,则刑部可径行改正判决。地方官员事实认定不当,刑部可驳令其再审。死罪案件在刑部主稿拟定判决后,大理寺与都察院意见一致,即可画题。刑部拟定的判决等于三法司定拟的判决,其以题本向皇帝奏闻。此外,刑部还管理狱政,在皇帝的委托下,其下属的律例馆负责修订律例。大理寺或都察院如果有不同意见,则刑部必须在参考该机构意见后再行拟定判决,寺、院画题后,此时的决定方为三法司所拟定,向皇帝奏闻。因此,在清代三法司中刑部最是位高权重。

此外,清代创设了一些与民族、宗室觉罗有关的特别司法机构。其中,理藩院负责管理蒙古、西藏、新疆等地少数民族事务的中央行政机构,其下属机构理刑司负责内外蒙古、回部、番部等民族重大的刑狱争讼。内外蒙古和回疆地区的死刑案件必须报理藩院,由理藩院和三法司复审。清朝皇室家族(宗室与觉罗)的民刑案件由户部、刑部会同宗人府(专为皇族服务的机构)审判。内务府(宫廷管理机构)下属的慎刑司负责审理上三旗(八旗中身份最高的三旗)的刑狱案件,笞杖刑可自行议处,徒罪以上的罪犯移送刑部。

(二) 地方司法体制

清代没有今日那种审级、终审的规定。其上控与审转复核的层级主要套用地方至中央行政官员的级别,存在如下审理上的分工或差异:

1. 县(厅、散州)

与宋代不同,明清的州县官员法制上都是独任审判,且审理当地发生的所有轻重案件,有权审理处笞杖刑案件及判决。徒刑以上案件州县官员无权作出判决,但应行使侦查、缉捕与初审,根据法律提出判决意见(时称"拟律")。当事人打官司时,必须先呈递书面诉状。当时文盲居多,各府州县设有官代书,提供有偿代写诉状服务,这些盖有官代书戳记的诉状才有可能被衙门受理。通常以被告所在地及犯罪行为发生地为案件主要管辖原则。

An Offender undergoing the Bastinade
（杖刑，本图选自 *The Punishments of China*.1801 年伦敦出版）

清代没有今日那种民事与刑事诉讼程序的严格界定。直到1907年,《各级审判厅试办章程》首次以法律的形式确立了民事案件与刑事案件的区别,凡审判案件,分刑事、民事二项,其区别如下：(1) 刑事案件：凡因诉讼而审定罪之有无者属刑事案件；(2) 民事案件：凡因诉讼而审定理之曲直者属民事案件。在此之前,无相对应的民法、刑法和民事诉讼法及刑事诉讼法之分。不过,对很不一样的诉讼类型,至少从宋代以来依然存在粗浅分类,这通常是从皇帝和官方自我利益为标准,把涉及户婚田土等的诉讼称为"词讼"(或"自理案件"、"细事"),把涉及谋反、命盗等的诉讼称为"案件"(或"重情")。这种分类观点影响了相应的司法制度及司法实践。"词讼"与"案件"在司法实践上呈现如下差异：

第一,起诉时间不一样。词讼在农忙时期受限,平时三八放告或三六九放告(每月每逢三、八或三、六、九允可当事人打官司)；涉及案件的诉讼则无受理时间限制。受北宋以来"务限法"影响,《大清律例》规定："每年自四月初一日至七月三十日,时正农忙,一切民词除谋反、叛逆、盗贼、人命及贪赃坏法等重情,并奸牙、铺户骗劫客货,查有确据者,俱照常受理外,其一应户婚、田土等细事,一概不准受理。自八月初一日以后,方许听断。若农忙期内受理细事者,该督抚指名题参。"[①]不过,到了清代中后期,词讼数量越来越多,若不

---

① 《大清律例》卷三十《刑律·诉讼》"告状不受理"例文。

及时审理,恐小事酿成大祸,故在司法实践中词讼逐渐在农忙时期也有限地得到受理。

第二,判决依据不一样。案件要求司法官员"断罪引律令",错判将招致官员的"官司出入人罪"。官员在审理此类案件时,通常严格依法判决,以免使自己承担法律责任。词讼不要求必须引律令,时人认为"自理词讼原不必事事照例"①,或不必拘泥于死例,只是为了防止当事人因不满裁判结果而上诉,因此受到上司讯问以至无词可对,则知县不妨弄明白具体案件应适用何项律例,裁判在依据当地风俗的基础上准情酌理加以变通。不过,在皇帝之下的各级官吏,都存在一个广泛的审理权与狭小的判决权(无终审规定)的特征。地方官员审判的任何案件,理论上,若当事人不服均可以逐级上诉,直到御前。

第三,初次裁判后的程序不一样。案件需经历层层审转复核,直到有权力作出判决的机构为止。这通常意味着案件正式进入了受上级(比如刑部、都察院、大理寺等机构)审核、督查的渠道。至于词讼,若当事人服从判决,诉讼就此结束,且其上控严格受限。

第四,涉及的惩罚方式不一样。尽管词讼在《大清律例》中也都规定科以刑罚,如笞杖刑。但是在当时的司法实践中,户婚田土钱债纠纷若不涉及明显的违背道德伦理(如使用欺诈的手段、诬告、干名犯义等等),则知县等官员很少责罚当事人。若是案件,判决后则依法律实施刑罚。

(押解犯人赴审,本图选自 *The Punishments of China*)

---

① (清)方大湜:《平平言》卷二《本案用何律例须考究明白》,清光绪十八年资州官廨刊本。

2. 府（直隶州、厅）

府及直隶州、直隶厅可受理府城附近的户婚等案件，也有施加枷杖的权限，另外还复审州县上报的徒刑以上案件。对徒刑以上案件的审理作为预审意见，上报按察司（当时俗称臬司）。此外，有时还审理上司衙门交发审理的案件。为了保护旗人的特权，清代各府州的理事同知或通判设置相应办事机构——理事厅，理事同知或通判由旗人担任，审理旗人与民众间的民刑事案件。

3. 按察司

按察司复审府及直隶厅、州上报的刑事重案，大案与布政司会同审议。其中，复审徒罪案件后上报给总督或巡抚复核。涉及人命的徒罪案件及充军、流刑罪案件复审后转给总督或巡抚复审。

4. 督抚

总督（正二品）或巡抚（从二品）批结徒刑案件。复审臬司上报的流刑、死刑案件，涉及人命的徒刑案件、流刑案件上报于刑部复核，死刑案件通常委派其他官员审理完毕后，向皇帝具题。流刑及派生出来的充军、发遣由刑部批结，死刑由皇帝复核。

刑事审判程序的特点是逐级复审制，徒刑以上案件在州县第一审级审理后，拟律层层上报，直至有权作出判决的审级批准后方才"终审"。地方上官员犯罪由藩（布政司俗称）、臬两司会同初审，两司以下无权审问，案卷人犯一律解省，两司审后转督抚，题奏皇帝，咨达刑部，按审转程序进行。清代的审转复核机制依附于清代官府行政权力体系，在司法中容易出现下级官员迎合上级的喜好、上级为了避免自己承担司法上的连带责任而包庇下属，或者为了避免审理案件受驳斥，下级预先请示上级的司法指示。① 这与现代司法体系的"审级"及"终审"概念大不一样。

至1851年太平天国起义后，政局平稳时期的死刑复核制受到很大冲击。天下大乱，重案数量大增，官方审核时间有限，长途押解犯人则容易出现意外。早在1850年12月，贵州巡抚乔用迁向清廷奏报，请求对本地罪大恶极的盗匪就地处死。对这种与过去死刑复核制度不同的"就地正法"，道光帝未表示异议。

太平军金田起义后不久，钦差大臣李星沅、两广总督徐广缙等向皇帝奏报，将拿获的一些盗贼头目在阵营前"审明正法"（审讯完毕就地处死），咸丰帝亦表示同意。之后，"就地正法"成为了非常时期的死刑审讯与执行方式。

---

① 比如清末曾任陕西按察使的樊增祥所撰《樊山政书》中即有大量类似记录。

"就地正法"的对象主要包括太平天国、捻军起义的官兵、上海小刀会起义人员、各处各种"土匪"等。"就地正法"这种特别刑事执行方式配合军事围剿，镇压了当时的起义。但是这种制度破坏了清王朝持续近二百年的死刑上报中央复核、皇帝亲裁的制度，实质上削弱了皇权、增长了地方督抚（尤其是汉族官员）的权势。

在镇压太平天国之后，同治后期中央官员诸如御史袁方城、邓庆麟等上疏朝廷，请求停止"就地正法"，但各地督抚几乎无一例外地要求保持"就地正法"。由于地方官员的反对势力过大，至光绪八年（1882），中央只好采取了一个折中方案，规定"甘肃省现有军务（当时有战乱），广西为昔年肇乱之区，且剿办越南土匪，以及各省实系土匪、马贼、会匪、游勇，案情重大，并形同叛逆之犯，均暂准就地正法"，除此之外的"寻常盗案"不准援引就地正法章程就地处决。① 同治、光绪年间"就地正法"存废之争反映，明清以来中央专制集权继续强化的趋势有所停止，中央专制集权顶端的权力开始下移，皇帝曾经独揽的生杀予夺大权，部分降至地方要员手中。

（三）秋审

秋审是清代重要的司法审判制度。清代的死刑有立决与监候两大种（其中立决与监候又各分斩、绞两类），立决是指那些特别罪大恶极的犯人在判决后立即执行死刑，决不待死。监候是各省罪犯监押，等待刑部会同其他中央高官于来年秋天（农历八月）在天安门金水桥西复核，这个复核过程就是秋审。与之性质近似的另一种审理称为朝审，三法司等机构于每年霜降后冬至前，在天安门金水桥朝房审理刑部判决的重案及京城附近的监候案件。

秋审开始于顺治十五年（1658），其流程大体如下：关押人犯的府县整理好卷宗（称"招册"），交按察司核实后呈总督或巡抚，地方各省督抚在应勘时期，将犯人提解到省城，率同布政使、按察使会同复审，将处理意见在五月上旬以前送至刑部。刑部设有秋审处，主持秋审工作。每年八月中央各部院长官会审后，提出处理意见，报皇帝审批，皇帝进行勾决（勾决是在判决处死的罪犯名字上划两个勾）。处理意见根据案件性质、情节等情况分为情实、缓决、可矜、可疑、留养承祀（雍正时期增加）五类。情实是指案情属实，罪名恰当，适用法律正确，应予处决的案件，这类案件多为谋杀、强奸等严重案件；缓决，是指案情属实，但危害性较小，可留待下年秋审再审，三次都是缓决，就可以免死，改为发遣为奴、充军等，这类案件一般是误杀、戏杀等；可矜，指案情属实，但情节不严重，情有可原，可免于处决，一般可减为流刑或徒刑；可疑的

---

① 参见邱远猷：《晚清"就地正法之制"研究》，载《法律史论集》（第一卷），法律出版社1998年版。

则退回各省重新审理；留养承祀也即犯罪存留养亲，指情况属实，但因父母、祖父母年老患病，无人奉养，罪犯本人又是独生子，经过皇帝批准，改判重杖一顿再枷号示众三个月，免于处死。以正统法律观看来，这种死刑复核制度是慎杀恤刑的德政，对于平冤与慎杀有一定的作用。

课后阅读文献

风振衣：《皇帝的制度靠不住》，载《书屋》2007年第3期。

〔美〕孔飞力：《叫魂：1768年的中国妖术大恐慌》，陈兼、刘昶（译），上海三联书店1999年版。

丁易：《明代特务政治》，群众出版社1983年版。

以下适合有研究兴趣的读者

杨一凡：《明大诰研究》，社会科学文献出版社2009年版。

杨一凡：《明初重典考》，湖南人民出版社1984年版。

杨雪峰：《明代的审判制度》，（台湾）联经出版事业公司1976年版。

〔日〕滋贺秀三等：《明清时期的民事审判与民间契约》，法律出版社1998年版。

瞿同祖：《清代地方政府》，范忠信、晏锋（译），何鹏（校），法律出版社2003年版。

苏亦工：《明清律典与条例》，中国政法大学出版社2000年版。

〔日〕谷井阳子：《为何要诉"冤"——明代的告状类型》，载周东平（主编）：《法律史译评》，北京大学出版社2013年版。

郑秦：《清代法律制度研究》，中国政法大学出版社1999版。

那思陆：《清代州县衙门审判制度》，中国政法大学出版社2006年版。

邱澎生等（编）：《明清法律运作中的权力与文化》，（台湾）联经出版公司2009年版。

王志强：《法律多元视角下的清代国家法》，北京大学出版社2003年版。

黄宗智等（主编）：《从诉讼档案出发：中国的法律、社会与文化》，法律出版社2009年版。

张世明等（主编）：《世界学者论中国传统法律文化（1644—1911）》，法律出版社2009年版。

〔美〕D. 布迪、C. 莫里斯：《中华帝国的法律》，朱勇（译），江苏人民出版社1998年版。

《大清律例》，田涛、郑秦（点校），法律出版社1998年版

《读例存疑点注》，胡星桥、邓又天（主编），中国人民公安大学出版社1994年版。

《大清律辑注》，（清）沈之奇（注），怀效锋、李俊（点校），法律出版社2000年版。

张伟仁（辑著）：《清代法制研究》，中央研究院历史语言研究所专刊之七十六，1983年版。

〔美〕步德茂：《过失杀人、市场与道德经济——18世纪中国财产权的暴力纠纷》，张世明、刘亚丛等（译），社会科学文献出版社2008年版。

Contract and Property in Early Modern China, Madeleine Zelin, Jonathan K. Ocko, and Robert Gardella, ed. Stanford University Press, 2004.

Matthew H Sommer, *Sex, Law, and Society in Late Imperial China*, Stanford University Press, 2000.

Melissa A. Macauley, *Social Power and Legal Culture: Llitigation Masters in Late Imperial China*, Stanford University Press, 1998.

Linxia Liang, *Delivering Justice in Qing China: Civil Trials in the Magistrate's Court*, Oxford University Press, 2007.

Thomas A. Metzger, *The Internal Organization of Ch'ing Bureaucracy: Legal, Normative, and Communication Aspects*, Harvard University Press, 1973.

John R. Watt, *The District Magistrate in Late Imperial China*, Columbia University, 1972.

课后深度思考题

1. 结合清代文字狱、《叫魂:1768年的中国妖术大恐慌》及《刑案汇览》等文献,思考清代刑事审判是否存在确定性?在什么限度内存在?原因为何?

2. 2000年7月,在浙江省台州市黄岩区的一些老旧房屋中意外发现了一批清代后期的诉讼档案,包括诉状的状式、副状、证据和审理的记录等司法文书约110余件。这批珍贵档案经第一历史档案馆修复后得到78份诉状,在法史文献专家田涛教授主持整理下,已由法律出版社出版。① "黄岩诉讼档案"时间跨度为同治十三年到光绪十五年(1874—1889)。涉及的案情在今天看来绝大多数属民事案件,起诉一方总要夸大其词,以要求追究对方刑事责任的口气"具呈"。具体案由则不过是户婚、田宅、钱债之事为主,或由此而引起的打架斗殴、骂詈污辱及盗窃等轻微刑事案件。试阅读这些诉讼档案并思考:这些诉状反映当事人什么样的语言叙述方式?他们采用了什么样的共通性的语言词汇,他们为何通常夸大其词、选择这样的表述方式来起诉?这种状纸书写方式与清代讼师业有无联系?

---

① 参见田涛、许传玺、王宏治(主编):《黄岩诉讼档案及黄岩调查报告》,法律出版社2004年版。

中编　传统法制总论

本 编 导 论

对传统法制影响最大的主要有以下四个方面：以君主为代表的皇权政治，法家思想，伦理社会，儒家思想。这四大方面自秦汉至明清一以贯之地影响甚至决定了传统法制的特质。

传统法制由以君主为代表的皇权政治机构制定，立法宗旨首先反映了皇权政治机构的利益。历代王朝的立法过程大体上经历了"皇帝下旨""大臣草拟""修改草案"及"下诏颁行"等程序。立法权绝对地掌握在皇帝之手，大臣是奉旨立法的人员。皇权政治机构通过立法与司法实践实现经济的管理，获得巨大物质利益；监督各级官僚，保证立法、司法的终局性权力统归于中央。

与此相关，战国时期的法家学派尤其鼓吹君主专制集权，他们在思想资源方面为后世王朝提供法制的理论基础和政治操作（权术）途径，包括"利出一孔"式的经济管制方式，以刑去刑的酷刑和重刑主义，提倡国家（也即君主）本位，要求司法官员大义灭亲、一断于法，等等。汉以后的君主不怎么倡导法家思想，法家思想似乎自那以后潜藏起来了，甚至诸如明太祖这样的皇帝还公然斥责韩非等人，统治者在台面上宣传的内容大都是经过汉代董仲舒改装过的儒家思想。但是他们的统治权术与法制特征多与法家思想相合。诸如汉宣帝就公然提出汉家的统治方式是"霸王道杂之"，也即统治糅合了暴力与道德教化，二者缺一不可，其实道破了整个传统中国统治的两手抓特色。

中国传统法制立基于家族伦理社会。学者认为，受家族特征的深刻影响，中国汉至清朝是个伦理社会。所谓伦理就是人所存在的种种天然的基本关系，如父子、兄弟、朋友以及宗族亲友等等，各级官员亦化身成"父母官"，打上了伦理关系的色彩。中国人就家族关系推广发挥，以伦理组织社会，故伦理社会首重家族。每一个人对于其四面八方的伦理关系，各负有其相当义务；同时，其四面八方与他有伦理关系之人，亦各对他负有义务。全社会的人,因此辗转互相连锁起来,无形中成为一种组织。西欧那种阶级对立的历史社会掩没了人生互依关系,伦理情谊观念难发产生。① 在伦理社会,司法审判无法撇开各种宗亲情谊,作出是非黑白分明的判决。同时,历代法制受伦理社会影响,往往因为双方当事人的相互关系与身份作出特别的规定。这导致司法审判不得不因人而异,特定情况特定分析,判决往往是在综合衡量天理、人情与国法之后得出,法律仅占其中之一。因此,传统司法的风格就不可能像法家那种严格拘泥于法条的规则主义路数。

受儒家伦理思想影响,在汉以来的家庭伦理社会中,法律注重对长幼尊卑秩序的维护,家长与族长对家庭成员或卑幼可实施惩戒,具有一定的"司法"权限。家族内部不同等级的成员相犯,法律上的刑事处罚因其间的身份差异而有巨大区别。与伦理社会相适应的传统法制,其理论基础与具体内容的规定深受儒家思想支配。比如先教化后惩处,以礼制区别上下尊卑长幼,鼓励亲亲相为容隐,鼓吹"杀父之仇不共戴天",等等。

基于以上原因,本编主要分析上述四个方面与中国传统法制的主要联系。

---

① 参见梁漱溟:《中国文化要义》,上海人民出版社 2005 年版,第 72—73、170 页。

第七章　皇权政治与传统法制

学习重点：(1) 经济管理法制的立法宗旨；(2) 官吏监控法制的特征及其实效分析。

西周时天子将全国土地分封给诸子、姻亲与功臣,到各地建立上百个诸侯国,各诸侯国在本国范围内又层层分封。因此,周天子、诸侯、卿、大夫都只具有相对权力。到了战国时期,随着兼并战争引发变法运动,其重要变化之一为各诸侯国变封建制(分封建国之制)为郡县制,各级官员由诸侯任命,直接对其负责。至秦一统天下,皇权政治体系的完整构建颇具规模。这种政治体系在东亚这块土地上具有顽强的生命力。

秦汉以来的传统社会,基本上是中央集权"一权独大"的社会(东晋、南朝时稍有例外)。这样的社会通行下级绝对服从上级,地方绝对服从中央。同时,皇权政治机构特别注意去除任何威胁君主权力的中间性社会团体的存在,使得所有臣民直接面对国家权力。比如颁行强制分家的法令(商鞅时期);打击无合理理由而"群饮酒"行为(汉武帝时期);创设奸党罪(明太祖时期);崇尚"欲为其国,必伐其聚"(要治理国家,则要打散社会的聚集团体)①,等等。这导致的结果是"一权独大"的皇权政治没有外在社会力量制约其为所欲为,皇权对法律运行的影响极大,特别是在宋元以来皇权空前强大,皇帝主导下的法律运作与法律形式容易缺乏稳定性。

作为参照物,英国12—16世纪存在着多元权力,除了王室之外,尚有商人团体、强大的宗教组织、大贵族以及由这些人组成的议会。英王约翰在任内对国民实行残暴统治,激起了各阶层公众的反对,在教会和贵族的武装斗争压力下,于1215年6月签署了《大宪章》,主要内容是保证贵族、骑士与市民所享有的权利不受国王的侵犯。《大宪章》是民众普遍不满国王统治而导致的抗议斗争的产物,以用法律限制了王权。② 到16世纪,普通法院与议会结成联盟反对王权专制,反对国王的衡平法院对普通法院管辖权的侵犯。普通法院的大法官柯克(E. Coke)主张普通法至高无上,权威高于衡平法,且高于国王意志。③ 最后詹姆斯国王作出了妥协。英国之所以形成久远的法治传统,与其存在权力多元的社会,进而有效制约王权为所欲为有重大关系。中国传统时代没有制约的皇帝权力是一种绝对权力,这使皇帝们几乎无一例外地迈向绝对独裁和绝对腐败的道路。

---

① 参见《韩非子·杨权》。
② 参见由嵘(主编):《外国法制史》,北京大学出版社1992年版,第151—152页。
③ 参见同上注书,第446—447页。

第一节　皇权政治与经济管理法制

◆ 预读文献与思考

以下文献，一类是涉及元朝典买田宅的契约格式，由契约双方当事人照此类格式条款书写（文中的"厶"相当于预留空白，给当事人填写）；一类是宋元时期关于规范典买田宅的法令（源自《宋刑统》《至元杂令》与《大元通制》）。这两类法制史文献在性质与内容上有何本质区别？为何中国传统时代没有直接将契约格式条款纳入国家正式的法律法规之中，形成传统特色的"契约法"？（括号中文字为大意解释）

　　△典买田地契式①

　　厶里厶都姓　厶

　　右厶有梯己（自己的）承分晚田若干段，总计几亩零几步，产钱若干贯文。一段坐落厶都，土名厶处，东至西至南至北至，系厶人耕作，每冬交米若干石。今为不济，差役重难，情愿召到厶人为牙（类似请人作中介），将上项四至内田段立契，尽底出卖【或云典】与厶里厶人宅。当三面言议断得时直（通"值"）价中统钞（元朝的货币）若干贯文，系是一色现钞。即非抑勒（没有强迫情形），准折债负。其钞当已随契交领足讫，更无别领所卖（没有另外再行出卖）【或云典】。其田的系梯己承分物业，即非瞒昧长幼私下成交（没有瞒着长幼私下自行成交），于诸"条制"并无违碍等事（没有违背各种法律规定）。如有此色（如有这种违法行为），且厶自用知当合备别业填还（以其他产业偿还），不涉买【或云典】主之事。从立契后，仰本主一任前去给佃管业（由本业主出租本项产业或管理），永为己物。去后子孙更无执占收赎之理（以后前任业主的子孙不能就此项产业争占或收赎）。所有上手朱契（本产业的以前红契）一并缴连赴官，印押前件产钱，仰就厶户下改割，供输应当差发（此项田产下的赋税与差役一并到官府交割到现在的业主），共约如前，凭此为用。谨契。

　　年　月　日　出业人姓　厶　号　契
　　　　　　　　知契　姓　厶　号
　　　　　　　　牙人　姓　厶　号
　　　　　　　　时见人（中见人，类似于担保或证人的功能）姓　厶　号

---

①　参见《元代法律资料辑存》，黄时鉴（辑点），浙江古籍出版社1988年版，第238—241页。此类契约格式原刊于《新编事文类要启札青钱》，泰定元年（1324）刊行。"厶"相当于某某人，契约样本在此处为供人们填写具体人名。

△当何田地约式

里厶都姓　厶

右厶今得厶人保委就厶处

厶人宅当何得田若干段,总计几亩零几步,坐落厶都土名厶处,东至西至南至北至,前去耕作,候到冬收成了,毕备一色干净圆米若干石送至厶处仓所交纳,即不敢冒称水旱,以熟作荒,故行坐欠。如有此色（如果有这种拖欠）,且保人自用知当甘伏代还不词（担保人甘愿代还）,谨约。

年　月　日　佃人姓　厶　号　约
　　　　　　保人姓　厶　号

△典买房屋契式

里厶都姓

右厶有梯己承分房屋一所,总计几间几架,坐落厶都,土名厶处,东至西至南至北至,系厶人住坐。今因贫困不能自存（不能生存）,情愿召到厶人为牙,将上项四至内房屋寸土寸木不留,尽底出卖【或云典】与厶里厶人。边当三面言议,断得时直价中统钞若干贯文,系是一色现钞。即非抑勒,准折债负,其钞当已随契交领足讫,更无别领所卖【或云典】。其屋的系梯己承分物业,即非瞒昧长幼,私下成交,于诸条制并无违碍等事。如有此色,且厶自用知当不涉买【或云典】主之事。从立契后,抑本主一任前去管佃,永为己物。向后子孙更无执占收赎之理。所有上手一并缴连赴官印押,共约如前,凭此为用。谨契。

年　月　日　出业人姓　厶　号　契
　　　　　　知契　姓　厶　号
　　　　　　牙人　姓　厶　号
　　　　　　时见人姓　厶　号

《至元杂令》[①]

○卑幼交易

诸有尊长,而卑幼不得典卖田宅人口。其尊长出外,若遇阙乏,须合典卖,【疾病官事之类】于所属陈告,验实给据,即听交易。违者,田宅人口各还主,债并不追。若卑幼背尊长、奴婢背主及宫户监【宫户监,疑当作官户监户】,不得作债,知而与者,债并不追。财主不知,保人代偿,无保者亦不追。

[①] 参见《元代法律资料辑存》,黄时鉴（辑点）,浙江古籍出版社1988年版,第40页。这一源自《至元杂令》的国家法规出现时间与前引元朝契约格式大致接近。

若从征代及在他应当差役,实有关用,听所属官司告结文凭。

《大元通制》①

田宅

诸典卖田宅,取问房亲邻人。典主违限不批退,决一十七下;违限不酬价,决二十七下。典卖田宅,具情由告给公据,许令成【疑成下脱一"交"字】,卖主买主一同赍[jī](携带)契赴官销照□取承□推收税石。〇听亲邻典主百日内收赎,限外不得争告,虽过百日,并听依价收赎。若亲邻典主在它所者,百里之外,不在由问之限。〇欺昧亲邻典主故不成交,决四十七下。亲邻典主故行刁蹬,取要画字钱物,取问是实,决二十七下。〇正军贴户破卖田土,许相由问。〇站户典卖田土,依例许亲邻典主成交。〇年幼因饥馑同祖母卖讫田土,断付卖主。〇站户消乏卖讫田土,先行随地收税。〇军人消乏卖地土,军官奥鲁官根底与文字货卖。

《宋刑统》卷第十三《户婚律·典卖指当论竞物业》规定:"诸家长在,而子孙弟侄等不得辄以奴婢、六畜、田宅及余财物私自质举,及卖田宅。其有质举卖者,皆得本司文牒,然后听之。若不相本问,违而辄与及买者,物即还主,钱没不追。""今后应典及倚当庄宅、物业与人,限外虽经年深,元契见在,契头虽已亡没,其有亲的子孙及有分骨肉,证验显然者,不限年岁,并许收赎。如是典当限外,经三十年后,并无文契,及虽执文契,难辩真虚者,不在论理收赎之限,见佃主一任典卖。"

传统社会没有近代欧陆那种民法,但存在一些民事法律规范。学者认为,传统民事规范大致主要存在于以下三个领域:习惯、礼制和历代官方的民事判决文书。首先,古代礼制中蕴含着诸多民事规范,如西周礼制涉及婚姻、田土、钱债、宗祧继承等各方面。但汉代来以的礼涉及民间规范的主要是婚丧嫁娶等方面,对应于现代大陆法系民法上的亲属、继承法两个领域。其次是历代官方民事判决文书。这些文书通常隐含的抽象公平、是非观念,与支配西方现实法律的理性原则具有相似之处。但是当时的官员未能像欧洲人那样将这些看法、观念整理成逻辑严谨的法典和条理清晰的教科书。因此中国古代的民事审判处于初级、简陋甚至原始状态,尚未形成稳定的、系统的、具有普遍性指导意义的规范体系,乃至在民事审判中往往存在着很大的随意性。

古代法官既不像其欧陆同行那样必须引用法典;也不像英美法官那样援

---

① 参见《元代法律资料辑存》,黄时鉴(辑点),浙江古籍出版社1988年版,第70—71页。下文中的"□"表示原文缺一字。

引先例或创造法律。而且适用习惯时,通常也无须引证和阐明。更普遍的情形是,法官的判决仅依据各自内心的是非和公平观念,尽管这也算是习惯和道德的产物。中国有几千年高度文明却不能发展出严谨、稳定、具备内在逻辑统一性及可普遍适用的民事法律规范体系,民事审判满足于因陋就简而不思有所创造。其内在主要原因在于,家天下的政权所关心的只是维系万世一系的江山,关注统治秩序的稳定,至于民众如何生活,生活得好坏不会引起他们的太大兴趣,而层层官僚所把持的各级衙门则只对自己的上司和皇帝负责,只要没人"造反""闹事",没有危及官僚们乌纱帽的事件发生,他们完全没有必要太多干预民间生活。因此,中国传统的制定法只关注那些危害政权及严重破坏社会秩序的犯罪。至于"户婚""田土""钱债"之类民事纠纷一向被称为"细事",历代官府采取的是"民不举官不纠"的放任态度。①

罗马法及罗马法学者从财富与正义的关系中抽象出财产所有权的概念,并且运用法律给财产权以充分的保护。② 中国传统民事法律规范数量则有限、简单且粗陋,历代涉及官方对民间经济管理的法律却异常庞大,且与此相关的历代立法与政令表现得相当"重利轻义"。这在法制上的表现,就是历代出台了繁多的经济管理方面的法令,尤其是对一些大宗商品的生产与销售进行国家垄断。学者指出,国家宣布实行禁榷(也即国家垄断)的工商业品往往总是人们生活资源和生产资料中最主要的、经常或大量需要的物品,或者最为有利可图的物品。例如生活资料中的盐,生产资料中的铁,奢侈性消费品中的酒等。官府垄断了这些东西的产销,就可以经常和大量地获得垄断利润。③

至少在战国,各诸侯国就管制涉及国计民生的经济生产,比如当时的齐国"筦[guǎn]山海之均",控制盐铁生产。④ 历代朝廷通过制定相关法制,管理、控制经济的思想有非常久远的渊源。比如《管子》一书中的《地数》《轻重甲》《山权数》《山国轨》诸篇从不同角度论述了山林池泽由国家垄断或控制。《轻重甲》说:"为人君不能谨守其山林菹泽草莱,不可以立为天下王。"《地数》论述诸如周文王、周武王等圣王都是以天财、地利立功成名的。《管子》还积极主张国家垄断市场与贸易。比如《海王》《山权数》诸篇主张国家以权力为后盾,垄断民生必需的盐铁和其他土特产。

后世经济管理法制与政令同上述言论多有相合之处。其法制内容大致

---

① 载杨一凡(主编):《新编中国法制史》,社会科学文献出版社 2005 年版,第 359—361 页。
② 参见陈晓枫等:《财富观与正义对中西方社会的影响》,载《法史思辨》,法律出版社 2004 年版,第 340 页。
③ 参见刘泽华等:《专制权力与中国社会》,天津古籍出版社 2005 年版,第 156 页。
④ 参见陈顾远:《中国法制史》,商务印书馆 1934 年初版,第 358 页。

分为如下几类：其一，农业经济管理法制。如农田水利、牲畜饲养、农业生产的组织和监督。比如秦代官吏要及时掌握雨情及庄稼种植、生长状况，并向上级做书面报告。其二，手工业管理法制。秦律中就涉及产品生产指令、定额，器物上要刻上生产者和管理者的姓名以便于考核和奖惩。秦汉以后设有专门的冶铁、纺织等的管理机构。其三，市场管理法制。《周礼·地官·司徒》中的司市、质人、廛人、泉府等皆为管理市场的机构或官吏。历代统治者都注意通过法律和政策影响和左右市场。如李悝时期的平籴、秦汉时期的均输（国家向战事地区和饥荒地区输送粮食和急需物质）制度都具有平抑物价、限制商人牟利的意图。另外，对重要物质和商品实行国家专卖（时称莞榷[què]）。战国以来，盐铁等山海之利概归朝廷。秦汉以后，各王朝专卖的物质对象根据其需要而有所变化，盐、铁、酒、茶、铜、明矾都曾被纳入专卖范围。明清律中的"市廛律"亦即专章涉及市场管理的法规。其四，统治者还很注重对货币的管理。秦律中的《金布律》规定了金、钱、布之间的比价，在交易过程中任何人不得有选择地使用。宋代以后出现了纸币，但元明时期朝廷滥发纸币，导致物价飞涨，纸币极度贬值。其五，赋役管理法制。战国秦汉以来的《田律》就是对田地税的规定。此外，当时还有更赋（一种徭役），户赋按户征收，口赋按人口数纳税。为此，秦以来的法律均严厉打击隐匿户口。唐代中期以后租庸调税收政策难以维持，于是在唐德宗时宰相杨炎推行两税法。①试略述如下：

一、战国的经济管理法制

传统经济法制大量的、主要的表现为各朝代发布的单行法规和帝王的诏令。从《周礼·地官》的记载来看，西周已经有掌管山林川泽等自然资源的机构（如山虞、林衡和川衡等）及法律政令，但法令的具体内容目前并不清楚。隋唐以后，涉及经济管理法制的内容增多，但仍主要表现为单行法规和皇帝诏旨。为单行法令汇编的"唐令"中，就有户、田、赋役、仓库、厩牧、关市、营缮等属于这方面的内容。

战国初年，李悝在魏国曾进行以尽地力之效、平籴平粜为主要内容的改革，主要通过单行法规和魏文侯的诏令推行。《守法守令十三篇》是西汉人抄录的战国时齐国的法律，其中的《田法》篇记述齐国的土地制度，包括农业生产、农田产量、田亩制度、户籍管理、赋税及刑罚等方面的法令，并规定以授

---

① 关于隋唐后经济法制的叙述，参见刘海年：《中国古代的经济法制》，载杨一凡（总主编）：《中国法制史考证》（乙编第三卷），中国社会科学出版社2003年版。

田、易田的方式分配土地。秦律中有不少经济管理法规。这些经济管理等各类法规,如从今天的标准看,其实也和前述的刑事法律差不多,因为当时违背这些法律的人几乎无例外地要受到刑事惩罚。秦的农业管理法规主要体现在《田律》,农官在当时称为"田啬[sè]夫"。管理农业的官员要及时报告降雨后农田受益面积和农作物遭受风、虫、水、旱等自然灾害的情况,不许任意砍伐山林,居住在农村的百姓不准卖酒,还部分涉及农业生产、山林水利保护、田赋征收的规定,等等。

各级官吏必须关注季节气候变化及农业生产,并及时上报以保证国家的农业收益。这与法家思想有密切联系,比如《商君书·垦令》列举的多条重农措施中,绝大部分是关于强制务农的规定。如禁止粮食贸易,迫使人人都只能直接以务农为生;实行重刑连坐,使"怠惰之民不游,费资之民不作"。

对"怠惰之民"施以严惩、强制民众勤于务农的传统在后世屡有所见。如元朝至元二十八年(1291)六月中书省奏准《至元新格》规定:"诸州县官劝农日,社内有游荡好闲,不务生理,累劝不改者,社长须得对众举明,量示惩戒。"① 明初《教民榜文》针对"河南、山东农民中,有等懒惰,不肯劝务农业"现象,规定:"每村置鼓一面,凡遇农种时月,五更擂鼓,众人闻鼓下田,该管老人点闸。若有懒惰不下田者,许老人责决。务要严切督并,见丁着业,毋容惰夫游食。"②

另外,秦简《田律》与《厩苑律》通过法律周密地管理自然资源,从春天的二月到七月间禁止砍伐树木,不到夏季不准烧草作肥料,不准采摘刚发芽的植物,等等。当然这主要是"只许州官放火,不许百姓点灯"。秦始皇时为了修建阿房宫,把蜀山都砍得光秃秃的。

? 想想看

国家法律禁止砍伐森林,是否说明那时就有类似于环境保护的法律?法律打击盗窃,是否就相当于保护私人(尤其是地主阶级的)财产权或维持私有制?法律调控农业生产、经济交易活动等等,是否表明那时就有民法或商法?有的学者说秦汉以来的中国经济是市场经济,若结合法家思想宗旨与秦律,你认为这个观点成立吗?

---

① 载《通制条格》卷第十六《田令·理民》,方龄贵(校注),中华书局2001年版,第452页。
② 载刘海年、杨一凡(总主编):《中国珍稀法律典籍集成》(乙编第一册),科学出版社1994年版,第640页。明清对民众无故荒芜田地的处刑,参见《大明律》卷第五《户律二·田宅·荒芜田地》、《大清律例》卷九《户律·田宅·荒芜田地》。

这些法律规定说明,当时的农业并不是纯粹的私人活动甚至根本不是私人活动,也不完全是私人利益的维护,而是有着国家利益在其中。因此,农业生产并不是来自耕种者的自主决定和自由意志。

除《田律》外,云梦秦简记载的从商鞅到秦始皇统治时的法律还大量涉及经济制度,如《厩苑律》《仓律》《金布律》《关市律》《工律》《工人程》《均工律》《徭律》和《效律》等。此外,在秦简的《秦律杂抄》中之《藏律》《傅律》《牛羊课》和有关手工业生产、采矿和戍役的规定,杂抄当时通行的有关经济法制。在1979年至1980年在四川省青川县郝家坪发掘的古墓中,有一块木牍记载了秦武王时修订的一条《田律》。① 该条法律反映,秦《田律》还有关于田亩、封界以及道路规格等内容的规定。秦武王命甘茂修订此《田律》是为了正疆畔,劝农事。1989年湖北省云梦县龙岗出土了秦朝末年的秦律。学者认为,龙岗简文内容大体包括四方面:关于田赋的规定;关于田猎的规定;关于牧放马牛羊的规定以及关于卫禁的规定。②

秦一统天下后,秦始皇滥发徭役,服役人数占全国总人口的百分之十五以上。秦二世时期的右丞相冯去疾、左丞相李斯等认为"盗"多与徭役太多、赋税太重密切相关③,这导致秦二代而亡。

秦手工业管理法规主要反映在秦律《工律》《均工律》《工人程》《效律》等,涉及手工业产品的规格、质量、生产定额、劳动力调配等方面的规定。秦代对官营手工业产品要年度考查,评为下等的,有关人员要受到惩罚。为追查产品生产责任,产品上往往刻有官署名或工匠名。秦始皇兵马俑中的陶俑衣襟等部位有印记与刻文,记录了地名、官署、工匠名,应当与秦代手工业生产的法律制度有关。这种制度在西周时期亦存在,比如《礼记·月令》记载:"物勒工名,以考其诚,功有不当,必行其罪,以穷其情。"

《周礼·地官》记载西周有司市、质人、贾师等官员负责对商业市场的管理,但具体法律内容不明。秦商业与货币管理法规主要体现在《田律》《金布律》《司空律》《关市律》等秦简中。这些法律内容涉及打击非法商业(如农村售酒)和走私,对一些主要商品(如粮食、牲畜及劳动力)的价格规定,《金布律》对货币的规格、金、布、钱的兑换和比价作了规定。

---

① 青川郝家坪木牍所载秦武王时期修订的《田律》内容及相关考释均载刘海年、杨一凡(总主编):《中国珍稀法律典籍集成》(甲编第一册),科学出版社1994年版,第369—374页。秦武王时修订《田律》时间大致为公元前309年。
② 参见南玉泉:《云梦龙岗秦简的法律形式与内容》,载《中国古代法律文献研究》(第二辑),中国政法大学法律古籍整理研究所(编),中国政法大学出版社2004年版,第29页。
③ 参见《史记》卷七八《李斯列传》。

二、汉代的经济管理法制

张家山汉简《二年律令》记载了西汉初期的法律,其中的《田律》与《户律》表明,当时国家推行授田予民的土地制度,这一制度实施的前提条件是,民众必须及时缴纳各种赋税,否则将被刑事处罚;私人不能自由地另外购入田宅,必须有国家许可;为了保证国家收入,私人不能够自由迁徙;田亩、封界以及道路的规格不能由私人自行确定,必须依据国家统一的标准,以便于管理。① 西汉的土地权利制度尽管与秦存在差异,但是其基本精神一脉相承。

汉武帝时,国家连年征战,财政吃紧。于是统治者收回铸币权,禁止民间铸钱,后由桑弘羊、东郭咸阳等人筹划,仿效战国时期管仲在齐国"莞山海"的先例,对盐铁这样的生活、生产必需品强行国家专营,排斥私商参与生产与销售。官府通过"寓税于价"即通过专卖加价这一比较隐蔽的方式,取得比直接课税更为丰厚的财政收入。至东汉,盐铁政策变更无常。②

盐铁官营一方面增加官府的收入,另一方面打击那些因经营盐铁致富的大商人,消除他们在政治、经济上与中央对抗的势力。比如,不许商人子弟做官,"工商杂类,以预任伍",对商人人格歧视,在国家财政困难时加征重税,如汉武帝时期实行算缗令,根据工商业者的财物征税,称为算缗钱。凡隐瞒资产不申报或申报不实的,罚守边疆一年,资产没收。鼓励民众告发不如实申报资产的人,以没收违令商人资产的一半给告发者。是以中等资产以上的商家大都破产。算缗钱导致的结果是由打击大商人演变为严重破坏商品经济、祸及民众的恶税,于是"民媮甘食好衣,不事畜臧之业"。③ 重税之下民众普遍产生了尽量消费、不愿积累财富的病态行为,破坏了社会的正常再生产。

汉武帝还采纳桑弘羊的建议,将国家专卖范围扩大到酒。汉武帝下令酒的产销也由国家垄断,称为榷酤。另外,汉武帝时期委派大盐商东郭咸阳和大铁商孔仅为大农丞,专管国家盐铁专卖。孔仅向武帝建议,凡是私自煮盐、冶铁及私自铸造煮冶工具的,一律断去左足,没收器物。汉代还有官府因开放某些诸如山林陂池之类的自然资源,让百姓从事渔采而设立的特定税种,具有资源税性质,比出海捕鱼增收"海租",湖泊捕鱼征收"渔税"等。④

---

① 以上详细内容均参见张家山二四七号汉墓竹简整理小组(编):《张家山汉墓竹简》,文物出版社 2001 年版。
② 参见郑学檬(主编):《中国赋役制度史》,厦门大学出版社 1994 年版,第 61 页。
③ 《汉书》卷二十四下《食货志》。
④ 参见郑学檬(主编):《中国赋役制度史》,厦门大学出版社 1994 年版,第 67—68 页。

三、唐代的经济管理法制

三国时期的魏、吴、蜀对盐铁都恢复专卖或部分专卖。除盐铁之外,曹魏专卖的范围还曾扩及苦酒(醋或劣酒)与胡粉(铅粉)。至隋文帝开皇三年(583)废除曹魏以来三百多年的盐铁专卖。此后一百余年官府对盐业完全放任,不专卖、不征税。东晋南朝,奴婢、马牛、田宅的买卖应立"文券",并交纳契税。唐朝时,《唐律·杂律》也规定奴婢、牛马的买卖也要立"市券",如果交易付款后不立市券,超过三日笞三十下,卖主减买主一等治罪。市券通常由管理市场的官吏市令发给,并加盖州印或都督府印,其目的主要在于加强市场管理,防止压良为贱或盗卖他人牲畜。

总之,安史之乱前,唐朝官府对于工商业与关津重在于秩序的管理,而非收税。安史之乱后,官府财政吃紧,皇帝被迫许可地方官员设定各种商税,如关津之税,城市、桥梁等的车牛船只的通过税(属流通税),市场征收的税则为住税(属营业税)。但是一般的税种未能解决官方的财政危机,于是官府又开始榷盐、榷酒。①

唐朝于开元九年(721)征收盐税。随着中央财政吃紧,唐肃宗至德元年(756)实行盐专卖。至乾元元年(758),盐铁使第五琦设立盐法,以乾元元年以前的通常价格每斗十文向盐区统购食盐,而后官置吏专卖食盐,卖价通常为一百一十文。到代宗永泰二年(766),户部尚书刘晏改榷盐法为民制、官收、商运、商销。官府对盐统购,在产区设置四个盐场和十个盐监,负责食盐的生产和收购,切断盐商与盐户的关系,保证官府专卖权。商人从官府批发官盐,交纳通过税"榷盐钱"。同时对运销私盐者没收其资产,按情节论罪。唐政府赋税中有一半来自于盐,刘晏主政前后的盐税收入相差十倍。②

茶叶专卖始于唐代中期。德宗贞元九年(793)正式征收茶税,官府在茶商往来的茶史要道置场设卡,按三等征税,税率为十分之一,茶税逐渐成为官府的重要财源。③ 唐文宗太和九年(835)宰相王涯在江南设立茶叶专卖,令茶农把茶树移入官茶场种植,引起茶农怨恨。因此这种官产官销的办法难以实施。王涯的继任者令狐楚改革茶法,由官府收购茶农的茶叶,加价卖给商人。后来更常见的办法是官府向茶商征收商税,导致茶价上涨,为私贩茶叶提供机会。因此,在宣宗大中初年(约847),盐铁使裴[péi]休制定茶法,规定贩卖私茶三次且均达三百斤的处以死刑,对长途集体贩运私茶的,亦处以死刑。④

---

① 参见郑学檬(主编):《中国赋役制度史》,厦门大学出版社1994年版,第247—250页。
② 参见同上注书,第250页。
③ 参见同上注书,第311页。
④ 参见同上注书,第312页。

建中三年(782),唐朝对酒专卖,以筹措军费。贞元二年(786),官府将酒专卖推向全国,官府的专卖收入(榷税)每斗酒为一百五十钱,约为酒价的50%。唐武宗会昌六年(846)的敕令说明,当时为保证酒利,官府对私酿、私卖酒和酒曲者处以严刑,没收家产,且"一人违犯,连累数家"。① 唐代后期未再修订具有稳定性的律典,而是不断编订具有灵活性、权宜之计的敕为主,正与上述国家经济法制的不断调整有重大关系。五代时期的法制继承唐末酷刑之余烈,相关的专卖法制亦是如此。比如,后周广顺二年(952)的敕规定:"诸色犯盐曲,所犯一斤已下至一两,杖八十,配役;五斤已下一斤以上,徒三年,配役;五斤已上,并决重杖一顿,处死。"②

唐律对市场经济管理有较详细的规定。比如唐律对度量衡器规定了使用制度,以制约奸商,维持公平和市场秩序。《唐律疏议·杂律》"校[jiào]斛[hú]斗秤度不平"条律文规定校斛斗秤等度量衡器的容量或刻度不合规定,当事人要杖七十,管理者未察觉减一等处治。私制的度量衡器被严禁使用。在器物制度和贩卖方面,《唐律疏议·杂律》规定销售的器物及绢布等不牢靠、不真实、有短少的,当事人杖六十。若当事人由此获利丰厚,计其所获价值,依照盗窃罪赃款论处。管理者知情则与当事人同罪。在物价评估方面,《唐律疏议·杂律》"市司评物价不平"条规定市场管理者(市司)在评估物价不公平的,计其所评估价值的贵贱论处。唐令还要求市场管理者(市令)有职责要求商人每十天向市场管理机构呈报一次物价变动情况。在交易自由方面,《唐律疏议·杂律》"卖买不和而较固"条规定以暴力威胁的手段强卖强买,商人私下串通,以贵为贱或以贱为贵,限定物价,坑害生产者和消费者,雇人助阵、哄抬物价等三种行为,应分别各杖八十,获赃较重的(三匹一尺以上),按窃盗罪论处,赃物须退还原主。《唐律疏议·杂律》"在市及人群中故相惊动"条针对扰乱市场、惊动众人的,杖八十;因此之故而杀伤人的,减故杀伤人一等处罚。③

四、宋代的经济管理法制

北宋时颁布《商税则例》,为征收商业税的法律,当时在四京(即开封府、河南府、应天府、大名府)所设的税务机构称为"都商税院",南宋时在临安的税务也称"都商税院",各州府的税务机构称为"都税务"。这些机构一方面征

---

① 参见郑学檬(主编):《中国赋役制度史》,厦门大学出版社1994年版,第315—316页。
② 载《五代会要》卷二十七《盐铁杂条下》。
③ 唐代经济管理规定,参见倪正茂:《中国古代法律功能再审思》,载《批判与重建:中国法律史研究反拨》,法律出版社2002年版,88—91页。

收商税,一方面负有检查私贩茶盐等缉私任务。各地凡市上交易均需纳税,范围很广。商税中,住税(相当于近代的营业税)和过税(相当于近代的商品流通税)的税率为3％和2％。但是具体到各地时会有差异。①

宋代的国家专卖范围比前朝大大扩张,包括盐、茶、酒、矾、海外香货等。这些货物流通量大,对国计民生有重大影响,获利丰厚。

宋朝官府设立盐官统制各产盐区,统购食盐,一部分"官鬻",即官府统购又统销。宋初实行此制度主要是在东南产盐区及解盐的东路销盐区。官府将所掌握的食盐运至各州县,由州县置铺出卖。由于官盐太贵,因此官府一方面禁止私盐,另一方面按人户强行分配一定数额的官盐,其价或随税钱入官,或令民交现钱,民交的盐价就成为一项带有赋税性质的征派,到后来,官不给盐,民仍得交给官府丁盐钱,完全成为苛税。② 另一部分为"通商",宋徽宗崇宁年间(1102—1106)由商人承办食盐专卖。总体上,宋代的"官鬻"和"通商"目的都是为了增加财政收入,以应付当时庞大的军费等开支。

北宋初年规定在三京控制酒曲专卖,民间酿酒须使用官制酒曲,官府从卖曲中获取榷税和利润。有官府垄断,就有走私,古今概莫能外。为了确保酒曲由官府造卖,建隆二年(961)北宋以后周曲法太峻,改为犯曲禁十五斤、私自贩卖酒三斗入城者始处极刑。第二年,再放宽曲禁,私造曲三十斤才处死。以后民间酿酒因曲禁放宽而有所发展。北宋时为了保证曲的专卖收入,曾一度减少官曲产量,以提高曲价。其次是诸州城内皆置酒务酿酒,官酿的酒出卖称官沽,有的地方官员要求百姓婚葬时据其户之大小买高价官酿酒,形同掠夺。太宗淳化五年(994)下诏募民酿酒,但应募人少,于是官酿又恢复。神宗熙宁四年(1071)实行买扑法,对经营不善的官营酒坊,由出价最高的私人承包经营三年,实质为官有私营。南宋初年,四川官员赵开将酒坊设备承包给民众酿酒出卖,民户承包酿造一斛米的酒,要交钱五十二文。这种赵开酒法(也叫隔槽治)在四川推行后,官府酒课收入增至六百九十余万缗。③

宋代规定茶农以茶叶纳税,剩余部分必须交售给官府,不得私卖。具体专卖法主要有以下两种,交引法,"交引"是官府发给的茶叶提货单兼卖凭证。茶商须购交引,然后到指定地点提取茶叶贩卖。在贩运过程中要纳过税(流通税)和住税(交易税)。茶引法,"茶引"是茶商须缴纳茶税后获得的茶叶专卖凭证,主要施行于北宋后期至南宋初。宋神宗熙宁七年(1074)规定茶商于

---

① 参见郑学檬(主编):《中国赋役制度史》,厦门大学出版社1994年版,第361页。
② 参见彭雨新(主编):《中国封建社会经济史》,武汉大学出版社1994年版,第421页。
③ 同上注书,第376—379页。

官场买茶,缴纳10%引税后发给茶引,茶商由此免除流通税运往甘肃等地出售。茶引与交引的区别是,前者是已经纳税的凭证,不是有价证券,所以前者不必再纳税,后者则需缴纳过税。凡违反茶法规定,要没收茶货及处刑。茶法的具体内容在不同时期颇有变化。

宋代海外贸易异常发达,当时对外开放的海港广州、明州(宁波)、杭州,贸易商船远达日本、东南亚、印度洋等地。宋代外贸管制法规定出海须经核实后发给"公凭""若不请公据而擅行""徒二年,五百里编管""并许人告捕,给船、物半价充赏。其余在船人虽非船、物主,并杖八十"。① 宋神宗时在福建、广东、浙江等地设置市舶司官员,管理海外贸易。北宋还颁布了外贸管理法律——"广州市舶条(法)",于神宗元丰三年(1080)颁布,史称"元丰法"。这一外贸管制法规定,出海商船须从官方指定的港口起航和返航。以后的敕条又规定一切出海商船都必须从杭州、广州、明州市舶司登记注册起航,不得从其他港口出海,但没有固定去向限制。商船出航前,必须向所在地方的州县官府呈报客商姓名、籍贯、船主、船上货物、全体人员姓名,在上船开航前,由州县官员等检查,并由当地富户(时称"物力户")三人担保,然后再由市舶司发给出海凭证(公据)。再次,商人出海,不得夹带兵器、铜钱、妇女、奸细、逃亡军人。出海商船的往返期限也有规定:凡一年以上回来的,要加以处罚。并且出海商船必须回到原来起航的港口。

宋代对进口货物亦严加管理。北宋初年规定一切进口货物都由国家专卖,后来限于指定的禁榷物由国家专卖,包括象牙、镔铁、乳象、牛筋等。此外,对一切货物都由市舶司征收十分之一的实物税,称为抽分。抽分所得由市舶司解送京师增价出售,收入充作财政,又称抽解。宋太宗时由抽解年获利三十万缗,至南宋高宗时年获利可高达百万缗。绍兴十四年(1144)官府将抽解比例上调到十分之四,引起外商异议。② 另外还由官府征购部分外贸商品,称为博买。博买对象主要为优质紧缺货物,博买率达二分之一以上,且价格低,还常以官库中的滞销货物抵价。③ 当然,以官库中的滞销货物抵价在唐代就已经出现过,白居易的诗作《卖炭翁》对此有形象的刻画。经过抽分和博买后,余下货物由商人出售,如在市舶司所在地出卖,不用再纳税,若运往其他地区,得经市舶司批准发给公凭才可。④

---

① 《宋会要辑稿·职官》四四之二三。
② 参见郑学檬(主编):《中国赋役制度史》,厦门大学出版社1994年版,第363页。
③ 参见叶孝信(主编):《中国法制史》,北京大学出版社1996年版,第250—255页。
④ 参见彭雨新(主编):《中国封建社会经济史》,武汉大学出版社1994年版,第499—500页。

▶ 五、元代的经济管理法制

元代对经济活动的控制能力很强,在专卖制度上,其经济管制的范围更加广泛,金、银、铜、铁、盐、茶、水银、矾、铅、锡、酒、醋,以至农具、竹木等都在专卖之列。金银等除了官府组织采炼外,允许部分私人经营,但民户要先向官府认包,以定额制或分成制形式交纳铜冶税。① 铁是元代重要专卖品。官府从冶产收得之铁,转卖给引商,每两百斤铁为一引,商人备价领引,持引纠冶支铁,凭引发卖。如引、铁不相等,或于引数之外夹带,皆由官府没收。铁的销售,各有地界,犯界者以私铁论罪。除卖铁给引商外,官府又自设专局,直接卖铁器给人民。大德十一年(1307),官府允许民间冶铁,"听民煽[biān]炼,官为抽分",即产品十分为率,官抽其二分,余八分许百姓自便货卖。②

元朝吸收宋代盐法多变导致盐政混乱的教训,将盐法条理化,使盐法成为独立的单行法规,食盐专卖法变得更为严格、苛刻。元代盐法有"行盐法"和"食盐法"。其中占主导的"行盐法"是盐商向官府购买"盐引",盐司填给商人"勘合",写明引目字号、关支某场、运卖某地,每引前后两券,前券为"引根",送交支盐仓场;后券为"引纸",交给商人作为支盐凭据,商人到场,两券核对无误,方得支盐起运,向指定地区运销(行盐区)。商人运盐赴所卖地点以前,还须先行具报,由盐司发给"水程验单",沿途经过官司,依例盘验。到达指定地点后,由当地官司验明引、单无误,方许发卖。这种烦琐的法制目标只有一个——确保官府的盐利收入。整个元朝获利最广的即是盐利,曾占元朝收入一半以上,有人估计"国家经费,盐利居十之八"。四十年间盐价上涨十几倍就是靠这种严密的法制实现的。

元代法律规定:"诸犯私盐者,杖七十,徒二年,财产一半没官,于没物内一半付告人充赏。"③对民众而言,盐税负担甚至超过农业税。"行盐法"也即民制、官收、商运、商销原则,这种盐法相当于"寓税于价"。"食盐法"是在产盐区周围百里之内划为食盐区,由官府按户口预收盐价,之后强制配售食盐。因为产盐区的居民有可能容易取得私盐,而导致"行盐法"失效。后来,由于一些行盐区私盐泛滥,官府就将行盐区改为食盐区,确保中央王朝的收入,导致一些离盐产地七八百里的地方也成了食盐区,每户每月强制配售三斤盐,有的甚至每人每年强制配售五十斤食盐,连婴儿也不能免,逃亡死绝人户的

---

① 参见彭雨新(主编):《中国封建社会经济史》,武汉大学出版社1994年版,第489页。
② 参见同上注书,第482页。
③ 《元史》卷一〇四《刑法志三·食货条》。

盐额,则落到四邻人户。有吃不完而剩余食盐的人户,常常被诬为私自煮盐而受惩罚。因此,食盐法成为官府对民众的直接掠夺,给民众带来的痛苦超过了行盐法。

盐由制盐户(又称灶户)生产,国家定期给灶户发放工本钞,收缴规定数额的盐货,超额产品也必须交售给官府。产盐户所得工本钞只相当于国家销售盐价的七分之一至五分之一,导致许多产盐户破产逃亡。从事盐业生产的盐户不得改业,户籍与民户分开。元朝管理盐专卖的机构是茶盐转运司或提举司,每一盐司下辖若干盐场,每一盐场分成若干"团",每"团"由若干"灶"组成,而"灶"则由若干家盐户组成。在行盐区,盐司负责收纳商人盐钱,并发给盐引,使其到盐场支盐。在食盐区,盐司则将盐引发给各县官司。①

元代茶法与盐法大致相同,茶商先向茶司(榷茶都转运司及提举司)缴纳茶税,领取公据,到产茶地按公据载明的数量向茶户买茶,再回到茶司缴回公据,换取茶引,凭茶引发卖茶叶。② 元朝茶的收入从至元十三年(1276)到延祐七年(1320)44年间增加了二百五十倍③,数量惊人,这一切,自然也要靠严密法制与重刑才得以实现。元朝官府对私自采卖茶叶的,处罪与私盐法等同。

元朝的海外贸易发达,与宋一样,制定了外贸管理法。至元三十年(1293),元朝以宋代《市舶条法》为基础,制定《市舶法则》(之前称《整治市舶司勾当》《市舶抽分杂禁》)。到延祐元年(1314),对其作了一次修订,修订了新的市舶法则二十二条。元代市舶法令与宋代大都相同,不同的是,元代没有博买及对部分舶货实行"禁榷",但在抽解(本身就是一种市舶税)之外,于至元年间增加了三十取一的舶税,相当于巧立名目税外加税。宋元法则的差别更多是在一些具体规定,而元代的法条更为严密。这些法规通行全国,与宋代市舶条法相比更为严密和苛刻。主要有如下几方面的规定:

其一为抽分,即对进口货物按一定比例抽取实物税,"粗货十五分之二,细货十分之二",对抽完实物税的进口货物,再抽三十分之一的舶税。之后,舶船货物在各地发卖时,还必须缴纳交易税。市舶司抽解和抽舶税所得货物,除珍奇宝货上贡朝廷外,其余一般在市场上出售,所得款项上缴中央。

其二为市舶公据制,公据相当于官府发放的外贸许可证通称,与宋代市舶法一样。由行中书省印制,有统一编号,用以记载货物详情、贸易流水账。商人出海贸易前必须先提出申请,经市舶司批准,取得公据,始能成行,返航

---

① 参见郑学檬(主编):《中国赋役制度史》,厦门大学出版社1994年版,第460—464页。
② 参见同上注书,第464页。
③ 参见彭雨新(主编):《中国封建社会经济史》,武汉大学出版社1994年版,第489页。

后也须交验公据。舶商如不向市舶司申请公验、到凭而自行开船下海,杖一百七下,船物没收。①

其三为船舶检查,开船时由市舶司官员检查,无违禁物方可下海,违禁物包括"金、银、铜钱、丝绵、军器等",返航后亦应由官员严格检查船只、货物、人员,随船人员才可上岸。

其四要求商人定点、定时往返,船舶出海,只许原申请前往的国家、地区贸易,从第一年冬天北风时出发,须于第二年夏天南风时返回原出发港口。②

▶ 六、明代的经济管理法制

洪武元年(1368)制定《盐引条例》,规定沿海产盐地区人民为"灶户",世代承袭为国家制盐,产盐区设盐场征收灶户上缴的盐。商人向官府缴纳所需物资或银两后,方得提取、贩卖官盐的凭证"盐引",至指定的盐场提取官盐,再贩运至指定的地区销售。对于犯私盐者《盐引条例》规定处绞刑,私犯持有军器(武器)者处斩刑。洪武三十年(1397)《大明律》的"盐法"共十二条,比《盐引条例》处罚稍轻——"凡犯私盐者,杖一百,徒三年。若有军器者,加一等;诬指平人者,加三等;拘捕者,斩;盐货、车船、头匹,并入官"。③ 盐法从国家颁布的单行法规到正式纳入到律典中,正是始于《大明律》。

明初食盐专卖称为"开中制度",即官府根据财政的需要,定期或不定期地出榜招商,应招的商人必须把官府需的实物如粟、布等代为输送到边防卫所或其他指定地点,从而取得贩盐的执照——盐引,然后凭盐引到指定盐场支盐,并在指定行盐区域内销售。开中制度实为商人以劳役和实物向官府换取盐的专卖权制度。后来,有权有势的商人窝占盐引,霸取专卖权,于是约成化弘治年间(1465—1505),开中向折色转变,也即商人以纳银方式替代纳实物。同时,官府允许商人和灶户直接购销部分余盐。④

明朝规定四川、汉中地区所产茶叶全部划为"官茶",由官府统购统销,运至西北边境地区与游牧民族换马。江南地区产茶为商茶,商人先向官府买茶引(每引可贩茶一百斤),按茶引向当地茶户购买,运至外地出售。对无茶引贩私茶的,明律规定"犯私茶者同私盐论罪",即杖一百徒三年。为了保证朝廷持续从商业中获利,至明朝后期,又制定《盐法条例》《私茶条例》与《匿税条

---

① 《通制条格》卷第十八《关市·市舶》。
② 参见叶孝信(主编):《中国法制史》,北京大学出版社1996年版,第285—289页。
③ 《大明律》卷第八《户律五·课程·盐法》。
④ 参见郑学檬(主编):《中国赋役制度史》,厦门大学出版社1994年版,第577—578页。

例》,以重刑维持盐、茶等的国家专卖。①

洪武十四至三十年分别颁行禁海令,严禁民众擅自出海与外国互市贸易,但对外国来贸易者并不拒绝。明朝前期,明太祖为了防止倭寇与窜踞海岛的方国珍、张士诚残部勾结而行海禁。对民间海外贸易采取了严格管制,直至严禁的政策。尽管在隆庆元年(1567)宣布"弛禁",但明代两百年间曾几十次发布禁海令,严禁私人海外贸易。如《大明律》禁止将马牛、军需、铁货、段匹、丝绸等私出境外买卖。② 明后期的《问刑条例》规定沿海民众打造双桅大船和没有官府许可公文私自出海贸易,"正犯比照谋叛已行律,处斩,仍枭首示众;全家发边卫充军"。③ 对商人而言,哪里有市场禁入政策,哪里就有高额利润。长期海禁催生了走私贸易,明朝中后期东南沿海陷入受私商、海盗与倭寇共侵袭的局面。

七、清代的经济管理法制

清代维持盐、茶官卖,其茶、盐管制法律与明代大致相同,相关法条在《大明律》《大清律例》中基本一致。商人向盐税管理机构盐运司交纳税款,取得销盐凭证盐引,在指定的盐产区购买一定数量的盐运往指定地区销售,这种食盐专制时称"引岸制"。各盐行销区盐引的分配应以该地区的人口多少为依据,但清政府为了增加财政收入,往往强行向盐商增售盐引。此外,清政府及各级官吏滥加私派,产盐区的各种杂税往往多达二十余种。顺治年间,全国盐税收入仅五十余万两白银,至乾隆十八年(1753)已达七百余万两。④

清代初年为切断郑成功领导的海上反清武装与大陆的联系,于顺治十二年(1656)颁布空前残酷的"迁海令",强迫江南、浙江、福建、广东沿海居民内迁三十里(后扩大到五十里),使沿海区变为无人区,同时官府不提供任何拆迁补偿费用。至1683年台湾郑氏政权归降,清统治者才于第二年宣布"开海",允许人民迁回,但仍然严禁人民私自出洋经商及移居外洋,违者比照交通反叛律处斩立决。

清朝宣布开海的1684年,设立广东(广州)、福建(漳州)、浙江(宁波)、江南(云台山,今连云港)四个海关。到乾隆二十二年(1757)又规定"一口通商",外国商船只能在广州贸易。同时统治者限制出口货物数量、种类,马牛、

---

① 参见《问刑条例·户律五·课程》。
② 《大明律》卷第十五《兵律三·关津》。
③ 参见《问刑条例·兵律三·关津》。
④ 参见郑学檬(主编):《中国赋役制度史》,厦门大学出版社1994年版,第636—639页。

军需、金、银、铜、铁、铅、书籍、粮食不得出口。① 出洋时要按时回国,禁止留居国外,康熙时规定留居国外者,解回立斩。

整体而言,明清时期统治者的法令对待经济(尤其是海外贸易)持消极态度。如学者所述,明清统治者实行"禁榷",重征商税,阻碍国内市场的沟通和扩大;奉行海禁政策,阻碍国外市场的开辟;极力维护官营手工业,肆意蹂躏私营手工业,对私营手工业中的工人实行严密的人身控制;加强对矿冶业的管禁;运用政治特权对商业性农业横加干涉;用"匠籍制度"把众多的手工业者变成"工奴"。② 一旦民间经济利益与王朝政治统治相矛盾,王朝立马发布禁令。清朝以《大清律例》这样的国家法律形式限制民间采矿业的发展,目的是防止嗜利之徒私行偷采,滋生事端,以强制实现社会的稳定。

▶ 八、结论

历代经济管理法制在指导思想上,重视农业、控制手工业和商业发展,保证朝廷财政收入及统治稳定。经济管理法制首要任务是维持皇帝及官僚体系的经济利益与政治安全。比如,南宋时期鼓励海外贸易,与朝廷背负巨大的经济压力(对金、西夏支付贡币)有关。明清闭关锁国,是由于当时统治者认为无需对外贸易(比如乾隆就对英国人说"天朝物产丰盈,无所不有")③、对外贸易影响沿海地区安全。由于缺乏其他力量的有效制约,官府对涉及国计民生的商品实行垄断与专卖,与中世纪英国国王征税相比,显得更加轻而易举。

经济管理法律从宋代以前的权宜之计到宋代之后成为贯穿整个朝代的"常法"。田赋以外的各种税收(盐、酒、铁、茶等)虽在各代或多或少都存在,成为国家重要收入则实自唐代中叶以后开始。安史之乱后,经济中心移至江淮,藩镇割据,赋税不入,中央只能依赖杂税,自此逐渐转变,成为宋代以后的固定税制。这种法律制度通过表面上的市场与商品交易的形式大发横财,制度上设立的流通税与交易税等各项税种直接加入到商品的市场价格中,推高了商品价格,增加了民众生活的成本。由于商品价格包含的这些税额从来不

---

① 参见叶孝信(主编):《中国法制史》,北京大学出版社 1996 年版,第 346—347 页。
② 参见曹三明:《明清封建法制对资本主义萌芽的摧残》,载北京大学社会科学处(编):《北京大学哲学社会科学优秀论文选》(第一辑),北京大学出版社 1988 年版,第 189—218 页。
③ 不过,乾隆帝说这番话的前后,有诸多苦难的臣民卖儿卖女卖老婆以维持生计。参见〔日〕岸本美绪:《妻可卖否?——明清时代的卖妻、典妻习俗》,李季桦(译),载陈秋坤、洪丽元(主编):《契约文书与社会生活(1600—1900)》,(台北)中央研究院台湾史研究所筹备处 2001 年版,第 225—264 页;〔美〕苏成捷:《清代县衙的卖妻案件审判》,林文凯(译),载邱澎生等(编):《明清法律运作中的权力与文化》,(台北)联经出版公司 2009 年版,第 345—396 页。

用向民众公开。因此,这种法律比直接向民众征收赋税的法律形式更为隐蔽、更少抵抗,明抢(如征收田赋)变为暗夺,王朝夺取经济利益的制度手段运用自如。经济管理法律向来以官府的利益为核心,故而,通过减税的方式藏富于民、走降低物价刺激消费的思路,只不过主要存在于民间思想家微弱的呼声中。

经济管理法律打击了民间经济,增加了集权政府收入,该制度在不同朝代的变化直接以集权政府利益为转移。宋代幅员缩小而军费浩繁,导致南宋政府因财政需要而鼓励市舶贸易,甚至曾以抓壮丁方式强迫商人出海。明清因为倭寇、郑成功等海外因素而阻止海外贸易,朝廷于是限制进口,禁止出口,目的不是为了保护国内产业,而是便于管制国民。明清对本国商人极尽歧视、镇压乃至剿灭之能事。与这一时期以来欧洲诸国鼓励本国民众极力武装殖民或海外贸易不同,明代万历时派军队至菲律宾剿杀海盗林道乾。①

严苛的经济管理法律直到王朝的结束为止,又在新的朝代死灰复燃。一旦经济管理法制对王朝产生巨大利益,则历代往往相沿不已,并在王朝的支撑下被赋予顽强的生命力。比如,据文献记载:"晋自过江,凡货卖奴婢、马、牛、田宅有文券,率钱一万,输估四百入官。卖者三百,买者一百。无文券者,随物所堪,亦百分收四,名为散估。历宋、齐、梁、陈,如此为常。"②晋朝(东晋)自从过江以来,凡是买卖奴婢、牛马、田宅有文卷的,交易金额每一万,官府收输估税四百,没有文券的依其大致市价也征收4%的散估。这项制度经历宋、齐、梁、陈四朝成为常例,并在后来也得到沿用。

学者认为,东晋南朝时期收取田宅买卖的"估税",当时主观上就是为了增加财政收入而不得已为之,无意中却起到了将久成事实、为数不菲的土地买卖行为变为合法化的作用。③ 契税名称为"输估",不立契约的一般商品交易税名"散估",总称为"估税"。官府规定的税率4%。宋以后沿用之,称"契税"。"文券"是经官府认可的财产过户契约。"有文券"是为已交纳契税的契约钤印,表明官府承认交易合法化。④ 此后,历代王朝据民间田宅交易契约建立了契税制度,其目的不外向交易的双方征收契税,保证契税完全到位,促使后世民间田宅买卖契约成为长期稳定的惯例。这意味着,正因为国家将自身利益贯注其中,契约所载明的私人财产交易及作为财产权利的证据才可能得

---

① 参见秦晖:《传统十论——本土社会的制度、文化及其变革》,复旦大学出版社2003年版,第271—272页。
② 《隋书》卷二十四《食货》。
③ 王家范:《中国历史通论》,华东师范大学出版社2000年版,第137页。
④ 参见张小林:《清代北京城区房契研究》,中国社会科学出版社2000年版,第25页。

到国家有限默认。

与此同时,自唐宋以来关于各类契约的书写与规范逐渐高度格式化。历朝出现了不少关于契约规范的书籍。民间流传各种类型的契约样文,有的被记录下来。如《新编事文类要启札青钱》一书记载了一些宋、元时期的田宅买卖、钱财借贷等契约的样文,《尺牍双鱼》《万宝全书》等记载了一些明、清时期田宅买卖、钱财借贷等契约的样文。这些民间契约格式与约定俗成的规范条款完全可以成为中国特色的"契约法"。诸如元朝一些文书曾提供了民事交易行为的各种"公私必用"的书写格式与要式条款,这些条款对交易要件作了明确而较系统、完备的规范。比如,关于(典)卖土地的契约格式规定,要求契约注明土地数量,东西南北的四至,交易的原因,中介人姓名,三面商讨且同意的价款,双方交易纯属自由,出让方没有任何违法交易行为,若存在违法行为,由出让方负全责,立契后土地即为受让方管业,所交易土地上的原赋税业经官府过割到受让方名下,等等。

当时契约内容格式涉及典买田地契式、当何田地约式、典买房屋契式、当何房屋约式、雇女子书式、雇小厮契式、雇脚夫契式、雇船只契式、买马契式、买牛契式,等等。涉及买卖田宅与牛马、雇佣人力等多种。① 遗憾的是,历朝统治者对此从来都不怎么感兴趣,亦未考虑过将之完整升华为国家法律,出现在诸如《宋刑统》或《大清律例》的"户婚律"内或者其他单行法律。

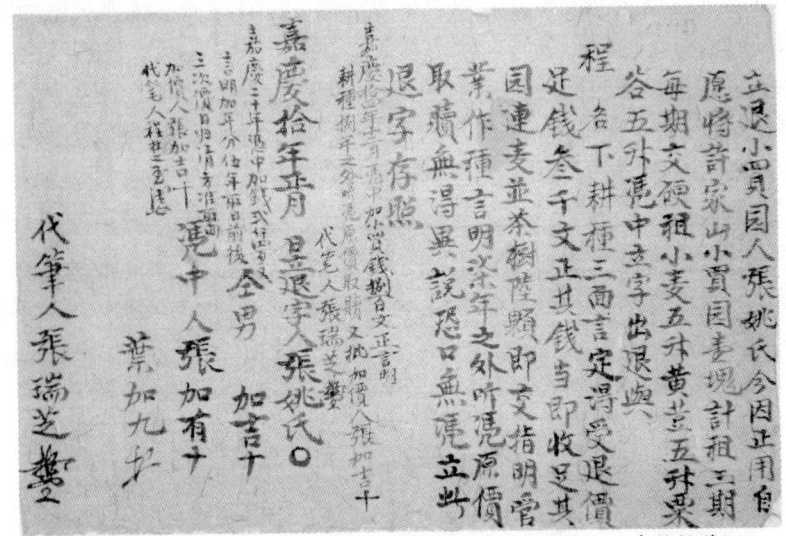

(清朝嘉庆十年(1805)安徽休宁县张姚氏退小买园契,田涛教授藏)

---

① 参见《元代法律资料辑存》,黄时鉴(辑点),浙江古籍出版社1988年版,第238—251页。

诸如《大明律》与《大清律例》中规定了"典卖田宅"的法条,但是该条首先规定凡典卖田宅而不纳税的,笞五十下,所交易田宅价格的一半由官府所有;交易时不到官府过割该项交易名下的赋税,最高刑处以杖一百,田产由官府没收,其次才规定打击重复典卖田宅等违法行为。因此,唐宋以来涉及私人间的民事交易行为规范在历代律典与其他法规中基本空白,民事交易行为主要靠私人间订立的契约来维持。正如唐《杂令》所云:"诸公私以财物出举者,任依私契,官不为理。"①也就是以公私财物借贷,全依赖私人间的契约,官府则不"介入"或"干预",故"官不为理"。不仅是不介入,而且对契约行为的正面规范亦很少由官方法律来设立,只有当事人违法时(比如交易标的物有瑕疵、借贷利息超过法定数额、未及时提供价金或有欺诈行为、卑幼未经家长许可私自交易时),法律才设立相应的惩罚机制。

不过,法律对违约行为的惩治及禁止侵害私人财产的刑事法规②,与权利本质所要求的通过法律直接赋予私人"应得""应取"的各种利益有很大差异。尽管私人可以从这种禁止性规范获得一定的利益,如惩治违约行为有助于保证契约的履行,对严禁盗窃他人财产有助于私人的财产安全利益,但是通过这种方式获得的利益并不能等同于权利。如学者所言,法律上的利益是十分广泛的,不仅仅是法律授予行动的合理根据。法律对利益的保护,以赋予权利的方式做出,才成立权利,否则,如仅依反射作用使人享受利益,则视为其他法益,例如法律要求人人遵守交通规则,结果人人皆享受交通安全的反射利益,这种利益不是权利,因为享有者无权向他人请求履行。③而这些类似于"只许州官放火,不许百姓点灯"的禁令主要惩处民间发生的财产侵犯行为,对实践中官府尤其是最高掌权者侵犯私人财产的行为极少有现实性制度约束(比如《水浒传》中的"花石纲")。④ 传统法律以官府自身利益为核心,重在对社会秩序的维护(即禁止民间相互侵犯),而非个人权利的保障。

也就是说,传统法律对这种民事行为关注重点主要在于对社会秩序和蕴含其中的身份伦理的维持。因此,诸如宋元明清时期田宅交易、钱财借贷、商

---

① 此条唐《杂令》转引自霍存福:《论中国古代契约与国家法的关系》,载《美中法律评论》2004年第1期。

② 比如,《大清律例》多处规定严惩侵犯私人财产者,参见《大清律例》卷九"户律""典买田宅";《大清律例》卷二十四"刑律""白昼抢夺""窃盗""盗牛马畜产"及《大清律例》卷二十五"刑律""恐吓取财"等。

③ 参见龙卫球:《民法总论》,中国法制出版社2002年版,第120—121页。

④ 历代官府不受法律约束侵犯私人财产的诸多事例,参见王毅:《为什么历代官府都有权强拆百姓的房子》,载《瞭望东方周刊》2010年第41期;邓建鹏:《财产权利的贫困:中国传统民事法研究》,法律出版社2006年版,第12—102页。

业合伙等民事秩序主要依赖民间契约等得以支撑。直接影响这些契约格式与内容的各种民间规则，替代了正式法律制度，建立及维持了民间交易秩序。这些民间规则是当时血缘、家族、朋友、习俗、婚姻、武力或民风等等种种因素的产物，它们在传统时代影响直至决定民间交易与民事秩序中当事人的权利与义务。但是，这些民间规则不具备正式法律制度具有的成本更低、可预测性更强的优势。学者认为，短期而言，正式与非正式的体制（也即法律制度与民间规则）在解决商业或民事纠纷时规模效益方面的差异，在交换和贸易量都很有限的情形之下影响似乎不大。但就长期而言，这种差异将潜在地对工商业组织、货币与财政体系等产生影响，从而导致中西方间经济运行与发展模式的显著差异。①

传统时代保留至今的契约虽然有成千上万份，但这些契约的价值主要是信用或凭证，用以证明过去双方当事人合意行为的事实存在。比如敦煌出土的唐宋契约中，多数书有"恐人无信，故立私契"②；"恐人无信，两共对面平章……用后凭验"③；"官有政法，人从此契，用为后凭"④；"恐人无信，故勒此契，用为后凭"⑤；"今恐无凭，立此账目一纸为照者"。⑥ 后世中国人所熟知的"空口无凭、立字为据"就是由这些话语转化而来。成千上万的契约中并未曾抽象出权利、平等与财产自由等法律概念，未能成为向法定民事权利制度转化的载体。这种状况与传统中国民间田宅等的交易受制于王朝自身利益支配有重要关系。

第二节　皇权政治与官吏监控法制

◆ 预读文献与思考

秦汉以来，历朝均制定有较完备的官吏控制与考核法制，阅读以下文献，并结合周黎安关于古代政府监督的经济学分析⑦，思考当时已经制定如此完

---

① 参见马德斌：《传统中国的法律与商业：对"大分流"的制度性透视》，载刘秋根、马德斌（主编）：《中国工商业、金融史的传统与变迁——十至二十世纪中国工商业、金融史国际学术研讨会论文集》，河北大学出版社 2009 年版，第 19 页。
② 唐开元二十一年(733)卖马契，载张传玺（主编）：《中国历代契约会编考释》（上册），北京大学出版社 1995 年版，第 207 页。
③ 唐乾宁四年(897)卖宅舍契，载同上注书，第 226 页。
④ 唐天复二年(902)换舍地契，载同上注书，第 230 页。
⑤ 后梁贞明九年(923)卖奴契，载同上注书，第 235 页。
⑥ 元至正二十六年(1366)卖山地账，载同上注书，第 582 页。
⑦ 周黎安：《转型中的地方政府：官员激励与治理》，格致出版社 2008 年版，第 65—66 页。

备的法制,为何明朝以及其他时期的吏治腐败、政治黑暗现象仍然层出不穷？这种状况给予你何种启示？

《明史》卷二百二十六《丘橓[shùn]》记载,先后任刑科给事中、兵科都给事中、左副都御史的丘橓在万历十一年(1583)向皇帝上疏,力陈吏治积弊如下(括号内文字为大意解释)：

臣去国(离开都城)十余年,士风渐靡(士大夫的风气越来越坏),吏治转污,远近萧条,日甚一日。此非世运适然,由风纪不振故也。如京官考满,河南道例书称职(照例都说称职)。外吏给由,抚按官概与保留。以朝廷甄别之典(把朝廷考核官吏的规则),为人臣交市之资(成为臣子们私下交易的依凭)。敢徇私而不敢尽法(不遵守法律),恶无所惩(坏官没有得到惩处),贤亦安劝(贤者怎么会有激励)？此考绩之积弊,一也。

御史巡方(巡查地方),未离国门(尚未离开京城),而密属之姓名(秘密请其关照的官员姓名),已盈私牍。甫临所部(一到所巡查的地方),而请事之竿牍(请托的信函),又满行台(充满了所在官府)。以豸冠(御史的官帽)持斧之威,束手俯眉,听人颐指(完全听别人指挥)。此请托之积弊,二也。

抚按定监司考语(评定官员的考核结果),必托之有司(必然委托有关机构去做)。有司则不顾是非,侈加善考(考核多夸大为优等),监司德且畏之。彼此结纳(彼此勾结),上下之分荡然。其考守令也,亦如是(抚按考查府、县官员也是如此)。此访察之积弊,三也。

贪墨(贪污)成风,生民涂炭,而所劾罢者(被弹劾、罢官的)大都单寒软弱之流。苟百足之虫,傅翼之虎(百足之虫、长了翅膀的老虎,指大贪官),即赃秽狼藉,还登荐剡[shàn](就算贪污等恶行严重,还是能被推荐)。严小吏而宽大吏(对低层官员严苛而对高官宽纵),详去任而略见任。此举劾之积弊,四也。

惩贪之法在提问。乃豺狼见遗(遗留豺狼,也即贪污的高官未受惩处),狐狸是问(讯问狐狸,也即只惩处惩治违法的低层官员),徒有其名。或阴纵之使去(暗地里放走),或累逮而不行(多次要逮捕而不执行),或批驳以相延(延迟时间),或朦胧(含混)以幸免。即或终竟其事,亦必博长厚之名,而以尽法自嫌。苞苴或累万金(苞苴本指包装鱼肉等用的草袋,此处指贿赂高达万两白银),而赃止坐之铢[zhū]黍[shǔ](计算赃款的数量却只有一丁点)。草菅或数十命(官员草菅人命数十条),而罚不伤其毫厘(惩罚却极轻)。此提问之积弊,五也。

荐举纠劾,所以劝儆有司也。今荐则先进士而举监,非有凭藉者不与焉(没有人脉关系则不推荐)。劾(弹劾时)则先举监而进士,纵有訾[zǐ]议者罕及焉(纵使对之有非议也极少受影响)。晋接差委(委派职务),专计出身(专门考虑其出身)之途。于是同一官也,不敢接席而坐,比肩而行。诸人自分低昂(同一官职亦有高下之分),吏民观瞻顿异。助成骄纵之风,大丧贤豪之气。此资格之积弊,六也。

州县佐贰(州县官的副手)虽卑,亦临民官也,必待以礼,然后可责以法。今也役使(委派)遣诃,无殊舆隶(与隶没有什么区别)。独任(放任)其污黩[dú]害民,不屑禁治。礼与法两失之矣。学校之职,贤才所关,今不问职业,而一听其所为。及至考课,则曰"此寒官也",概与上考(给予的考核结果都是优等)。若辈知上官不我重也(不重视我),则因而自弃;知上官必我怜也(必然同情我),又从而日偷(一天天变坏)。此处佐贰教职之积弊,七也。

(康熙)三十六(1697)年奉上谕:国家举行大计,原期黜陟[zhì]幽明(罢黜无能之辈、提拔有才之官)、大法小廉,以为安民生之本,所关甚重。比年以来,督、抚等官视为具文(总督、巡抚把大计制度当作空文),每将微员细故填注塞责,至确实贪酷官员有害地方者,反多瞻[zhān]徇庇护,不行纠参,以致吏治不清,民生莫遂,重负朕爱养元元至意(严重地辜负了我作为皇帝爱养百姓的意思),殊可痛恨。今当举行大典,各督、抚等官应洗心涤虑,力改前辙,矢公矢慎,整肃官方,务期荐举一人,俾[bǐ]众皆知劝(推荐一个有才之士,使大家有所激励);纠动一人,俾众皆知儆(参劾一人,使大家有所警惕)。倘仍苟且固循,徇私溺职,国法具在,决不轻恕。①

一、权力机构设置循环

皇权政治的性质与特征深刻影响了各级权力机构的设置方式。为了保证皇权政治的安全,历代大都采取以人制人、设事防事的制衡之术。这样一种以皇帝极端自私之心制约各级官员的私心,设置一个事务机构约束前一机构,乱极立法、法密生乱、用人而疑、疑人而用、六道轮回、循环千年的政治怪圈,此正如黄宗羲在其名著《明夷待访录·原君》中所言:"利不欲其遗于下,福必欲其敛于上。用一人焉则疑其自私,而又用一人以制其私。行一事焉则虑其可欺,而又设一事以防其欺。"其具体表现如下②:

---

① 《钦定台规》卷十二《宪纲》,又载《中华律令集成》(清卷),吉林人民出版社1991年版,第515页。清朝建立伊始,官僚考核即形同虚设,参见(清)魏象枢《寒松堂全集》,中华书局1996年版,第14—15页。

② 历代权力机构的设置与循环,本书部分参见秦晖:《传统十论——本土社会的制度、文化及其变革》,复旦大学出版社2003年版,第190—196页。

（一）内外朝的循环

历代皇帝总是疑心朝臣搞鬼、丞相专权。因而用身边的亲信秘书（内朝）以分外朝（以丞相为核心）之权。但内朝一旦大权在握，又演变为新的"外朝"，于是皇帝又另建一个秘书班子架空之。如西汉丞相主朝政，汉武帝便培植"尚书"（原为管理文牍的秘书）而分其权。东汉时三公（太尉、司空、司徒）为最高官员，但其事权均归于尚书台，三公成虚设，尚书地位日显重要。尚书令级别相当于县令，权重位轻，便于皇帝操纵。

到了曹魏初年，尚书独立出来，称为尚书台，进而掌理政务。与此同时，皇帝再设一个秘书班子（时称秘书令）协助处理政务，以分割尚书职权。魏文帝时，这个秘书机构改名为中书，参与军国大计，原尚书的职权渐归中书所有，逐渐成为中书省。为了确立两者的权限，当时皇帝规定尚书台负责诏令的执行，中书省负责受皇帝之意起草诏令，由博学之士任官。中书职掌机密事务，权力很大。

晋代成立了以侍中为核心的门下省，以钳制中书省。门下省可纠弹百官，甚至封驳诏令。中书省、门下省加上南朝梁以后改制的尚书省合称三省。汉代丞相的职务于此一分为三。至此，三省制成形。以后至隋唐，中书省掌管机要，全国最高政令都由中书省草拟，以皇帝的名义发出。门下省除参与国家大事，还核查中书省草拟的诏旨。尚书省及其辖下六部具体执行中书、门下送达的皇帝的诏令。尚书省也由曾经的秘书成了宰相，于是唐高宗以后重用同中书门下平章事、同中书门下的三品官员行使宰相之权，架空尚书省。

唐末至五代，由于战事繁多，朝廷多以亲信任枢密使掌军事。至宋代，同中书门下平章事变成新的宰相，以他为首组成外朝的中书省同枢密使领导的枢密院分别掌管全国行政与军政。唐代三省长官在宋代常空缺，就算偶有人任职通常也不参与朝政。元代三省并为中书省，位高权重。于是明初废中书省长官中书令，分其长官为左右丞相，统领六部。后来朱元璋又借杀左丞相胡惟庸，乘机废中书省及左右丞相，直接统领六部，同时以一些身边的大学士组成内阁，协助处理政务。但明代后期内阁坐大，出现了严嵩、张居正那样的内阁首辅，又从曾经的秘书变成了实际的宰相。于是至清康熙时期，在内阁之外又设立了南书房，挑选亲信文人入南书房办事，组成皇帝直接控制的机要秘书班子，雍正时期改称军机处，处理皇帝临时交办的军政事务。本质上而言，军机处不过是新内阁，作为皇帝的秘书机构，保证皇帝"乾纲独揽"，明朝以来的内阁此时限于传递章奏或谕旨，皇权空前强大。

（二）中央巡视员与地方"诸侯"的循环

历代皇帝怕地方官居心叵测，不断派出中央代表巡行地方并授予钦差重权。这些中央代表由干预地方政务往往发展为越俎代庖,临时特派员成了地头蛇,于是皇帝又派新的代表来巡视地方。如秦之郡县本为正式地方官府,皇帝不放心,到汉代时设十三州刺史巡察各郡,十三州本负监察责任区,刺史不是常设官,在地方没有常设的办公场所。在西汉中期,刺史不得于"六条问事"("六条"详见下文)之外过问地方官其他工作。至西汉末年刺史可以直接决定地方高官的升降。东汉末期州刺史位高权重,在镇压民众起义的过程中,从监督地方的军队到逐渐拥有率领地方军队的大权。刺史由曾经的过江龙变成了坐地虎,成为新的地方官,州由巡察区变为郡的上一级行政区,并在东汉末产生了诸如刘表、袁绍等军阀割据政权。

为避免州刺史权重,唐代新设诸道按察使分巡各州,道原无固定治所和职官,中央不时派巡察使、按察使等临时性官员到各道检察官吏违法行为,一如汉代的刺史。唐开元年间,各道设固定办公治所,并置官员采访使,于是道一级具有稳定的行政权。宋代由"道"变"路",又成为州之上的一级行政区,路的长官(安抚使等)由巡视官变成行政官。朝廷担心其专权,派中央代表到诸路"行中书省事"。至元代,行省发展为路之上的一级行政区,一省军政、民政及财政等无不在其管辖之下,"行省平章"成为新诸侯,至元末时互相攻伐。到明初,鉴于行中书省权力过大,设承宣布政使司为省级行政区划组织,后另设提刑按察使司掌管监察与司法,都指挥使司掌军事。

与宋代一样,明代的"三司"互不统属,直接受皇帝领导。但是三个机构彼此各自为政,权力分散,行政效率低下,于是自明成祖时朝廷又派出新的中央代表巡抚地方。巡抚本意是代天子巡行安抚地方的临时差使,后来又派遣总督负责数省军务。到明末,由于要在地方上长期处理民众起义、矿徒暴动等事务,巡抚由巡行变为常设,权力渐渐变大,位在"三司"之上,巡抚可直接逮捕六品及其以下的违法地方官员,行省正式官员(布政使)反成为虚设。至清代,巡抚终于成为一省军政、民政之长。但巡抚与总督权力过大,成为民国初期军阀混战的渊源。

(三)地方分权与地方集权之循环

基于君主对地方官的猜疑,历代中央王朝常分割地方权力,将军事、民政、财政、审判诸权分授不同的官并使之互不统属,各自平行隶属于中央的相应上级,以使其相互牵制,避免地方"诸侯"造中央的反。但这种制度设计往往导致政出多门、相互扯皮,于是不得不另设一个首长统一各种权力,这样又导致威胁中央集权、战乱纷起。中央王朝只好再度分权。

秦汉时郡一级本是分权的,郡守主要负责行政事务;郡尉负责军事;监御史负责司法与监察。这形成了类似于"三权分立"的机制。东汉至隋,州刺史

(州牧)兼统军政、民政、财政与司法。隋文帝开皇三年(583)废郡,以州统县,刺史相当于汉代郡守。唐初全国分十道为监察区,各道置巡察使,巡察地方,景元三年(711)改为按察使,开元时简称采访使。至此,有固定住所,权任甚重,成为道的行政长官与道的军事长官节度使各自行使职权。至乾元元年(758)改采访处置使为观察处置使,在军事地区以节度使兼任,为藩镇割据的前兆。于是宋时在路一级分设安抚使(主管军政)、转运使(主管财政和钱粮转运)、提点刑狱使(主管司法)、提举常平司(主管常平、义仓及农田水利等),路下州、军,又设通判以分知州、知军之权,实行典型的地方分权制。宋代独特的鞫谳分司与翻异别勘制度,正是在当时地方官员分权及冗官现象的制度背景下产生。鞫谳分司与翻异别勘虽说有维护司法公正的意义,但却是因为帝王一以贯之的私心以及政治算计所产生的。

宋代皇权之下的政府部门分立过度,冗官、冗兵与冗费大大影响了行政效率。于是元代行省权力高度集中,致行省平章互相攻伐。因而明代又在一省之内分设三司,即隶属于中书的布政使司(藩司),负责民政;隶属于都察院的按察使司(臬司),负责刑狱与司法;隶属于五军都督府的都指挥使司(都司),负责军政。前朝无所不管的行省权限,至此变成了军、政和司法三权分立。为防止各机构互相扯皮,明末不得不设立巡抚统一三司权力。明代巡抚未成为地方长官,是具有临时性质的职务。入清后巡抚(以及同时增设的总督)成为威震一方的封疆大吏。

二、官吏监控制度

上述机构设置的循环反映到法律制度上,表现为历史上监察与行政法律繁多复杂。"行政法体现出政策重于原则,法律规范强烈地反映出各时代社会和政治上的需求,形成一种杂乱无章的状态,难以从中归纳出综合性的基本原则。……在传统中国法中,并不是刑法比行政法发达,而是其性质不同,前者更便于编纂成法典,后者则不然。"①居于历代皇权政治体系顶端的皇帝们,总是处在不安全状态,为了确保最高权力自身的高度安全,监察各级权力机构的法律制度,以及规定各级官员职责和义务的法律制度特别发达。比如,出于战国时期的《周礼》按六官设置,其主要内容来自于战国时各国行政机构的采录,也反映了若干西周时期的职官制度。该书说明西周至战国时期,行政法制发展到很发达的地步。《周礼》分"天官冢宰""地官司徒""春官

---

① 陶安:《法典与法律之间——近代法学给中国法律史带来的影响》,载(台湾)《法制史研究》2004年第5期。

宗伯""夏官司马""秋官司寇""冬官考工"等篇,每篇极为详尽地描述官名、各级官员人数及官员的职务。后世行政法规亦相当复杂与详细。略述如下:

(一)秦的官吏监控制度

睡虎地秦简中有《置吏律》《除吏律》等涉及行政控制的法律,对任用官吏的时间、违法任用官吏作了规定。此外,《田律》《厩苑律》《仓律》《工律》《徭律》《效律》《内史杂》和《封诊式》中的《治狱》《讯狱》对各类专职官吏的职责作了明确规定。比如《厩苑律》要求管理牧业的官员有牛马死亡时立即向所在县呈报,县检验后将已死牛马上缴,如因不及时而使牛马腐败,须按未腐败时的价格赔偿。同时,上述秦律非常重视对官吏的考核和奖惩。因此秦国的行政法制已非常具体。

在当时的法律中,已经涉及惩治官员"渎职"的罪行。这主要包括如下罪行:"不廉",知道某人有犯罪行为而不论处;"纵囚",应处罪而减免罪刑;"不直",应重判而故意轻判,或应轻判而故意重判;"失刑",即由于司法官员过失导致量刑不当,"失刑"也要负法律责任,但较"不直""纵囚"为轻。《法律答问》中有这样的例子:甲盗窃,若在捕获时估其赃物价值,所值应超过六百六十钱,但官员当时没有估价,到审讯时才估其赃值仅一百一十钱,因而判处耐刑,后来该过错被发现,于是官吏改判甲"黥为城旦"罪;之前的官员以"失刑"论罪,如果其是故意为之,即以"不直"论处;"不胜任",官吏未能对管辖地区内的犯罪活动及时发现和查明;"犯令"和"废令",前者是从事法律禁止的行为,后者是不履行法律要求做的事。"渎职"罪种类甚多,这种法律上严于治官是法家"明主治吏不治民"的体现,后代法律中相当重要的部分就是官吏惩戒法,比如隋唐宋律典中的"职制律"部分,律典中"六赃"中的大部分是惩治官员的贪赃行为,清代数量繁多的"六部处分则例"等,与此一脉相承。

秦在中央设有御史大夫,掌管群臣奏章和下达皇帝诏令,并监察文武百官。在各郡设有御史,是朝廷派往地方执行监察任务的官吏,对所在郡的官吏实行纠察,并参与治理刑狱。但监御史不是地方官职,也不专驻地方,而是隶属于御史府。这个时候的御史监察制度初创,其职责除了监察百官,还有其他行政事务,不是专职监察官员。

秦代考核官吏在品德方面的标准有"五善五失",据《睡虎地秦墓竹简·为吏之道》,五善为忠信敬上、清廉无谤、举事审当、喜为善行、恭敬多让。五失为奢侈过限、妄自尊大、擅自决断、犯上费知害、轻士人而重钱财。这种偏向道德的官员考核模式为后世沿用。

(二)汉的官吏监控制度

汉代的行政法律除援用秦代《置吏律》《效律》《传食律》《行书律》外,还新增以下法律:《尚方律》,限制官员私自提高品级和待遇;《上计律》,考核官员政绩;《附益律》,限制诸侯势力扩张;《汉官旧仪》,明确行政机构职能与分工,等等。

汉代中央设御史大夫,为最高监察机关,协助丞相处理国政,同时掌握全国监察权,下设御史中丞等官员。西汉时期御史大夫尚非专职的监察机构,当时御史大夫有率兵征战职责。汉武帝时期,在丞相府内置丞相司直,直接监察行机构内部的权力。为有效控制地方,汉武帝又于元封五年(公元前106年)分全国为十三州部,除京师外的十二州,每个州部设刺史一人,到地方上以"六条问事"。刺史掌奉诏条,周行郡国,刺举、侦视与揭发不法地方官员。其从六方面考察:一条,强宗豪右,田宅逾制(田宅数量超过制度规定),以强凌弱,以众暴寡;二条,二千石不奉诏书(郡守这种二千石级别官员不遵奉诏书),遵承典制,倍公向私,旁诏守利,侵渔百姓,聚敛为奸;三条,二千石不恤疑狱,风厉杀人,怒则任刑,喜而淫赏,烦扰刻暴,剥截黎元(剥削百姓),为百姓所疾,山崩石裂,妖祥讹言。四条,二千石选署不平(选拔官员不公平),苟阿所爱,蔽贤宠顽。五条,二千石子弟怙恃荣势,请托所监。六条,二千石违公下比,阿附豪强,通行货赂,割损正令。① 其中一条是监察豪右,另五条监察郡、国。因此,刺史"六条问事"主要是防止郡、国专权,威胁中央专制集权。征和四年(公元前89年),武帝又设司隶校尉,纠举包括丞相在内的百官及京城附近的罪犯。魏晋时期司隶校尉与御史中丞共同监察百官,至东晋时期其监察权被并入御史台,于是不复存在。

王侯是对汉代中央的主要威胁,至东汉时,王侯所受监控比西汉时候更加彻底和苛刻。许多诸侯王都曾经被指责谋反,其实有时证据只是"案图书"和"祠祭祝诅",甚至很轻微的过犯都会被刺史或国相报告给皇帝,而惩处往往接踵而来。②

(二)隋唐的官吏监控制度

隋初依汉魏之旧设置御史台,在文帝统治时期,御史台由御史大夫一人、治书侍御史二人、侍御史八人、殿内侍御史、监察御史各十二人、录事二人等组成。御史大夫为御史台的长官,治书侍御史为其助手,负责举劾百官,受理冤状,参与复审等等;侍御史掌纠举百官,推鞫狱讼;殿内侍御史掌宫殿区内百官的监察,纠察弹劾违反礼仪制度的官员;监察御史巡按郡县,视察地方司法审判等等;录事负责御史台内日常事务和长官交办的事务。

---

① 参见程树德:《九朝律考》,中华书局2006年版,第29页。
② 参见瞿同祖:《汉代社会结构》,邱立波(译),上海人民出版社2007年版,第171—172页。

隋炀帝时以刺史巡察畿外（京城以外的地方），并仿汉制六条问事：一察品官以上不能理政；二察官人贪残害政；三察豪强奸猾，侵害下人，及田宅逾制，官司不能禁止者；四察水旱虫灾，不以实言，枉征赋役，及天灾妄蠲免者；五察部内盗贼，不能穷逐，隐而不申者；六察德行孝弟，茂才异行，隐而不贡者。① 隋朝的"六察"针对地方上的官员，监察重点为地方官理政能力、对中央政策法令执行情况及地方官贪赃枉法等。御史台这样的监察机构与各种行政控制手段是为皇帝的办事而存在的。监察制度看起来倒是挺完备，但皇帝们往往自己摧废之，因此完备的制度无法挽救隋朝的灭亡。

唐代中央仍设御史台，长官为御史大夫。御史台分设台院，监察中央百官；殿院，监察殿廷内百官活动；察院，监察地方官吏。唐玄宗令监察御史六人分别对尚书省六部实行监察，称"六察官"。明朝在都察院外设六科给事中，监察六部长官。清代六科给事中合并到都察院。此外，唐代设道为监察区，各设按察使考察地方官员。考察的章程分为六个方面（时称"六察"）。据《新唐书·百官志》记载，这包括(1) 察官人善恶；(2) 察户口流散，籍账隐没，赋役不均；(3) 察农桑不勤，仓库减耗；(4) 察奸猾盗贼，不事生业，蠹害民众；(5) 察德行孝悌，茂才异等，贤士隐居者；(6) 察黠吏豪宗，兼并纵暴，贫弱冤苦不能申冤者。

据《唐六典·吏部·考功郎中》与《旧唐书·职官志》等记载，唐代还设制了官员考核标准，针对流内官（中央官员）的考核标准为"四善"与"二十七最"。"四善"包括德义有闻，即德高望重的声名尽人皆知；清慎明著，即清廉谨慎；公平可称，即断事公平；恪勤匪懈，即勤劳而不懈怠。"二十七最"是针对各部门具体工作而规定不同要求，这主要是对各类官吏才能方面的考察。《新唐书·百官志》记载，"四善""二十七最"评价结果分为如下九等，一最四善为上上；一最三善为上中；一最二善为上下；无最而有二善为中上；无最而有一善为中中；职事精理，善最不闻，为中下；爱憎任情（爱憎据己意而定），处断乖理，为下上；背公向私，职务废阙，为下中；居官谄诈，贪浊有状，为下下。这种复杂的考核指标蔚为大观。考核流外官（地方官）的标准分四等，包括清谨勤公为上，执事无私为中；不勤其职为下，贪浊有状为下下。每年尚书省各职能部门都要把地方官员的政绩上报考功司，中央同时派监察御史等官员到地方察访，报送考功司，作为日后官员职务升降奖惩的依据。

唐代行政法规有令、格、式。唐武德年间裴寂等修纂了《唐令》，至贞观初，又令房玄龄等刊定《唐令》，《唐令》为诏令汇编，主要涉及各级官员的规

---

① 参见叶孝信（主编）：《中国法制史》，北京大学出版社1996年版，第204页。

范。唐格在皇帝对国家机关发布的敕的基础上汇篇而成，其中的《留司格》是中央行政机构六部二十四司各自的日常办事规章。《散颁格》是全国通用的官吏办事规章，以尚书省二十四司为篇名。唐式是国家机构的公文程式和活动细则，唐代有《永徽式》《垂拱式》《神龙式》《开元式》，亦以尚书省各部门以及秘书、太常、司农等机构名称为其篇目。①

  秦代已有单行的行政法律（如《除吏律》等），但至唐代以前均未有行政法典。唐玄宗于开元十年（722）亲自手写六条：理典、教典、礼典、政典、刑典、事典，命大臣以《周官》（即《周礼》）为指导，撰修行政法典。《周官》有天（治）、地（教）、春（礼）、夏（政）、秋（刑，司寇）、冬（事）六官（括号中指其所属权限）。这六条无疑是唐玄宗看到《周礼》的篇目而决心编纂治国之根本的《六典》，把现行的法与制度按《周礼》六典的形式分类整理而编纂一书。时当开元之治，朝廷编纂《唐六典》用以粉饰王道。唐玄宗命撰《唐六典》，明显有以开元治世比拟周公、作划时代大典之意。可是若从实际考虑，若仿效《周礼》将唐制分为六典，几乎毫无用处。换句话说，《唐六典》的修撰本是出于虚荣心，不是出于对现行法典的需要，因此，不能把它与律令格式等根本法典的施行等同。唐代实际的法与制度并不能像《周礼》那样按古代的分类收录，编纂时也难以实现，结果只能以官职分卷，如《周礼》那样的职名、职务内容及相关的东西列在一起，在注释中记述其沿革，从三师三公到州县官吏分别编纂，历时整整十六年。唐玄宗开元之际正值国家强盛之时，统治者们想把当时的统治比作《周礼》的世界——理念的理想世界，以唐代官职而创一王之典。至少，有仿效把周官称为周礼之意，而将《唐六典》比作礼典的情节。如果说以礼入法、以法本礼，使二者统一乃是王者的理想，那么《唐六典》的形式恰好表现了这一理想。

  《唐六典》的出现，产生了刑律与行政法典相对分立的两大法律体系。对后世有很大影响，如明清两代在编订刑律之外，汇编本朝行政法律与官制的《会典》。明、清的《会典》体例由官职分卷，类似于《六典》形式。《唐六典》不是带有强制性的"法典"。从其编纂的宗旨来看，似乎也不具有在一定时期里颁行实施的性质。《唐六典》几乎包括了唐开元时期的所有官制，在内容上，分别记述了各官府的官名及职务内容，在书中所附注文中，记述了该官制自产生至唐代的历史沿革及所含有的有关法律（律、令、格、式）。也就是说，《唐六典》是制度方面的典籍，其中也包含有散失的令、格、式等内容。《唐六典》正文是唐前期中央和地方国家机构的编制、职掌、员额、待遇等，还在各机构下汇集了各机构管理范围之内的令、式，由于唐的令、格、式至今天已经全部

---

① 参见杨一凡（主编）：《新编中国法制史》，社会科学文献出版社2005年版，第188页。

散失，因此，《唐六典》成为了解上述法令的珍贵文献。

《唐六典》规定了行政立法"以官统典"的指导原则，共三十卷，大致按行政官僚体例编排。其核心内容为官府组织与人事制度，主要内容为四个部分：(1) 关于国家行政机构的设置、官员编制与职掌权限的组织原则；(2) 国家机关各级官吏的选拔与任免、考课与奖惩、监督、退休的人事制度；(3) 国家资源、工程营建、税收、官俸等财政行政制度；(4) 各级行政部门的政务活动原则、相互关系及工作程序。①

主要的行政法律除了保存在《唐六典》外，还有《唐律》的《名例律》约三分之一、《职制律》全部、《卫禁律》《厩库律》《擅兴律》《断狱律》等编的大部分。其主要内容有禁止官员擅离职守，如《职制律》规定，在官应直（值勤）不直，应宿（值晚班）不宿，各笞三十。禁止官员失职，重要事情应及时向皇帝汇报。如《职制律》规定应奏而不奏、不应奏而奏者，杖八十。办事应及时，"诸事应行而稽留，及事有期会而违者，一日笞三十⋯⋯罪止徒一年"。禁悖礼、诈欺。《职制律》规定："闻父母丧，匿不举哀"，徒三年，府号（官署名）、官称（官职）不得与祖父、父亲名字相讳，不得在父母丧期内任官，否则徒一年。《职制律》禁止官员擅权、以权谋私，严禁官员数量超过编制，向有关主管机构"有所请求者，笞五十。""受人财物而为请求者，坐赃论加二等。"总之，严于治官遍及唐律典。

（四）宋的官吏监控制度

与唐代相似，宋代的御史台分为三院，即殿院、察院与台院，职能与唐朝大体近似。御史监察中央官员，提点刑狱使监察地方官员。宋代监察机制的特点是，监察内容细，监察官亦受反监，行政官员相互监察，对监察机关和监察官自身在履行职务时违法及处罚，均以法令详细规定。② 在职官考核方面，京朝官由审官院考核，州县地方官员由考课院负责。考核官吏的方法主要有磨勘制（定期勘验官员政绩）和历纸制（官吏按日自记功过，交由上级考核，或上级平时记录属下善恶以作考核）。职官考核标准主要为"四善四最"。宋徽宗时，仿效唐代考核方式，设立以"四善四最"考知府、县令。宋朝另以七事考核路级长官：一曰举官当否；二曰劝课农桑，增垦田畴；三曰户口增损；四曰兴利除害；五曰事失案察；六曰较正刑狱；七曰盗贼多寡。③

---

① 《唐六典》的介绍，本书参见〔日〕奥村郁三：《〈唐六典〉研究》；〔日〕内藤乾吉：《关于〈唐六典〉的施行》，均载杨一凡（总主编）：《中国法制史考证》（丙编第二卷），中国社会科学出版社 2003 年版；郑定、赵晓耕（主编）：《中国法制史教学参考书》，中国人民大学出版社 2003 年版，第 122 页。

② 参见《庆元条法事类》卷七《职制四》。

③ 参见《宋史》卷一百六十三《职官志三》。

南宋时,仍行"四善四最"之法,据南宋《庆元条法事类》卷五《考课格》"知州县令四善四最"条记载,"四善"为"德义有闻,清谨明著,公平可称,恪勤非懈"。"四最"为:(1) 生齿之最:为民籍增益,进丁入老,批注收落,不失其实;(2) 治事之最:狱讼无冤,催科不扰;(3) 劝课之最:农桑垦殖,水利兴修;(4) 养葬之最:屏除奸盗,人获安居,赈恤困穷,不致流移;虽有流移而能招诱复业,城野遗骸无不掩葬。这些考核标准涉及对官员在民生、司法实践、农业生产等方面政绩的考核,基本上是汉代以来同类制度的传承与发展。

宋代保留至今的行政法规有《吏部七司条法》,为各司办事规则。该法律完成于南宋高宗绍兴十五年(1145),收录了与吏部有关的敕、令、格、式。《吏部条法》(又称《景定吏部条法总类》)是南宋理宗景定时期(1260—1264)修纂的一部重要法典,现存9卷。《庆元条法事类》收南宋初1127年起至庆元年间(1195—1200)的敕、令、格、式等法律形式,其中与行政法规有关的有职制、选举、公吏等法律部门。

(五) 元的官吏监控制度

元世祖在至元五年(1268)颁布《宪台格例》,规定了御史台的监察事项、程序。元朝中央设置御史台,负责监察与纠举百官。在地方上设置两个行御史台,作为中央御史台的派出机构,一是江南行御史台(治所在今南京),监察江南十道(今华东、东南地区),一是陕西行御史台(治所在今西安),监察陕西四道(今西北、西南地区),另有八道直属于御史台。以上共二十二道监察区。元初于北方四道置提刑按察司,后于至元二十八年(1291)改称肃政廉访司,设于每个道,负责监察地方官员违法违纪的行为。民国三年(1914)平政院内设置的肃政厅,其长官对国务卿、总长有违法行为的,各级官吏有违宪、违法等行为的,均得纠弹。该机构名称当受此影响,其职权与传统时代的监察机构有一定的继承。元代的御史大夫由蒙古贵族担任,汉官甚至不能充任地方监察机关的书吏。

元代行政法律主要有《大元通制》中的职制、祭令、学规、食货各篇。其次是增删《大元通制》的《至元新格》,以职制为首要内容,全书断例1050条,其中调整官吏职守和惩治官吏违法失职的职制律,几乎占全部条文的三分之一。

(六) 明的官吏监控制度

明代的行政法规数量也较多,如有《诸司职掌》规定各机构职务等,还有《南京工部职掌条例》《六部条例》《吏部条例》《六部纂修条例》《六部事例》《吏部四司条例》《考功验封条例》《朝觐事宜》《宪纲事类》《风宪事宜》《台规》《都察院巡方总约》《出巡条例》《皇明藩府政令》《宗藩条例》《礼部奏议宗藩事宜》,军事行法规如《军政条例》《军政条例类考》,以及教育行政管理法规,如《国子监监规》《学校格式》等。① 洪武年间制定的百官《责任条例》规定于行政系统内部自上而下层层监察，由下级每年上报本职工作，上级逐级考察。巡官《出巡事宜》规定监察御史出巡时应遵守的规范和纪律。

《明会典》效仿《唐六典》，分别规定各行政机构的职掌、沿革、事例、章程、法令、典礼等。其编修、修订过多次，比如《正德会典》《嘉靖续纂会典》《万历重修会典》，等等。《明会典》依据的主要材料以洪武二十六年（1393）校修的《诸司职掌》为主，参以《大明律》《大诰》《大明令》《礼仪定式》《教民榜文》《军法定律》《宪纲》等十二种法律、法规和各官府机构相应法律籍册编成，并附以历年有关事例，其中以收录行政类法律为主，《大明律》被全文收录，其他法律则多为摘选或概括。《明会典》属于法律文献汇编性的典籍。② 《明会典》设官分职，其纲目包括宗人府、吏部、户部、礼部、兵部、刑部、工部、都察院等等。《清会典》直接受此影响，其编排方式与明朝大体一致，其纲目包括宗人府、内阁、吏部、户部、礼部、兵部、刑部、工部、理藩院等等。

与过去不同，明代在洪武十五年（1382）更置御史台，其中央监察机构称为都察院，结束了唐以来御史台三院制，长官为左都御史，另中央吏、户、礼、兵、刑、工六部中创设六科给事中（给事中原为唐朝门下省负责封驳的官职），负责监察六部日常政务。六科给事中既钳制六部，又限制都察院权力，便于皇帝渔翁得利。但是，同为监察机构，六科给事中与都察院职能重叠，影响监察效率。至清代，六科给事中合并到都察院内。在地方上除了按察使有纠举官吏违法行为职责外，明代在地方上还分设十三道，派出巡按御史（当时戏曲、小说多将之俗称为"八府巡按"）定期出巡地方，大事奏请皇帝裁决，小事可自己决断。巡按御史虽资历浅，但由于是代表天子出巡，权势在省级长官之上。另外，皇帝还不定期地派尚书、侍郎等重臣代表天子巡行安抚天下。

明代官员考核制度由都察院和吏部负责，方式包括"考满"，为上级主管官员对任期届满的下级官员考核，官员任职满三年一考、六年再考、九年通考，考核结果为"称职""平常""不称职"三等，依考核结果定升降。另一种为"考察"，其中，都察院每六年一次考核在京官员（清代改为三年一次），称为"京察"，京外官每三年一考察，称为"外察"。其中京察的考查按"八法"纠查违法失职官员。"八法"是八种违法失职行为，分别是贪、酷、浮躁、不及、老、病、罢［pí］（疲）、不谨，依此报皇帝决定官员的升降和奖惩。明代以年俸为依

---

① 以上明代法律名称参见杨一凡：《对中华法系的再认识》，载《批判与重建：中国法律史研究反拨》，法律出版社2002年版，第162—165页。

② 同上注书，第179—180页。

据的"考满"和以"八法"为内容的"考察"分立而行。

（七）清的官吏监控制度

清代的主要官吏监控法制包括《钦定台规》《都察院则例》等。《钦定台规》于乾隆年间撰修，后历嘉庆、道光、光绪年间等修订。该法规主要规定监察宗旨、御史陈奏的程序、考核官员的方式、稽查范围、职能、任务、监察官的选任、迁转、纪律、责任等。《钦定台规》是中国传统时代第一部较为完整的监察法规汇编。《都察院则例》规定都察院、御史的封驳陈奏、考察、职责与权限等。

《大清会典》"以官统事，以事隶官"的编列方法，在各级行政机关之下，分列相关事例、法规。《大清会典》又称五朝会典，是康熙、雍正、乾隆、嘉庆、光绪五个朝代所修会典的统称，记述了清朝国家机构的制度。康熙时《会典》多达一百六十卷，乾隆时删为一百卷，嘉庆时更删为八十卷。至乾隆下命撰写会典时，把法典与事例分开。因此在会典之外，另外撰成乾隆《大清会典则例》，计一百八十卷。嘉庆朝修会典时，将"则例"更名为"事例"，计九百二十卷。至光绪朝，"事例"多达一千二百二十卷。"事例"按照会典纲目及时间先后顺序编排，说明官府机构在不同时期的状况。清代的《大清律例》、《大清会典》、部门立法（各部院的则例、《六部处分则例》等）中都有一些部分涉及行政控制法。则例与《会典》的关系为，《会典》为经久常行的大经大法，则例为通时达变、因时制定的行政法规。此外地方上还有省例与地方法规等都涉及一些对官员监察的内容。

清代官吏考核制度以"四格六法"为标准。四格是对文官定等议叙的主要标准，分别为守（品德操行，有清、谨、平）、政（政治政绩，有勤、平）、才（才能，有长、平）、年（年龄及身体状况，有青、壮、健），以此标准评价官员。四格为总规定，较为抽象，在实践中有些明确具体的要求。

清初京察（对京官的考核）制度曾多次存废，在雍正年间改六年为三年一举，成为制度固定下来。京官三品以上自己陈述政务得失，三品以下由各主管长官出具考语，注明称职或不称职后交由吏部、都察院考核。京察考核结果分三等，一等为称职：守清、才长、政勤、年或青或壮或健；二等为勤职：守谨、才长、政平或政勤、才平，年或青或壮或健；三等为供职：守谨、才平、政平，或才长、政勤、守平。

对外省官员的考核称为大计，分为卓异（才、守均为优等）、供职两等，其考核标准也是以四格为标准。州县官员若要评为"卓异"，则按惯例要由府、道、司层层考察、具结保送，再汇送督、抚最后考核，送呈吏部。京察一等与大计"卓异"通常可以获得加级食俸（照所增加的级别支付工资），或加级升衔（照所加的头衔换给顶戴）。单纯的加级为对政绩突出的官员在原官职品级上加上若干级(如加一级),虽不增发官俸,但允许官员在服装、仪仗、居所上采用高品级规格。考核结果为下等的官员,将来若要调到重要机构任职(如直隶州知州、知府等职)会受限。被举荐为京察一等或大计"卓异"的官员有违法行为,通常举荐者要承担相应的法律责任。六法(清中期以前为八法)是从六个方面参劾不称职的官员,包括罢软无为、不谨、年老、有疾、浮躁、才力不及的官员应处分。对于"六法"人员,一般是处以革职、降调、休致(强令退休)。①

▶ 三、结论

监察、考核和奖惩官员的相关规章制度构成历代王朝官吏监控法制的重心。这些官吏监控法制复杂而繁多,光唐律五百条中,涉及官员惩治的就近三百条。所以,传统时代的官吏虽然有许多特权,但也有许多超乎常人的义务。这种法律的核心不是对官员权力的规范,而重在明确官吏的职责、义务、考核与奖惩的具体方式,其中一些至今或许仍有参考价值。但是,其立法和执法过程受上级官员和皇权支配,监察与考核官员的权力未独立于皇权。官吏监控法制的宗旨是"治吏",但其终极目的是通过治好吏来治民,维持皇帝统治。因此,这种行政控制法及其实效,存在诸多问题。

首先,数量繁多的相关法律表明了国家对违法官吏的严厉态度,不过这种态度在必要的时候才显示出来,有时真实目的是惩治违法官吏,有时则借作政治手段打击对手(比如清代的年羹尧案、和珅案),因此法律实效很不确定。官吏监控法制由皇帝设定,对中央高官的监察与考核权掌握在皇帝手中。法律制定的动机是为皇帝一己之私(前述历代权力机构设置循环怪圈即与皇帝私心密切相关),保皇家江山到永远。法律制定得再周密,也不可能控制皇帝自己。君主个人的喜好有极大的个人主观性与随意性,导致执法时同罪异罚,同功异赏,君主成为吞噬终极公正的黑洞。因此,监察与考核结果不易预测,法律能否贯彻得到实效取决于皇帝的行事风格。在皇帝开明时,吏治尚算过得去,一旦皇帝腐败,立马上梁不正下梁歪。此时官吏监控法制形同虚设,如万历皇帝数十年不上朝,当时是吏治腐败的典型时代。

其次,由于官吏监控法制的目的是维护君主权力与独裁政治,而非保护民众权利,其实施与监督依靠官僚层层向上负责,直至向最后的上级也即皇帝负责。这样的官吏监控法制限于官僚体制内从上对下操作,从未在权力体系内上下之间循环。历朝官员考核最后都是向皇帝负责,而不是向民众负

---

① 清代考核制度本书均参见艾永明:《清朝文官考绩制度及其实施状况》,载《法制与社会发展》2003年第5期。

责。官员考核标准虽涉及民生内容，但是由上级官员考核下级官员，自下而上的民意在这个考核体系中不起任何作用。民意往往是因官员腐败激发民变、民众由此发动叛乱得以"表达"。一旦官僚只是层层向上负责，通过下级向上级输送利益以及上级的权力寻租方式，官僚间容易形成相互勾结的利益网络。那些表面上看似严密且复杂的考核制度、叠床架屋的监察机构在现实中难以真正运行。因重典治吏闻名的明太祖，最后也不得不哀叹贪官们"朝杀而暮犯"，吏治腐败为历代的必然现象。①

基于上述原因，为了在考核中获得好评，所有希望官运亨通的官员必然想方设法地讨好上司，贿赂公行自然不在话下。故而受到参劾的往往是那些教职、佐杂等低层小官吏、无实权人员或不善于奉承者。其结果是官员们办事只讲形式（文牍主义盛行）、不负责任、不讲效率，看似完善的制度难以执行。最后，不少官员考核标准很抽象（比如"德行孝弟""德义有闻""浮躁"等）。这些标准难以具体、客观地衡量，被考察者往往有人靠人、没人靠钱开路，腐败或昏庸的官员因此可避实就虚、蒙混过关。一以贯之的吏治腐败，自然要建立在剥夺民生的基础上。最后倒霉的，一如既往，只能是民众。故而，与官吏监控法制对应的历代官员腐败问题，并非是简单的法律制度问题，而与政治体制密切相关。民间信息难以上传，官员的任命和升降与民意无关，负责监察的官员无从独立，使得监察与考核只能是有权有势者间的游戏。在这样的环境下，监控与反腐败最得力的官员，实际上自己往往就是腐败者。至于海瑞那样的清官，在当时难以融入政治体制之中，而且千世难得一见。因此，历史上被民众视作典范的"青天"，恰恰是传统政治结构的悲哀所在。

总之，传统经济管理法律、官吏监控法制虽然也有公共管理的色彩，但其立法的核心目的主要是维护最高统治者的政治安全与经济利益，皇帝自己就是统治者，主要代表自己的利益。臣民只有参与到这个中央专制集权体系中，无限忠于上级以及最后一个上级时，才能获得种种实际利益与特权。

课后阅读文献

田涛：《被冷落的真实：新山村调查手记》，法律出版社2005年版。
钱穆：《中国历代政治得失》，生活·读书·新知三联书店2001年版。
洪振快：《亚财政——非正式财政和中国历史弈局》，新星出版社2008年版。

---

① 孔飞力对京察、大计等清代官吏考核方式的有效性问题作了精细分析，参见〔美〕孔飞力：《叫魂：1768年中国妖术大恐慌》，陈兼、刘昶（译），上海三联书店1999年版，第250—259页。

梁治平：《清代习惯法：社会与国家》，中国政法大学出版社 1996 年版。

以下适合有研究兴趣的读者

张传玺：《契约史与买地券研究》，中华书局 2008 年版。

马德斌：《传统中国的法律与商业：对"大分流"的制度性透视》，载刘秋根、马德斌（主编）：《中国工商业、金融史的传统与变迁——十至二十世纪中国工商业、金融史国际学术研讨会论文集》，河北大学出版社 2009 年版。

郑学檬（主编）：《中国赋役制度史》，厦门大学出版社 1994 年版。

刘泽华等：《专制权力与中国社会》，天津古籍出版社 2005 年版。

王亚南：《中国官僚政治研究》，中国社会科学出版社 1981 年版。

〔日〕织田万：《清国行政法》，李秀清、王沛（点校），中国政法大学出版社 2003 年版。

楼劲、刘光华：《中国古代文官制度》（修订本），中华书局 2009 年版。

国家税务局主持编写：《中国工商税收史资料选编》（共七辑），中国财政经济出版社 1991—1995 年陆续出版。

孙翊[yì]刚、徐世钜、左步生等（选编）：《中国财政资料选编》（共三册），中国财政经济出版社 1987—1989 年陆续出版。

王雷鸣（编注）：《历代食货志注释》（共五册），农业出版社 1984—1991 年陆续出版。

张传玺（主编）：《中国历代契约会编考释》（上、下册），北京大学出版社 1995 年版。

田涛、〔美〕宋格文、郑秦（主编）：《田藏契约文书粹编》，中华书局 2001 年版。

田涛、王宏治、柏桦、邓建鹏：《徽州民间私约研究及徽州民间习惯调查》，法律出版社 2014 年版。

Scogin, Hugh. "Civil 'Law' in Traditional China: History and Theory." in Kathryn Bernhardt and Philip Huang eds, *Civil Law in Qing and Republican China*, Stanford U Press, 1994. pp, 13—41.

Ocko, Jonathan. "The Missing Metaphor: Applying Western Legal Scholarship to the Study of Contract and Property in Early Modern China." in *Contract and Property in Early Modern China*, edited by Zelin, Ocko and Cardella, pp, 178—205.

Madeleine Zelin, *The Merchants of Zigong: Industrial Entrepreneurship in Early Modern China*, Columbia University Press, 2005.

课后深度思考题

结合上列马德斌、Jonathan Ocko、Scogin Hugh 及 Madeleine Zelin 等人的论文、论著以及巩涛的论文（《地毯上的图案：试论清代法律文化中的"习惯"与"契约"》，载邱澎生、陈熙远编：《明清法律运作中的权力与文化》，联经出版公司 2009 年版），思考如何理解中国传统社会形态中的"民法"，传统时代存在"民法"吗？若存在，是以什么形态存在呢？其与古罗马私法及近现代民法有何区别？明清时期中国出现了大量票号、合伙企业、契约、股份制（比如清代四川的盐业生产）的雏形，为何这些雏形未能朝近现代意义的制度发展？

第八章　法家思想与传统法制

学习重点：(1) 重刑主义思想；(2) "法治"理论；(3) 法家法律思维的欠缺。

第一节　法家及其思想概述

"法家"作为一个学派是史学大家——汉代司马迁的父亲司马谈在《论六家要旨》中首先提出的。先秦法家虽然没有一个明确的共同派别概念,但有一些表明党派的概念,比如他们常把自己的一派称为"法术之士"(《管子·明法解》)、"法士"(《韩非子·五蠹》)、"耕战之士"等。尤其是在反对儒家等派别时,法家表现出了鲜明的党派性,也即思想上的共通性。

一、法家流派与作品

法家有不同的流派及主要代表人物,其中,战国早期的李悝是法家重要代表人物,主张变法与以法治国,著作多佚;慎到,以讲势(权力、权威)为主,吸收道家思想,把道的理论与势相结合;申不害,以言术(权术,多指政治手腕)为主,受道家影响,发展君人南面之术。战国中期的商鞅主张重法,以法治国。其思想目前主要保留在《商君书》一书中,该书所反映的法家思想来源有三类,第一类可能出自商鞅之手(如《商君书》的"垦令"篇),是商鞅法家思想的直接表达;第二类论述了商鞅的言论;第三类为商鞅后学所著但以商鞅的名义公布(如《商君书》的"徕[lái]民"篇);战国晚期的韩非子是先秦法家集大成者,其思想在《韩非子》一书中得到具体表现,主张法、术、势并重。另外《管子》一书假托春秋时期的管子所作,实际成书在战国时期,其中有二十余篇代表了法家思想。

二、主要思想特征

法家虽有不同流派,但他们大都有如下共同思想特征:其一,强调法的作用。重视以法治国、事断于法、法公之于众、赏罚严明等等。其二,倡导耕战,这种思想与战国时代的背景密切相关。其三,强化君主集权专制和独裁。其四,其思想出发点大都源自人性好利说。①

第二节　法家思想与传统法制

◆ 预读文献与思考

以下文献反映了法家的何种思想特征,其与儒家思想存在何种显著差

---

① 法家流派及主要思想特征,本书部分参见刘泽华:《中国政治思想史(先秦卷)》,浙江人民出版社1996年版。

异？法家"一断于法"思想的渊源来自何处？楚王召太子至茆门的故事与这种思想是否存在相似之处？

《商君书·赏刑》："所谓壹刑者，刑无等级，自卿相将军以至大夫庶人，有不从王令、犯国禁、乱上制者，罪死不赦。有功于前，有败于后，不为损刑。有善于前，有过于后，不为亏法。忠臣孝子有过，必以其数断。守法守职之吏有不行王法者，罪死不赦，刑及三族。"

《史记·商君列传》："于是太子犯法。卫鞅曰：'法之不行，自上犯之。'将法太子，太子，君嗣也，不可施刑，刑其傅公子虔，黥其师公孙贾。明日，秦人皆趋令。"

《韩非子·有度》："法不阿贵，绳不挠曲。法之所加，智者弗能辞，勇者弗敢争。刑过不避大臣，赏善不遗匹夫。"

《管子·任法》："君臣上下贵贱皆从法，此谓为大治。"

《商君书·赏刑》："重刑连其罪，则民不敢试。民不敢试，故无刑也。夫先王之禁刺杀，断人之足，黥人之面，非求伤民也，以禁奸止过也。故禁奸止过，莫若重刑。刑重而必得，则民不敢试，故国无刑民。"

《商君书·开塞》："立君之道，莫广于胜法。胜法之务，莫急于去奸。去奸之本，莫深于严刑。故王者以赏禁，以刑劝；求过不求善，藉刑以去刑。"

一、以刑去刑的重刑主义

法家诸派对刑罚的看法颇不一致。比如慎到主张罚当其罪，《商君书》则是主张轻罪重罚最有力的一派，且对后世传统法制及实践的影响极大。《商君书》作者既讲赏，又讲罚，且重点在罚。这种以罚为主的理论基于人性好利说。人性趋利避害决定了人们不可能求善，如果对巧诈虚伪实施德义，有如农夫对待蛇一样，这样做只能是让坏人变本加厉。治巧诈虚伪最有效的方式是刑罚。因此法的重点是"求过不求善"（《靳令》）。赏也不是绝对不要，但只能作为刑罚的补充。赏固然要施于立功之人，但更要用来鼓励告奸，这就是《开塞》所说"赏施于告奸"。由于赏是罚的补充，所以在数量上罚要多于赏（"赏一而罚九"）。韩非也倡导重刑主义，他提出"重其刑罚，以禁奸邪"（《韩非子·六反》）。

与此相伴随的便是轻罪重罚理论，其逻辑为，轻罪重罚使人不敢犯轻罪，自然不敢犯重罪。《画策》篇认为国家有了法之后之所以还有犯法者，是由于"轻刑"造成的，"轻刑"等于无法。单单轻罪重刑，还不足以禁止民众做坏事，作者又提出要刑于将过——只要有犯罪的征兆就要处刑。汉代的"腹诽"罪、隋唐时期的谋叛罪等，将打击犯罪行为的阶段置于预谋、有犯罪倾向时。这样,通过轻罪重刑,人民都不敢犯罪,自然无需再用刑。《商君书·靳令》认为这叫做"以刑去刑,刑去事成"。

这种以刑去刑的重刑主义是要变民众为绵羊,可以剪毛、挤奶、食肉并用。① 明太祖时期提倡重典治国,使民众内心恐惧,从而不敢轻易犯法。这种思路与法家思想异曲同工。不过,18世纪意大利刑事古典学派创始人贝卡里亚(Cesare Beccaria)在其经典之作《论犯罪与刑罚》中认为:"对犯罪最强有力的约束力量不是刑罚的严酷性,而是刑罚的必定性,这种必定性要求司法官员谨守职责,法官铁面无私、严肃认真,而这一切只有在宽和法制条件下才能成为有益的美德。即使刑罚是有节制的,它的确定性也比联系着一线不受处罚希望的可怕刑罚所造成的恐惧更令人印象深刻。"②这一高见在商鞅时代就能找到相应实例。《史记》记载,商鞅惩罚太子的老师公子贾等人后,第二天秦国民众即争先恐后遵守法令。商鞅对公子贾等处以黥刑,至少在当时算不上什么酷刑。秦民之所以争相守法,重要原因就在于刑罚的必定性,即不管违法者是谁都必须受到惩罚。遗憾的是,法家对此虽有论述,但对后世刑罚理论与实践的影响最大的显然是他们的重刑主义。

二、"法治"的理论

法家在反对儒家的人治("身治")时,"法治"思想表现得尤为突出。慎到认为"身治"有两大弊端:(1)"身治"无一定的标准,随心而定。《慎子·君人》说:"君人者,舍法而以身治,则诛赏予夺,从君心出矣"。(2)《慎子·威德》认为,人治使"国家之政要在一人之心矣",进而从个人知识的有限性论证把国家政要系于一人之心是危险的。《韩非子·用人篇》认为"释法术而任心治,尧不能正一国"。这种观点与生活于公元前4世纪的古希腊哲学家亚里士多德有相似之处。亚里士多德认为,法治比人治好的原因在于法律没有感情,因为人类的本性难免有感情和偏私。③《管子》一书也提出"以法治国"的话。

不过,法家思想中的"法治"与近现代人们通常所理解的"法治"有着本质区别。法家的"法治"提倡通过"不殊贵贱""一断于法"、法要公布等法律的外在形式,实现君主专制统治,通过"法治"限制民众利益,保障君主权力。近现代通常所理解的"法治"的核心则是限制国家权力(宪政实为限政),以保障民众权利。这二者间的差异,值得注意。当然,法家"法治"与近现代"法治"的

---

① 本书"以刑去刑"重刑主义参见刘泽华:《中国政治思想史(先秦卷)》,浙江人民出版社1996年版,第311—313页。
② 〔意〕贝卡里亚:《论犯罪与刑罚》,黄风(译),中国大百科全书出版社1993年版,第59页。
③ 参见张宏生、谷春德(主编):《西方法律思想史》,北京大学出版社1990年版,第27—28页。

外在形式上有相似之处。

法家"法治"理论的主要内容为：

(一)"不别亲疏，不殊贵贱，一断于法"

"法治"不再区别原先因血缘关系而享有的法律特权，或因爵位而享有的高低不同的待遇，从而实现"自卿相将军以至大夫庶人，有不从王令、犯国禁、乱上制者，罪死不赦"。即所有人都必须服从君主的法律，在这一点上都是平等的，没有特权，也即"刑无等级"。这种思想与近现代"法治"所提倡的法律面前人人平等有些近似。商鞅在秦国推行政法改革时，太子犯法了，但由于太子是王位继承人，不能施加肉刑，因此商鞅坚持对太子的两位老师施加了刑罚。第二天秦国民众争相遵守法律。可见坚持"不别亲疏，不殊贵贱，一断于法"具有奇效。法家对此认识得很清楚。但是在秦汉以后的时代，这点恰恰非常难以得到遵行。

法家主张"一断于法"思想在汉初的司法实践中也得到一定的继承。有学者认为，在当时无论地位怎样高贵的官僚，违法后也难以逃脱接受狱吏这种低级官吏的审讯甚至辱骂。也正因为此，在汉惠帝时首先免除爵五大夫以上、吏六百石以上者戴枷系狱。① 文帝七年(公元前185年)，规定逮捕二千石以上的高官要事先得到许可，他们在狱中从讯问阶段就受到保护。② 这表明在此之前，除接受狱吏的讯问外别无他途。

文帝时，曾任丞相的周勃被关进监狱，受狱吏讯问，后以冤枉释放。出狱后他感慨道："吾曾将百万之军，安知狱吏之贵！"③这说明罪犯不论身份贵贱，在接受狱吏讯问这一点上是平等的。④ 西汉时，贾谊不满于当时犯罪的王侯大臣与平头百姓同处黥、劓、髡、刖、笞与弃市之刑，对文帝上疏反复申论古时刑不上大夫的道理⑤，萧何亦曾下廷尉械系。这些案例说明西汉前期"一断于法"的思想仍在支配当时法律的运作。学者认为，与西周"刑不上大夫，礼不下庶人"原则不同，儒家的理想是治贵族以礼，治平民也应当以礼而不用刑，实际上是要求以更高的行为标准作用于平民。法家的理想是法律面前人人平等，但这并非把平民的行为标准提高到用礼的层次，而是把贵族的行为标

---

① 《汉书》卷二《惠帝纪》。
② 《汉书》卷四《文帝纪》。
③ 《史记》卷五七《绛[jiàng]侯周勃世家》。
④ 参见〔日〕宫宅潔：《秦汉时期的审判制度》，载杨一凡(总主编)：《中国法制史考证》(丙编第一卷)，中国社会科学出版社2003年版。
⑤ 《汉书》卷四八《贾谊传》。

准降低到用刑的水平。①

（二）法律要明确及公之于众

为了使所有人都能遵法、守法，法家提出法律要明确、要公之于众。《韩非子·难三》就说："法者，编著之图籍，设之于官府，而布之于百姓者也。"什么是法律呢，就是在图籍中编著，由官府设立而向百姓公布的。同时，法令是国君制定，他也应该依法行事。韩非子一再批评君主不按法令行事的弊政，指出这是亡国之政。遗憾的是，理论归理论，事实上这一点在中国历史上向来无法避免。每个正常人都会有感情好恶，没有任何有效制度约束的君主更是如此。当君主人性中的各种弱点发挥到极致时，民众就要遭殃了。历代王朝的灭亡也正与这一点有着密切关系。在此不得不佩服韩非的见解具有非凡的历史洞穿力。

关于法律应公布，《商君书·定分》进一步论述说："故圣人为法，必使之明白易知。名正，愚知（愚蠢和聪明的人）徧能知之；为置法官，置主法之吏，以为天下师，令万民无陷于险危。"（《商君书》的"定分"篇假托商鞅之说，实际上当是商鞅死后秦国法家学者的作品）。云梦睡虎地秦墓出土的秦简《语书》，也提供了秦在实现统一之前就要求地方官吏以法律令教民、令民知法而不犯法的材料。"凡法律令者，以教道（导）民，去其淫僻，除其恶俗，而使之之于为善也。今法律令已具矣，而吏民莫用，乡俗淫泆[yì]之民不止，是即废主之明也，而长邪淫僻泆之民，甚害于邦，不便于民。故腾为是而修法律令、田令及为间私方而下之，令吏明布，令吏民皆明知之，毋巨（至）于罪。"②这段话的意思是：凡是法律令是用来教导百姓，去掉他们的淫僻，消除他们的恶俗，使他们趋向为善的。现在法律令已经具备，然而吏民不用，乡俗淫僻之民不止，这就是废君主的法令。而且邪僻之民蔓延，甚为害邦，不便于民。所以郡守腾为此整理法律令、田令及管束间（奸）私的法规，将它们下达，让官吏明确公布，使吏民知而不致犯罪。南郡守腾发布的这个文告的精神，与上引《商君书·定分》一致。

法律公之于众，《商君书·定分》说要使"天下之民无不知法者"，由于人人知法律，"吏不敢以非法遇民，民不敢犯法以干法官也"。这种见解主张规则透明，这样官民之间不致互相侵害。历史事实说明，贪官污吏们擅长藏起规则，在内部的潜规则下获取各种非法利益。规则透明的想法，至今仍有极大启示。

---

① 参见冯友兰：《中国哲学简史》，北京大学出版社1996年第2版，第142—143页。
② 睡虎地秦墓竹简整理小组：《睡虎地秦墓竹简》，文物出版社1978年版，第14—22页。

同时，官吏的职责是贯彻法令、守法、知法。《定分》说官吏不通法令或忘了，视为渎职，忘了哪一条，就用哪一条治罪。百姓问法，官吏须以实相告，如果官吏不告诉或说错了，百姓因此而犯法，那么官吏也须同罪。明太祖在《大诰武臣》颁行后下令全国，要求军官及其家属都要诵读该《大诰》。对违法者要考察知晓《大诰》的熟悉程度。如果不知晓，则罪犯家庭中的长幼都要处以刑罚。明太祖的这种强制普法模式与先秦法家思想相合。

三、"法治"理论主要来源

法家"法治"理论的主要特征是公布法律，"不殊贵贱，一断于法"，严刑必罚。这与当时宗法社会基础对立，而与战国时期兵民合一的基层社会编排方式及大部分法家军政合一的身份及经历相关。

战国时期诸国生存竞争极其酷烈，每次战争动辄斩首十万八万，甚至一坑几十万（比如秦赵间的长平之战）。为了应对战争，当时普遍出现诸侯国内民众按军队组合方式治理，以致当时兵民不分，因此治民与治军原则相同，这直接导致治民之法与军法通用。兵刑无别、军法与治民之法通用对整个战国时期的变法改革与"法治"思想产生了深远影响。

与治民之法、宗法礼仪制度不同，军法有自己的特殊性。军法要求贯彻近乎绝对平等的原则，对事不对人，排除因人而异、同罪异罚。战争的性质决定了军法务必稳定、齐一、明确。朝令夕改、因人而异绝对为军法所不容。毕竟，在战争中获胜，与参战者的身份背景无关，而与参战者的勇气、智慧等有关。因此，作为有效的激励机制，军法必须从倾向于对身份的维持（比如礼仪制度那样）转移到对能力的鼓励，能否做到这一点直接影响了战争中的失利或胜利。战争的结果又将立马给将领、诸侯王带来生死存亡的结果。因此，从春秋至战国逐渐加大的诸侯国间的战争压力，迫使诸侯国日渐越过对身份的重视，转而鼓励能力。"不殊贵贱，一断于法"的法律原则也正是在这种背景下产生，并且因为外在压力而得到一些有远见的君主支持和维护。

另外，战国时期诸治民者往往兼为武将。当时，作为著名政治改革家的诸多法家代表人物亦曾身兼武将之职，《孟子·离娄上》所指斥的"善战者""辟草莱任土地者"便是指法家。法家人物商鞅、李悝、管仲、吴起都有带军队作战的经验，他们中一些人的著作即为后人列入法家，同时也列入兵家。也就是说，这些人大都是具有军事家与政法专家的双重背景。法家军政合一的背景强化了其政治实践与思想特征。因此在变法改革中他们自然而然地要把整齐划一、人人平等、法令须明确、一断于法等军法原则运用其中，极端的例子是，严格执法甚至排除了君主的干涉。

比如,战国时期孙武以兵法呈见于吴王阖闾,为显示其兵法之可用,孙武以吴王的宠妾二人各为队长,向她们宣布治军的各种规则。孙武三令五申结果妇人大笑,于是孙武按照事先宣布的军法,欲斩左右二队长。吴王要求其释放队长,孙武以"将在军,君命有所不受"为由,于是杀二队长。之后,所有妃子都顺从孙武的指挥,就算是要她们赴汤蹈火也在所不辞。出人意料的是,吴王虽然不爽,但并未因此处置孙武,后来还封他为大将。可以设想,要是在和平年代,吴王对待孙武的方式,恐怕会有巨大差异。

四、关于法的思考与影响

法家心目中的法律形象与今日法学家很不一样。法家代表人物如商鞅对法的认识,主要限于对兵器、模具、度量衡之类直观、物理的描述,而较缺乏抽象的哲学理论。这点同他们较直观的思维模式密切相关,当然,这种思维偏向在整个中国传统时代都较普遍。比如商鞅把法比作"绳墨、规矩"。此外,韩非子提出"其言谈者,必轨于法"。(《五蠹》)"法立,则莫得为私矣。"(《轨使》)"法之所加,智者弗能辞,勇者弗能争。"(《有度》)在他看来,法律是一种"规矩",是人们行事的尺度和标准,法律是每个人言行的轨道,也是整个社会生活的标准。法律可以"善以止奸为务"。(《制分》)"明赏则民劝功;严刑则民亲法。劝功则公事不犯;亲法则奸无所萌。"(《心度》)"用人之不得为非。"最后还可以确立"强不凌弱,众不暴寡"的理想社会秩序(《奸劫弒臣》)。

在商鞅、韩非等人的理想中,法律几乎是万能的。这种法律万能主义影响下的秦朝,万事"皆有法式"。法家提出法律应周详完备具体,则立法时明主就应仔细考虑和揣摩所立之法的具体内容。法律功能强大,司法官员只要严格依法断罪就行了。

事实上,无论是多高明的立法者甚至是圣人,都无法保证制定的法典足以包罗万象。也就是说,现实中的法律总是无法周详完备,韩非等人夸大了法律的能量,忽视了法律的限度。他们理想中的法律适用,有点类似于当代中国有些法院推广的电脑量刑,否认法官的裁量权,以机械手段保证审判符合法律。至汉代以后,法律家才逐渐思考法条有限而情伪无穷的问题。在法律出现漏洞时,法律应允许司法官员通过法律解释、《春秋》决狱、比附等法律方法予以漏洞弥补。这相当于法律家们冲破了法家的理想国,认识到法律并非万能,司法官员应该有一点自由裁量权或自主思考的权力。

但是,这并不意味着法家的这种影响在后世全部消失。后世立法有明显的客观具体主义特征,其表现是细致地划分各种犯罪种类,罪与刑罚尽可能的一一对应,具有绝对的法定刑主义。学者认为,自秦汉到清末,中国传统法律处犯罪的处罚采取客观的、具体的态度。因为法律要求司法官员依法审判，对罪刑采取绝对刑，以防止司法审判中的擅断。故同一犯罪行为，依犯罪主体、客体、方法、犯意、处所、数量（日数、人数、赃数等）及其他情况，而另立罪名，各异其刑。如非法闯入宫殿（唐代称"阑入"，明清为"擅入"）及其他犯罪，视其为宫、殿、上阁内、御在所，以及宫城、皇城、诸处守当、县城等，各立罪名，亦异其刑，盗罪之刑，亦视其客体而异。于殴伤杀，则视伤害程度及方法、主体、客体及责任形式（谋、故、斗、戏、过失等），其刑互异。因此，罪名繁杂，科刑上常发生疑义。于是，用"依从""准某律论""认某罪论""与同罪"的立法技术，又采取反坐的及共犯的同刑之制，复用比附援引而断罪。① 这种倾向对法律的影响是实体法不得不特殊化、细则化。法律越具体，则其涵盖性、概括性就越差，漏洞就会越多。于是历代在"正法"（国家律典）之外，产生了难以计数的"副法"（比如汉代的比；唐宋的格、敕；明清的例等等）以弥补"正法"的漏洞，同时以限制司法官员的自由量刑。学者认为，细则化并不能解决法律疏简而又僵硬的问题，在运用之际只好采取重其所重、轻其所轻、小事化了的态度。②

司法官员的自由裁量权被压缩在狭小的空间，以避免其贪赃枉法或威胁本属于皇帝的司法权。以清代为例，学者认为，官方在形式上历来主张奉行严格的规则主义。严格规则主义在司法活动中的表现是：要求司法官严格依法判案，认为司法官员仅仅是大清律法的适用机，是法律的宣示者，而非解释者或创制者。面对任何案件，在法律规范与案件事实二元分离的态势之下，司法官员的权力仅只是在法律文本中找到相关律例条款，涵摄案件事实，通过简单的三段论式的逻辑推理，就得到裁判结论。③ 这种严格规则主义思想可上溯至法家，其之所以在后世仍然有市场，乃在于有助确保法律的权威与君主的权力。这种取向不由自主地要排斥司法官员的自由裁量权。而其前提假设，自然依旧潜在地认为法律是万能的，也即法律可以适应和调控所有社会问题。这样司法官员应该一一以法律去对应违法行为。可以说，法家潜在的法律万能主义论与西方20世纪的纯粹法学有点"远亲"关系。

---

① 参见戴炎辉：《中国法制史》，台湾三民书局股份有限公司1987年版，第30—31页。
② 参见季卫东：《法律程序的意义》，载季卫东：《法治秩序的建构》，中国政法大学出版社1999年版，第60页。
③ 参见钱锦宇：《清代刑案审谳的法律发现》，载陈金钊、谢晖（主编）：《法律方法》（第九卷），山东人民出版社2009版。

五、弱民思想

法家思想的宗旨是为君主专制提供思想武器。为此,其提出了削弱民众的具体措施,这些措施与制度具有很强的可操作性。儒家思想在这一点上远逊于法家。《商君书》对弱民有过具体阐述。《商君书》认为,要使君主的法令有效力,则民众必须服从法,法一经颁布,都须遵从,这叫"法胜民"。《说民》篇说:"民胜法,国乱;法胜民,兵强。"民在法面前就像老鼠见了猫一样,战栗不已。《去强》《弱民》集中讨论了去民之强,使民变弱的重要性,认为这是治国之本。《弱民》提出:"民弱国强;国强民弱,故有道之国,务在弱民。"弱民途径有以下几种[①]:

(一)"政作民之所恶"

《弱民》篇认为,国家政令要实行人民所厌恶的东西,人民就弱。人民不是怕苦、怕死吗?为政就要用苦与死时刻威胁他们,使民众如临深渊,自然就怯弱而怕法了。

(二)奖励告奸

使人们互相监视里通外国的行为,造成人人自危的局面。通过挑动人们互斗,君主坐收渔翁之利。商鞅在秦国变法时推行"相牧司连坐"就是这一思想的具体实施。

(三)有针对地赏罚

《说民》提出"故怯民使之以刑则勇,勇民使之以赏则死"。如果民众勇敢,就要用赏的办法使民众更加勇敢,直到在战场上英勇作战而死;民众如果怯弱胆小,他害怕什么就用什么治他,迫使民众变得勇敢起来。赏罚的目的最后都是使民众为君主所用,效死尽忠。对君主而言,这是民众存续的主要理由。明太祖就曾说过如果士夫不为君用,就应该"诛其身而没其家"。这正是法家思想在后世政法实践中的写照。

(四)使民在贫富间转化

《说民》认为"治国之举,贵在令贫者富,富者贫。贫者富,富者贫,国强"。民众穷时,君主规定如果有战功或努力耕种获得丰收,则给予赏赐。但是人富了易生淫乱,因此这时的法令应设法使他们变穷,如用粟捐爵,治罪时可以用财物赎刑,等等。明朝有大量的赎刑,成为充实国库的重要来源。法的妙用之一就是使民在贫富之间转化,君主坐收转换之利。民在贫富转换中变

[①] 本书"弱民思想"均部分参考刘泽华:《中国政治思想史(先秦卷)》(第六章),浙江人民出版社1996年版。

弱，君主则更为强大。

（五）使民众愚昧无知

关于使民众变得无知这点，法、儒、道等家学派的见解大体一致。《商君书·弱民》认为民愚朴是民弱君强的基本因素。道家《老子》则提出"绝圣弃智"，在老、庄看来，一个人无知无欲，像婴儿那样最好。儒家则提出"民可使由之，不可使知之"(《论语·泰伯》)。此外，历代王朝推行的重农抑商也暗含有使民众无知的因素。比如《吕氏春秋·士容论·上农》认为，农民安土重迁，天生单纯而质朴(说得难听点就是农民天生就显得愚蠢)，并且可以随时为国效力。而商人则靠智慧生存(说得难听点就是奸诈)，国家有难则立马卷着财富逃往它处，对国家无一利。《商君书·算地》也说："则民务属于农，属于农则朴，朴则畏令。……夫民之情朴，则生劳而易力，穷则生知(智慧)而权利(权衡利益)。易力则轻死而乐用，权利则畏罚而易苦。"由此，国家应该重农抑商，使民众变成无知而听话的奴仆。中国两千多年前就有这种深刻的政治算计与思考，而西方同类性质的专著，直到 15 至 16 世纪方出现。在那时，人称"暴君导师"的意大利人马基雅维里出版了《君主论》。

▶ 六、抑臣与治吏的策略

"抑臣"主要体现在《韩非子》一书中。春秋后期到战国中期，当时政治生活的中心是夺取政权和变法改革，法家讨论的中心是君民关系，战国中晚期变法改革高潮已经过去，统治阶级上层权力斗争突出，因此君臣关系成为战国后期《韩非子》一书的主要内容。韩非子认为，君主要集权一人，首要任务是抑制大臣。君臣之间实际上就是虎狼关系、市场交易与利害关系。君主对于一切臣属，甚至妻子儿女都必须警惕，因为篡权窃位者首先就是这些人。这些见解深刻且令人恐怖。但是中国后来的皇权斗争史却一再证明这些看法大体正确。韩非提出的抑臣措施如下[①]：

（一）臣不得擅专兵权

《韩非子·亡征》认为："出军命将太重，边地任守太尊，专制擅命，径为而无所请者，可亡也。"外派的将领权力过大，自行其是而不向君主请示，韩非认为这会导致亡国。《史记》记载秦派王翦[jiǎn]领全国精锐前去灭楚。出发前王翦请求秦王嬴政赏赐，秦王大喜，厚厚地赏赐了一番。事后，有人对王翦临行前索要封赏的行为大感不解，王翦解释说，秦王将全国精锐全交付到自己

[①] 本书"抑臣、治吏的策略"均部分参考刘泽华：《中国政治思想史(先秦卷)》(第六章)，浙江人民出版社 1996 年版。

手里,若不通过索要封赏来表达自己的大志不过是有限的良田美宅,秦王怎么不会产生猜疑。显然,王翦很擅长演戏。任何一位大将统领重兵,莫不会引起法家所称许的"有道之君"的疑心。臣擅专兵权在历史上向来是特别忌讳的事情。最典型的是宋代,军队作战需按战前所授陈图行动,不得随意变动,且朝廷常派监军督查。对皇帝而言,其好处是两宋很少有将领造反,其坏处是官军先后与辽、西夏、金、元作战时,自身限制太多,时常处于下风。

(二)臣不得专财权

韩非子从春秋战国以来的政治斗争史中归纳经验教训,为后来君主的独裁提供种种有益的对策。《韩非子·主道》认为"臣制财利则主失德。"不仅如此,君主还要禁止大臣私自救济,收买人心。《韩非子·爱臣》认为三家分晋、田氏代齐、燕宋君主被杀都是因为群臣太富,故而提出:"府库不得私贷于家",也就是说,对诸如齐田氏用大斗出、小斗入来笼络人心、与君主争夺民心的现象要严禁。一切政治荣誉要归于君主,民众的向心力要聚焦于君主。

(三)臣不得有刑赏之权

《韩非子·二柄》提出:"明主所导制其臣者,二柄而已矣。二柄者,刑、德也。"刑就是杀戮之权,德就是庆赏之权。这两个权柄若落入大臣之手,"则一国之人皆畏其臣而易其君,归去臣而去其君矣"。也即,全国民众畏惧的是这位大臣,从而轻视君主,向着大臣而离开君主。知晓了这一点,才可以理解为什么传统中国的司法审判缺乏终局效力,理论上,所有类型的案件要直到经过皇帝的审判才算终局。清代刑部向皇帝提交死刑案件的判决意见时,通常在末尾得写上"臣等不敢擅便,谨遵题旨"(臣等不敢就此案擅作主张,谨慎地等待皇帝的旨意),原因都在于刑、德这样的权柄只能由君主掌握。

(四)禁止臣下结交私党

战国时期有诸如赵国平原君、楚国春申君等四大公子,这些公子养食客数千。四公子及其他一些诸侯国内大臣的盛名甚至远超诸侯王之上,严重地影响了诸侯王的权力。《韩非子·扬权》总结历史,提出:"大臣之门,唯恐多人""欲为其国,必伐其聚"。君主一旦发现臣下结党,就要"散其党,收其余,闭其门,夺其辅"。禁止民众聚集,则其只能以散沙形式存在。朱元璋首创"奸党"罪,严禁臣下朋比结党,与韩非的思想遥相贯通。在王权一元化的传统社会,难以存在以共同利益为基础、独立于官方意志的合法群体组织。在传统中国社会,当"党"这个汉字表达与群体有关意思时,一般用于贬义。如唐代牛李"朋党"之争,意为由私人利害关系结成的小集团;另有死党、余党、党恶、党锢、党羽、党棍、党同伐异、结党营私等等。"党"的这种贬义用法,从字词语意角度蕴涵正统社会对群体组织的否定。明清时期的律典创设了"奸党"罪,是上述思维最终进入法律的表现。

此外,《韩非子·内储说上》另提出驾驭臣下的七种权术:"一曰众端参观,二曰必罚明威,三曰信赏尽能,四曰一听责下,五曰疑诏诡使,六曰挟知而问,七曰倒言反是。"也就是说,众人的言行要多方观察与验证,如只有一个信息渠道,下属察知后可能作弊;惩罚要果断,以显示君主威势;奖赏要守信用,使人尽其所能;要一一听取意见,严格检查下属所管的事情;运用各种诡计,不要让下属知道君主在想什么,使下属难以捉摸,从而不敢隐瞒真实情况;以所知道的去问官员,则不知道的也可以知晓;用说反话的方式试探臣下,可以探知下属的忠心程度,后来赵高"指鹿为马"正是这种方式的运用。七术也即七种阴谋诡计的权术,为后世皇帝们常常用,比如在监察工作上采用连坐告密、遣史巡行、特别侦缉、密奏传呈、检核簿册等方式。官吏监控法制正与这些方式关系密切。隋文帝担心官员贪污,私下派人以钱财"行贿"官员,凡是收受钱财者立马处斩。① 这种"钓鱼式执法"源远流长!商鞅、韩非等法家思想的精髓为后世统治者奉为圭臬。皇帝们采取了"阳儒阴法"的统治手段,表面上宣讲儒家的仁义道德,暗地里运用类似于法家的那种阴谋或阳谋。

(五)治吏的途径

君主的最终统治对象是民,但必须通过官吏这一中间环节来实现。韩非就提出"明主治吏不治民",君主治吏比治民更重要。法家提出了一系列考核、监察官吏的办法。《荀子》卷八《君道篇》提到"量能而授官",根据才能授予相应的官职。在战国时期确有不少贫寒之士依靠自己的才能成为大官,如申不害、吴起、李斯等一伙人。这与春秋及之前时期依靠身份血统关系获得高官厚爵不能同日而语。和这个观点相对应,包括《荀子》《商君书》等在内鼓吹国君推行类似于上计的制度——岁末考察官员的政绩,不合要求者免职。不仅如此,法家还提出对官吏要赏罚分明。官任其职,以官员的职务要求考核其政绩状况。在秦简《为吏之道》中也规定了官吏应具备道德和行为准则,统称为"五善"和"五失"。地方官员每年定期向中央汇报,按照考核结果给予奖惩。秦简《厩苑律》规定每年定期评比农官所饲养的耕牛。这些是法家相关思想在法制中的具体反映。

可以说,以韩非子为主要代表的法家真实地揭开了君臣、君民之间关系的面纱,不揭开这层面纱,双方都缺乏自觉性,遭了殃都不知原因在哪里,可是一旦揭开了这个面纱,又使双方都处在恐怖之中。商鞅、韩非子等法家的著作确实充满了智慧,但他们在历史上并没有崇高的地位,主要原因恐怕是

---

① 参见《隋书·刑法志》。

他们太忠于事实了。在传统社会可以公开的政治说教中,虚伪比真实更有用,更令帝王喜欢。法家看待政法问题所表现出来的冷峻、深刻与真实被后世帝王隐藏起来。① 代之而起的,是诸如宋代的程朱理论,鼓吹民众存天理、灭人欲,现实中则成就了君主存人欲、灭天理。

课后阅读文献

冯友兰:《中国哲学简史》(第2版),北京大学出版社1996年版,第十四章。

余英时:《反智论与中国政治传统——论儒、道、法三家政治思想的分野与汇流》;"君尊臣卑"下的君权与相权——"反智论与中国政治传统"余论》,均载余英时:《中国思想传统的现代诠释》,江苏人民出版社1998年版。

萧公权:《中国政治思想史》,辽宁教育出版社1998年版,第六、七章。

刘泽华:《中国政治思想史(先秦卷)》,浙江人民出版社1996年版,第六章。

《先秦政法理论》,张伟仁(辑)、陈金全(注),人民出版社2006年版,第6—8部分。

以下适合有研究兴趣的读者

《慎子》《商君书》《荀子》《韩非子》《管子》,以上均收录于《诸子集成》,上海书店出版社1986年版。

课后深度思考题

注意以下法条中的数字、罪与刑的对应、罪与刑的换算等关系,思考这些立法有何共性?历代为何出现这种立法方式、其思想渊源自何处?现实中的违法事实是否可能与法条规定的数字不一致?若出现不一致状况,在司法审判中当时的司法官员如何处理?并试比较中国古今立法的差异。

《睡虎地秦墓竹简·效律》:

衡石不正,十六两以上,赀官啬夫一甲;不盈十六两到八两,赀一盾。甬(桶)不正,二升以上,赀一甲;不盈二刊到一刊,赀一盾。斗不正,半升以上,赀一甲;不盈半升到少半升,赀一盾。半石不正,八两以上;钧不正,四两以上;斤不正,三朱(铢)以上;半斗不正,少半升以上;参不正,六分升一以上;升不正,廿分升一以上;黄金衡赢(累)不正,半朱(铢)以上,赀各一盾。②

(原文大意:衡石不准确,误差在十六两以上,罚该官府啬夫一甲;不满十六两而在八两以上,罚一盾。桶不准确,误差在二升以上,罚一甲;不满二升而在一升以上,罚一盾。斗不准确,误差在半升以上,罚一甲;不满半升而在三分之一升以上,罚一盾。半石不准

---

① 参见刘泽华:《中国政治思想史(先秦卷)》(第六章),浙江人民出版社1996年版。

② 载刘海年、杨一凡(总主编):《中国珍稀法律典籍集成》(甲编第一册),科学出版社1994年版,第499—502页。

确,误差在八两以上;钩不准确,误差在四两以上;斤不准确,误差在三铢以上;半斗不准确,误差在三分之一升以上;参不准确,误差在六分之一升以上;升不准确,误差在二十分之一升以上;称黄金所用天平砝码不准确,误差在半铢以上,均罚一盾。)

《隋书·刑法志》记载,《梁律》定为二十篇,"有髡钳五岁刑,笞二百,受赎绢(当时收赎以绢折算金额),男子六十匹。又有四岁刑,男子四十八匹。又有三岁刑,男子三十六匹。又有二岁刑,男子二十四匹。罚金一两以上为赎罪。赎死者金二斤,男子十六匹。赎髡钳刑五岁刑笞二百者,金(铜)一斤十二两,男子十四匹。赎四岁刑者,金一斤八两,男子十二匹。赎三岁刑者,金一斤四两,男子十匹。赎二岁刑者,金一斤,男子八匹。罚金十二两者,男子六匹。罚金八两者,男子四匹。罚金四两者,男子二匹。罚金二两者,男子一匹。罚金一两者,男子二丈。女子各半之。"

《唐律疏议》卷十二《户婚上·脱户》:"诸脱户者,家长徒三年;无课役者(如脱漏户籍的人不用承担赋役的),减二等;女户,又减三等。脱口及增减年状(年龄),以免课役者,一口徒一年,二口加一等,罪止(最高刑处以)徒三年。其增减非免课役,及漏无课役口者,四口为一口,罪止徒一年半;即不满四口,杖六十。"

《大清律例》卷二十七《刑律·斗殴上》规定:"凡斗殴,以手足殴人不成伤者,笞二十。成伤,及以他物殴人不成伤者,笞三十。成伤者,笞四十。青赤肿者为伤。非手足者,其余皆为他物,即兵不用刃,亦是。拔发立寸以上,笞五十。若血从耳目中出,及内损吐血者,杖八十。以秽物污人头面者,罪亦如之。"

《中华人民共和国刑法》(1997年3月通过)第二百三十四条规定:"故意伤害他人身体的,处三年以下有期徒刑、拘役或者管制。犯前款罪,致人重伤的,处三年以上十年以下有期徒刑;致人死亡或者以特别残忍手段致人重伤造成严重残疾的,处十年以上有期徒刑、无期徒刑或者死刑。本法另有规定的,依照规定。"

第九章　伦理社会与传统法制

学习重点：(1) 五服制的内容；(2) 亲属相犯案件适用的法律原则。

◆ **预读文献与思考**

1. 以下为《大清律例》律文,试阅读并回答问题(括号内为大意解释):"凡犯死罪非常赦不原者(不宽宥),而祖父母、父母老(七十以上)、疾、笃、废应侍,家无次成丁(十六以上)者,开具所犯罪名,奏闻(向皇帝汇报)。取自上裁(由皇帝裁决)。若犯徒、流者,止杖一百,余罪收赎"。该律所反映的原则在当时称为(   )。

   A. 保辜   B. 犯罪免死   C. 准五服以制罪   D. 犯罪存留养亲

2. 西汉末年,假定村民来福偷盗他人一头牛并贩卖到外乡,回家后将此事告诉妻子。其妻隐瞒未向司法官员旺财举报。东窗事发后,来福受到惩处,则对其妻的行为,旺财应如何依法处理?(   )

   A. 不负刑事责任   B. 按包庇罪论处
   C. 与其丈夫同罪   D. 按其丈夫之罪减一等处罚

传统中国社会是典型的父系家族组成的社会,以父宗为重。其亲属范围包括自高祖以下的男系后裔及其配偶,即自高祖至玄孙九个世代,通常称为本宗九族。家应指同居生活的亲属团体,范围较小,一般只包括两或三个世代人口,中国古代一般的农户家庭在子女未婚嫁以前很少超过五六口人的。家作为一经济单位、一共同生活团体,族则是家的结合体,为一血缘单位。伦理社会对传统法制产生了极大影响。古人以丧服规定亲属间的范围和亲等,即亲疏关系等制度,并因丧服的不同而直接产生了相应的法律规定。中国传统法律以纲常名教为重("三纲五常"),重视名分。因此,法律对于亲属间的伤害行为,其处分与常人不同,不适用于一般条文,而是据亲疏关系和尊卑长幼之序,制定了一系列特殊规定。

▶ **一、传统法制的家族伦理特征**

家族是中国传统社会的基本细胞,天下一家、家国同构的思想根深蒂固。主流思想认为,天下之本在国,国之本在家,家之本在身。儒家经典《大学》说:"欲治其国者,先齐其家。欲齐其家者,先修其身。""身修而后家齐,家齐而后国治,国治而后天下平。"统治者从"修身、齐家、治国、平天下"的理念出发,教民众移孝作忠,父权一变为君权。维护家族的伦理秩序同维护君主政权与社会制度的国法一以贯通,从而使传统法制带有浓厚的家族主义色彩。学者认为,法制的家族主义色彩表现如下:其一,法律明确维护家族内部的伦理关系,婚姻以祖宗嗣续为重,家庭以父权、夫权为中心,以父父、子子、长幼有序、男尊女卑为基本伦理规范。其二,法律区分亲与非亲的界限,对亲属间相犯遵循准五服以制罪。受家族与伦理的影响,历代君主重视以孝治天下,一些触犯人伦道德的行为被上升为法律,提升为危害国家、社会安全的重罪。如骂父母、祖父母、父母在别籍异财、奉养有缺等被列为"十恶"不赦之罪。①

▶ 二、五服制与传统法律

传统中国区别亲等关系的制度称为五服制。凡是亲属间相犯,司法官员都要考虑他们间的亲等关系。学者认为,亲属间相犯,对罪犯治罪的轻重以亲疏尊卑长幼为准,服制就是标明亲疏卑幼的重要依据,由此成为裁定罪刑的主要标准。早在晋代即按服制定罪。唐至清各代法律均沿用此原则,按祖父母、父母、子孙、期亲、大功亲、小功亲、缌麻亲等不同身份,区别罪刑,详细规定于法条中。《元典章》有丧服图六,明清两代将丧服图列入法典卷首。可见服制与中国传统法制关系非常密切。在时人心中,亲属相犯,按服制定罪,恰如其分,便是罚当其罪,罪名与服制有出入,便是刑罚不中。② 在清代遗留下来的"服制"命案中,弟弟见义勇为,侄儿合法自卫,一旦他们伤害致死只要是作为期亲尊长的兄长和叔伯,就一定要处死刑,不管他们多么值得同情,也不管那些死去的兄长、叔伯是多么作恶多端。因为按照五服制度的原理,判决就应如此。

为此,学者认为丧服服叙制度即各类亲属关系在服制中之序位。服叙制度是传统中国亲属等级计算之标准,主要是以丧服服饰与丧期之不同来加以区分。丧服服饰与守丧时间的不同配合就产生了服叙的五个等级,也即五服。服制分为斩衰[cuī]、齐[zī]衰、大功、小功、缌[sī]麻五等。所以丧服制度也称为"五服制"。丧期则分为三年、期年、九月、七月、五月、三月不等。具体如下:

(一)斩衰三年

斩衰,衰即缞[cuī];斩意为丧服不缝下边。用极粗生麻布为丧服,不缝衣旁及下边。其服叙有子为父、妻为夫、妾为君、父为长子、诸侯为天子、臣为君等。古礼为父斩衰三年,父在,为母齐衰杖期,父亲不在世时,为母亲斩衰三年。明代洪武七年(1374)时规定子为父母皆斩衰三年。此外,妻为夫、妾为君(家长)皆斩衰三年。

(二)齐衰

用次等粗生麻布,缝衣旁及下边。按服丧期限长短,先秦时期齐衰又分

---

① 参见杨一凡(主编):《新编中国法制史》,社会科学文献出版社2005年版,第10—11页。
② 参见瞿同祖:《瞿同祖法学论著集》,中国政法大学出版社1998年版,第391—392页。

为齐衰三年，其服叙为父卒为母、母为长子等；齐衰杖期（本意为一年），其服叙为父在为母、夫为妻、子为生母（如果生母为父所休弃的话）等。"杖"即俗称哭丧棒，古人认为由于亲人去世，需要杖支撑因悲哀而虚弱的身体。齐衰不杖期，其服叙为祖父母、伯叔父母、兄弟、众子、嫡孙、舅姑（即公婆）等。不杖期是旁系宗亲属的最高服叙等级。其丧期为十三月，与杖期之区别主要是不拄杖；齐衰三月，其服叙为曾祖父母、小宗为宗子及宗子之母妻、平民百姓为国君等，共计四等。明代以后无齐衰三年服。夫为妻、在室的姑、姊、妹、兄弟等齐衰不杖期，为曾祖父母齐衰五月，为高祖父母齐衰三月。

（三）大功

用粗熟布为丧服。大功丧期分为两级，一为大功九月，其服叙为期亲（不杖期）之长殇（十六至十九岁间夭折的）、出嫁之姑、出嫁之姊妹、出嫁之女、从父兄弟（堂兄弟）、众孙等。另一种为大功七月，其服叙为期亲之中殇者（十二至十五岁间夭折的）。

（四）小功

用稍粗熟布为丧服。其服叙为伯叔祖父母（祖父兄弟及妻）、从祖父母（父之堂兄弟及妻）、从祖兄弟（父之堂兄弟之子）、出嫁之从父姊妹（堂姊妹）、外祖父母、从母（姨母）等。丧期为五个月。

（五）缌麻

用稍细熟布为丧服，因其缕细如丝，且缌、丝相通，故名缌麻。细麻是最轻的服制，表示边缘亲属。其服叙为族曾祖父母（曾祖父之兄弟及妻）、族祖父母（祖父之堂兄弟及妻）、族父母（父之从祖兄弟及妻）、族兄弟（父之从祖兄弟之子）、从祖兄弟之子，曾孙、舅、甥、姑舅、姨之子、妻之父母、婿等。缌麻亲为妻亲的最高服叙等级。其丧期为三个月。①

? 想想看

《红楼梦》中的林黛玉与贾宝玉是什么亲等关系？

在五服制中，女性出嫁后服制将发生变化。传统社会以男子为中心，妇女地位从属男性，女子出嫁为人妻，对夫家族之亲属也发生服制亲等关系。妻对"舅姑"（夫之父母，也即公婆）随夫亦为斩衰，但妻对夫之其他亲属一般

---

① 服叙制度均参见瞿同祖：《瞿同祖法学论著集》，中国政法大学出版社1998年版，第388—389页；丁凌华：《中国古代丧服服叙制度源流考辨》，载杨一凡（总主编）：《中国法制史考证》（乙编第三卷），中国社会科学出版社2003年版。

降等,如妻对夫之祖父母是大功,而夫本人对祖父母则是齐衰。夫妻间亲等不同,妻为夫是斩衰三年,夫为妻是齐衰,夫对岳父母仅为缌麻亲,对妻的其他亲属是无服亲。在男性为中心的世界,夫为妻族比妻为夫族的服制要轻得多。未出嫁的女性(在室女)服制与兄弟相同,在出嫁后以夫家为主,则本宗之服制降等。如对父母本应是斩衰,出嫁女则仅为齐衰期年。妾的法律地位近于奴婢,对其配偶无资格称"夫",只能称"家长",其对家长是斩衰三年,对正妻、家长父母、家长之子及己生之子均是齐衰期年。

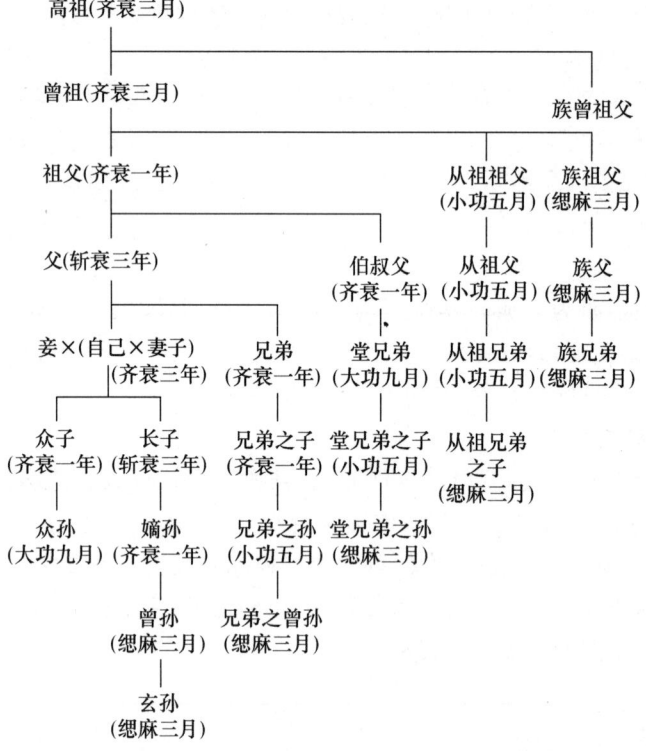

本宗五服图

根据《仪礼·丧服》绘制。通过服丧时间的长短,以及所穿丧服的轻重,可以了解传统中国家族的范围大小,以及家内成员之间的亲疏尊卑关系。

五服制既包括了以血缘为纽带的"血亲"关系,也兼及以婚姻为桥梁的"姻亲"关系。它是一种建立在伦理框架上的社会关系,而不是单纯意义的自然人之间的亲属关系。五服制所据以确立的理念框架就是儒家学说的伦理观,全部亲属关系都是以男性血缘关系为纽带兼及姻亲。这样的观念相沿几千年。早在《汉仪》《礼记》中就有以五服为丧礼的标志,历经汉、唐的演变,这一"礼"成为了"法"。在当时的法律关系中,人只是家族中的人,不明白服制亲等关系,就不知道自己在哪里,自己是谁。从元朝开始,服制图就被纳入法律。《大清律例》的卷二是"诸图"即列"丧服"诸图,卷三是"服制"即将五服关系条分缕析。国家律典以"丧服图"和"服制"置于律典之首,表明律中所有亲属之间的关系都以此为基准。可见五服制对传统法制的巨大影响。①

▶ 三、父家长权与传统法制

(一) 管教卑幼的权力

传统中国的家族实行父长制,父祖是家族的首长,他的妻妾子孙、未婚的女儿、孙女、同居的旁系卑亲属、家族中的奴婢都在其管教之下。若一家只有两代,则家长为父亲;若有三代,家长则为祖父,无父则兄为家长。古人讲究"长兄如父",比如《孔雀东南飞》中,刘兰芝的兄长有权令其改嫁。

尽管父家长不完全拥有对子女的生杀大权,但是法律规定其有责打子女的权力。到了元明清时期,父母并非绝对不得杀子孙,除了故杀并无违犯之子孙外,子孙有殴骂不孝的行为,被父母杀死,可以免罪。若子孙违犯教令,父家长责打而误杀,明清律都规定止杖一百。子孙不肖,法律除了承认父母的惩戒权,可以由父母自行处罚,还给予父母以送惩权,请求官府代为执行。对于子孙违反父家长教令,唐、宋法律的处分是徒刑二年,明清则杖一百。违反教令很宽泛,法律上也没有作严格界定,只要父母提出控诉,官府大都照准。

除违反教令外,父母也可以以不孝罪名呈控子孙请求代为惩治。不孝罪比违反教令罪重多了,父母如果以子女不孝罪名呈控,请求官府将子女处死,一般也不会遭到拒绝。这说明,父家长对子女生杀之权尽管被汉唐及以后的法律限制,但仍保留了父家长生杀的意志。清代法律规定父母有呈送不孝子发遣的权力,只要子孙不服教诲且有触犯情节,便可依例请求。忤逆不孝的子孙因父母的呈送而常发遣到云、贵、两广等地。有的不孝子听说父母已向官府告发,就自杀了,因为他们永远没有返回故乡的可能。②

比如《折狱龟鉴》记载,唐代李杰任河南尹时,有个寡妇向他控告其子不孝。李杰觉得寡妇之子似乎并非不孝之人。于是李杰对寡妇说:"你一人守寡,只有一子相依为命,现你告子不孝,我将判他为死刑,你不后悔吗?"寡妇说她儿子平日目无尊长,处死也没有什么后悔的。李杰对她说:"既然这样,你可以去买棺材来给你儿子收尸吧。"这个案件后经李杰密访,查出该案为寡

---

① 参见郑秦:《十八世纪中国亲属法的基本概念》,载郑秦、赵雄(主编):《清代"服制"命案——刑科题本档案选编》,中国政法大学出版社1999年版,第1—4页。

② 参见瞿同祖:《瞿同祖法学论著集》,中国政法大学出版社1998年版,第9—12页。

妇与其通奸的道士合谋,欲致儿子于死地所致。李杰最后释放无辜,惩处诬陷者。但该案足以说明,传统法制与司法实践确立了父家长管教卑幼的权力,不孝乃是重罪。犯此罪后,家长只要亲自赴衙门告诉,不必举证,即可请求官府处死不孝的卑幼。

(二) 父家长权的其他表现

《礼记》曾屡次提到父母在,不有私财,禁止子孙私有财产既是礼法,也是维护父家长财产权的一贯追求。为了防止子孙私自动用及处分家财,汉代以来礼法合流以后,传统法制大都规定:对于同居卑幼没有家长许可而私自盗用家财,皆有刑事处罚,按其动用的财产价值决定所受身体刑的轻重,少则笞一十、二十,多则达杖一百。

父母在世而子女擅自别立户籍、分异财产,不仅没有侍养父母,而且大伤慈亲之心,较私擅用财罪更大,被唐至清律列为不孝罪之一。立法的原意是厌恶其有忘亲之心,同时也可说父家长对财产的控制权在其死亡后才消灭,否则子孙即使成年、或已生子女、已有职业,没有父家长同意也不能保有私人财产或另立新的户籍。①

传统法制对于父家长在财产权的支持以及对家族团体经济基础的维持不可忽视。不但家财属于父家长,子孙也被视为其财产。父家长作为子女的实际所有者,甚至可以将他们抵押或卖给他人。比如,清代《鹿州公案》记载,一位出嫁女被父母重新嫁卖他人,后被官府查出,其父母被迫出卖一头牛及小女儿,以售价白银六两还给最初的夫家,该案方告结束。② 父母将子女转卖他人(以嫁卖或过继、收养的名义)在宋元明清时期并非罕见。

父家长权的另一表现是儿女婚姻的决定权。比如,汉赋《孔雀东南飞》中的刘兰芝尽管长得极为标致,与丈夫恩爱无比,终因不受婆婆喜欢而被夫家休弃。南宋时陆游和唐婉原本恩爱有加,但因陆母嫌弃唐婉而被迫离婚。古人曾云"父母之命,媒妁之言"。父母(主要是父亲)的意志成为子女婚姻成立或撤销的主要决定要件。同治十二年(1873),著名演员杨月楼在上海演出时,与广东富商女儿韦阿宝谈恋爱,经双方母亲同意后成亲。后来,韦阿宝的叔叔告杨月楼诱拐侄女而发生争讼。阿宝父亲到庭后,认为良贱不能通婚(传统时代,演员与娼妓同属贱民),拒不承认杨韦婚姻。县衙初审时杨月楼被杖五百,依诱拐律拟罪充军发配,阿宝母亲掌嘴两百,戴枷游街示众。此案经江苏巡抚和提刑按察司上报刑部,处杨月楼充军4000里,发遣黑龙江,阿宝

---

① 参见瞿同祖:《瞿同祖法学论著集》,中国政法大学出版社1998年版,第16—17页。
② 参见(清)蓝鼎元:《鹿州公案》,群众出版社1985年版,第167—170页。

交官媒出嫁,此后下落不明。至 1875 年慈禧大赦天下,杨月楼方被释放。①父亲对子女婚姻绝对的支配权到晚清时期依然不变,可见传统礼法的力量仍然根深蒂固。

此外,母权在家庭中源自父权,因父之妻的身份而取得。母权不是最高也不是绝对,而是居于从属地位。因此,严格而言,父家长权主要是父/祖父等的权力。

四、伦理社会与法律原则

中国传统时代的伦理社会特征深刻影响了法律制度。界定家族亲疏远近的制度为五服制。五服制源于儒家学说,随着法制儒家化,逐渐成为法律中的重要组成部分。学者指出,丧服服叙入于法律始于东汉末曹操为魏王时制定的《魏科》,其后曹丕《新律》、西晋《泰始律》相继沿用,发展成完整的"准五服以制罪"的立法原则。这一立法原则的代表以《唐律》最为典型。至《大明律》《大清律例》,直接以丧服服叙图附于卷首。以图表形式表示的服叙形象明了,便利司法官吏掌握。魏晋以来,司法官吏审理案件的一个必要前提,就是要搞清诉讼双方是否有亲属关系,以及是何种亲等关系,否则就会导致误判。② 亲属间相犯,其处罚原则要参考他们间的亲等关系,具体处罪原则如下③:

(一)尊亲属杀伤卑幼减等治罪,卑幼杀伤尊长加重处罚

直系尊亲属对子孙有教养责罚的权力,就算伤害了子孙通常也不成立伤害罪;子孙不孝或违反教令而尊亲属将子孙杀死,法律上的处分也极轻,甚至无罪。唐、宋、明清法律规定,尊长谋杀子孙已经发生的,依故杀罪减常人相犯二等处刑,已伤者减一等,已杀者依故杀法。这些处罚较常人间相犯轻很多。常人间斗殴轻伤则笞杖,重则徒流,殴人至死或杀人必定偿命,谋杀人虽伤而未死则处绞刑。

子孙本以恭谨孝顺为主,所以对父母有不逊、不敬行为,在法律上是极重的罪,处罚严重。历代法律对于不孝罪的处治,皆采用同一原则——加重主义。唐律无常人相骂的惩治,明清律典中规定常人相骂不过笞一十而已。但

---

① 参见郑定、赵晓耕(主编):《中国法制史教学参考书》,中国人民大学出版社 2003 年版,282—283 页。相关研究,参见李长莉:《从"杨月楼案"看晚清社会伦理观念的变动》,载《近代史研究》2001年第 1 期。

② 本书服叙制度均参见丁凌华:《中国古代丧服服叙制度源流考辨》,载杨一凡(总主编):《中国法制史考证》(乙编第三卷),中国社会科学出版社 2003 年版。

③ 本书所枚举的前四个原则参考瞿同祖:《瞿同祖法学论著集》,中国政法大学出版社 1998 年版,第 29—32、36—37、42、59—60、64—66、67—68 页。

是如果卑幼骂祖父母、父母便是绞罪,且列入不孝重罪,在十恶之内。对尊亲属实施骂以上的行为则早已超过不孝程度,汉律为枭首,唐、宋律为斩决,且不分故伤或误伤。比如,清代《刑案汇览》记载,道光年间龚奴才因其妻子与人通奸而争吵,龚奴才拿剪刀向妻子戳去,刚好龚父加红赶来劝解,龚奴才收手不及,误将龚加红左胁戳伤。后由司法官员依子殴父母律拟龚奴才斩立决,因情有可原,才改为斩监候。

  法律上又有关于子孙过失杀伤父母的规定,常人过失杀伤可以收赎,以替代直接的刑罚,但子孙过失杀伤父母则不得收赎,且科罪重。即使是父母因子孙而生气自尽,子孙也得承担逼死父母的责任。明律有子孙威逼祖母、父母致死,比依殴祖父母、父母律问斩,奏请定夺条文。清律规定更明确,因子孙不孝致祖父母、父自尽,依情节拟斩侯或绞侯。比如,《刑案汇览》记载栗松年因老婆做饭不及时发生争吵,母亲李氏劝阻不听。盛怒之下,李氏将栗松年送官追究,回家后才知父母首告忤逆应将子遣戍,无人侍养,追悔莫及而投井自尽,司法官员以栗松年违反教令致母死亡,而依律拟绞侯。但从法律上的因果关系而言,李氏之死非栗松年所致,并无直接因果关系,仅仅因为双方存在母子关系,即处以重刑。

  由此可见,在传统时代父母身体绝对不容侵犯,法律重视客观的事实远过于主观的原则。父母被子殴杀,这是客观事实,便须按律治罪,子孙有心逞凶,自属罪有应得,若是无心误杀,也与故意杀害同罪。甚至父母一时心狭寻短见或自行跌死,只要父母的死伤与子孙有关,不再问有无过错/过失,或意料所及与否(不可抗力),便逃不了杀伤父母的罪名,按照服制重办。这一方面与现代刑法中讲究的"主客观相统一"差异甚大,与董仲舒《春秋》决狱时讲究"原心定罪"也有所不同。虽然宋以来的司法官吏有时也明知子女情有可原,并没有什么过失,而其父确实愚昧无知、不可理喻,也因服制攸关,不得不按律办理,将违反教令致父母于死地的罪名加在子孙头上,认为子孙当有顺无违,天下原无不是的父母。

  现代刑法理论考察一个人是否构成犯罪时,通常以客观行为的侵犯性与主观意识的罪过性相结合以衡量行为的社会危害程度,作为确立犯罪及刑罚的标准。重视犯罪的客观要件与主观要件(行为结果加心理态度),并将无罪过事件与犯罪区别开来,凡损害是不能抗拒或者不能预见的原因引起的,不认为是犯罪。只有一定的人在罪过心理支配下实施危害社会的行为,才具有刑法意义的社会危害性。行为人主观上没有罪过,或主观上具有犯罪意图,而客观上没有表现行为,没有刑法意义上的社会危害性,则不构成犯罪。传统时代的中国刑法理论虽没有如此复杂与抽象,但是法律上以及司法官员判定一个人是否犯罪时,通常也考虑当事人是否在客观上造成了危害结果,主观上是否有犯罪的动机(比如"六杀"),此为古今刑法理论的通义。但是一旦卑幼侵犯尊长,在法律与司法官员的视野中,行为人的主观动机往往被忽略,客观危害结果(导致尊长死伤或心情受损等)成为主要定罪的标准。由此表现了传统法制维护尊长绝对不可侵犯的地位。

(二)亲属相盗关系愈亲处罪越轻

在伦理社会,缺乏个人财产制,家族成员间经济上有彼此顾恤、互相负责的义务。传统法制通常规定亲属间的窃盗罪不同于凡人相盗,处罪程度与亲等成反比例。也就是说关系愈亲则罪刑愈轻,关系愈疏远则罪刑愈重。比如,唐、宋律典规定盗缌麻、小功亲财物比常人相盗减一等治罪,盗大功亲财物减常人相盗二等治罪,盗期亲财物减常人三等治罪。明清法律将无服亲亦并入计算,减一等,于是依次递减,缌麻减二等,小功减三等、大功减五等、期亲减五等。亲属间相盗处罪比常人盗处罪更轻,主要原因在于亲属间有互扶养(或赡养)的义务,亲属对家庭或家族的财产都有一定的利益或占有关系,且礼与法皆鼓励家族同居共财,宋代以来具有宗族共有财产性质的义田、祭田存在的目的就是周济本宗鳏寡老弱者。

(三)亲属相奸加等治罪,亲属相殴卑幼重处

亲属相奸,比照常人加等治罪,亲属相殴,卑幼亦重处,因为亲属本以亲爱和睦为主,所以法律禁止亲属间斗殴。在亲属间相犯时,司法官员确定行为人之间的服制,对于定罪量刑很重要,否则司法官员的裁判对服制案件便无从下手。明清律之所以将丧服图列入法典卷首,充分表明了对五服制的重视。

(四)容隐制度与传统法制

儒家向来主张亲属违法应相互隐匿、包庇,这个原则就是容隐。早在《论语·子路》中,孔子就主张"子为父隐,父为子隐,直在其中"。在《孟子·尽心上》中,孟子主张,就算是贵为天子的舜也应将可能犯杀人罪的父亲"窃负而逃",抛弃至尊地位躲到海边。这反映了春秋战国时代人们对亲属容隐问题的一般认识。目前所见最早将容隐制度立法的是秦律,其《法律答问》提出:"子告父母,臣妾告主,非公室告,勿听。而行告,告者有罪。"前文已经说过,秦律不尽是法家思想的表述,一定程度也受到其他学派的影响,比如儒家。商鞅变法中的"奖励告奸"主要涉及夫妻、朋友、邻里之间相互告发,但也未鼓励子告父母。可见,法家并未对家庭中最核心的关系(子女与父母)置于相互告发的层次。《唐律·名例律》规定,凡大功以下亲属及某些小功亲属(外祖父母等)有罪相为隐匿,可不负刑事责任;凡小功、缌麻亲相互容隐,减凡人罪三等。

《汉书·衡山王传》记载在汉武帝时,衡山王的太子刘爽因告发父亲不

孝,被处以弃市,即以告父亲为不孝之重罪处以死刑。《汉书·宣帝纪》记载汉宣帝地节四年(公元前66年)下诏:"父子之亲,夫妇之道,天性。虽有祸患,犹蒙死而存之。诚爱结于心,仁厚之至也,岂能违之哉?自今子首匿父母、妻匿夫、孙匿大父母,皆勿坐。其父母匿子、夫匿妻、大父母匿孙,罪殊死,皆上廷尉以闻。"这一诏令首次从人类亲情的本性出发解释容隐制度的立法理由,首次用容许隐匿的形式正面肯定妻、子、孙为夫、父、祖父容隐在法律上具有正当性,间接地部分承认尊亲属为卑亲属容隐的"权利",尊长为卑幼亲属容隐虽不是"皆勿坐"(都不处罪),但至少涉及死罪时可由廷尉报皇帝"圣裁",有减免刑罚的可能性。

西方法律传统中也有亲亲相隐。古罗马法规定不得令亲属互相作证,家长或父家长有权不向受害人交出犯罪子女。但中西法律传统存在差异之处:(1)从法律内容上看,中国的容隐制度强调尊卑远近亲属间的不平等,西方容隐不看重这种差别。中国容隐重心在"为尊者讳(隐)""子为父隐"。(2)从立法日的上看,中国的容隐制度重在维护伦常关系,西方的容隐制度注重保障个人基本权利。在古罗马帝政时期,子女受家长侵害时,有控告家长以保护自己的权利。而中国法律至唐律均规定告祖父母者为不孝,处死刑。这种容隐制度重点在于维护家长权,巩固宗法制度。①

中国传统法制由于政治上标榜以孝治天下,宁可以孝屈法,法制大都承认亲属相容隐原则,规定亲亲得相首匿。唐以后的法律,容隐的范围扩大,不仅直系亲属和配偶包括在内,只要是同居亲属,不论有服制与否都相容隐。明清律中连岳父母、女婿也一并列入容隐范围。不便谋匿罪犯的亲属,就算向罪犯通报消息逃匿也是无罪。对于同居的小功以下亲属虽在容隐范围内,但可减凡人三等罪。法律上既容许亲属容隐,禁止亲属相告奸,同时也就不要求亲属在法庭上作证人。唐宋法律都规定有资格相互容隐的亲属皆不得令其为证,违者官吏处罪,唐、宋杖八十,明清则改杖五十。相反,若子孙不但不为亲属匿罪,反而自动告发,非人子之道,与容隐立法精神相违背,因此历代法律严格制裁子孙告祖父母、父母的行为。当然,亲属相互容隐原则不适用于谋反、谋大逆、谋叛等重罪。在传统时代,皇权大于天,任何法律原则都必须向其弯腰,乃无可置疑。

一方面,容隐制度维护家族团结,维持人伦亲情与和睦;另一方面,容隐制度使得一些罪犯得不到及时的惩治,实质上成为对罪犯的放纵。

(五)亲属缘坐与法律原则

伦理社会在法律上的另一重要表现是,既使自身并未犯罪,只因与犯罪

---

① 参见范忠信:《中西法律传统中的"亲亲相隐"》,载《中国社会科学》1997年第3期。

者有某种亲属关系,往往牵连而受到处罚。大致罪犯的罪情越重,则牵连越广,被牵连者与犯罪者服叙越近则处罚越重。这种处罚关系被称为缘坐。历代亲属缘坐的范围,有妻子(妻与子女)、三族(父母、妻子、兄弟)、五族(加祖孙、伯叔父母、侄)、九族(本宗缌麻以上亲)等不同。历代缘坐一般限于宗亲,不牵连外亲与妻亲;犯罪者仅限于男子,女子无论犯何种罪,不罪及他人。①当然,一旦某一行为人犯了政治罪(比如明代的方孝孺、清代的戴名世等),那么被缘坐的范围往往突破成规,大量无辜者因此而被处罚。

课后阅读文献

戴炎辉:《中国法制史》(第7版),台湾三民书局股份有限公司1987年版,第四篇。

李雪梅:《碑刻史料中的宗法族规》,载《中西法律传统》(第三卷),中国政法大学出版社2003年版。

丁凌华:《中国丧服制度史》,上海人民出版社2000年版。

以下适合有研究兴趣的读者

瞿同祖:《瞿同祖法学论著集》,中国政法大学出版社1998年版,第1—151、382—392页。

费成康(主编):《中国的家法族规》,上海社会科学院出版社1998年版。

〔日〕滋贺秀三:《中国家族法原理》,张建国、李力(译),法律出版社2003年版。

俞江:《论分家习惯与家的整体性——对滋贺秀三〈中国家族法原理〉的批评》,载《政法论坛》2006第1期。

课后深度思考题

1. 以下两个案例中,双方当事人的亲属关系有何不同、司法机构定罪量刑有何差异、原因何在?(括号内为大意解释)

"厦莫等谋死女婿厦拖案[乾隆元年,云南]"②

刑部等衙门、总理事务兼总理刑部事务、和硕果亲王 臣允礼等谨题:为叩恳跟究人命事。

该臣等会看得:寻甸州夷妇厦莫等谋死厦拖一案。据云抚(云南省巡抚)张允随疏称:缘厦拖娶厦莫之女为妻,夫妇素相和好。厦拖因贫鬻身(卖身),厦莫恶玷门楣(厦莫痛恨厦拖玷污自己家名声),于雍正十二年(1735)十一月初一日,许者欲银六十两,并愿将女给伊为妻,嘱令将厦拖致死即给银三两四分。者欲听从。至初二日晚,告知小□奚捏称饮酒,邀厦拖至旷野。者欲将厦拖推倒,用手捏其食气嗓,一手□(疑为"击")其胸膛。小□

---

① 本书缘坐制度均参见丁凌华:《中国古代丧服服叙制度源流考辨》,载杨一凡(总主编):《中国法制史考证》(乙编第三卷),中国社会科学出版社2003年版。

② 载郑秦、赵雄(主编):《清代"服制"命案——刑科题本档案选编》,中国政法大学出版社1999年版,第12页。

奚将麻绳套入厦拖颈项拉勒,立殒(厦拖立刻死了)。屡审不讳,将厦莫拟绞,免刺;者欲、小□奚均拟绞监候,照例刺字等因,具题前来。

查该抚既称:律载尊长谋杀外姻卑幼已杀者依故杀法,又律内外姻尊长殴缌麻卑幼至死者绞监候,不言故杀者亦止于绞等语。应如该抚所题:厦莫应依律拟绞,者欲、小□奚合依谋杀加功律拟绞,均监候,秋后处决,不应援赦。应令该抚:将搜获者欲收受厦莫银三两四分,照追入官。臣等未敢擅便,谨题请旨。

乾隆元年(1736)五月初四日

"王六掐死胞叔王言案[乾隆五年,直隶]"①

刑部等衙门、议政大臣、刑部尚书、世袭云骑尉、加二级、纪录十八次 臣那苏图等谨题:为报明事。

该臣等会看得:王六掐伤胞叔王言身死一案。据直督孙嘉淦[gàn]疏称:缘王六系王言期亲服侄,素无嫌隙。王六自幼丧母,年至十七随父王璠[fán]赴京学银匠生理。未几王璠卒于京中,王六扶父榇[chèn]归葬,因回京乏费,遂在王言家居住。王六染患泄泻,时至四更,复又哎吐饥馁,念及孤苦哭泣。王言醒觉,王六以王言素知医理,嗔[chēn]其不为调理,出言抵触。王言因而斥詈(斥骂),王六复行分理,致相吵嚷。王言遂拾炕砖向击未中,复取枕头木橔掷打。王六恐被打着,上炕用手掐住王言项颈,当被王言咬住手指,王六负痛挣脱下炕。王言又拉其衣服以致跌于炕下,磕伤左下唇、左下膝,王六向前扶持。王言复拉住王六衣服,王六又用手掐推,致伤王言咽喉、食气嗓、血盆骨,跌靠炕墙之侧。王六恐王言起殴,即行开门跑逸。讵王言被掐伤重,逾时殒命。比王六不知王言已死,次早回家欲为伊叔服礼(第二天早上欲回家为其叔叔赔礼),当被盘获。屡审不讳。将王六依律拟以斩决,先行刺字等因,具题前来。

据此应如该督所题:王六合依侄殴叔死律,应拟斩立决。臣等未敢擅便,谨题请旨。

乾隆五年(1740)九月初八日

2. 结合以下论文与信息,思考亲亲相为容隐的正面意义或负面影响,并结合中国最近五十年来的刑事司法实践,探讨这一传统制度对当代法制建设有何参考价值。

范忠信:《中西法律传统中的"亲亲相隐"》,载《中国社会科学》1997年第3期;邓晓芒:《再议"亲亲互隐"的腐败倾向——评郭齐勇主编的〈儒家伦理争鸣集〉》,载《学海》2007年第1期;丁为详:《孔子"父子互隐"与孟子论舜三个案例的再辨析》,载《学海》2007年第2期;郭齐勇、龚建平:《"德治"语境中的"亲亲相隐"——对穆南珂先生"商榷"的商榷》,载《哲学研究》2004年第7期。

2012年第十一届全国人大第五次会议通过了《刑事诉讼法修正案》,规定:"经人民法院依法通知,证人应当出庭作证。证人没有正当理由不按人民法院通知出庭作证的,人民法院可以强制其到庭,但是被告人的配偶、父母、子女除外。"

---

① 载郑秦、赵雄(主编):《清代"服制"命案——刑科题本档案选编》,中国政法大学出版社1999年版,第73页。

第十章　儒家思想与传统法制

学习重点：(1) 礼治的主要内容；(2) 道德教化的效果及其缺陷。

传统法制深深打上了儒家思想的烙印。受其影响,汉以后的法律实践离不开儒家伦理,国家依靠饱读儒家著作的官员治民。历代王朝大多以早期理想社会(比如尧舜那样的道德黄金时代,至于这种道德黄金时代是否真的存在,只有天知道)为统治之所向。统治阶层以道德优越自居,但过分强调以德治国,引发法律制度建设和司法技术方面的欠缺,加上立法方面存在明显的尊古与复古倾向,不能有效应对变动中的复杂社会与庞大帝国。这些对法制的影响,便是历代的法制之间有很强的继承性和延续性。

一些王朝在法典定型后,宣布日后不得修改法律(比如明太祖、乾隆帝),这种雄心与理念相当于试图维持一个不变的社会。正如学者指出:"中国文化有深厚的历史意识,很重视回顾自己的历史,并善于从中引出所遵循的原则。因此传统思维表现了缺乏超越性和非批判的历史思维的特征。在中国传统思维方式的形成和发展中,一直具有历史的崇拜意识而缺乏怀疑、否定和批判精神。人们只能在既成的思维框架中再思维,不能有根本的改造和创新。"[1]中国传统法制(尤其是律典部分)以儒家理想为重要原则,而不完全以社会现实的变迁为依据,为此,律典不惜以某些理想取代现实。

第一节 儒家概述

春秋时期的孔子创立了儒家学派。在此之前,儒是指从事教育的人,其从事教育按照一定的教本,当时称之为儒书。儒家除了从事教育外,还从事相礼的活动。周代人们讲究礼,人们的行动都有一定的礼仪规定。为了弄清礼的仪式与程序,于是有专门的人来学礼,儒者便是这种人。在春秋中叶以前,儒大致是官吏中的一种,后来逐渐流散于社会,以教育和相礼为业。孔子便是其中一个佼佼者。[2]

儒家不是一个统一的派别,但是他们有共同之处:有共同的思想形式、共同语言、概念和范畴,有共同的宗师。总而言之,儒家思想有如下特点:

1. 儒家把先王的道作为自己的旗帜。儒家倡导"祖述尧舜,宪章文武",也为是说要遵循往昔的圣贤尧舜之道,效法周文王、周武王之制。这与法家倡导效法后王是两码事。

2. 崇尚礼,儒家主张以礼治国,以礼区分君臣、父子、贵贱、亲疏之别。

---

[1] 参见蒙培元:《中国传统思维方式的基本特征》,载张岱年、成中英(等著):《中国思维偏向》,中国社会科学出版社1991年版,第31页。

[2] 参见刘泽华:《中国政治思想史(先秦卷)》,浙江人民出版社1996年版,第129页。下文"儒家思想特点"部分参见该书。

3. 以仁、义、礼、智、忠、孝等作为其共同的基本概念和范畴。

（孔子像）

在孔子死后,儒家一分为八个派别,其中有仲尼、子弓、子思、孟轲（孟子）、子张氏、子夏氏、子游氏等等。其中,孔子主张以礼治国,礼中又注重仁——"克己复礼以为仁"。礼是以等级为中心的社会秩序、社会结构以及人们行为准则的基本规范。礼是政治实体,仁是精神;礼是仁的实际规范,反过来又以仁充实基础。孟子一派主张以性善为出发点,分析人的本性以及社会矛盾,从性善说中引出了仁政主张。荀子一张以性恶为出发点分析人与社会的矛盾,认为应用礼对人的恶性进行改造和控制,改造的基本途径是礼,因此,在治理国家方面表现为礼治主义。荀子说,礼的基本精神为"分",这与法家有相通之处。《商君书》中的"定分"篇思想一定程度与此有近似处。

第二节　儒家的礼法思想

◆ 预读文献与思考

1. 试阅读以下古希腊以及中国早期的政治与法律观,分析二者间有何差异？相比之下,你认为早期中国的政治与法律观存在何种欠缺？

古希腊的柏拉图（公元前427—公元前347）在《法律篇》中提出如下见解："那些只有依照部分人的利益制定法律的国家,不是真正的国家,他们所说的公正是毫无意义的。……只有那些能遵守国家法律的人,才能在这场考验中获得最高的荣誉,他将被任命为最高的官职和众神的首席执行官……我就称这些官吏是法律的仆人或法律的执行官。我这样称呼他们并不是随便说的,我确信他们具有遵守法律的品德,这是决定国家兴衰的因素。如果一个国家的法律处于从属地位,没有权威,我敢说,这个国家一定要覆灭。"①

古希腊的亚里士多德(公元前384—322)在《政治学》中提出:

"凡是不凭感情因素治事的统治者总比感情用事的人们较为优良。法律恰正是全没有感情的;人类的本性(灵魂)便谁都难免有感情。……那么,这就的确应该让最好的(才德最高的)人为立法施令的统治者了,但在这样一人为治的城邦中,一切政务还得以整部法律为依归。"②

"法治应当优于一人之治。遵循这种法治的主张,这里还须辨明,即便有时国政仍须依仗某些人的智虑(人治),这总得限止这些人们只能在应用法律上运用其智虑,让这种高级权力成为法律监护官的权力。"③

"我们应该注意到城邦虽有良法,要是人民不能全都遵循,仍不能实现法治。法治应该包括两重含义:已成立的法律获得普遍的服从,而大家所服从的法律又应该是制定得良好的法律。"④

《尚书·吕刑》:"天齐于民,俾我一日,非终惟终,在人。尔尚敬逆天命,以奉我一人!虽畏勿畏,虽休勿休。惟敬五刑,以成三德。一人有庆,兆民赖之,其宁惟永。"

《尚书·吕刑》:"非佞(巧言善辩的人)折狱,惟良折狱,罔非在中。"

《论语·为政》:子曰:"为政以德,譬如北辰,居其所,而众星共之。"

《荀子·君道》:"有乱君,无乱国;有治人,无治法。"(有使国家混乱的君主,没有必然混乱的国家;有使国家安定的人,没有使国家自行安定的法制)

2. 看图说话,以下图片表达了什么内涵?请以《论语》中一句经典语录概括之。要是五分钟内想不出来,你掐自己一下。

---

① 载《西方法律思想史资料选编》,北京大学出版社1983年版,第24—25页。
② 〔古希腊〕亚里士多德:《政治学》,吴寿彭(译),商务印书馆1965年版,第163页。
③ 同上注书,第167—168页。
④ 同上注书,第199页。

一、礼与礼治秩序

（一）社会差异性以礼区分

儒家否认社会的整齐划一。与此不同，法家主张以法律对社会所有人群整齐划一之。儒家认为整个社会成员应有亲疏、尊卑、长幼、贵贱和上下的差异，存在于家族中的亲疏、尊卑、长幼的分异和存在于社会中的贵贱、上下的分异同等重要。儒家心目中的秩序即为上述两种社会差异的总和。所以儒家提出："仁者人也，亲亲为大；义者宜也，尊贤为大。"在家族与家庭内部提倡亲亲，即亲爱尊长；在社会上提倡尊贤。后世儒家提倡的有德者居位，圣人居位思想以及九品中正制都与这些原则有关系。

贵贱、尊卑、长幼、亲疏各有分寸，便是儒家的理想社会。为此，儒家极其反对法家齐一法制。儒家为理想主义者，他们在春秋战国时期明知其思想行不通，仍知其不可为而为之；吴起、商鞅、李悝等人本师从儒家，荀子培养了两个徒弟韩非、李斯，均为法家著名代表。这些具有儒学背景的人士向法家转变，其主要原因在于儒家理想在当时无法施行，为了维持生计以及飞黄腾达，吴起、商鞅等人不得不走向实用主义。

在儒家思想中，用以规范贵贱、尊卑、长幼等的便是礼。作为维护这种社会差异的工具，礼的功能在于显示贵贱、尊卑、长幼、亲疏的区别。所以《荀子·非相》说："故人道莫不有辨，辨莫大于分，分莫大于礼。"礼成为达到区别的手段。礼富有差异性，因人而异，所以贵贱、尊卑、长幼都有不同的礼，"礼仪"三百，不得随意运用。每个人按其不同的社会身份选择相应的礼。如果卑幼用尊礼、贱用贵礼，则是僭越。

费孝通在《乡土中国》提出"差序格局"，认为传统中国亲疏远近的人际格局如同水面上泛开的涟漪一般，由自己延伸开去，一圈一圈，按离自己距离的远近来划分亲疏。与此不同，西方社会以个人为本位，人与人之间的关系，好像是一捆柴，几根成一把，几把成一扎，几扎成一捆，条理清楚，成团体状态；中国乡土社会以宗法群体为本位，人与人之间是以亲属关系为主轴的网络关系，是一种差序格局。在差序格局下每个人都以自己为中心结成网络。这就像把一块石头扔到湖水里，以这个石头（个人）为中心点，在四周形成一圈一圈的波纹，波纹的远近可以标示社会关系的亲疏。[①]

"差序格局"概念及相关概括来自于费孝通，其实质理论来源与创造则来自于儒家思想。春秋战国是个礼崩乐坏的时期，之前的周礼已经不能很好地

---

① 参见费孝通：《乡土中国、生育制度》，北京大学出版社1998年版，第24—36页。

维持当时的社会，犯上作乱者比比皆是。儒家学派的理想是回复到三代道德黄金时代，在那样的时代，不仅路不拾遗、夜不闭户，而且君像个君、臣像个臣、父像个父、子像个子。儒家学派提出通过以礼来界定不同社会身份的人，造就社会上的人具有不同的身份与等级，其所应对的权利与义务也因为这种身份等级而有显著的差异，每一个人都在这个社会网络中有一个稳定不变的位置，并且能自动据其在社会网络中的位置（即其身份）承担相当的义务与行为。这就是儒家所致力构建的礼治秩序。

差序格局的社会是由无数私人关系搭成的网络。网络的每一个结都附着一种道德要素，所有的道德价值标准未超脱于差序的伦理而存在。传统道德与法律都因之得看所施的对象和"自己"的关系而加以程度上的伸缩。① 在这样的社会中，普遍适用于所有人的同一道德与法律标准是不存在的。只有在确定行为人是谁、和另一方当事人是什么关系后，才能决定拿出什么道德与法律标准来（比如"准五服以制罪""犯罪存留养亲"等）。

（二）礼与伦常纲纪

1. 义务互负的理想秩序

通过贵贱、尊卑、长幼、亲疏各有其礼，实现儒家心目中的君君、臣臣、父父、子子、兄兄、弟弟、夫夫、妇妇的理想社会，这种社会差异性的具体典型，就是儒家的伦常纲纪。所谓"君君、臣臣、父父、子子、兄兄、弟弟、夫夫、妇妇"指的是君要像个君，臣要像个臣，父要像个父，子要像个子，兄要像个兄，弟要像个弟，夫要像个夫，妇要像个妇。每个人在自己的社会网络中承担与其社会身份相应的义务。伦常纲纪也即贵贱、尊卑、长幼、亲疏的纲要。其中，儒家认为贵贱以君臣关系为主；尊卑、亲疏关系中最重要的是父子、夫妻关系；长幼关系最重要的是兄弟；另外加上朋友，所以君臣、父子、夫妻、兄弟、朋友五种社会关系是儒家从各种社会关系中归纳的五种最重要的关系，即通常所说的"五伦"。五伦中除朋友外，其他都是从属关系，其中又以君臣、父子、夫妇最为重要。所以汉代儒家提出三纲口号。因此，五伦与三纲是对社会关系的具体分类。

五伦三纲依赖礼得以实现。通过君守君之礼，臣守臣之礼，父子、夫妇、兄弟无不各守其礼，才能实现五伦三纲，也即《孟子·滕文公上》所说的"父子有亲，君臣有义、夫妇有别，长幼有序，朋友有信"。② 为此，君臣、父子、兄弟之间有相对应的美德。正如《礼记·礼运》所说："父慈、子孝、兄良、弟弟、夫义、

---

① 参见费孝通:《乡土中国、生育制度》，北京大学出版社 1998 年版，第 36 页。
② 参见瞿同祖:《瞿同祖法学论著集》，中国政法大学出版社 1998 年版，第 305—306 页。

妇听、长惠、幼顺、君仁、臣忠"美德是抽象的内容,礼是具体的规范。礼可以节制人欲,杜绝争乱,又能使贵贱、尊卑、长幼、亲疏有别,建立儒家理想的社会秩序。所以儒家极端重视礼,以礼作为治理社会的工具。

以今日的标准,儒家思想有个特点,他们的主张基本是一种义务之学,而非权利之学。孔孟重义轻利,但并非儒家彻底忽视权利或利益,而是倡导所有人都履行自己的义务与职责,权利就自然而然实现,因此不必另外提及权利。儒家的五伦提倡父慈子孝,君仁臣忠,夫义妇听,兄友弟恭,朋友有信,其中的每一个层级都有对等的道德义务。孔孟儒家思想提倡双向义务制,即长辈与晚辈、上级与下级、尊者与卑者之间互相承担义务,权利的实现就在义务互负之中。如果君不像个君,则臣可以不像个臣。正因为如此,当有人向孟子请教杀死商纣王是不是等同于弑君时,孟子认为商纣王残酷得很,故杀商纣王与杀死一个普通坏人没什么区别,所以儒家重点谈义务互负。

2. 理想秩序在现实中的扭曲

儒家上述理想在后来的政治现实中大大扭曲,义务互负在帝王专制时代变成了君要臣死,臣不得不死,君要臣亡,臣不得不亡;有功属于君,有过归于臣。法律往往单方面地强加臣子愚忠之责、儿子孝顺之责、妻子听从之责,但很少甚至从不要求君主爱民之责、父亲爱子之责、丈夫爱妻之责。义务互负的理想变成现实法制中下级向上级、晚辈向长辈单向度地承担义务。

更甚的是,连孟子主张义务互负的言论,在后世也被独裁君主删去。如明太祖有一日读《孟子》,看到其中有"民贵、君轻"、"君之视臣如土芥,则臣视君如寇仇"之类的语句,怒气冲冲地下令撤销孟子在孔庙中配享的资格。① 洪武二十七年(1394),明太祖令人删节《孟子》,书中被认为言论不当的共八十五条,一律删去,余下的称为《孟子节文》。被删的多属以下几类:

(1) 说统治者及官僚坏话的,如"庖有肥肉,厩有肥马,民有饥色,野有饿莩[piǎo],此率兽而食人,……恶在其为民父母也"等章。

(2) 说统治者要负移风气责任的,如"君仁莫不仁,君义莫不义,一正君而国定矣"等章。

(3) 说统治者应该行仁义之政的,如"得百里之地而君之,皆能以朝诸侯有天下,行一不义,杀一不辜,而得天下,皆不为也"等章。

(4) 说反对征兵征税和战争的,如"有布缕之征,粟米之征,力役之征,君子用其一,缓其二。用其二而民有殍[piǎo],用其三而父子离"等章。

(5) 说可以反抗暴君、可以对暴君报复的,如"贼仁者谓之贼,贼义者谓之

---

① 参见《明史》卷一三九《钱唐列传》。

残,残贼之人谓之一夫,闻诛一夫纣矣,未闻弑君也";"君之视臣如手足,则臣视君如腹心;君之视臣如犬马,则臣视君如国人;君之视臣如土芥,则臣视君如寇仇"等章。

(6) 说人民应该丰衣足食的,如"是故明君制民之产,必使仰足以事父母,俯足以畜妻子,乐岁终身饱,凶年免于死亡,然后驱而之善,故民之从之也轻。今也制民之产,仰不足以事父母,俯不足以畜妻子,乐岁终身苦。凶年不免于死亡。此惟救死而恐不瞻,奚暇治礼义哉?"等章。

(7) 说人民有地位和权利的,如"民为贵,社稷次之,君为轻"等章。

总之,凡是侵犯到统治者及其爪牙的言论,以及主张应该把人民当做人看待的话,哪怕是极细微的一点,全都要被查禁删去。① 孟子若地下有灵,一定会伤心、痛苦和流泪,哀民生之多艰!

(三) 礼法的差异与合流

儒家的礼与法家的法存在很大的区别。法家虽也承认贵贱、尊卑、长幼等社会差异的现实存在,但其认为治国应通过赏罚,实现劝善和止奸。作为一种客观的绝对标准,法律不因人而异,因此不能考虑或应排除社会的上述差异性,也即法家倡导的"一断于法"。

与此相对比,儒家提倡议亲、故、贤、能、贵、勤、宾、旧(八议)和议事以制,曹魏依据"尊尊、贵贵、亲亲"原则,首创"八议入律"。西晋贯彻"尊卑、长幼、亲疏有别"原则,开创了依照服制定刑罚的先例。北魏加入了"存留养亲"和"官当"条目。北齐为了强调"忠君""孝亲"原则,将"十恶"列为名例之首。法家则根本反对议这议那,比如《管子·法法》说"不为君欲变其令,令尊于君"。《商君书·开塞》认为"亲亲则别,爱私则险"。因为由于君主的意志而随意更改法令的做法与法家去私任公的明法精神是相背离的。

儒家讲究容隐,法家从国家立场来看,有功必赏,有过必罚,子告父罪,无可厚非,与容隐、父仇不共戴天正相反。当然,在历史现实中容隐制度也有例外。当以儒家学说作为立国思想的统治者一旦感到其统治因容隐制度而受到威胁时,自然会毫不犹豫地放弃某些儒家思想。比方,一旦罪犯实施诸如谋反、谋大逆、谋叛等行为,亲亲相为容隐将立马被排除适用,在这里奉行的同样是子告父罪,此时子告父罪非但无可厚非,若是子女明知父亲有上述罪行而不报,法律还要对其施加刑罚。这种容隐制度的排除适用现象,正反映了国家也即君主利益至上原则必须超越儒家思想。这点正是法家、儒家的混合。

---

① 以上七类被删条文参见丁易:《明代特务政治》,群众出版社1983年版,第407页。

总之，儒家着重社会的差异性，以个别的行为规范礼治社会，法家以整齐划一的法来约束民众，也即，礼别异，法齐一，这是二者的主要差异。这两种矛盾的社会治理思想与工具在汉以后逐渐融洽，也就是以礼入法的过程。就是说，在法家所创设的法律体系中，日渐注入儒家思想与原则。该过程的出现同传统中国政法结构的特征与社会特征相适应。

传统中国政治结构的典型特征是一权独大的皇权政治，施行的是以君主为核心的国家本位主义（相当于今天的大共同体本位），因此，注重采用贯穿法家精神的法，这更有助于维护君主集权。与此同时，汉以后的社会又是个家族本位的社会（小共同体本位）。基层社会适应礼治的秩序以维持上下尊卑长幼。由于这两个特征，礼、法看似相反的治理思想与模式在汉以后逐渐合流。在涉及国家利益（也即君主政权利益）时，法家的法律得到了坚决贯彻，比如容隐制度的排除适用，比如明太祖杀丞相时置"八议"而不顾；在涉及基层社会的自身调控时，儒家的礼治精神与法制得到了比较有力的贯彻，比如不孝罪，准五服以制罪等等。

二、德化思想

（一）礼的功能

在儒家看来，以道德力量作为施政的根本，目的在于防止坏事发生的源头，而非事后去解决琐碎的问题。与法家用刑止奸劝善不同，儒家提出在人可能为非之前，就对其道德教化，把人性善发扬光大。这源自于孟子性善思想；或通过道德教化，去除人为非的心思，这源自于荀子性恶思想。从而使人心善良，知道耻辱而心地无邪。因此《论语·为政》中说："道之以政，齐之以刑，民免而无耻（民众能免于刑罚但不知道羞耻）。道之以德，齐之以礼，有耻且格（民众知道羞耻并且可以走上正途）。"一切善行都是通过道德教化来达到，这是单纯的法律所望尘莫及的。

礼是事前的预防，法是事后的补救。所以《大戴礼记》卷二《礼察》说："礼者禁于将然之前，法者禁于已然之后。"也就是说，礼能使一个人在做坏事前就对之有效约束。由于礼能"绝恶于未萌"，则民众没有为恶的动机，或者已经把为恶的动机去掉，因此在孔孟儒家的世界中，法律制度其实没有存在的必要，所以儒家以无讼为最后的目的。①

---

① 儒家礼治与法家"刑于将过"思想（见《商君书》）有点相通之处：都注重对将要做坏事者或有为恶念头者采取人身约束。

（二）礼的施行依赖德化

以礼对社会各层级民众进行别异，则需要通过道德教化，在社会不同人群中培养出仁、义、忠、孝、慈、听、顺、信等道德观、人生观，每位民众在这些道德的指引下固守各自的身份边界。道德教化需要一定的时间、需要某位道德领袖以身作则，但一旦教化成功，民众人心已正，心术不变，便可以永不为恶。因此法律的价值不如德化。由于道德教化功效很大，儒家很是推崇德治，强调以德治国。

《论语·为政》旗帜鲜明的提出"为政以德"的口号，其意思是说，统治者如果实行德治，群臣百姓就会自动围绕着统治者转。儒家把道德力量作为施政的根本，以防止人们做坏事的念头，通常无意于建构琐碎复杂的制度。比如，据《史记·五帝本纪》记载，尧以大家推荐的以孝闻名天下的舜为首领。历山的农民发生田界纠纷，舜前往历山，经过一年时间解决了历山农民间的纠纷，河滨的渔人为争夺捕鱼的有利地势也发生了纠纷，舜前往同渔人一起捕鱼，一年后渔人效法舜，将有利的地势让于长者。东夷的手工业制造者制造的陶易碎，舜前往东夷制陶，一年后，制陶人制作的陶器很坚固。

想想看

若站在法家的立场上，《史记·五帝本纪》记载的这些道德教化的故事存在何种欠缺？

道德教化的重要内容包括正名，也即君君臣臣父父子子，使君要像君，臣要像臣，等等。正名所依赖的标准为盛周时的制度，即礼，礼是社会全部之制度。其次是仁，即以自爱之心爱人。《大学》谈及的修身、齐家、治国、平天下为仁的扩张程序。就修养而言，仁为个人道德实践而立，是社会伦理与政治的原则。由于崇仁，故重教化。萧公权认为，儒家的教化方法有二：一为以身作则，二为以道诲人。孔子尤重前者，行仁者以从政者之修身为起点，若不仁而在高位，则政治失其起点，因此孔子的教化政策，以培养个人的品格为目的。孔子持"政者正也"的主张，认定政治的主要工作乃在教化人。故政治与教育同功，君长与师傅共职，历代国家都有公办学校，政治社会的本身成为培养人格。① 因此，政治法制与伦理道德结合起来了。

受这种思想影响，历史上出现许多官员以德化人的故事。比如，东汉有个叫仇[qiú]览的亭长，在其管辖地，陈元的母亲告陈元不孝，仇览认为教化未

---

① 萧公权：《中国政治思想史》，辽宁教育出版社1998年版，第61页。

至,于是到陈元家与其母子共饮食,向他们说人伦孝道,并送《孝经》一书让他诵读。陈元深受感动,后来成为有名的孝子。有的官员甚至以教化不行为耻辱,甚至自行闭门思过或解印去官。比如东汉的鲁恭任中牟县令,推行道德教化,不任刑罚。有一亭长借别人的牛不还导致争讼,鲁恭令亭长还所借的牛,亭长不从,鲁恭于是哀叹自己道德教化未做到家,打算辞官而去。下属流泪挽留,亭长这时幡然悔悟,把牛还给了牛主。①

道德教化政策为汉以后历代统治者接受后,上行下效,推广到极致,相关思想与行为逐渐变得荒诞不经以致违背人性,夸大宣传与弄虚作假就比比皆是。《新唐书·孝友传》记载,有个叫陈藏器的写了一本名为《本草拾遗》的医书,其中讲到人肉可治病。自那以后,民间孝子贤孙们多有割自己的肉医治双亲。比如《宋史·孝义传》除记录了一些常见孝行外,还有一类即是孝子们毁伤身体为双亲治病。比如山西太原人刘孝忠,家中贫困,老母生病,听说人肉可以治病,刘孝忠先割左大腿和左乳的肉喂他母亲;母亲心脏疼痛,刘孝忠就在手心中烧火,以代替母亲受疼,接下来就是见证奇迹的时候——刘孝忠据此竟治好了母亲的病!山东莱州人吕升的父亲失明,吕升自己剖肤切肝,用肝为药,使父亲再见光明。冀州人王翰的母亲也是失明,王翰把自己的右眼挖出,装进母亲眼中,结果老人也竟然重见光明。小孩子的启蒙读物《蒙学十篇》中有《二十四孝》,讲述不少孝感动天、卧冰求鲤等诸种故事。这些正史和启蒙读物如此严肃地记载着令人难以置信的故事,反映当时官场上上下下需要以之作为鲜活的案例、教材,指导民众道德向善,培养仁、义、孝、忠等德行,为此不惜使教材走向极端、违背人性、远离常识。

(三) 德治向人治转化的风险

儒家坚信人心向善转变决定于教化,刑与法相对是次要的,因此提倡德主刑辅,先礼后刑,教而诛之。儒家相信道德教化依靠统治者的人格感召力实现。因此德治变成了人治,以德治国实际上是依靠某一或某些具有高尚人格的统治者或官员治国,即以某一特定的人治国,而不是依靠法律制度治国。早在《尚书·吕刑》篇认为建设社会秩序取决于于某位良人,君主一人办了好事,万民都将受益,国家将长久安宁;《吕刑》还提出不用巧言善辩的人审理案件,而应任命贤良长者审理案件,就没有不公正、不合理的。受孔子德治思想影响,荀子提出"有治人,无治法"。他虽然重视法律的作用,但法毕竟是人制订的,仍然取决于人,即使有了良法,也得靠好人掌握和贯彻,因此他在《荀子·王制》篇提出:"故有良法而乱者,有之矣;有君子而乱者,自古及今,未尝

---

① 该案例参见瞿同祖:《瞿同祖法学论著集》,中国政法大学出版社1998年版,第319页。

闻也。"综上所述，儒家德治思想的核心在于有执法的良人才有良法之治，这与古希腊柏拉图、亚里士多德的思想相距甚远。

儒家认为，就算因为各种原因法律制度不得不存，也只是处于次要地位。以德治国是道德教化的过程，人治是针对于德化者本身而言，二者合而为一。统治者的人格为全国民众所仰慕、所模仿，成为整个社会善恶风气之所系。《论语》里说："君子之德风，小人之德草，草上之风必偃。"也即道德高尚的人行为如风，那些小人行为如草，风吹到草上，草必倒下来。

对当事人实施道德教化以息讼止争的传统深受儒家道德自律型政治影响。在这种政治传统下，人们对统治者的道德人格寄予厚望，将政治的好坏完全系于掌权者自身素质，从而过分依赖领导者个人品德、能力而忽视政治体制、制度的建设和变革。指望统治者廉洁自律的思想在传统中国相沿不已并且影响深远，对最高掌权者的制度监控与防范为一面空白。

与此相反，近代西方的政治学发展出领导人无赖假说，由此发展出一套对最高掌权者的权力监控与防范制度。儒家经典普遍热衷于论述爱民、利民、安民的重大意义。除了孔孟大讲特讲"为政以德"、批评统治者率野兽吃人之类外，诸如北宋名儒张载"为天地立心，为生民立命，为往圣继绝学，为万世开太平"之类视野宏大但欠缺操作层面的见解，鲜有人探索通过何种的政治制度防止统治者违反和践踏民意。具有讽刺性的是，张载死后不过五十年，北宋就灭亡了，更别提为万世开太平什么的鬼话。历代官府不断推行对民众道德教化，是建立在"任何人都可以教育好"的假定上，其结果是自诩为圣贤的官员以道德名义对社会实行道德专制，同时剥夺了个体道德选择的自由，最后民众只能在正统思想道德的轨道上行进。所谓正统思想，如20世纪英国人道主义作家奥威尔在经典作品《一九八四》所说："正统的意思是不想——不需要想。正统即没有意识。"①

孔子在《论语·颜渊》提出的"非礼勿视，非礼勿听，非礼勿言，非礼勿动"，至后来成为历代统治者箍住民众头脑的思想渊源，形成了皇权政治对民众道德教化的强制，结果是干涉了道德，又破坏了政治。② 爱因斯坦说："想象力比知识更重要，因为知识是有限的，而想象力概括着世界上的一切，推动着进步，并且是知识进化的源泉。严格地说，想象力是科学研究中的实在因素。"③从秦始皇焚书坑儒与别黑白定一尊，到汉武帝罢黜百家与独尊儒术后，

---

① 〔英〕乔治·奥威尔：《一九八四》，董乐山（译），上海译文出版社2006年版，第48页。
② 对儒家道德自律型政治危害的分析，此处部分参见田广清：《执政能力建设必须警惕的历史误区：儒家道德自律型政治》，载《江苏行政学院学报》2005年第4期。
③ 载《爱因斯坦文集》（第一卷），许良英、范岱年（编译），商务印书馆1976年版，第284页。

历代领导限定民众只能在钦定的儒家知识领域思索。儒学实质是人与人之间的关系学,独尊儒术限制了中华民族对客观世界的体系化思考。这可以解释中国古代的法医学依据代代经验的积累,达到一定高度后无法继续发展,直至被西方近代法医学取代的原因。

由于儒家讲究礼、德化,实质上推崇有德者居位。但是儒家从来没有仔细论述如下问题:什么样的人是有德者?有效的评判标准是什么?如何来甄别?确定某一有德者后,如何使其成为统治者?是通过选举还是其他途径?这些相当重要的问题儒家竟然没有仔细思考过。后世有人说,春秋皇帝应由孔子做,战国皇帝应由孟子做,宋代皇帝应由朱熹做,可惜天下皇帝都给强盗们做了。当然,皇帝们大都不承认自己是强盗、是流氓、是小偷、是淫棍、是杀人犯、是缺德之人。比如,当过小偷、乞丐、和尚的朱元璋登上皇位之后,以有德者自居,要对臣民"明刑弼教"。儒家理想中的"有德者居位"(比如像尧、舜那样的圣贤)在历史现实中则转变成了"居位即是有德者"。这实在是几千年中国历史对儒家理想的讽刺!

想想看

相比儒家上述礼法思想的欠缺,你觉得法家思想具有何种优点?

(四)道德教化的缺陷

如果以现代法律原理来看,其实信仰、思想、道德和观念之类的东西大都属于私人的领域,属于私人生活的范畴。《圣经》中有一句很有名的话:恺撒的就应归还恺撒;天主的就应归还天主。①《圣经》的这句名言后来转变成诸多西方人共知的谚语:上帝的归上帝,恺撒的归恺撒。其意思是,精神领域属于上帝管辖范围,世俗领域属于国王(也即世俗政权)管辖范围,二者不可混淆。灵魂与思想给了宗教,世俗政权只规范人的外在行为,而不直接干预人的思想。否则两种权力都将日益败坏。比如,中世纪的罗马教廷参与了过多尘世的事务,与世俗政权争利,打破了上帝与恺撒的界线,造成了教会的堕落。近代以来,西欧宗教改革的浪潮重新划定了二者的边界,各归各的领域。

在传统中国,一向不存在与世俗政权相抗衡的宗教势力。皇帝们一方面作为世俗政权的最高首长,一方面又以有德者自居,尽管往往无德可言(连唐太宗都杀兄杀弟),其既致力于规范人的外在行为,又要想方设法干涉人的内

---

① 参见《新约·路加福音》(20:20—26)、《新约·马太福音》(22:15—22)、《新约·马可福音》(12:13—17)。

在思想(比如历代文字狱及对宗教的控制)。也就是说,历代中国君主既是恺撒,又相当于上帝,集行政首长与精神导师于一体。因此,传统中国的道德教化必然是"统一思想,弘扬主旋律",权力机构将臣民的不同思想统一到皇帝们钦定的正统思想之下,将臣民的不同旋律集中到皇帝们钦定的主旋律之中。比如,明代的申明亭制度、明清时期的乡约召集民众学习正统的儒家思想。传统时代不具有西方那种二分法,为统治者直接干预私人生活(比如前文所述汉代亭长直接进入陈元家)提供了道德、法律上的正当性。

传统时代,通过政治权力推行道德教化和以德治国存在何种缺陷呢?

其一,效率低下,收效甚微。道德教化的推广要耗费难以计数的人力物力(比如明代在乡村设置申明亭),且效果无法鉴定。事实上,无论朝廷多么处心积虑地推广道德教化,每个王朝的没落都必然伴随着道德的沦丧。从历史上看,中国的道德教化不是太少,而是泛滥成灾。

其二,公私领域不分,权力机构可以基于道德的正当性打破私人领域。道德是以义务为核心,因此私权利的正当性地位难以产生,人权之类的概念在传统法制中永无一席之地。

其三,当国家强制推行所谓的美德,尤其将美德与各种利益建立联系时,人性变得虚伪。汉代开始推行"举孝廉",也即由地方官推举孝顺父母、廉洁奉公和德行高尚的人做官。于是本应发于内心自然情感的孝道日渐具有表演性质,比如东汉时有人为博得孝廉美名,在父亲墓旁守孝,装着内心相当哀痛的样子,背地里却悄悄地结婚生子,此乃典型的伪君子形象;再比如前文所述的"卧冰求鲤"以至后世割肉疗亲等残忍行为。所以汉末就流行这样的歌谣:"举秀才,不知书;举孝廉,父别居;寒素清白浊如泥;高第良将怯如鸡。"人性虚伪是这种政治环境下的必然产物——官府推广美德,消灭了美德本身。

其四,历代皇位更替的实质建立在刀与血的基础上,有德者在现实中不可能居位,居位者不可能是有德者。统治者以自身为"道德楷模"驱动道德教化,实际上并不存在这样的道德权威,不过是掩饰了统治者自己的真面目。上梁不正下梁更歪,暴君治下,暴民更甚。正常人不会做暴民,当正常人变成暴民时,是因为他们长期成为施暴的对象,心理、人格与行为均被严重扭曲。比如,北宋末期,方腊叛乱后,每逢抓住官吏,或断截其肢体,或割取其肺肝,或熬取其油,或射以利箭,以发泄他们曾屡被官吏欺压的愤怒。① 明末,领导大量饥民起义的李自成攻陷洛阳后,捕获作威作福的福王,将福王身体零切

---

① 参见《宋史·方腊传》。

碎割,杂以鹿肉并食,时称福禄酒。① 要改变现实中政治的黑暗现象,儒学明显无能为力。

综上,与法家思想相比,儒家思想更多是对仁、义、忠、孝等抽象道德的尊崇与详述,但缺乏具体的制度设计与可供后人操作的理论框架。此为儒家致命的弱点!因此,今天来看,法家提供驾驭臣下的技术而未以社会公义为终极价值是一种罪恶,儒家弘扬仁义之道而缺失可践行的技术是一种愚昧。

课后阅读文献

萧公权:《中国政治思想史》(第二、三章),辽宁教育出版社1998年版。
刘泽华:《中国政治思想史(先秦卷)》(第五章),浙江人民出版社1996年版。
以下适合有研究兴趣的读者
《先秦政法理论》(第一、五、六部分),张伟仁(辑)、陈金全(注),人民出版社2006年版。
《荀子》,载《诸子集成》,上海书店出版社1986年版。
《十三经注疏》(共二十六册),《十三经注疏》整理委员会(整理),北京大学出版社2000年版("十三经"指被儒家奉为经典的十三部古籍:《周易》《尚书》《毛诗》《周礼》《仪礼》《礼记》《春秋左传》《春秋公羊传》《春秋穀[gǔ]梁传》《论语》《孝经》《尔雅》《孟子》)。

课后深度思考题

结合儒家德化思想的欠缺带来的启示,你认为在现代社会如何界定法律与道德的边界?在推广美德问题上,权力机构如何作为,社会才可能传扬美德?

---

① 参见《明史·李自成传》;吴传业:《鹿樵纪闻》卷下《献闯发难》。

下编　转型中的近代法制

本编导论

一、法制近代化趋势

1840年,西方列强的鸦片和坚船利炮拉开中国近代社会的序幕。有着数千年历史的中国传统法文化在西方法律文化面前很快失去往昔的光辉。两种建立在不同社会基础的法律制度与学说由对立、冲突到调和,最后中华法系在这种调和中自行解体,近代西方法制取而代之,由此进入了法制近代化时代。其原因主要表现在以下几个方面:

（一）领事裁判权制度的刺激

1. 列强获取领事裁判权的借口

西方列强借口清朝法律野蛮,先后在鸦片战争结束后的1843年签订的《中英五口通商章程及税则》和《中英五口通商附粘善后条款》(又称《虎门条约》)等确立了领事裁判权,此制度的重点是凡与清政府缔结条约的国家,其侨居中国的公民均不受清朝法律管辖。其在中国境内与中国人发生诉讼,均由该国派驻中国的领事依其本国法律审理,清政府各级司法机构无权过问。该制度导致清政府丧失了完整的司法权。《中英五口通商章程》规定仅限英国侨民享有领事裁判权,地式上仅限于五个通商口岸。随着1844年《中美望厦条约》和《中法黄埔条约》签订,美国和法国亦取得此权利。至1918年,有20个国家在中国取得了领事裁判权。

 **想想看**

唐、明清律典中处理化外人相犯的原则是什么、其间有何变化？这与领事裁判权有何差异？

不过，西方人以中国当时的法律落后、野蛮为由扩张领事裁判权，其理由相当牵强。直到18世纪末以前，西方人对中国法律还处于茫无所知的状态，且与同一时期的中国相比，西方刑罚的残忍程度恐怕有过之而无不及。比如福柯在其经典著作《规训与惩罚》中叙述：1757年，达米安因谋刺法国国王被执行死刑，刽子手用烧红的铁钳撕开他的胸膛和四肢上的肉，用硫黄烧焦他的右手，再将熔化的铅等熔液浇入撕裂的伤口，刽子手将他的大腿割裂，协助马匹分肢，最后焚尸扬灰。① 1810年，由小司汤东翻译的英文本《大清律例》才第一次将中国的成文法典较为完整、系统地介绍给了西方人。故而在此之前，很难说他们对中国法律有多少了解。鸦片战争前后西方人对中国法律的批评主要集中在三个方面：连坐制度、意外事故和正当防卫、程序不公。但是学者认为，中西在上述三个方面的差异并不是很大，相反二者有很多近似之处。甚至18—19世纪时西方法律的严酷性在某些方面较中国法律更甚。② 只是当西方法律走向新的文明与变革，在文艺复兴、宗教改革等浪潮的推动之下朝着以罪刑法定、无罪推定等更具有人道主义的方向发展时，中国法律却停滞不前、趋于固化，逐渐凝滞、呆板。从此，东西法律文化的距离才日渐拉开，进而给予西方人诸如中国法律落后、野蛮的口实。

此外，在1840年以后，英国人攫取香港、威海卫等地，并未在这些地方立马废除这些所谓"原始""野蛮"的传统法律和习惯，而是在相当时期内很大程度上对其予以保留及适用，包括清代甚至北洋政府、南京政府时期的各种刑事、民商事的实体、程序法律、习惯。诸如英国这样的老牌帝国主义国家具有丰富的殖民统治经验，中国传统法律和习惯中的某些规范经过他们用西方法理学的解释和阐发，由原本松散和不确定的风俗、惯行或习惯一跃而成为理性、明确且具有可操作性的具体制度。卡罗尔对英租威海卫法制的研究发现，英国殖民政府一方面鼓励民事纠纷及细小刑事案件交由传统社会中的

---

① 参见〔法〕米歇尔·福柯：《规训与惩罚：监狱的诞生》（第2版），刘北成、杨远婴（译），生活·读书·新知三联书店2003年版，第3—6页。

② See Li Chen, "Law, Empire, and Historiography of Modern Sino-Western Relation: A Case Study of the Lady Hughes Controversy in 1784", *in Law and History Review* Spring 2009, Vol. 27, No.1.

"头人"(headman)解决,甚至还以官方名义任命这样的头人、发给薪水;一方面在审案时邀请熟悉中国法律及习惯的人充当顾问。① 这表明西方人所谓的中国法律落后、野蛮等只是一种借口,意在从中国夺取领事裁判权。

2. 领事裁判权对皇权的刺激

领事裁判权制度破坏了清政府的司法主权,成为清政府日后的心头之痛。典型代表便是《苏报》案。该报言辞激进,影响甚巨,刊登了不少宣传革命的文章。两江总督魏光焘多次向朝廷奏报"有《苏报》乱发谬说,而邹容所作《革命军》一书,章炳麟为之序,尤肆无忌惮"。但是按照领事裁判权的规定,租界内的言论自由在法律上可以得到一定保障,清政府的司法权力无法触及。后来,章炳麟的《驳康有为论革命书》经节录后以《康有为与觉罗君之关系》为题发表。清政府以该文中"革命之宣告,殆以为全国所公认,如铁案之不可移",乃宣扬革命,诋毁政府、图谋不轨的证据。然而在租界内逮捕华人,领事先征得外国领事的许可,这已成为列强在事实上取得的条约外特权。后来,针对此案中外双方约定,"凡在租界犯案者,应在公堂定罪,在租界受罪"。魏光涛向租界会审公廨控告章炳麟等人,使工部局(上海公共租界的行政管理机构)依程序拘捕章炳麟、邹容等人待讯,并在清廷的压力下查封《苏报》。

章、邹等六人羁押待讯时,围绕诉讼管辖权问题,清廷与租界当局颇有斗争。由于《苏报》案是在租界内发生的重大案件,按照上海公共租界的规定,该案在公共租界内的会审公堂审理。清廷认为该案应归中方审理,筹划将案犯严惩,但受到上海各国领事拒绝。于是由上海知县汪懋[mào]琨[kūn]等会同英国副领事迪比南、德为门等组成的会审公廨"额外公堂"审理。作为原告的清廷,只好屈尊聘律师古柏、哈华托代理,在上海与被告对簿公堂,被告章炳麟、邹容等六人则由律师博易、琼斯出庭辩护。外方办案者主张,"引西国报馆毁谤政府之例,章、邹监禁不出三年,其他则因概无实据,拟径释"。上海知县汪懋琨单方判决邹容、章炳麟照律治罪,皆当处决。今逢皇仁广布,援照拟减,定为永远监禁。但因领事异议,该判决未生效。拖延至次年5月21日,清廷外务部恐劳而无功,于是采纳英使意见,从宽办结,改判章炳麟监禁三年,邹容监禁两年,罚做苦工,自到案之日起计算,限满释放(邹容后来死于狱中),驱逐出租界。②

---

① See Carol G S Tan, *British Rule in China: Law and Justice in Weihaiwei 1898—1930*, Wildy, Simmonds & Hill Publishing, 2008, pp. 184—220.
② 参见易江波:《"苏报案"与西法东渐下的中国传统办案思维》,载《中西法律传统》(第二卷),中国政法大学出版社2002年版;李启成:《领事裁判权制度与晚清司法改革之肇端》,载《比较法研究》2003年第4期。

《苏报》案事件和其他革命党人利用中国沿海与内陆租界进行革命活动，以及西方列强承诺清律改革以后，将放弃领事裁判权，这些因素大大地触动了清廷修律的步伐，以期收回领事裁判权，恢复司法主权的完整，以及有助于镇压革命党人。1902年订立的《中英续议通商行船条约》第十二款为："中国深欲整顿本国律例，以期与各西国律例改同一律。英国允愿尽力协助，以成此举。一俟查悉中国律例情形及其审断办法及一切相关之事皆臻妥善，英国即允弃其治外法权。"①随后美国和日本在与清政府的续订商约中都表达了类似的意思。以上刺激了晚清的司法改革与修订法律。因此，学者认为，晚清修律的重要动力来自于领事裁判权对清政府维护其统治所构成的巨大危害，西方列强适时表达其态度则构成了修律的契机。②

（二）传统法律不适应巨变社会

清朝统治者于同治九年（1870）最后一次修例之后未再修例。旧律例与社会生活脱节日趋严重。西方列强进入中国以及洋务运动促进了资本主义与商品经济在中国的发展，至19世纪80年代，中国就已出现了近代形式的股票、合伙企业与公司制等，这些巨变与建立在重农抑商、小农经济基础上的传统法律无法适应。例如，《大清律例》中无专门的商业法、金融法、票据法、公司法。缺乏相关的法律，清政府无法保护本国企业与西方诸国相抗衡。

鸦片战争前中国人向以"天朝上国"自居，但在鸦片战争后，"师夷长技以制夷"的洋务运动通过额外向民众征税，举办国家企业，铸造新式机械，然而并未改善中国的国际处境。甲午战争中方大败后，中国人清醒地认识到，坚船利炮是以一整套"良法美政"为依托的。戊戌变法、晚清"新政"可以说就是对这种认识进步的实践检验。中西冲突的表面现象是力的较量，而隐蔽在这种表面现象背后的冲突则是文化的对抗；在中西文化冲突中最早发生碰撞的领域恰恰是法律文化。③

法律文化的冲突首先表现在管辖权的冲突，这实际上是一种主权斗争。在16—18世纪，欧洲已经形成了国际法上主权平等的观念。但中国的皇权观念不承认有与皇帝平等的人类。基于这种皇权至尊形成的对外关系无法产生出西方式的主权平等原则，而是造就出独具特色的朝贡体制，这种体制的用意则是要通过礼仪使朝贡者感受到皇朝至高无上的威严，令其心悦诚服地

---

① 梁为楫、郑则民（主编）：《中国近代不平等条约选编与介绍》，中国广播电视出版社1993年版，第485页。

② 参见李启成：《领事裁判权制度与晚清司法改革之肇端》，载《比较法研究》2003年第4期。

③ 参见苏亦工：《中法西用——中国传统法律及习惯在香港》，社会科学文献出版社2002年版，第7页。

表达出对皇帝的恭顺和臣服。作为回报,皇帝对待来臣服的远人可以采取相当宽大的怀柔措施,不必像对待自己的直属臣民那样严格要求。①

在中西冲突中,西方的胜利除武力优势外,还包含着制度、道德甚至文化因素。在中国,政治、法律、经济等基本制度以及这些制度所赖以生存的社会、观念甚至道德、文化都存在着严重的欠缺。比如,长期以来,中国官府习惯于采用简单粗暴的禁令方式对付本国民众。他们所考虑的仅仅是官府推行政策是否简便易行,极少顾及政策波及者的利害和感受。正如孔飞力所言:"在清代,普通民众对于政治体制几乎没有任何影响;他们在官方的滥用权力面前,也几乎得不到任何保护。"②但是,官府这一次忘了,他们眼下所面对的并非逆来顺受的本国民众,而是难以控制的外夷。③

学者的研究还揭示,晚清时期除了遇到个别精力旺盛、严格执法的官员外,一般情况下,中国地方官对于对涉外案件行使管辖权并无热心,即便发生了中国人被外国人杀害的案件,只要不至于导致地方骚乱、引起上峰关注并进而危及自己的乌纱帽,多数地方官都乐于视而不见,听之任之。一般的民事纠纷或轻微的刑事案件,中国地方官极少坚持中国的管辖权,至于不同国籍外国人之间的纠纷就更是懒于过问了。中国所说的国家说到底就是皇帝,与此一致,中国传统的法律体制不是一种服务于社会公共利益的管理体系,而是操纵于皇帝手中、通过官僚机器落实的单向控制体系,这种体系所依据的内在逻辑是一种否定或禁止式的思维模式。中国当局坚持的管辖权是维护皇权和官府体面的一种手段,象征意义远远大于实际内容。至于中国臣民的利益是否会因此受到损害,原本不是官府注意的焦点。就皇帝而言,他所关心的是自己一家一姓的江山如何延续不灭。至于保护臣民的生命、财产,不是出于什么责任感或基于皇帝的某种义务,只不过是一种赏赐而已,目的是为了博得臣民感恩戴德。④

方流芳的精彩研究揭示,清代一口通商后,清政府要求十三行对 EIC(英国东印度公司)的行为负保证责任。只要 EIC 大班违反天朝律例或冒犯官员,比如拒交规费、对抗官员命令、告御状、擅入衙门求见总督等等,每次都有行商和通事因此被罚款、拷打、流放、监禁,其结果通常是受尽折磨和勒索之

---

① 参见苏亦工:《中法西用——中国传统法律及习惯在香港》,社会科学文献出版社 2002 年版,第 42—43 页。
② 〔美〕孔飞力:《叫魂:1768 年中国妖术大恐慌》,陈兼、刘昶(译),上海三联书店 1999 年版,中译本序言第 2 页。
③ 同注①书,第 53—54 页。
④ 同注①书,第 21—22、46 页。

后悲惨地死去。然而,从1635到1834年,唯一受到制裁的EIC大班只有洪任辉一人,对他的惩罚也只是在澳门"囚禁三年"之后驱逐出境。犯法夷商免受追究,守法行商代人受过。这样的法制实在是一种无法理喻的倒行逆施。按照清代法律,负债不还就是犯罪,一旦债权人告官,没有几个债务人能经受羁押、庭审、拷打和充军而活下来。EIC充分知晓清代法律的残忍,并以此为由而力主治外法权,但是,当一个负债行商丧失支付能力的时候,EIC总是毫不留情地告官。在中英贸易中,英国政府愿意动用国家力量强化EIC在华地位,EIC愿意花钱取得国家力量的支持,国家和商人是相互合作,一起通过外交实现海外贸易最大利益。清政府非但不会为了行商利益去和英国政府交涉,只要EIC抱怨行商,清政府就充当一个严厉管教子女的家长,必定将行商折磨得死去活来。在大清帝国无所不用其极的压迫、管制和勒索下,广东行商发育不良,缺乏搏击的体能和创造性智慧。体制的束缚注定了行商的败局,个体优势再强,也不足以挽回败局。①

在很大程度上,国际竞争是国家之间的制度竞争。最终决定胜负的不只是参与者个体的能力、智慧,而是参与者背后那些抑制或激发他能力的制度,当一种制度削弱、管制本国人民的创造能力和进取冲动,它就同时决定了国家的整体劣势(如明清朝廷对海外贸易管制),这种无法适应时代巨变的法律与政治制度甚至直接导致了政权被内外力量颠覆的风险。

在晚清中西竞争过程中,西方列强由17、18世纪落后的"蛮夷"一跃成为强者,日本经明治维新化作劲敌,中国在各方面则节节败退(如第一、二次鸦片战争、甲午中日战争、八国联军侵华)。这说明了如下道理:竞争优势可以通过人为努力,以制度创新方式后天激发出来。具有激励机制的制度拥有竞争的优势。如果法律能给予每一个公民更多自由之盾、更多权利之剑,那将是推动国家、个人在与外竞争中获胜的重要武器。只是,这样的道理中国官员很难理解,就算理解也不打算落实。管制、压服、听话与顺从向来是官员本能思维中的首选。

在第一次鸦片战争时期,林则徐、魏源等人提出"师夷长技以制夷",但是这个观点在当时政治层面没有什么影响。第二次鸦片战争后,出现了"洋务运动",以学习西方先进技术、建立近代军事工业为核心,然而"洋务运动"的初衷是对付太平天国。随着中日甲午战争中方的惨败,暴露了"洋务运动"的缺陷——光引进西方先进技术并不能改变中国的落后的状况,不能实

---

① 参见方流芳:《公司词义考:解读语词的制度信息——"公司"一词在中英早期交往中的用法和所指》,载《中外法学》2000年第3期。

现富国强兵。至1898年,出现了以改良旧有法律与政治制度为目标的戊戌变法。慈禧太后扑灭了此次变法,但在几年以后迫于西方列强的压力,不得已开始了清末新政改革,由此全面启动晚清修律运动与中国法制近代化的进程。"一个失败的民族在战后认真思过,幡然变计,是对殉国者最大的尊崇、最好的纪念。"① 只可惜,清政府的政法革新来得太晚,又缺乏真心诚意,无法力挽狂澜。

(三) 西方法学的引入

从1840年前后林则徐组织翻译西方法学著作到1894年中日甲午战争前后,为引入西方法学资源的第一阶段,这一时期主要引入西方的国际法。这是因为鸦片战争后,清政府面临大量国际交涉,了解国际公法成为当务之急。第二阶段为甲午战争前后至1908年止,这一阶段以引进外国的刑法书为主,其目的为了修订清朝的刑法。第三个阶段从1908年至1911年清朝结束,主要是对民法学、宪法学和其他法学著作的引进。②

晚清引进西方法律与法学资源最初是在鸦片战争期间。为了利用法律打击入侵者,1839年林则徐主持翻译了瑞士法学家瓦特尔(E. Vattel,旧译滑达尔)所著《国际法》(The Law of Nations)中的一些片段,汉文书名为《各国律例》,该作品先后被收入《四洲志》和魏源的《海国图志》。战前还出现了中西文字对照的词典,部分西方法律词汇首先翻译为中文,而后从中文转译为日文。《海国图志》对西方历史与政治制度作了更详细的描述,并对当时中国人不甚了解的民主体制的选举规则与少数服从多数的原则进行阐述。但是其在出版后数十年间没有引起太多注意。梁廷枏[zhān]的《海国四说》(1846)亦涉及英美等国的法律和议会制度,这是中国人认识西方法律的起点。

19世纪60年代,清代掀起了国际公法著作的翻译,以应付外交事务。当时中国人认识这些西方法律的素材间接来自于传教士的协助。其中尤以丁韪良(Willian A. P. Martin)和傅兰雅(John Fryer)两人最为突出。曾先后任同文馆、京师大学堂总教习的美国人丁韪良1864年翻译了惠顿(Henry Wheaton)的《万国公法》。《万国公法》是清末正式翻译的第一部"公法"类书籍,然而这本著作在中国并未产生即刻影响。中译本问世后,第二年即在日本以日文翻刻出版。稍后,同文馆又在丁韪良主持下翻译了《星轺[yáo]指

---

① 茅海建:《天朝的崩溃:鸦片战争再研究》,生活·读书·新知三联书店1995年版,第560页。

② 以上三个阶段划分,本书参考田涛的见解,参见何勤华、贺卫方、田涛:《法律文化三人谈》,北京大学出版社2010年版,第212—217页。

掌》(1876)、《公法便览》(1877)、《公法会通》(1880)。此后,上海江南制造局在傅兰雅主持下先后翻译了《四裔编年表》《各国交涉公法论》《各国交涉便法论》。自同治初年至甲午战争为止,全国各地翻译的公法类书籍至少在40部以上。官方系统地组织翻译外国"公法"类书籍在中国历史上前所未有,使当时国内一些有识之士了解中国以外的政法制度。

光绪六年(1880),在同文馆任教的法国人毕利干将《法国民法典》翻译成中文,定名为《法国律例》,这是晚清第一部由官方组织翻译的外国法典,之后又译出包括民法在内的《法国律例》(四十六册)。但是当时的译者未能解决法律用语的翻译统一问题,译文艰深,人们难以理解,影响有限。中日《马关条约》签订后,朝廷重臣认识到东西各国法律可补旧法之不足,因此这一时期翻译外国法学与法律发生了变化。翻译出版的有《泰西民法志》《泰西商律》及1902年卢梭的《民约论》(即《社会契约论》)等。

清末中国学生出洋学习法律首选日本,这些留学生不少参加了外国法学著作的翻译,包括翻译了日本学者清水澄的《行政法》、美浓部达吉的《国法学》等。当时一些清朝使节前往日、英、法诸国,参观各国法庭、监狱,进而比较中、西法优劣,看到他国法制文明的长处,为晚清变法改制提供了重要素材。1905年清廷派董康等人赴日本考察司法,董康等人先后主持编译了《裁判所访问录》《监狱访问录》等,内容以明治维新以后的刑法和司法为主。晚清从日本直接翻译的法学书籍约二百多种,占当时全部引进的法学书籍的一半以上。此外,以日本学者翻译的欧美书籍为底本,间接翻译的书籍也不在少数。中国在甲午一战失败后,讨论政法改革者莫不以效仿日本为宗,这是导致当时取道日本翻译法学书籍的重要原因。此外,自1902年以来,沈家本主持修订法律馆先后翻译了《德意志刑法》等以刑法为主的三十余种法学著作,但这些作品主要供官府修订法律的参考,民间流传不广。

第三个阶段主要是民法学、宪法学和其他法学著作的引进。宪法学的引进成果显著当和同一时期君主立宪运动有关,主要译著有《日本宪法》《选举法》《地方自治论》《宪政论》《日本议会法规》等。这些作品的引进标志着中国从早期的国际法走向近代法学的全面兴起。

总之,晚清对西方法律书籍的引入经历了引译"公法"、翻译外国法律,发展到对"宪法"和法学理论的输入等几个步骤。从时间上说,中国知识界发现和了解西方议会政治并不算晚,不少西方国家也只是19世纪中叶才开始探讨和实行议会制。然而,西方对议会制中的一些基本思想的探索并不是始于19世纪(比方古希腊亚里士多德就曾对民主政体有过讨论),尤其是英法两国议会实践给人以明确的感性认识,大大有利于以后的理性提炼。因此,19世纪欧洲对议会制的学理论说已达到很高的程度。

自鸦片战争至1890年代,中国官绅对西方议会的介绍几乎只局限于对一种"机构"和政治形式的粗浅勾画,往往简略得不能再简,虽有不少人认识到议会制度对广开言路、下情上达有重大意义,但从理论上根究议会制的来龙去脉及其思想基础极为罕见。林则徐、魏源等使"议会""民主"等重要观念在中国广泛传播。但是在19世纪90年代以前,中国知识界对"民主"等概念多半限于介绍而缺乏认同感,甚至诸如具有革新思想倾向的陈炽在1893年给郑观应的《盛世危言》作序时,还视"民主之制"为"犯上作乱之滥觞[shāng]"。中国知识界在关注民主制度时,基本上缺乏推翻君主专制的胆略和想象。因此,不少人即便认为民主制度有其可取之处,但在提倡效法的时候却多半避开美法式之民主,推崇英德或日本式之民主,也就是所谓"君民共主"之说(君主立宪)。因此,直到19世纪末20世纪初,民主思想在中国才发挥出巨大威力。①

此外,鸦片战争之后三四十年间翻译的西方政治与法律书籍在中国统治阶层的影响力非常有限,甚至被国人所鄙视,诸如《海国图志》等西方学说资源却"墙内开花墙外香",在东邻日本引起相当大的反响,成为他们了解西方法律学说较早的一批资源,对日本维新思想的发生发展多有帮助。直到1900年八国联军入侵北京之后,掌握实权的慈禧太后集团为挽救政权存继,打起两年前其亲手扑灭的维新派的"变法"旗号,从此开始了晚清十年之久的变法修律。清政府"以日为师",高薪聘请日本法律专家协助政府修律,翻译日本的法律著作,近似"出口转内销",中国失去赶超的机会,令人叹息!

二、传统法制与近代法制的差异

(一)传统法制的核心

自汉以来,传统中国正统文化的核心是三纲五常。传统法制亦围绕三纲五常展开并处处维护之,单方面维持君主、长辈与丈夫特权,片面强调臣民、晚辈与妻子义务。仁、义、礼、智、信五常之道是处理君臣、父子、夫妻、上下尊

---

① 关于晚清西方法学的引入,本书主要参见方维规:《东西洋考"自主之理":19世纪"议会"、"民主"、"共和"等西方概念之中译、嬗变与使用》;〔挪〕鲁纳:《万民法在中国:国际法的最初汉译,兼及〈海国图志〉的编纂》,王笑红(译);田涛、李祝环:《清末翻译外国法学书籍评述》,以上均载《中外法学》2000年第3期;何勤华、贺卫方、田涛:《法律文化三人谈》,北京大学出版社2010年版,第212—217页。

卑关系等的基本原则。因此,这样的传统法制特色以义务为主,不书权利,法条以禁令为主,讲究尊卑等级关系、人与人之间不平等。在这种法律体系之下,没有西方近代以来的平等公民与公民权利,只存在伦理社会里身份依附关系的大量臣民。

(二)法制近代化的基础

与清朝的政法制度止步不前相异,西方政治与法律制度在17世纪以来发生重大转变,英国通过"光荣革命"确立君主立宪制度,英法启蒙思想家的"天赋人权""社会契约论"推动了法治、保障人权,司法独立的发展趋势。① 所谓中国法制近代化,就是经由日本等国,引进西方近代法制,以替代中国固有制度。其中,近代以来的西方法制与中国传统法制存在巨大差异。西方近代法制以尊重个体自由与平等、倡导权利为核心价值。为了保障这些价值,西方讲究宪法之治,其政治思想是通过限制国家权力,国家如守夜人般,以保障公民的平等权利。

晚清修律与立宪,引进西方近代法制,西方法制以个体自由、权利平等为基础,并用宪法等一系列法律来保护之。清代统治者一方面限于内外压力不得不推动修律,另一方面受固有思维惯性影响以及维持统治集团利益而要保存三纲五常的价值观,使得其面临着难以解决的中西法律价值观的冲突,导致修订刑律时爆发了礼、法之争。中西法律的差异也为19世纪七八十年代清王朝派驻外国的使臣所感知。他们发现,西方国家最重于"奸盗拐骗"等侵害个人人身与财产权利的犯罪,而对于清律中至关重要的谋反、谋叛等行为则仅予以严厉制止而已,西方法律并不予以重刑诛杀,在舆论上甚至尊之为英雄。

清朝在1912年即告灭亡,但其中的许多修律成果被民国政府继承下来。这些新法律的出现虽然结束了中华法系,但并不能很好地与社会衔接。② 中国社会自1840年后进入近代,但此近代与西方社会的近代有重大差别。西方的近代经商品经济的发展、人文主义的复兴,至17、18世纪自然发展完成。中国的近代社会则是西方列强用武力强行将之纳入世界资本主义体系的近代。这种半殖民、半封建的社会里,一方面传统法律正继续调节着当时社会,另一方面,植入的西方法律制度及观念与之相冲突。

---

① 参见杨一凡(主编):《新编中国法制史》,社会科学文献出版社2005年版,第485—486页。
② 参见李贵连:《中国法律近代化简论》,载氏著:《近代中国法制与法学》,北京大学出版社2002年版。

三、法制近代化的阻碍

西方列强在入侵中国时,已大体上完成了法典的革新,其中以 1804 年颁布的《拿破仑法典》为标志。西方近代法律与清律相比较,内容、形式上都存在巨大差异。前者以"天赋人权"理论为基础,适应市场经济的自由竞争,强调个人权利义务、司法独立。后者以三纲五常为基础,强调每个人都只是整个社会网络中的一小部分,向上承担义务,无所谓权利,臣民不存在自己的独立法律地位。这种法制状况强调等级名分,行政与司法混一,适应了一权独大的皇帝集权统治。由于中国法制近代化包含了个体权利自由平等等核心内容,因此,法制近代化从根本而言不能求助于皇权独大的政治结构来实现,后一种政治结构说到底"以天下之大公为我之大私"。

要真正实现法制近代化,传统的皇权政治必须有本质性的变更。真正的法制近代化需要通过宪法之治,确立国家权力的界线,保障公民权利。显然,中国的传统政治结构无法做到这一点。因此,要真正实现法制近代化,则皇权政治必须灭亡(比如真正实行诸如英国那种君主立宪制);而不推行法制近代化,则整个清政府必然被灭亡,因为继续专制已经无法满足革命党人的要求。在这种两难选择中,晚清时期出现了有名无实的立宪或半真半假、半推半就的立宪,比如在内外革新势力的强烈要求下,慈禧实权集团被迫推行九年预备立宪;制定《钦定宪法大纲》,规定的皇权甚为庞大;在武昌起义后立马出台《十九信条》主动限制皇权。其立法非民主过程,亦难以说得上所立之法为民意的反映。

学者认为清王朝主持法律改革的机构是修订法律馆,修订法律馆将拟定的法律草案上奏清廷,清廷发交宪政编查馆核议修改,然后报清廷批准颁发。后来资政院成立,宪政编查馆核议修改后的法律草案送资政院议员审议通过,再奏请清廷批准颁发。这一立法程序实质上是历代修律程序的变形,修订法律馆、宪政编查馆、资政院都无独立的立法权,皇帝掌握了立法权("取自上裁")。这种程序显然不是近代立法程序,在此程序下制定的法律,其局限性可想而知,则必然难以促进中国法制的近代化。[①]

至 1911 年 10 月 10 日武昌起义,政权更替,南京临时政府成立,《中华民国临时约法》问世,才深入促进中国法制的近代化,但临时约法几年后就被废

---

① 参见李贵连:《儒家化法律走向近代的若干问题》,载氏著:《近代中国法制与法学》,北京大学出版社 2002 年版。

弃。从那时至1949年10月,中华大地上政权更替极为频繁。由中华民国南京临时政府变为北洋政府,中间还历经护国、护法运动,再变为南京国民政府,其间还有共产党政权及各地大大小小的军阀政权并存,此外还有伪满洲国、汪伪国民政府及八年抗战。政局动荡的局面极不利于推动法制近代化。尽管随着南京国民政府时期"六法体系"的确立,推动了中国法制近代化在文本层面的全面建设,但在动荡政局下,"六法体系"在当时的司法实践中并未得到较全面贯彻。

第十一章 欧法东渐与晚清修律

学习重点：(1)清末立宪的内容；(2)清末刑律、民商律的变化与司法制度改革；(3)礼法之争的原因与内容。

◆ **预读文献与思考**

1. 以下两部宪法性文件由清政府先后颁布,其关于皇帝与臣民的权利义务的规定有何重大变化?为什么产生这种变化?这种变化说明了什么?

《钦定宪法大纲》(1908年8月颁布)①

君上大权

一、大清皇帝统治大清帝国,万世一系,永永尊戴。

一、君上神圣尊严,不可侵犯。

一、钦定颁行法律及发交议案之权。凡法律虽经议院议决而未奉诏命批准颁布者,不能见诸施行。

一、召集、开闭、停展及解散议院之权。解散之时,即令国民重新选举新议员,其被解散之旧员,即与齐民无异,倘有抗违,量其情节以相当之法律处治。

一、设官制禄及黜陟百司之权。用人之权操之君上,而大臣辅弼之,议院不得干涉。

一、统率陆海军及编定军制之权。君上调遣全国军队,制定常备兵额,得以全权执行。凡一切军事,皆非议院所得干预。

一、宣战、讲和、订立条约及派遣使臣与认受使臣之权。国交之事,由君上亲裁,不付议院议决。

一、宣告戒严之权。当紧急时,得以诏令限制臣民之自由。

一、爵赏及恩赦之权。恩出自君上,非臣下所得擅专。

一、总揽司法权。委任审判衙门,遵钦定法律行之,不以诏令随时更改。司法之权操诸君上,审判官本由君上委任,代行司法,不以诏令随时更改者,案件关系至重,故必以已经钦定为准,免涉分歧。

一、发命令及使发命令之权。惟已定之法律,非交议院协赞奏经钦定时,不以命令更改废止。法律为君上实行司法权之用,命令为君上实行行政权之用,两权分立,故不以命令改废法律

一、在议院闭会时,遇有紧急之事,得发代法律之诏令,并得以诏令筹措必需之财用。惟至次年会期,须交议院协议。

一、皇室经费,应由君上制定常额,自国库提支,议院不得置议。

一、皇室大典,应由君上督率皇族及特派大臣议定,议院不得干预。

---

① 载《大清法规大全・宪政部》(卷四),(台北)考正出版社1972年影印版。

附臣民权利义务(其细目当于宪法起草时酌定)

一、臣民中有合于法律、命令所定资格者,得为文武官吏及议员。

一、臣民于法律范围以内,所有言论、著作、出版及集会、结社等事,均准其自由。

一、臣民非按照法律所定,不加以逮捕、监禁、处罚。

一、臣民可以请法官审判其呈诉之案件。

一、臣民应专受法律所定审判衙门之审判。

一、臣民之财产及居住,无故不加侵扰。

一、臣民按照法律所定,有纳税、当兵之义务。

一、臣民现完之赋税,非经新定法律更改,悉仍照旧输纳。

一、臣民有遵守国家法律之义务。

《宪法重大信条十九条》(1911年11月颁布)①

第一条　大清帝国皇统万世不易。

第二条　皇帝神圣不可侵犯。

第三条　皇帝之权,以宪法规定者为限。

第四条　皇帝继承之顺序,于宪法规定之。

第五条　宪法由资政院起草议决,由皇帝颁布之。

第六条　宪政改正提案权属于国会。

第七条　上院议员,由国民于法定特别资格公选之。

第八条　总理大臣由国会公选,皇帝任命。其他国务大臣,由总理推举,皇帝任命。皇族不得为总理及其他国务大臣,并各省行政长官。

第九条　总理大臣受国会弹劾时,非解散国会,即总理大臣辞职,即内阁辞职。但一次内阁不得为两次国会之解散。

第十条　海陆军直接皇帝统率,但对内使用时,须依国会议决之特别条件,此外不得调遣。

第十一条　不得以命令代法律,除紧急命令,应特定条件外,以执行法律及法律委任者为限。

第十二条　国际条约,非经国会议决,不得缔结。但媾[gòu]和宣战,不在国会开会期中者,由国会追认。

第十三条　官制官规,以法律定之。

第十四条　本年度预算,未经国会议决者,不得照前年度预算开支。又

---

① 故宫博物院明清档案部(编):《清末筹备立宪档案史料》(上册),中华书局1979年版,第102—104页。

预算案内,不得有既定之岁出,预算案外,不得为非常财政之处分。

第十五条　皇室经费之制定及增减,由国会议决。

第十六条　皇室大典不得与宪法相抵触。

第十七条　国务员裁判机关,由两院组织之。

第十八条　国会议决事项,由皇帝宣布之。

第十九条　以上第八、第九、第十、第十二、第十三、第十四、第十五、第十六各条,国会未开以前,资政院适用之。

2. 制定一国的民法典,是否应该立基于本国民事习惯?立法遵循本国民事习惯或忽略本国民事习惯,各自可能产生何种影响?

光绪三十三年(1907)大理院正卿张仁黼[fǔ]奏称制定民律应定其立法宗旨:"国之所与立者惟民,一国之民必各有其特性,立法者未有拂人之性者也。西国法学家,亦多主性法之说,故一国之法律,必合乎一国之民情风俗,如日本……民法五编,除物权、债权、财产三编,采用西国私法之规定外,其亲族、相续二编,皆从本国旧俗。……特闻立法者,必以保全国粹为重,而后参以各国之法,补其不足。此则以支那法系为主,而辅之以罗马、日耳曼诸法系之宗旨也。"①

同一年,宪政编查馆的奕劻[kuāng]等上奏设立各省调查局的理由之一为:"中国疆域广袤[mào],风俗不齐,虽国家之政令,初无不同,而社会之情形,或多歧异。现在办法,必各省分任调查之责,庶几民宜土俗,洞悉靡遗。将来考核各种法案,臣馆得有所据依,始免两相抵迕[wǔ]。"②

晚清礼教派首领劳乃宣提出:"今外国之俗重平等,而中国之俗重伦常,周孔之教深入人心者已数千年,所谓久则难变,骤以外国平等之道施之,其凿枘也必矣。夫修订新刑律,为立宪之预备也,立宪以顺民心为主,则刑律之修,可不以合乎中国人情风俗为先务哉?"③

当代民法学家徐国栋认为,中国当今不存在任何需要民法典借鉴的民事习惯。④

---

①　故宫博物院明清档案部(编):《大理院正卿张仁黼奏修订法律请派大臣会订折》,载《清末筹备立宪档案史料》(下册),中华书局1979年版,第834—835页。

②　故宫博物院明清档案部(编):《宪政编查馆大臣奕劻等请饬各省设立调查局折》,载《清末筹备立宪档案史料》(上册),中华书局1979年版,第51页。

③　劳乃宣:《新刑律修正案汇录》,载《桐乡劳先生遗稿》,丁卯(1927)冬日桐乡卢氏开雕本,第24页。

④　参见徐国栋:《认真地反思民间习惯与民法典的关系》,载徐国栋:《认真地对待民法典》,中国人民大学出版社2004年版,第35—44页。

▶ 一、晚清历史与政局

对道光帝及之后的继任者而言,晚清最糟糕的事莫过于在财政危机、军队腐化之外,又叠加了外国列强的入侵。自鸦片战争始的一系列对外作战中,少数将领以保家卫国著称(如关天培、裕谦、陈化成等),多数高官则于前方吃紧时在后方"紧吃"(如道光帝的侄儿奕经、奕山)。高官们"奇思妙想"的战术(如杨芳欲以马桶战术破英舰;奕经在前线做了英人逃跑的吉梦,于是不解敌情即全面反攻;1857年英法联军进攻广州,曾经捕杀民众宛若宰羊的两广总督叶名琛相信神仙保佑,不做任何准备)除了与北宋末帝相信撒豆成兵可击退金军颇有几份神似外,还充分反映了这伙"王朝的精英"致命的自负、愚昧与落伍。闭关锁国政策及与之相配套的严刑峻法锁住中国人学习外语、学习世界知识的可能,但却锁不住洋人学习中文、刺探中国关防要塞等地理知识,接下来几十年的丧权辱国成为无法逆转的大趋势。

1860年,英法联军攻入北京,汇集无数民脂民膏而成的圆明园,被入侵者纵火焚毁,成了瓦砾场,供后人凭吊。以加重民众灾难为基准的《北京条约》签订后,英法退军。不过,在第二次鸦片战争前后,不花一文钱、不出动一兵一卒而永久性夺得中国144万平方公里土地的,是沙俄。它事实上是最凶狠的敌人。

1861年,抱着六岁的同治皇帝一回北京,慈禧太后就发动政变,处死政敌肃顺等,自此开始了半个世纪的垂帘听政。明清时期持续强化的专制集权至此时发生变化,为了让汉族官员放手绞杀太平天国,先后举办湘军和淮军的曾国藩、李鸿章等地方高官得到慈禧太后重用。虽然后来甲午战争之际,湘军与淮军面对入侵辽东的日军不堪一击,但攻杀太平天国倒是较为"擅长"。1864年7月底,攻入天京(今南京)的湘军首领曾国荃,下令烧毁天王府。天王府规模大致可与北京紫禁城一比高下,汇集江南无数精华。大火连烧三天三夜,洪秀全议政兼享乐之地化作瓦砾一片。清人有诗云"十年壮丽天王府,化作荒庄野鸽飞"(何绍基:《金陵杂述》"四十绝")。在这期间地方高官实力增大,中央权力渐始下移,与先前死刑审转制不同的先斩后奏式就地正法制度也出现在太平天国运动前后。

继俄国之后,日本加速添购当时最先进的军舰,装备海军,入侵中国。清朝皇帝们自吹自擂具有"好生之德""钦恤民命""大德如天""化成久道,德洋恩溥,涵浃[jiā]群生"①,远不如慈禧太后动用海军军费大修颐和园而停止购

---

① 此类话语参见《大清律例》,田涛、郑秦(点校),法律出版社1999年版,第1—5页。

舰，以供自我欢娱来得真实。至1894年，中国在甲午海战完败，以康有为为先锋呼吁政治革新的声音愈加响亮。但是，1898年的戊戌变法仅涉及经济、军事与文教方面的革新，与"君主立宪"之类没有联系。就算这种有限的革新也无法为不掌权的慈禧太后集团所容忍。百日之后，维新之火被扑灭，并以谭嗣同等六人血溅北京菜市口终结。对于既得利益者而言，只要确保权力在手，不维新，卖国亡国又何惜？

由于维新变法以及变法失败后康有为、梁启超等人外逃曾得到英、法、日等国的支持，且列强有支持光绪帝的倾向。害怕失去大权的慈禧太后集团听说山东、直隶一带的义和团有刀枪不入神功，兼以"扶清灭洋"为宗，于是始则利用之。1900年，清政府向各国列强宣战，义和团成为清政府利用的马前卒，在载勋、刚毅等的统率下进攻驻京各使馆与洋人。歌舞升平与骄傲自大下掩饰的腐朽、垂死及愚昧在矛盾最为激化的关头最易暴露无遗。宣战引发八国联军自天津登陆，一路进京，"内战内行，外战外行"的官军闻风而逃。

慈禧太后率领王公贵族逃至西安，最终被抛弃的义和团成为官军与八国联军斩杀的对象。战争以慈禧太后同列强签订《辛丑条约》告终结。该条约以中国当时4.5亿人口每人赔一两白银为比率，连本带息共计9.8亿两。通过这份卖国契，慈禧太后集团继续保持了自己的既得利益。对这个集团而言，卖国无所谓，只要权力在；若为私利故，一切皆可抛。

从洋务运动到甲午海战到维新变法再到八国联军入侵，充分说明在不触动政治体制前提下光注重器物先进，并不是国家强大的充分条件。1901年慈禧太后返回京城后，开始改革政治机构，如增设商部、练兵处、学部等，裁撤詹事府、通政司等；编练新式军队，举办警政，废除科举制度，外派留学生，振兴商务，奖励实业。但最关键的政治体制改革——预备仿行宪政却迟至1906年方才出现。对慈禧太后集团而言，切实推行政治体制改革，将会失权；阻止政治体制改革，就会亡国。在凭一己私利掌权的局面下，1906年以后的晚清立宪活动，其结局可轻易猜知。

▶ 二、刑律修定与礼法之争

（一）刑律的蜕变

虽然清政府修订法律深受西方列强推动，但其重要政治目的在于维持其统治。因此，其修律的主要方针乃在于参酌西法变革旧律，维护与巩固皇权。具体表现是参考各国法律；维护传统礼教伦常。修律的主要内容如下：

1904年修订法律馆开馆以后，沈家本等人开始对原有刑律删订。晚清刑律修订分为两个阶段，一开始对既有法典《大清律例》删订，删除其中一些被列强广泛批评的重刑条款,包括凌迟、枭首、戮尸及缘坐、刺字等刑罚,禁止买卖人口,废除主奴身份等。这是秦汉以来对酷刑的重大革除。这部法律在1910年5月颁布,名为《大清现行刑律》。这部具有过渡性质的刑律与《大清律例》相比,变化主要为:保留原有的名例律,废除吏、户、礼、兵、刑、工六篇篇名,二级篇名则大都保留;现行律"户役"内承继、分产、婚姻、田宅、钱债各条纯属民事者,不得再处以刑罚,在法律上初步区分刑事、民事由此开始;废除旧律中的笞刑、杖刑,以罚金代替,固有的五刑制度开始崩溃。《大清现行刑律》是传统法典向近代法典过渡的产物,富含传统法典所应有的内容,又映射近代法典的形式与内容的渗透。

与此同时,沈家本等人又在日本法学专家冈田朝太郎协助下,制定了《大清新刑律》,并于1911年1月公布。但是这部刑法典未及实施清朝即已结束。该刑法典完全采取西方立法体例,与中国旧律比较,在体例和实质内涵上均有明显不同。这部新刑律分为正文及附件《暂行章程》两部分,其编辑宗旨如下:确定了"法律无正条不为罪"的近代刑法罪刑法定原则,删除比附条款,各刑酌定上下限,赋予审判官一定的裁量权;废除了传统的笞、杖、徒、流、死五刑制,以近代西方刑罚体系如主刑(有期徒刑、无期徒刑、死刑等)和附加刑(褫夺公权、没收等)替代之,酌减死罪,除谋反大逆等死罪外,死刑只用绞刑一种,且于特定的行刑场所执行;以西方近代的罪名与概念(如未遂罪、共犯罪、内乱罪、外患罪、妨害国交罪、渎职罪、妨害公务罪等)替代了传统刑律的罪名;凡年幼犯罪改用惩治处分。①

《大清新刑律》的末尾另设"暂行章程"五条,规定对侵犯皇室罪、卑亲属杀伤尊长等罪行适用斩刑,而通常死刑是在狱内以绞刑方式执行;无夫女性发生通奸行为应处刑;卑幼不得对尊长适用正当防卫。这些对旧律的保留性条款是当时礼法之争的产物,同时正折射出传统律典以三纲五常为其核心价值。"暂行章程"主要适用于中国人。

(二)礼法之争与中西法理念差异

在西方法律发展史上,法律与道德的关系也曾纠葛不清。但经过中世纪末期的文艺复兴、宗教改革等浪潮,尤其是到了个人主义及自由主义盛行的19世纪,法律与道德的关系逐渐明朗。西方道德虽是法律的基础,然而法律制定后,即不宜再以法律监督道德的实践。晚清时任修订法律大臣的沈家本等法理派人士以近代西方立法精神,向法律与道德不分的传统律例发起挑战,在《大清新刑律》制定过程中,主张接受西方近代法律与道德分离的原则,

---

① 参见谢振民:《中华民国立法史》,中国政法大学出版社2000年版,第884—886页。

努力想把礼法的界限作适度的划分。

以时任京师大学堂监督的劳乃宣为首的礼教派人士，坚持传统纲常名教等礼法不分的立法原则，强调要"因伦制礼，准礼制刑"，把旧律中有关维护礼教、惩罚伦理犯罪的法律条文，诸如"干名犯义""犯罪存留养亲""亲属相奸""亲属相盗""亲属相杀""故杀子孙""杀有服卑幼""妻殴夫、夫殴妻""无夫奸""子孙违反教令"及"卑幼对尊长之正当防卫"等，本着旧律的精神，用新律体例，悉数列入新刑律的正文中。礼法双方就此展开激烈争论，其中尤以"无夫奸"是否该除罪化论争最为深刻。修订法律馆第一次修订该新刑律时，曾将旧律中的奸罪各条，包括纵容妻妾犯奸、亲属相奸等删去，只保留强奸、诱奸未成年女子与和奸有夫之妇等罪。这次进奏的新刑律未获准，下旨发回再议。后来，在宣统元年（1909）会同法部（原刑部）进奏《修正刑律草案》，发交宪政编查馆审议。该草案在正文后添上《附则》五章。其中的第二条提及中国向以纲常礼教为重，如旧律中的"十恶"、亲属容隐、干名犯义、存留养亲以及亲属相奸、相盗等应照旧律办法另辑单行法。

沈家本等基于法律与伦理道德应有所界分的理念，在草案中并未照旧律修入正文。礼教派以保护家族名誉、维护父祖的婚姻决定权等为理由，希望巩固传统的家族制度。礼法双方互不相让，对于宪政编查馆提出在附加的《暂行章程》中增列"无夫奸条"的折中调和也不满意，最后，进入资政院议场继续辩论，但双方仍无法取得共识，议长宣布表决，结果以赞成将无夫奸纳入《暂行章程》的占多数，礼教派获胜。民国初年，该律改名为《暂行新刑律》，并撤销《暂行章程》，适用全国。

在这场声势浩大的礼法之争中，法理派强调"无夫奸"属于道德问题，不应以法律规范，所以说出"法律非道德"，主张排除"无夫奸"。其本意当指法律不应只是实践道德的工具，也即不应以刑罚作为道德实践的监督者。而传统律典中刑罚往往充当推行"礼教"的工具。沈家本在引进欧陆法系之际，观照出传统旧律的盲点，适度区分法律与道德的分界。礼教派的观点则多离不开对家族伦理本位与父权、夫权的维护。且这些人多为当时权贵，不愿失去既存秩序下的利益或期待利益。

这种争论表明，旧的法律价值观正受到重大挑战，而新的法律价值观尚未确立。沈家本提出法律与道德应有分界的主张顺乎时势。礼法之争表明两种不同的价值观——中国旧有的"伦理法"与西方近代的"权利法"撞击在一起。《大清新刑律》仿效以保障个人自由为指导原则的欧陆法系。传统旧律注重家族，漠视个人人格的存在。所以，两派的争论反映了在社会与法制变迁过程中，意识形态解构与重建的痛苦现象。但是传统力量毕竟比较强大,至1935年南京国民政府所制定的刑法仍规定处罚"有配偶者与人通奸"。这种夫妻间的贞操义务与刑法上的通奸罪一直影响了当代台湾地区的刑法。① 在礼法之争以前,儒学进入法律体内。经过清末之争,儒学逐渐从法律体内退出。因此,礼法之争之后带来的是礼法之分。

▶ 三、预备立宪与制宪

(一) 立宪的目的

受国内外势力的推动,1905年清廷提出"仿行宪政",当年年末派大臣出使列强考察宪政;1906年清廷发布"宣示预备立宪谕",宣布由于"规制未备,民智未开",因此目前应先为立宪预备基础。尤值得注意的是,民众智力水低下一直是中国近代以来统治者缓行宪政的重要借口;1907年清廷设立宪政编查馆,1908年公布"预备立宪"计划,即《钦定逐年筹备事宜清单》,确定1908年至1916年9年为预备立宪期限,制定刑律、民律等法典,同年颁布了《钦定宪法大纲》。

统治者之所以制定宪法大纲,主要是认为立宪能给他们带来如下好处:一为皇位永固;二为外患渐轻;三为平抚民情,内乱可弭[mǐ](平息)。并且宣布立宪,不过明示宗旨为立宪的预备,至于实行宪政的时间,则可以宽立年限。② 因此,清廷推行的立宪在立法思想上,基本上以功利主义心态借用西方近代宪法的外在形式,同时坚持中国固有政制的内容;在内容上,坚持君主专制政体及伦理纲常,同时套用西方法律理论、原则、概念。当时自国外考察宪政回国的汪大燮[xiè]等人认为,东西君主立宪各国的宪法精义不外乎君主神圣不可侵犯;君主总揽统治权;臣民按照法律有应得应尽的权利义务。③ 故而清廷推行的立宪是以维护君主专制政体为前提,这与限定国家权力、保障公民权利的宪法精神背道而驰。④

---

① 晚清礼法之争尤其是无夫奸问题部分参考黄源盛:《晚清继受外国法中"无夫奸"存废的世纪之争》,载《东亚传统家礼、教育与国法(一):家族、家礼与教育》,华东师范大学出版社2008年版。

② 参见《出使各国考察政治大臣载泽奏请宣布立宪密折(光绪三十二年)》,载故宫博物院明清档案部(编):《清末筹备立宪档案史料》(上册),中华书局1979年版,第174—175页。

③ 参见谢振民:《中华民国立法史》,中国政法大学出版社2000年版,第33页。

④ 与此作为对比,早在1871年,日本派遣由右大臣岩仓具视为特命全权大使,率团出使欧美多国。在历时20个月里,这批明治精英有三点发现:其一,确认了制度革新,特别是扩大社会自由和保障人民经济社会权利,是实现国家活力、富国强兵的关键;其二,分辨出西方民主政体的不同类型,并认为在德国君主立宪制下,权力更加统一集中,效率更高;其三,结合日本需要,作出日本应以德国为效法榜样的正确选择。参见房宁:《了不起的"岩仓考察团"》,载《中国社会科学报》2011年10月20日第7版。岩仓考察团的考察成果推动了明治维新、改变了日本,与晚清中国考察团的视界不可同日而语。

(二)宪法文本的变化

《钦定宪法大纲》是中国历史上第一部宪法性文件,共计23条,为将来起草正式宪法的原则,由"君上大权"和"臣民权利义务"两部分构成,由宪政编查馆参照1889年日本的宪法制定,但删去日本宪法中限制君权的条款,体现了清政府"大权统于朝廷"的宗旨。大纲规定皇帝有颁布法律、发交议案、召集及解散议会等各项重大权力,并且"用人之权""国交之事""一切军事"等重大事务亦不必付议院议决,皇帝皆可独裁。

《钦定宪法大纲》另以附则形式规定臣民有纳税、当兵等项义务,虽然规定了臣民在法律范围内,享有言论、著作、出版、集会、结社等权利和自由,但所规定的君权过于强大,等同于不受限的独裁权力,议院立法权和监督权非常有限,臣民自由权利没有有效保障,形同虚设。就算是臣民的这些权利,君主"当紧急时,得以诏令限制臣民之自由",这样的规定为日本宪法所不具备。因此这部"选择性效仿"的宪法大纲令当时的立宪派和革命党人大失所望。不过,作为中国历史上第一部宪法,臣民权利毕竟破天荒地在法律上得到确认,皇帝破天荒地成为法律规范的对象。这些,在传统法典中都从未出现。这个中国宪法史的起点相当于在专制政治的铁屋中透入了最初的一丝曙光。

根据清廷上谕,预订九年为筹备立宪的期间(自光绪三十四至光绪四十二年)。其各年应筹备的事宜包括筹备谘议局与调查户口,召集资政院与试办预算,最后宣布宪法与召集正式的国会。但民间与地方高官均纷纷要求缩短预备立宪时间,清廷被迫将筹备立宪时间减少三年。世事难料,1911年10月10日武昌辛亥革命爆发,南方各省纷纷独立,清政府在风雨中愈发摇摇欲坠。于是令资政院火速草拟宪法,收拾人心。之后,清廷三天内飞速制定并通过《宪法重大信条十九条》(又称《十九信条》)。《十九信条》属临时性的宪法大纲,而非完整的宪法,它采用了英国式的虚君共和责任内阁制,大大缩小皇帝的各项权力,扩大议会和总理的权力,总理由议会选举产生,且皇族不得任总理大臣。宪法虽仍强调皇权至上,未提人民的权利,但规定皇权以宪法明定者为限。《十九信条》公布后,资政院据之推举袁世凯为内阁总理大臣,由其负责派人与南方革命党人议和。

由《钦定宪法大纲》至《十九信条》内容、原则的大变化,说明了这么一个道理:在中国,没有外在的生死存亡的紧迫压力,指望清朝统治者自我约束权力,纯粹是白日做梦!与其指望掌权者良心发现、自觉实施宪法之治,远不如发展地方自治、培育共和的基础,以之为宪法的社会基础力量,推动宪法之治。清廷此时颁布宪法已为时太晚、人心溃散、无人再信。清政府立宪过程中表现出来的不情愿,使越来越多的人(尤其是立宪派)对其绝望,这个历史性目标及政权转型本可用改良方式实现,最后只好以暴力途径来终结。1912年2月,溥仪被迫宣布退位。《十九信条》成废纸一张。

1909年各省设立谘[zī]议局。根据1908年制定的《谘议局章程》,谘议局的权限包括讨论本省预算决算、税收、公债、选举资政院议员等事务;谘议局成员的选举权资格很严,仅限地方士绅官员等人;谘议局与督抚间如有意见冲突,以资政院为仲裁机关;督抚可奏请皇帝解散谘议局。谘议局朝近代地方议会性质的机构迈进尚有很长一段距离。不过,这毕竟是中国历史上首次出现讨论地方公共事务的机构,至宣统元年(1909)有十省成立了谘议局。民国初年,政府通令谘议局改为省议会,施行《省议会暂行法》,原《谘议局章程》废止,1914年省议会解散。

1910年清政府设立了资政院。据1909年公布的《资政院院章》,资政院可以议决国家的预算、决算、税法与公债、议定宪法之外的新法典和修订法律的权力。但是,决议必须会同军机大臣或各部大臣上报皇帝定夺,皇帝有权谕令资政院停会、解散及指定钦定议员,因此,与谘议局一样,资政院性质近似于咨询机构。资政院议员分为"钦选"(主要为皇室贵族、满汉高官)和"民选"两部分,人数各100。前者由皇帝钦定,后者由各省谘议局议员互选产生,最后由各省督抚圈定,因此就算是资政院民选议员的民选成分也非常有限。这一组织之所以奇特,一则清廷以这个机构当做将来国会的筹备,而非正式议会;二则资政院是效仿日式两院制而来,钦选议员相当于日本贵族院,民选议员则相当于日本众议院。等到辛亥革命发生,资政院在清廷心目中的地位才重要起来,《十九信条》由之产生。①

资政院并不完全是政府的附庸。为捍卫资政院职权,在两次常年会中,议员除向政府各部门提出几十件质问书外,甚至弹劾违规的军机大臣,批评指责上谕。比如,清代最后一位状元刘春霖作为议员,在资政院这样发言:"本员说话诚不免过激的地方,但是发于忠爱之至诚,……今日又为国民代表,断不敢作馅谀的话贻误全局。诚以有几个议员在政府里头平素多奴颜婢膝,而政府遂轻视资政院。这一种议员不但自失身份,并且说所谓全体议决,其实并不是全体,不过几个人胡闹而已。……就是本议员见了监国摄政王,也是这样说,不敢作馅谀之识。"②虽说晚清修订的法律给出的很多自由和权利都是虚假的,但是虚假法律也要比明文规定禁止自由和权利好,因为社会在进步到一定条件下,民众可以要求政府履行法律。

---

① 参见王世杰、钱端升:《比较宪法》,商务印书馆1999年版,第400—401页。
② 《资政院议场会议速记录》,李启成(点校),上海三联书店2011年版,407页。

四、民商律的制定

（一）商律的制定

在鸦片战争之前的传统时代，历代中原王朝面对的劲敌主要是北方的游牧民族。但自19世纪来，清政府面对的竞争对手是高度重视工商业的西方列强。在中西商战中节节败退的晚清政府逐渐开始重视对官民商业的扶持。在经历之前公司创办的经验与教训后，统治者开始认识到经济发展需要靠法律制度保障与促进。至1898年，清政府颁布了《振兴工艺给奖章程》，1903年颁布《奖励公司章程》。

在1904年，商部尚书载振奉旨与具有在英国学习法律背景的时任商部侍郎伍廷芳商议，制定了《钦定大清商律》。后考虑到《商律》门类繁多，短期无法完成，故先制定《商人通例》和《公司律》，便于商人有所遵循。《商人通例》九条，类似商法总则性质，规定了商人意义、商号、商业账簿等方面；《公司律》共一百三十一条，分为公司类型、创办呈报法、股份、股东权利各事宜等等，为我国历史上首部公司法。至1908年，修订法律馆聘请日本法学博士志田钾太郎仿日本法典，起草了《大清商律草案》，共分总则、商行为、公司律、票据法、海船律五篇，计一千零八条，体系庞大，但未及颁行清朝就结束了统治。1910年，各商会以修订法律馆编的《大清商律草案》直接效仿日本，与国情不甚相合，于是实际访查商场习惯，参照各国最新立法例编成《商法调查案》上呈政府。至1911年，农工商部据之拟订《改订大清商律草案》，奏交资政院审议，共分总则、公司两编，这较前者成熟。1914年民国北京政府将之稍作修改为《商人通例》与《公司条例》，并颁布施行。① 这种商民与政府互动合作制定法律的现象，近代以来难得一见。

（二）民律体例及欠缺

到光绪三十三年五月(1907年6月)，民事立法才受到朝廷的重视。这年九月，宪政编查馆将民法的编纂列入修律计划。第二年十月，修订法律馆在沈家本主持下，聘请日本法学士松冈义正为顾问，开始民法的起草。宣统元年二月(1909年3月)，内阁侍读学士甘大璋奏请将民律中与礼教牵涉较多的亲属、继承二编，分出改由礼学馆起草，然后会同修订法律馆一起商定。起草民律的前后，大理院(原大理寺)正卿张仁黼、修律大臣沈家本和法部尚书戴鸿慈会同详核、妥议民律草案的立法宗旨。经过讨论，修订民律的宗旨主要强调以下三点：一是"注重世界最普通之法则"，广泛吸收大陆法系国家民法

---

① 参见谢振民：《中华民国立法史》，中国政法大学出版社2000年版，第804页。

的一般原则和具体规定;二是"原本后出最精确之法理""采用各国新制"以便与列强相交涉;三是"求最适于中国民情之法""期于改进上最有利益之法"。①类似的宗旨实际上也贯穿晚清整个修律运动,包括刑法和各类诉讼法等的修订。当时的法律家能够如此自觉将立法与法律所处客观环境和社会效果结合起来,难能可贵。

但由于时间仓促和所处时代的社会结构不成熟等因素限制,《大清民律草案》并未如立法者所制定目标那样完美,没有解决好他们事先已提出的中西结合的问题。比如,晚清举全国之力进行民商事习惯调查以资民商事立法的准备,但是这部民法典并未对中国旧有习惯加以参考。然而,这种于立法中吸收学习国外先进法律思想理论及立法技术的同时,注意结合本国实际情况的构想,本身是特别值得肯定的。毕竟,直至今日,中国法学家和立法工作者在面临继受西法和继承传统时,仍有抄袭西法而不合国情的毛病。

在修订法律馆主持下,由松冈义正起草的民律总则、债权、物权三编全部完稿,礼学馆负责起草的亲属、继承二编也相继完成,共三十六章,一千五百六十九条,名为《大清民律草案》。至宣统三年八月(1911)前三编奏请交内阁核订。至于后二编,修订法律馆准备会同礼学馆商定后,再行奏进。但未等工作完毕,清朝即被推翻。该草案前三编主要受起草者松冈义正的影响,以日本明治二十九年(1896)的《民法典》为蓝本,同时参酌德国和瑞士《民法典》,其结构则是取自1900年的德国《民法典》。后二编则较多参照旧律,维护旧有礼教与家族习惯。草案整体概况如下:

第一编总则,采取了私有财产所有权不可侵犯、契约自由、过失致人损害应予赔偿等西方近代欧陆民法的一些基本原则。下设八章分别对自然人的权利能力、行为能力、责任能力、住所、人格保护及法人的意义和成立要件、法人的各项民事权利、社团法人、财团法人,以及意思表示、契约行为、代理行为、取得时效、消灭时效等民法上的基本概念和法律关系作了规定。

第二编债权,规定了债权标的、效力、让与、承认、消灭以及各种形式的债的意义和有关当事人的权利义务等。

第三编物权,主要规定了对各种形式的财产权的法律保护等。

民律后两编以"固守国粹为宗",虽受西方近代民法影响,但注重吸收中国传统社会历代相沿的礼教民俗。第四编亲属,分别对亲属关系的种类和范围、家庭制度、婚姻制度、未成年人和成年人的监护、亲属间的扶养等作了规定。第五编继承,分别规定了自然继承的范围及顺位、遗嘱继承的办法和效

---

① 参见谢振民:《中华民国立法史》,中国政法大学出版社2000年版,第744—745页。

力、尚未确定继承人的遗产的处置办法,以及对债权人和受益人利益的法律保护等,包括定名、范围及次序。

《大清民律草案》存在两大欠缺:其一,抄袭痕迹明显,如规定土地债务、不动产质权等,这些东西在中国习惯中不存在。采用法律婚主义等而非中国流行的仪式婚,明显背离当时现实。反之,既有民事习惯上的"老佃""典权""先买"等却缺乏规定。表明编订者对我国实际情况研究欠深,不能将之同先进法理有机结合。自清末以来,这种修订法典时一味强调"与国际接轨"而不顾本国社会实情的通病,从那时起一直相沿不断,至今仍未能避免。其二,未能将西方的平等、权利贯彻、反映到草案中则如仍然维护家长制、家政统摄于家长、夫权等一系列旧有身份性特权,规定妻为限制行为能力人、亲女无继承权和父母包办婚姻等,保留嫡庶子区分,以及保留嗣子、私生子等名称,此皆与近代民法倡导的平等自由观念格格不入。这些欠缺要等到南京国民政府时期的民法典来弥补。

当然,该草案仍不乏众多值得后世借鉴学习之处。首先,编纂技巧先进,法典用语典雅,法律词汇统一,意思明白易懂,使民法原则和相关知识的传播及深入民心成为可能。其次,该草案第一次明确了民事关系中重要的诚信原则,对法人、契约等作了详细规定,且一定程度上反映了对国内习惯的重视,规定将习惯法作为民事法律的渊源。最后,该民法典是我国法制史上第一部由国家政权机关制定的民法法典文献,确立了民法在我国法律体系中的重要地位,结束了我国数千年民事法律关系缺乏系统规范的格局,一扫法律史上重刑轻民的陋习,并由此为进一步区别实体法与程序法的界限,完成公法与私法的分立指明了方向。①

▶ 五、诉讼律与司法机制的变化

(一)诉讼律的制定与延续

晚清诉讼法律的修订与新式审判厅的设立同袁世凯的努力密切相关。早在1903—1905年,直隶总督袁世凯数度派下属凌福彭(天津知府)前往日本考察监狱与司法设置。1907年初,时任直隶总督的袁世凯组织一批留日法政人员,起草了《天津府属试办审判厅章程》,并于当年二月实施。袁世凯在1907年6月上呈的奏议提及,"臣于上年迭饬天津府县暨谙习法律并法政毕业各人员拟议章程,稿凡数易,至本年二月初十日始克成立。现经试办数月,

---

① 本书民律的修订部分参见俞江:《〈大清民律(草案)〉考析》,载《南京大学法律评论》1998年春季号。

积牍一空,民间称便。……此项审判,系从天津一府试办,而一府之中又先从天津试办"。① 袁世凯以天津府天津县为试点,最早创办了新式审判厅。天津各级审判厅的审案人员中,一部分由"日本法政学校毕业回国之成绩最优者"构成。② 袁世凯推行新式司法机构试点,实施《天津府属试办审判章程》,使清政府找到了调和新旧两种审判制度冲突的方案,为后来全国性的《各级审判厅试办章程》出台提供经验。

在之前的光绪三十二年(1906)四月,沈家本等参照英美法系制定了《大清刑事民事诉讼法草案》,但是各地封疆大吏们认为,该草案过于激进与大胆,比如设陪审制与律师制等,此向为中国所无,因此招致相当的反对意见,致使草案胎死腹中。此时,新式审判厅很快将在各省城、商埠开办。由于法部议覆各省民刑事诉讼未能如期施行,沈家本主持起草的《法院编制法》尚处于草案阶段。1907年12月,法部借鉴《天津府属试办审判厅章程》,制定《各级审判厅试办章程》,作为《法院编制法》实施前的过渡性法律,成为晚清直至民国初年具有实效的诉讼法。章程总纲居首,界定刑事、民事诉讼的区分;其次为审判通则,明确司法的权能;再次为诉讼通则;之后为检察通则;最后为附则。章程调整各级审判机构的组织构成及规范诉讼与审判活动,相当于民、刑诉讼法与法院组织法的合成体。

宣统二年十二月(1911),修订法律大臣沈家本等人完成了《大清民事诉讼律草案》。该草案以德国民事诉讼法为模本,同时参照日本等国的法律。《大清民事诉讼律草案》未及颁行,清朝即宣告结束,故未及实施。草案共四编八百条,采用了西方通行的"当事人主义""法院不干涉原则"及"辩论原则"等,第一编审判衙门,第二编当事人,第三编通常诉讼程序,第四编特别诉讼程序。民国元年,临时政府暂行援用了民事和刑事诉讼律草案中关于管辖的规定,发交司法衙门遵守。要等到这些诉讼制度与原则普遍在中国本土全面得到实践,已经是几十年以后的事了。特别值得注意的是,立法者在每一法条之后均注有"理由谨按",说明每一法条立法的原因和理由,有助于读者探明立法目的。民国南京政府时期的法典中,每一法条之后多附有"立法理由书",当与此有渊源关系。

同年,《大清刑事诉讼律草案》亦制定完毕,共六编五百一十五条,第一编总则,第二编第一审,第三编上诉,第四编再理,第五编特别诉讼程序,第六编

---

① 袁世凯:《秦报天津地方试办审判情形折》,载袁世凯:《袁世凯奏议》(卷四十四),天津图书馆、天津社科院历史研究所(编),天津古籍出版社1987年版,第1492—1493页。

② 参见李启成:《晚清各级审判厅研究》,北京大学出版社2004年版,第60—62页。

裁判之执行。草案以日本1890年的《刑事诉讼法》为模本,引入近代西方的辩护制度,感化教育制度,检察官行使公诉权,采取"自由心证""言词辩论"等原则,当事人对刑事案件无处分权,等等。

上述两部诉讼律草案虽未生效,但在民国初年,由于国会长年处于停开状态,未能及时制定与颁行正式法律,当时的北京政府曾援用施行部分《刑事诉讼律草案》,主要是该律中关于事物管辖、土地管辖与管辖指定及移转的规定,共27条。1912年,北京政府在该草案基础上编成《刑事诉讼条例》,颁行使用。同时,民国北京政府在《民事诉讼律草案》的基础上加以修正,编成《民事诉讼条例》七百五十五条颁行使用。不过,《民事诉讼条例》虽采四级三审制,但民国三年(1914)初级审判厅裁撤后,所有初级管辖的诉讼案件均移归地方审判厅附设的简易庭受理,或由县知事兼理。总之,晚清的诸多重要立法成果在政权鼎革之后仍然得到延续。

(二)司法机制的变化

1. 惊鸿一现的发审局

与清代初年不同,乾隆中后期以后,经济的发展带动了人口的大幅度增长,过多人口未能被当时的小农经济吸收。土地等资源的匮乏和社会流动的加速,使得社会下层民众的生存压力剧增,案件急遽增多,法律关系愈加复杂。在实践中按察司发现上控至本衙门的案件发回州县重审有诸多不便。按察司以为如果把此类案件提省专人负责,既能避免案件往返提传,同时又可节省开支,更有利于案件的解决。清朝中后期,特别是上控、京控等重大案件使得清王朝的法律体制面临着严重考验。

清朝前期,尚能运转自如的审转复核制此时在运作中暴露出极大弊端,特别是京控、上控案件等重大疑难案件的剧增,使当时司法审判的机制和社会发展表现出较大不适应性。这些问题在中央政府无力解决和应对时,各省地方政府从自己的实际情况出发,在清代嘉庆与道光年间自主创设了发审局(又称"总局""讞局"),并通过本省地方性法规和惯例对其规范。它具有"准专门性"或"准专业性法庭"的特点,是传统司法体制下专职负责案件审理的职能部门,不同于身兼行政、司法、立法等各种职能的地方政府,也异于清末法制改革中建立的各级审判厅。

作为各省省城首府管理下的一个审判机构,发审局负责部分应该由督抚、按察司审理案件的预审,首府对发审局行使直接管理权,而督抚、藩臬两司则对其行为予以监督。发审局虽不被当时的中央所正式承认并给予编制员额,却作为各省负责重大疑难案件的审判部门长期存在,其在经费上也由省府两级财政拨款负责。发审局不是一个独立的司法机构,其主要的组成人员大致有以下几种：首府知府、坐办（提调）、委员、发审友和书役佐杂人等。其主要职能为审理发交的案件，包括以下三种案件：京控交审案件、刑部驳发回之案和提省后发交案件。发审局还成为外省对等待候委的官员进行任前法律培训的主要场所。

随着晚清独立的司法机构在各省城、商埠成立并独立承担听讼决狱的职责，以及传统的上控制度和审转复核制被现代上诉制度取代后，发审局便也随之消亡，转而代之以新式的审判厅。发审局这时成为各地可堪利用的现有司法资源，作为一个准专门性的审判机构，其本身所具有的司法资源为近代法制转型提供了必要的资源准备，比如当时各省在新式审判厅内任职的人员中有不少人来自发审局。因此该机构成为从传统到现代变迁过程中的过渡产物。①

2. 领事裁判权的设立与泛滥

在1842年《南京条约》中英双方签字后不久，清朝钦差大臣耆英与英方就一些未竟事宜继续交涉。在耆英等人看来，当时五口通商口岸英国人与华人间的纠纷棘手难决。中外法律不同，中英各司其民，审理案件耗时耗力。如果以夷治夷，则夷官（也即英国领事官员）有约束夷民之责，这些外国人也有本土执法的官员，既不失怀柔远人之道，又能收缉捕惩奸之效。在中方官员这种愚昧的思维下，领事裁判权不怎么费周折就在1842年9月的《江南善后章程》中最早得以确立，并成为《中英五口通商章程》中英人享有领事裁判权的张本。后来的《中美望厦条约》和《中法黄埔条约》基本沿用了中英条约关于领事裁判权的条款，同时还规定美国人与其他外国人在华发生的一切诉讼，中国官员均不得过问。随后清廷与英法俄美四国分别签订的《天津条约》和《中英烟台条约》里有更具体的规定。之后，欧美列强数十国相继获得了在中国的领事裁判权。

清廷最初让渡领事裁判权有点类似于自投罗网，外国列强以此获得规避清朝法律的保护网，侵害中国司法主权，偏袒本国人。在华领事裁判权的内容主要有四：其一，华人与享有领事裁判权国家的国民之间的民事、刑事诉讼，均依被告主义原则适用法律和实行司法管辖。其二，同一享有领事裁判权国家的国民之间的诉讼，由所属国领事法庭审理。其三，享有领事裁判权的不同国家的国民之间的诉讼，适用被告主义原则。其四，享有领事裁判权的国家的国民与不享有领事裁判权的国家的国民间的诉讼，如前者是被告，适用被告主义原则，若后者是被告，由中国法院管辖。此外，根据《中英烟台

---

① 参见李贵连、胡震：《清代发审局研究》，载《比较法研究》2006年第4期。

条约》和《中美续约附款》，还确立了"观审"制度，即中国各地审理涉及外国人的案件时，即使外国人是原告，其所属国领事官员也可前往观审，若观审人员认为审理不妥，可以提出证见甚至辩论、呈报上级官员。这明显干涉了中国的司法主权。列强领事裁判权的行使机构有三种，特设正式法院、领事法院和由公使或公使官员组成的法院。领事法院是列国在华行使领事裁判权的通行组织。①

民国时期，中国政府多次要求废除领事裁判权。在1926年各国司法调查团来华视察司法后，认为中国当时法制不完备而拒绝放弃领事裁判权。到1941年五六月间，美国国务卿和英国外相先后表示准备在二战结束后放弃其在华领事裁判权。经过中国政府与人民的努力，加上当时第二次世界大战等因素，1943年初英美两国最后宣布放弃在华的领事裁判权。

（三）司法机构与司法理念的变化

1906年，清政府制定了《大理院审判编制法》，规定了大理院和京师审判机构。1907年颁行的《各级审判厅试办章程》首次正式明确了刑、民事诉讼的区分；确认了四级三审制，四级为初级审判厅、地方审判厅、高等审判厅、大理院（当时的最高审判机构），实行三审终审制；与民国时期不同，其规定在法院内设检察厅，对审判厅独立行使职务。1910年2月又公布了《法院编制法》，效仿日本《裁判所构成法》而成，涉及各级审判机构的设置、组织与法官的任用与选拔等。

伴随着全国各地筹办各级审判厅的进程，近代西方先进的司法理念与制度在中国得到传播与实现，这包括人权保障；审判公开；回避制度；司法独立；律师辩护制度；刑事诉讼中的检、审分离，即通常由检察厅负责侦查与起诉，由审判厅审判。1907年法部提及制定《各级审判厅试办章程》的原因之一在于："闾[lú]阎之衅隙，每因薄物细故而生，苟民事之判决咸宜，则刑事之消弭不少。惟向来办理民事案件，仅限于刑法之制裁。今审判各厅既分民事为专科，自宜酌乎情理之平，以求尽乎保护治安之责。"②法部认为民事判决合理，有助减少刑事案件发生。至宣统二年（1910）十二月，沈家本等在民事诉讼律草案的按语中，将司法与保护私权联系在一起，作为制定民事诉讼法的理

---

① 参见张世明：《法律、社会经济资源与国际学术话语空间的建构》，载张世明（等编）：《世界学者论中国传统法律文化（1644—1911）》，法律出版社2009年版，第16—19页；叶孝信（主编）：《中国法制史》，北京大学出版社1996年版，第380—381页。

② 《大清法规大全·法律部》卷7《审判》，（台北）考正出版社1972年影印版，第1857页。

由。① 这比前述法部仅意识到民事审判的积极社会效应更进一步。此类认识是对传统官方无讼理想的重大突破。为实现通过民事诉讼保护私权,当时立法者还认为国家应该在特定情况下对当事人给予一定的协助,比方减免诉讼费用。总之,民事诉讼被认定为用以保护私人利益的途径,而自此被纳入了正当性的范畴。

《大理院审判编制法》第六条规定"司法裁判,全不受行政衙门干涉",以保护人民身体财产权利,司法独立的观念正式在法律中得到确立。为了进一步保证法官公正审判以及司法独立,《法院编制法》第一百二十一条规定,推事(也即法官)及检察官不得为下列事宜:在职务之外干预政事;为政党员、政社员及中央议会或地方议会的议员;为报馆主笔及律师;兼任非本法所许可的公职;经营商业及官吏不应的业务。这一相当宝贵的法治精神在民国北京政府时期得到延续。

在晚清政局飘摇之时,清末各级审判厅筹设时遇到了财力和人力等困难,所筹设地区仅限于省城、商埠等有限地方,其他广大地区仍处于传统司法制度下。那些已筹设的审判厅运行时受到财力等因素制约,成就有限。② 就算到了南京国民政府时期,由于战乱等因素,独立于行政机构的法院在很多县市也未能建立起来,自民国北京政府时期出现的县知事兼任法院院长的情况仍然多有存在。

课后阅读文献

田涛、李祝环:《接触与碰撞:16 世纪以来西方人眼中的中国法律》,北京大学出版社 2007 年版。

〔美〕丁韪良:《花甲忆记:一位美国传教士眼中的晚清帝国》,沈弘等(译),广西师范大学出版社 2004 年版。

方流芳:《公司词义考:解读语词的制度信息——"公司"一词在中英早期交往中的用法和所指》,载《中外法学》2000 年第 3 期。

黄源盛:《晚清继受外国法中"无夫奸"存废的世纪之争》,载《东亚传统家礼、教育与国法(一):家族、家礼与教育》,华东师范大学出版社 2008 年版。

以下适合有研究兴趣的读者

黄源盛:《法律继受与近代中国法》,台湾元照出版有限公司 2007 年版。

---

① 《大清民事诉讼律草案》,修订法律馆刷印,中国社会科学院法学所图书馆藏,铅印本,第一编首页。

② 相关研究参见邓建鹏:《从陋规现象到法定收费:清代讼费转型研究》,载《中国政法大学学报》2010 年第 4 期。

李贵连:《近代中国法制与法学》,北京大学出版社2002年版。
俞江:《近代中国的法律与学术》,北京大学出版社2008年版。
苏亦工:《中法西用:中国传统法律及习惯在香港》,社会科学文献出版社2002年版,第一章。
王健:《沟通两个世界的法律意义——晚清西方法的输入与法律新词初探》,中国政法大学出版社2001年版。
《法国六法》,邓建鹏(点校),上海人民出版社2013年版。
陈利:《法律、帝国与近代中西关系的历史学:1784年"休斯女士号"冲突的个案研究》,邓建鹏、宋思妮(译),载《北大法律评论》(第12卷,第2辑),北京大学出版社2011年版,第437—481页。

Carol G S Tan, *British Rule in China: Law and Justice in Weihaiwei 1898—1930*, Wildy, Simmonds & Hill Publishing, 2008.

Alford, William. "Of Arsenic and Old Laws: Looking Anew at Criminal Justice in Late Imperial China." *California Law Review* 72.6 (1984).

George Jamieson, *Chinese Family and Commercial Law*, Kelly and Walsh, Limited Publication, 1921.

陈旭麓:《近代中国社会的新陈代谢》,上海人民出版社1992年版。
茅海建:《天朝的崩溃:鸦片战争再研究》,生活·读书·新知三联书店1995年版。
〔美〕何伟亚:《英国的课业:19世纪中国的帝国主义教程》,刘天路等(译),社会科学文献出版社2007年版。
刘禾:《帝国的话语政治》,生活·读书·新知三联书店2009年版。
汪庆祺(编):《各省审判厅判牍》,李启成(点校),北京大学出版社2007年版。
李启成(点校):《资政院议场会议速记录——晚清预备国会论辩实录》,上海三联书店2011年版。
梁为楫、郑则民(主编):《中国近代不平等条约选编与介绍》,中国广播电视出版社1993年版。
《大清法规大全》,台湾考正出版社1972年影印版。
故宫博物院明清档案部(编):《清末筹备立宪档案史料》(上、下册),中华书局1979年版。
陈刚(主编):《中国民事诉讼法制百年进程》(清末时期第一、二卷),中国法制出版社2004年版。
张世明:《法律、资源与时空建构:1644—1945年的中国》,广东人民出版社2012年版。
太平天国法制及其历史背景本书不另章介绍,读者自行选读以下相关文献:
夏春涛:《太平军中的婚姻状况与两性关系探析》;
王庆成:《〈天父下诏书〉(第2部)及其澳藏原刻本》,均载《近代史研究》2003年第1期;
太平天国历史博物馆(编):《太平天国文书汇编》,中华书局1979年版。

课后深度思考题

已故经济学家杨小凯认为,落后国家由于发展比较迟,所以,有很多东西可以模仿发达国家。落后国家模仿技术比较容易,模仿制度比较困难,因为要改革制度会触犯一些既得利益,因此,落后国家会倾向于技术模仿。落后国家虽然可以在短期内取得非常好的发展,但是会给长期的发展留下许多隐患,甚至长期发展可能失败。搞洋务运动的中国,想在不改政治制度的条件下,用国有制(官办)、合资企业(官商合办)、承包制(官督商办),通过模仿技术来实现工业化。这在当时效果当然好过洋务运动前的中国经济,但是这却使国家机会主义制度化,政府与民争利,既是游戏规则制定者,又是裁判加球员,因此,私人经济无法生长起来。洋务运动中,由于政府坚持国营企业的主导地位,垄断资源,很多私人企业不如国营企业有竞争力。落后用技术模仿代替制度改革,可能产生很高的长期代价。日本和中国的比较说明,要获得后发优势,一定要先做个学习成功制度的好学生,在考试未及格前,一个坏学生是没有资格讲"制度创新"的。[1] 请结合杨小凯上述观点和一些见解各异的论文[2],比较自鸦片战争以来中国政府和明治维新以来的日本政府学习西方的重要举措及其效果差异,论证上述观点是否成立?这对21世纪中国制度改革走向有何启示?

---

[1] 参见杨小凯:《后发劣势》,载《新财经》2004第8期。
[2] 参见 Jeffrey Sachs、胡永泰、杨小凯:《经济改革和宪政转轨》;杨小凯:《经济改革和宪政转轨:回应》;林毅夫:《后发优势与后发劣势——与杨小凯教授商榷》,均载《经济学(季刊)》第2卷第4期(2003年7月);翁一:《围观林毅夫张维迎论战:市场经济中,政府到底该如何作为?》,载《时代周报》2014年7月10日版;邓建鹏:《清末民初法制移植与实效分析——以讼费法规为切入点》,待刊。

第十二章　由法治到党治下的民国法制

学习重点：(1)孙中山"五权宪法"理论；(2)北京政权时期的制宪及其变化；(3)《中华民国临时政府组织大纲》到《中华民国临时约法》的转变背景；(4)南京国民政府的立法体制与"六法全书"体系；(5)"司法党化"及其负面影响。

民国时期按政权的性质、特点与更替,分为三大阶段,分别是中华民国南京临时政府时期(1912年1—3月)、中华民国北京政府时期(1912—1928)、中华民国南京政府时期(1927—1949)。其间,1923年3月,孙中山在广州成立中华民国陆海军大元帅府,1925年国民党中央将之改组为中华民国国民政府。北伐开始后,国民政府于1927年迁往武汉,同年4月,蒋介石在上海发动政变,成立南京国民政府,8月,两个国民政府合并。在这数十年间,中国的政权更替相当频繁,上台与下台的临时大总统、正式大总统、非常大总统、临时副总统、副总统、总理、国民政府主席和副主席们多得难以计数。中国人的政治本色与劣根性集中浓缩于这个时代。

  这段时期与以往的显著不同,是政党政治替代了皇帝政治。革命者或政治野心家一般以党而非单纯的个人名义去聚集人气与力量,以追求革命或秒杀权力。1928年以前,各种政治势力在法制上的集中表现是争夺制宪权,推动宪法之治或明里暗里反对宪法之治。受《中华民国临时约法》公布后普及的民主政治观念影响,当时任何一个政权要取得合法性,上台后就要通过法定程序制定宪法,作为自己合法性的支撑。一些独裁军阀制定宪法,也为自己独裁制定一个合法的依据。学者认为,此处所指的"法治",是指北洋时期的宪政与法治结构,其试图将整个国家纳入法治化轨道,以建构现代民主宪政国家,虽然这种努力更多只停留在文本层次,得到践行的非常有限。①

  自1928年始,党国体制建立,国民党以党建军、党在国上,中国由法治过渡到党治时代。此前以约法或宪法为国家根本大法,一切法律均不得与之抵触,故称之为法治时期,尽管并不意味着法治得到实现。南京国民政府时期,法律制度深深打上党治印记。党治与法治是不同的制度。在法治之下,政治取决于全体公民;在党治之下,政治取决于一党全体成员。党的议决事实上或形式上等于法律,且党可以用决议的方式随时取消或变更法律。南京国民政府时期法律以党义党纲为依据,法律不得与党义党纲相抵触,以前的法律凡与党义党纲相抵触的无效,党义党纲虽然不是根本法,但实有根本法的实质②,最重要的法律由党一手制定,普通法典立法原则由党审议通过,司法党化。

  从法治过渡到党治,是民国北京政府向南京政府在政治治理上的最大转向。对于这种转化,李剑农的概括相当精准:"此后政治中所争的,将由法的

---

  ① 参见李在全:《法治与党治:国民党政权的司法党化(1923—1948)》,社会科学文献出版社2012年版,第3页。
  ② 参见谢振民:《中华民国立法史》,中国政法大学出版社2000年版,第193页;王世杰、钱端升:《比较宪法》,商务印书馆1999年版,第482页。

问题变为党的问题了;从前是约法至上,此后将为党权至上;从前谈法理,此后将谈党纪;从前谈护法,此后将谈拥党;此前争法统,此后将争党统了。"①

民国时期政权虽然更替频繁,但是后一政权对前一政权的法制建设成果大都继承下来,并在此基础上加以改进。可以说,民国时期法制建设是晚清以来法制近代化进程的延续。此时期法制建设的重要表现,便是南京国民政府时期"六法全书"的定型。由于政局动荡等原因,要等到1949年10月以后国民党将"六法全书"带到台湾地区,在那落地生根,方真正与基层社会契合起来。1949年10月中国共产党宣布废除"六法全书"。自那时起,新中国主要存在《宪法》与《婚姻法》两部正式法律,这种状况直至1978年以后方有改观。至20世纪90年代以后,中国立法数量急速增长,此为后话。

第一节　南京临时政府的法制

◆ 预读文献与思考

以下是两部民国初年著名宪法性文件,其内容与宪法原则有何重大变化,在短短两个多月内,为何产生这种变化?其对后来的制宪历程产生何种影响?

《中华民国临时政府组织大纲》②
(1911年12月3日公布,1912年1月2日修正)

第一章　临时大总统

第一条　临时大总统、副总统由各省都督府代表选举之,以得票满投票总数三分之二以上者为当选。代表投票权,每省以一票为限。(此为修正文,原案无"副总统"三字)。

第二条　临时大总统有统治全国之权。

第三条　临时大总统有统率海陆军之权。

第四条　临时大总统得参议院之同意,有宣战、媾和及缔结条约之权。

第五条　临时大总统制定官制、官规,兼任免文武官员,但制定官制、官规,及任命国务员及外交专使,须得参议院之同意。(此为修正文,原案为"临时大总统得参议院之同意,有任命各部部长及派遣外交专使之权"。)

第六条　临时大总统得参议院之同意,有设立临时中央审判所之权。

---

① 李剑农:《最近三十年中国政治史》,上海太平洋书店1932年版,第531页。
② 中国科学院近代史研究所(编):《辛亥革命资料》,中华书局1961年版,第9—18页。正文中的"如左"相当于现在的"如下"。

第七条 临时副总统于大总统因故去职时升任之,但于大总统有故障不能视事时,得受大总统之委任,代行其职权。(此条修正时加入,原案无。)

第二章 参议院

第八条 参议院以各省都督府所派之参议员组织之。(原案第七条)

第九条 参议员每省以三人为限,其遣派方法,由各省都督府自定之。(原案第八条)

第十条 参议院会议时,每参议员有一表决权。(原案第九条)

第十一条 参议院之职权如左:

一、议决第四条及第六条事件;

二、承诺第五条事件;

三、议决临时政府之预算;

四、调查临时政府之出纳;

五、议决全国统一之税法、币制及发行公债事件;

六、议决暂行法律;

七、议决临时大总统交议事件;

八、答复临时大总统咨询事件。(原案第十条)

第十二条 参议院会议时,以到会参议员过半数之议决为准。但关于第四条事件,非有到会参议员三分之二之同意,不得决议。(原案第十一条)

第十三条 参议院议决事件,由议长具报,经临时大总统盖印,发交行政各部执行之。(原案第十二条)

第十四条 临时大总统对于参议院议决事件,如不以为然,得于具报后十日内,声明理由,交令复议。参议院对于复议事件,如有到会参议员三分之二以上之同意,仍执前议时,应仍照前条办理。(原案第十三条)

第十五条 参议院议长,由参议员用记名投票法互选之,以得票满投票总数之半者为当选。(原案第十四条)

第十六条 参议院办事规则,由参议院议订之。(原案第十五条)

第十七条 参议院未成立以前,暂由各省都督府代表会代行其职权,但表决权每省以一票为限。(原案第十六条)

第三章 行政各部

第十八条 行政各部设部长一人为国务员,辅佐临时大总统办理各部事务。(此为修正文,原案第十七条为"行政各部")如左:

一、外交部;

二、内务部;

三、财政部;

四、军务部；

五、交通部。(又原案第十八条为"各部设部长一人,总理本部事务。")

第十九条　各部所属职员之编制及其权限,由部长规定,经临时大总统批准施行。

第四章　附则

第二十条　临时政府成立后,六个月以内,由临时大总统召集国民议会。其召集方法,由参议院议决之。

第二十一条　临时政府组织大纲施行期限,以中华民国宪法成立之日为止。

《中华民国临时约法》①
民国元年(1912)三月十一日公布

第一章　总纲

第一条　中华民国由中华人民组织之。

第二条　中华民国之主权属于国民全体。

第三条　中华民国领土为二十二行省、内外蒙古、西藏、青海。

第四条　中华民国以参议院、临时大总统、国务员、法院行使其统治权。

第二章　人民

第五条　中华民国人民一律平等,无种族、阶级、宗教之区别。

第六条　人民得享有左列各项之自由权。

一、人民之身体非依法律,不得逮捕、拘禁、审问、处罚。

二、人民之家宅非依法律不得侵入或搜索。

三、人民有保有财产及营业之自由。

四、人民有言论、著作、刊行及集会结社之自由。

五、人民有书信秘密之自由。

六、人民有居住迁徙之自由。

七、人民有信教之自由。

第七条　人民有请愿于议会之权。

第八条　人民有陈诉于行政官署之权。

第九条　人民有诉讼于法院受其审判之权。

第十条　人民对于官吏违法损害权利之行为,有陈诉于平政院之权。

---

① 西北政法学院法制史教研室编印:《中国近代法制史资料选辑》(第一辑),1985年版(内部发行),第58—63页。

第十一条　人民有应任官考试之权。

第十二条　人民有选举及被选举之权。

第十三条　人民依法律有纳税之义务。

第十四条　人民依法律有服兵役之义务。

第十五条　本章所载民之权利,有认为增进公益、维持治安或非常紧急必要时,得依法律限制之。

第三章　参议院

第十六条　中华民国之立法权以参议院行之。

第十七条　参议院以第十八条所定各地方选派之参议员组织之。

第十八条　参议员每行省、内蒙古、外蒙古、西藏各选派五人;青海选派一人。其选派方法由各地方自定之。参议院会议时每参议员有一表决权。

第十九条　参议院之职权如左

一、议决一切法律案。

二、议决临时政府之预算、决算。

三、议决全国之税法、币制及度量衡之准则。

四、议决公债之募集及国库有负担之契约。

五、承诺第三十四条、三十五条、四十条事件。

六、答复临时政府咨询事件。

七、受理人民之请愿。

八、得以关于法律及其他事件之意见建议于政府。

九、得提出质问书于国务员,并要求其出席答复。

十、得咨请临时政府查办官吏纳贿违法事件。

十一、参议院对于临时大总统,认为有谋叛行为时,得以总员五分四以上之出席,出席员四分三以上之可决弹劾之。

十二、参议院对于国务员认为失职或违法时,得以总员四分三以上之出席,出席员三分二以上之可决弹劾之。

第二十条　参议院得自行集会、开会、闭会。

第二十一条　参议院之会议,须公开之。但有国务员之要求或出席参议员过半数之可决者,得秘密之。

第二十二条　参议院议决事件,咨由临时大总统公布施行。

第二十三条　临时大总统对于参议院议决事件,如否认时,得于咨达后十日内声明理由,咨院覆议。但参议院对于覆议事件,如有到会参议员三分二以上仍执前议时,仍照第二十二条办理。

第二十四条　参议院议长由参议员用记名投票法互选之,以得票满投票总数之半者为当选。

第二十五条 参议院参议员于院内之言论及表决,对于院外不负责任。

第二十六条 参议院参议员除现行犯及关于内乱外患之犯罪外,会期中非得本院许可,不得逮捕。

第二十七条 参议院法由参议院自定之。

第二十八条 参议院以国会成立之日解散。其职权由国会行之。

第四章 临时大总统、副总统

第二十九条 临时大总统、副总统由参议院选举之。以总员四分三以上出席得票满投票总数三分之二以上者为当选。

第三十条 临时大总统代表临时政府,总揽政务,公布法律。

第三十一条 临时大总统为执行法律或基于法律之委任,得发布命令并得使发布之。

第三十二条 临时大总统统帅全国海陆军队。

第三十三条 临时大总统得制定官制官规,但须提交参议院议决。

第三十四条 临时大总统任免文武职员,但任命国务员及外交大使、公使,须得参议院之同意。

第三十五条 临时大总统经参议院之同意,得宣战媾和及缔结条约。

第三十六条 临时大总统得依法律宣告戒严。

第三十七条 临时大总统代表全国接受外国之大使、公使。

第三十八条 临时大总统得提出法律案于参议院。

第三十九条 临时大总统得颁给勋章并其他荣典。

第四十条 临时大总统得宣告大赦、特赦、减刑、复权。但大赦须经参议院之同意。

第四十一条 临时大总统受参议院弹劾后,由最高法院全院审判官互选九人,组织特别法庭审判之。

第四十二条 临时副总统于临时大总统因故去职,或不能视事时得代行其职权。

第五章 国务员

第四十三条 国务总理及各部总长均称为国务员。

第四十四条 国务员辅佐临时大总统负其责任。

第四十五条 国务员于临时大总统提出法律案、公布法律及发布命令时须副署之。

第四十六条 国务员及其委员得于参议院出席及发言。

第四十七条 国务员受参议院弹劾后,临时大总统应免其职。但得交参议院覆议一次。

第六章　法院

第四十八条　法院以临时大总统及司法总长分别任命之法官组织之。法院之编制及法官之资格以法律定之。

第四十九条　法院依法律审判民事诉讼及刑事诉讼。但关于行政诉讼及其他特别诉讼，别以法律定之。

第五十条　法院之审判须公开之。但有认为妨害安宁秩序者得秘密之。

第五十一条　法官独立审判，不受上级官厅之干涉。

第五十二条　法官在任中不得减俸或转职。非依法律受刑罚宣告，或应免职之惩戒处分，不得解职。惩戒条规以法律定之。

第七章　附则

第五十三条　本约法施行后，限十个月内由临时大总统召集国会。其国会之组织及选举法由参议院定之。

第五十四条　中华民国之宪法由国会制定。宪法未施行以前，本约法之效力与宪法同。

第五十五条　本约法由参议院参议员三分二以上，或临时大总统之提议，经参议员五分四以上之出席，出席员四分三之可决，得增修之。

第五十六条　本约法自公布之日施行。《临时政府组织大纲》于本约法施行之日废止。

1911年10月10日爆发了辛亥革命，在不到两个月时间先后有十四个省宣布独立。1912年元旦中华民国南京临时政府宣告成立。临时政府是一个由资产阶级革命派领导，有立宪党人和旧军阀官僚参加的联合政府。孙中山领导的这个临时政府手中没钱没枪，仅存在三个月就不得不将权力交给袁世凯，但其法制建设的成果对民国时期影响深远。

▶ 一、孙中山的政法思想

孙中山虽未直接参与武昌起义，但他的思想直接影响了当时的革命党人。其关于政治、宪法及法制建设的构想直接影响了南京国民政府时期的法制。

（一）五权宪法理论

孙中山认为英、美宪法都是以"三权分立"理论为原则，但并不完全符合中国实情，因此，其在"三权分立"基础上创立了"五权宪法"理论，也即在立法、司法、行政三权之外，借鉴中国数千年科举与监察御使的传统，将立法权中的监察权、行政权中的考试权独立出来，提出建立五权分立的共和政治。

以"五权分立"为基本内容的宪法,就叫"五权宪法"。后来南京国民政府实行的五院制即与此构想有关。

孙中山设想的五权宪法理论与欧美的三权分立实质上有很大差异。西方的三权相互制衡,不存在上下隶属关系。按照孙中山的构想,立法院由代议士组成,立法院同意后总统方可委任考试、监察和司法三院院长,这似乎相当于西方的议会。然而五院又都要对国民大会负责,则国民大会似乎才是西方式的议会,且近似于英国的议会至上。但是孙中山认为国民大会专司宪法的修改与裁判公仆的失职案件,则又类似于当代欧洲大陆的宪法法院和行政法院。同时,国民大会职员资格必须由考试院核定。因此,这五权与国民大会关系颇为混乱。

"五权宪法"理论对临时政府时期的宪法尚未产生直接影响。至南京国民政府时期,一党专政的国民党将五院置于党之下,立法院成为了国民党的立法办事机构。此时,司法权、立法权与其他治权的关系主要是分工合作,而非分权制衡。这与西方"三权分立"思想有显著差异。

(二)"建国三时期"与"权能分治"

1. 实现宪政的三步骤

孙中山认为宪政并非一蹴而就,他把建国步骤分为军政、训政和宪政三个时期。军政就是通过革命暴力,摆脱满族统治,军队与人民在军法统治之下,成立军政府,一般是以三年为限,之后进入训政时期。在训政时期,地方实行自治,国事由军政府总揽,军政府与民众之间设立约法,相互负有明确的权利、义务,一般以六年为限。这两个阶段的国家领袖皆非民选产生。孙中山提出训政时期"党在国上",由党来独裁政治,之后进入宪政时期。在宪政阶段,解除军政府的兵权、行政权,国民公举大总统、议员以组织国会,实行宪法之治。

应当说,中国向来缺乏宪政传统,在专制思想土壤极为深厚的状况下,实现宪政实非一朝之功可为之,因此分步骤的、有计划的推行宪政,确有其道理。但问题是,在前两个阶段,军政府成立后,依靠什么手段实现军政府与民众间公正约法、明确双方权利与义务?在军政府及其领导人处于强势地位的情况下,如何确保民众权利不受压制?在进入宪政阶段的过程中,军政府的领导人如何愿意解除兵权与行政权?如果领导人意图破坏国民公举大总统和宪政进程,有何种制度防范之?毕竟,在中国政治传统中,"独裁是独裁者的通行证"。对于这些关键性问题,孙中山未及仔细思考。十多年之后,正是国民党领袖蒋介石登上统治地位后,从此不想下台了。

2. 权能分治理论

另一对民国政法制度影响颇大的是孙中山的权能分治理论。孙中山把政治权力分为政权与治权两大类。集合众人之事的大力量为政权,由人民享有,也即管理政府的力量,包括选举、罢免、创制、复决四权,从而保证人民做主人。此外,集合管理众人之事的大力量叫做治权,政府享有治权,也即政府自身的力量,包括行政、立法、司法、考试、监察五权。要把中国改造成新国家,必须把权和能(治权)分开。后来南京国民政府的五院制以及国民代表大会的权力设置即与此相关。

另外,孙中山依据天赋、聪明、才力,把人分为"先知先觉""后知后觉""不知不觉"三种。孙中山认为先知先觉者是发明家,后知后觉者是宣传家,不知不觉者是实行家。由第一种人创造发明,第二种人仿效推行,第三种人竭力乐行。三种人的关系就像建楼房时的工程师、工头和工人的关系,工程师通盘计算、画出图纸,工头看清图纸后交工人砌砖盖瓦,楼房是三种人共同做出来。孙中山认为由少数"先知先觉"的人创造发明民权,交到人民手中,民权(也即政权)就可以实行。

这样问题就来了——在当时四万万中国人中,谁是"先知先觉"者、"后知后觉"者、"不知不觉"者?客观具体的评价标准是什么?如何区分?传统中国曾以职业为标准将人群划分为士、农、工、商,客观且易把握。但是以思想的先进或落后为标准,这种似是而非、难以捉摸的分类标准一旦贯彻到现实,只能为那些掌握话语权的权势人物自诩为"先知先觉"者,中层官员被视为"后知后觉"者,统治对象被视为"不知不觉"者确立依据。故而,这种看似革命的、先进的思想,其实又和历代统治者自诩圣贤,视民如婴儿、牛马的思想有异曲同工之处,从而为居位即是有德者持续独裁提供理论基础。十多年后,国民党的大佬们正是依此自诩为革命思想的先知先觉者,维护其独裁统治。其实,对权利的维护与民主的主张首先来源于人的生存本能,而与素质、道德、天赋无关。一旦把民众思想落后、搞不好民主的论断作为制定国策的基本前设,实际的结果必然是取消或限制民主与民权。孙中山的上述政法思想对南京国民政府的法制产生了直接影响。

二、重要的宪法性文件

(一)《中华民国临时政府组织大纲》

武昌起义后,各宣告独立省的都督府代表联合会于1911年12月推举雷奋、马君武、王正廷三人起草《中华民国临时政府组织大纲草案》,草案于当月13日公布。这部宪法性文件深受美国宪法影响,分临时大总统、参议院、行政各部及附则四章,计二十一条。《中华民国临时政府组织大纲》首次以法律形式宣告废除封建帝制,确立总统制共和政体,规定实行三权分立原则。临时大总统既是国家元首，又是政府首脑，由参议院选举，负责行政各部工作，在参议院同意下临时大总统代表国家行使统率海陆军、宣战、缔结条约、任免国务员等各项权力，对参议院议决的事项，临时大总统可行使否决权，要求参议院复议。参议院行使立法权，包括议决暂行法律、预算、税法、公债等的权力。临时中央审判所为中央审判机关，由临时大总统征得参议院的同意后设立。

根据这部组织大纲，孙中山回国后当选为临时大总统。《中华民国临时政府组织大纲》成为《中华民国临时约法》的基础，相当于政府组织法，在当时具有临时宪法的作用。

《中华民国临时政府组织大纲》在制定形式上不具备民主条件，内容亦如此：(1)大纲对国民基本权利与义务没有规定；(2)大纲设置与立法相关的参议院由各省都督派代表组成而非民选产生；(3)大纲所设置的临时大总统由参议院选出，亦非民选。不过，《中华民国临时政府组织大纲》草创于军事仓皇之时，欠缺确属难免。

(二)《中华民国临时约法》

自《临时政府组织大纲》公布后，各省都督府依第7、8条的规定，自定办法选派参议员3人组织参议院。基于《临时政府组织大纲》没有国民基本权利义务的规定以及总统权力过大，于是讨论制定《临时约法》以代替《临时政府组织大纲》。《中华民国临时约法》于1912年3月8日通过并于当日宣布。①

《中华民国临时约法》是在南北议和的过程中由南京临时政府匆忙制定。早在讨论制定《临时政府组织大纲》时，各省都督府代表会议就议决"如袁世凯反正，当公举为大总统"。临时政府成立后，和议即将达成，清帝必将退位，孙中山很快要让位于袁世凯，以孙中山为首的革命派主张尽快制定《临时约法》，以此限制袁世凯当上大总统后的权力，保护辛亥革命取得的成果。

至1912年3月11日，孙中山以临时大总统名义公布了该约法。《临时约法》与《临时政府组织大纲》相比，核心差异为两点：约法新增"人民"一章；约法改行责任内阁制。其主要内容如下，确立了中华民国是民主共和国，中华民国由中华人民组成，主权属于国民全体，以法的形式否定君主集权专制政体。确立"三权分立"为国家机构设立的原则，立法权由参议院行使，临时大总统行使行政权，法院行使司法权，最高审判机构由临时大总统及司法总长分别任命的法官组成，法官独立审判，不受上级官厅的干涉。与政府组织大纲不同，约法在第二章"人民"规定了"人民保有财产及营业之自由"，确立了人民的各项权利与义务，但规定得极为简要，且权利可以以增进公益、维持治

---

① 参见谢振民：《中华民国立法史》，中国政法大学出版社2000年版，第45—46页。

安或非常紧急必要等理由以法律限制之。约法还规定平政院负责受理官吏违法损害私人权利的诉讼及行政诉讼,民国北京政府时期受理行政诉讼的平政院即由此而来。行政机构采取责任内阁制,大总统由参议院选举,又因黎元洪之故设副总统。

《中华民国临时约法》出于当时交出政权的急迫需要,其虽继承了《中华民国临时政府组织大纲》的基本精神,但其主要特点是设定各项条款限制与防范袁世凯。在1912年2月,南北议和告成,众多参议员对袁世凯这个老奸巨猾的旧式官僚能否信守约法深表怀疑,主张改变《中华民国临时政府组织大纲》所效仿的美国总统制,依照当时法国宪法的责任内阁制,以防总统独裁。因此,要求国务员(总理及各部部长)转而对国会负责。同时"国务员于临时大总统提出法律案,公布法律,及发布命令时,须副署之",使总理和各部总长对总统公布的法令具有否决权。国务员任命及制定官制官规须经参议院同意,国家统治权的行使在于内阁国务员,大总统成为不负实际责任的国家元首,由此约法确立了责任内阁制形式。

《中华民国临时约法》扩大了参议员的权力,以加强国会对总统的监督。约法规定临时大总统对参议院议决事件如否认时,得于咨达后10日内声明理由咨参议院复议,但参议院对于复议事件如有到会参议院三分之二仍执前议时,临时大总统必须公布执行。其次,参议院在认为临时大总统有谋叛行为时,可行使弹劾权,临时大总统受弹劾后,组织特别法庭审判。为了防止袁世凯破坏《临时约法》,规定了严格的约法修改程序,参议院参议员三分之二以上,或临时大总统提议,五分之四以上出席,出席之三分之二可决议增修之。这实际上使得袁世凯上台后,通过正式修宪途径不可能实现个人政治目的。

约法的历史意义在于,其与辛亥革命一起促使民主观念深入人心,在当时社会树立了帝制为非法、民主共和合法的思想。

想想看

项羽、刘邦等看到秦始皇,就认为大丈夫应立大志"取而代之",这种要当皇帝的想法在传统时代被认为是大丈夫最大的志向,从而得到颂扬。[①] 在民国初年,先后出现过袁世凯称帝与溥仪帝制复辟事件,但因受到社会广泛反对而很快下台,之后再没有人敢公开当皇帝了。这反映了何种观念的巨变?

约法的局限在于,其开创了中国宪法史上因人设法的先例。约法限于当

[①] 关于这种"大志"的探讨,参见苏亦工:《"大志"与"王法"辩》,载《人文杂志》2002年第1期。

时急迫的时代环境,缺乏对政体设计的理性分析,将政治制度转而设计为责任内阁,在法律的追求上表现出工具主义倾向,也即将宪法部分当作限制袁世凯个人的工具,使宪法成为从事政权追求的工具。法律工具主义的一个重要特征,就是当宪法一旦与执法者自身目的不合时,易被置于一边,成为具文。《临时约法》的制定者对于《临时约法》工具主义的利用,最终使其成为工具,化为具文。① 甚至,整个民国时期的宪法都多多少少存在因人设法、确立自身利益、限制政敌等倾向。

制定约法时内含的这种政治算计违反了人民主权、代议民主的宪法本意,使得约法在一些原本应具有的内容上一片空白。比如,约法没有涉及"民生"的土地问题,对人民基本权利的规定过于简单。这一定程度表现出中国法律文化将法作为某种制胜利器的传统。约法表现出革命派在争夺政权这一焦点问题上过分关注,而将其余做轻率处理的态度,对北洋政府视宪法为儿戏起到了先例作用。学者认为,民国政治家的制度视野限制在眼前的政治对手之上。而在这一点上革命一方的政治家与他们的对手袁世凯实际上如出一辙。他们立宪不是出于对人性普遍弱点的觉识而使权力的制衡适用于所有的政治家,而是出于一己之政治利益的斟酌权衡。宪法因此成了和具体的对手玩现实政治游戏的规则,而不是可以垂范未来的根本大法。这也许是民国政治为何不能真正被纳入宪法规制的缘故。②

临时政府依约法设置责任内阁为主体的政治结构,大体模仿当时的法国政制,即议会监控内阁,内阁负责行政,总统虽有尊荣,而不负行政之责。这既有防范袁世凯专权擅政因人设法的性质,亦体现了革命党人宋教仁等对理想的宪政的追求。但是这一制度在当时并没有现实基础。北洋军阀势力不仅是袁世凯集权擅政的后盾,也是其对付国民党等政治力量的工具。因此,责任内阁迅速名存实亡,参议院在内部党争和袁世凯的打压拉拢下失势丧权,袁世凯则逐步集权于一身。约法中设置的政制结构和政府运行模式很快落空。③

当然,《中华民国临时约法》虽然存在上述种种欠缺,且其制定过程缺乏民主的形式——由各省军政府、都督派的代表代理参议院制定,因此参议院代表也不是国民选举产生。但约法的威望却在民国二十余年间凌驾于一切其他宪法之上,一是因约法的制定代表了革命趋势;二是制定该法时无威逼

---

① 参见陈晓枫:《〈中华民国临时约法〉的文化透视》,载《武汉大学学报》(哲社版)1999 年第 6 期。
② 参见张守东:《中国传统之"约"的宪政释义》,载《比较法研究》2007 年第 2 期。
③ 参见张宪文等:《中华民国史》(第一卷),南京大学出版社 2005 年版,第 116 页。

利诱之事,这与几年以后的制宪历程大不一样。①

自晚清到民国初年,宪法的制定有如下变化趋势,即渐由政治而倾向于确保人民的权利。晚清的《钦定宪法大纲》不外乎君上大权及臣民权利义务(实质上主要为义务);《十九信条》仅规定皇帝内阁与国会的职权;《临时政府组织大纲》也只规定大总统的职权与参议院的组织与职权,至《临时约法》以后,宪法内容才为关于人民的基本权利义务与立法、行政、司法三机关的组织与职权及其相互间关系的规定。②

三、其他法令的制定

南京临时政府存续时间只有短短三个月,但是制定的法令却为数不少,对后续政权产生较大影响。这些法令大致包括如下部分:

保护私有财产法令。在1912年1月28日,临时政府内务部发布《通饬保护人民财产令》,规定除确有证据证明原清朝官吏有反对民国之证据外,其他人的一切私产仍归原所有人所有。该法令连同《临时约法》中"人民有保有财产及营业之自由"的规定,是民国以来首次正面确立私人财产权的法律保护。

保护人权法令。1912年3月,临时政府发布《大总统令内务部禁止买卖人口文》,严禁买卖人口,违法者依据法令处罚;解除所有已经签订的买卖人口契约。同月,临时政府还发布《大总统通令开放蜑[dàn]户惰民等许其一律享有公权私权文》,法令规定废除福建广东的蜑户、浙江的惰民、河南的丐户义民以及优倡、隶卒等人的贱籍,这些人等与其他公民共同享有选举参政权等公权以及居住、言论、出版、集会、信教自由等私权。这是中国历史上第一次以正式法律形式废除存在数千年的"贱民"制度。

中国历史上,良贱之分标示着不同人群天壤之别的身份差异。良民一般指士、农、工、商,贱民包括官私奴婢、倡优、皂隶以及某一时代特定地域某种特殊人口,如清初山西陕西的乐户、江南丐户以及上述民国法令中涉及的几种人群。凡属贱民,则编设户籍,其生活动方式不同于良民,他们不能应考当官,不能与良民通婚。他们与良民间的伤害也不能以凡人相犯论适用一般法条,如是良民犯贱民,其处罚较常人相犯更轻,若贱民犯良民,其处罚较常人犯更重。③ 虽然雍正年间曾先后下令豁除贱籍,但至民国初年贱民仍大量存在。上述法令对于废除等级观念、维持人民自由权利和人格尊严在中国历史

---

① 参见王世杰、钱端升:《比较宪法》,商务印书馆1999年版,第407页。
② 参见谢振民:《中华民国立法史》,中国政法大学出版社2000年版,第18页。
③ 贱民问题参见瞿同祖:《瞿同祖法学论著集》,中国政法大学出版社1998年版,第241—243页。

上具有开创性意义。

此外,临时政府还颁布其他一些法令,大都为行政法令,如《内务部请大总统查禁赌博陋习及禁售各种赌具呈》《大总统禁烟令》《大总统令内务部通饬各省劝禁缠足文》《内务部咨各省都督禁止缠足文》《大总统令内务部晓示人民一律剪辫文》《普通教育暂行办法》和《普通教育暂行课程标准》《大总统令内务司法两部通饬所属禁止刑讯文》《司法部咨各省都督停止刑讯文》《大总统令内务司法两部通饬所属禁止体罚文》,等等。

课后阅读文献

张守东:《中国传统之"约"的宪政释义》,载《比较法研究》2007 年第 2 期。

杨天宏:《论〈临时约法〉对民国政体的设计规划》,载《近代史研究》1998 年第 1 期。

课后深度思考题

1. 辛亥革命后政权鼎革,但晚清修律成果在新政权中大多得到保留与延续。试思考这种法制的延续在政权变动中具有何种良性效果?有何种启示?

2. 结合辛亥革命(以及中国历代暴力革命)和 1789 年法国大革命,并对比 1688 年英国"光荣革命",试思考以暴力为基础的革命是否必然如革命党人起初宣称的那样,能带来所谓平等、自由和民主共和的秩序,其原因何在?从全球历史的视野来看,你认为实现这一政治秩序的历史经验是什么?

第二节 民国北京政府的法制

一、政权更替与制宪

(一) 走马灯似的政权

北京政府第一个当权的是袁世凯,时为 1912—1916 年。

辛亥革命后,袁世凯利用革命形势给予清政府巨大压力,迫使清政府赋予他军政大权,然后利用他手中的军队与"和议"两手,一方面威胁利诱革命派妥协、交出政权;另一方面又利用高涨的革命形势挟制、逼迫清帝退位。清帝退位后,袁世凯"一箭双雕",夺取辛亥革命成果,开始了从 1912 年 3 月至 1928 年期间的民国北京政府,也即北洋政府时期。在袁世凯时期,民国北京政府形式上保持了统一,中央政府的法规大致可以在全国通用,这和袁世凯死后到 1928 年间的情形不甚相同。

1912年2月,袁世凯、黎元洪依据《临时约法》分别当选为中华民国临时大总统、临时副总统。袁世凯任命唐绍仪为国务总理,组成第一任内阁。唐新近加入同盟会,在阁员中,同盟会还分得教育、司法、农林、工商等部总长职位,因此内阁又被称为"同盟会内阁"。另外,革命党人还想按《临时约法》来限制袁的独裁,以议会中的多数组织"责任内阁"。袁世凯为清除革命势力,逼迫唐绍仪辞职,接着任命陆征祥为国务总理,不久又任命特务头子赵秉钧为国务总理,由此使内阁成为袁独裁的御用工具。但此时国会中同盟会员尚居多数,南方多数省政权也掌握在同盟会手中,革命派还有与北洋派一争高下的实力。1912—1913年上半年,两派政治势力对峙,全国政党林立,舆论活跃。

1912年下半年,同盟会与统一共和党、国民共进会、共和促进会、国民公党合并组成国民党。这是同盟会由之前的秘密革命组织向现代化民主政党转化的重要步骤。按当时的《国会组织法》规定,参议院议员274名,众议院议员596名,合计870名。1912年12月至1913年3月的第一次选举中,国民党有392人当选为参、众两院议员[①],在选举中取得国会多数席位。1913年3月国务总理赵秉钧派人暗杀国民党领袖宋教仁于上海,一次宪政民主的有益尝试被覆灭。对此,革命党人讨论的应对方式各异。

在孙中山倡议下,1913年7月发动"二次革命"武力反袁,但很快即失败。学者认为,"二次革命"这种以暴制暴、而非在当时现有法制框架下谋求案件解决的思维和行为方式,开创了长期困扰民国的恶劣政治模式。[②]"二次革命"使国民党的合法性成问题,这种行动在法理上而言,是试图推翻合法政府的暴乱,使国民党籍议员给袁以口实。随后袁世凯又以不服从"中央"的罪名,撤免国民党的三省都督。这彻底打消了国民党人实行"责任内阁"的理想。"二次革命"开启了民国以来通过武装斗争取代政治斗争的先例,拉开了军阀混战的序幕。

二次革命失败后,袁世凯武力统一全国。其首先强迫国会改变《临时约法》规定的先制定宪法,后选举总统的程序,并炮制出《大总统选举法》,于1913年10月6日举行投票选举总统。当天,袁世凯派出便衣军警、地痞、流氓数千人,打着"代表"民意的"公民团"旗帜,包围会场,声称"非将公民所瞩望的总统选出,不许选举人出议场一步"。从上午8时至晚上10时,国会连续投票三次,才选举上袁为大总统。选上后"公民团"高呼"大总统万岁"而去。

---

① 议员数据源自袁伟时:《政治策略与民初宪政的历史经验》,载《战略与管理》2000年第6期。
② 相关精彩分析参见同上注文。

第二天,议员选举副总统时,则无"公民"压迫。第一次投票黎元洪即以四分之三票数当选。袁世凯"当选"总统后,强令国会修改《临时约法》,以制宪为名,取消其中限制总统权力的各项规定。国会于1913年4月成立后,选定宪法起草委员会成员,其中以国民党党员居多。国民党籍议员特别是参加宪法起草委员会的议员,力图在制定问题上达以"法律制袁"的目的,于1913年10月在北京天坛祈年殿起草并三读通过宪法,咨交宪法会议,时称"天坛宪法草案"。该草案沿用《临时约法》,扩大国会权力,实行责任内阁制,以限制总统权力,还规定大总统只能连任一次。

当袁要求取消这些限制受到抵制后,更于1913年年底下令解散国会,派军警追缴国民党籍议员的证章、证书,致使国会不够法定人数,陷于完全瘫痪。至1914年1月,袁世凯召集由各省和他特派的军阀、官僚等组成"中央政治会议"(位于北海公园团城,靠近当时位于中南海的总统府),经其议决,由袁世凯下令停止国会其他议员的职务,正式宣布解散国会。至此,革命党人企图在北洋军人的独裁统治下通过议会掌握政权,实现"法律制袁"的理想完全落空。

(袁世凯称帝)

袁世凯镇压革命派的武力反抗后,政局相对稳定,北洋政府的立法、司法各种体制的基础多在这一时期奠定。大总统职位不能使袁世凯这样有"大志"的人满足。他在1915年12月12日宣布恢复帝制,不久下令改1916年为洪宪元年,废民国纪元。袁世凯复辟受到全国官民反对,并激发南方将领唐继尧、蔡锷、李烈钧等宣布独立,发动以维护中华民国国体为目的的护国战争(1915—1916)。在举国一片声讨中,袁世凯被迫于3月22日宣布取消帝制,恢复中华民国。这个窃国大盗在1916年6月6日于忧愤中死去。帝制自为的失败,恐怕不单纯是因为政治、经济、外交等因素发生了变化,更重要的是民众思想与此前相比发生了根本性的改变。

北京政府第二个实权派是皖系与段祺瑞,时为1916—1920年。

袁世凯死后,民国北京政府由形式上的统一走向分裂,中央政府在对外关系上名义代表着国家。北洋军阀主要分为以段祺瑞为首的皖系;以曹锟、吴佩孚为首的直系;以张作霖为首的奉系。另外还有一些小军阀,如滇系、桂系等。先后在北京政府当政的有黎元洪、段祺瑞、徐世昌、冯国璋、曹锟、张作霖等(实权先后掌握在皖系军阀段祺瑞、直系军阀曹锟和奉系军阀张作霖手中)。他们虽不敢再蹈袁世凯、张勋复辟帝制的覆辙,不得不打着"中华民国"的招牌,但无一不效法袁世凯对待《临时约法》和国会的故伎,始则利用之,继则毁弃之,迫使其为自己的统治服务,"选举"和"制宪"把戏,较袁世凯有过之而无不及。简述如下:

段祺瑞于1916年6月窃取了北洋政府实权后,迫于反袁力量的压力,与黎元洪宣布恢复《临时约法》和国会,实现约法规定的国家制度,但他被正式追认为国务总理后,就出现了变化。在1917年国会讨论对德参战案中,段祺瑞与黎元洪之间发生矛盾。黎元洪解散国会,免去段祺瑞的职务,段祺瑞立即煽动督军团叛乱。这时,张勋乘机复辟帝制。段祺瑞率兵赶走了张勋,由冯国璋任代理大总统,段祺瑞以"再造共和"自居。把持中央政权后,段祺瑞废除《临时约法》,由皖系包办国会选举。1918年8月成立新的国会,选徐世昌为大总统,派兵讨伐孙中山1917年7月在广州发起的护法运动(1922年结束)。

1917年8月,孙中山组织"非常国会"在广州开第一次会议(因会议不足法定人数,故称"非常"),根据通过的《军政府组织大纲》选举孙中山为大元帅,1918年5月非常国会改组军政府,孙中山为七总裁之一。孙于6月初离开广东绕道赴沪。1921年4月孙中山在广州被选举为"非常大总统"。这一时期直、奉两系的实力扩展甚为迅速。1920年7月,直皖战争终于爆发,直系与奉系结盟击败皖系。

北京政府的第三个实权派是直系的曹锟与吴佩孚,时为1920—1924年。

一开始,北京政府由直奉两大军阀共享。因直系武力统一中国的政策受到反对,1922年4月,直奉爆发战争。直系击败奉系,独占北京政权。真是

"卧榻之侧岂容他人鼾睡乎"？1922年6月，曹、吴赶走总统徐世昌，捧出黎元洪当过渡总统，撤销1917年解散国会的命令，恢复旧国会，从表面上恢复了《临时约法》规定的政治制度和政权组织形式。

当其权力稳定下来后，吴佩孚在美国支持下，发动了"武力统一"的大规模内战，曹锟则希望当上总统宝座。1923年6月，曹锟唆使他的党徒纠集军警，组织"公民团"，假借民意口号赶走了黎元洪。为了通过国会选上总统，曹锟采取多种手段操纵选举。他一面利用"出席费""餐费"，延长议员任期，直至出动军警，密布侦探，封锁消息，限制议员人身自由，从而凑足法定议员人数。1923年10月5日，曹锟沿用袁、段的老把戏，派出军警，严密包围国会，强迫议员"选举"他为大总统。这就是历史上臭名昭著的"曹锟贿选"。此次国会被民众讥为"猪仔国会"，议员被称为"猪仔议员"。选曹锟为总统的国会，也即十年前选袁世凯为总统的国会。民国时期选举主要存在三种丑陋方式：捏造民意；武力威胁；金钱贿买。曹锟用了其中的两种，手段恶劣。直系内部的冯玉祥部与反直力量暗中联合。1924年10月，冯玉祥在直奉战争时期发动北京政变，囚禁曹锟，吴佩孚南逃。直系军阀统治时期告终。

北京政府的第四个主要的实权派是奉系军阀张作霖，时为1924—1928年。

奉系控制北京政权后，先抬出段祺瑞以"临时总执政"名义组成临时政府。后奉系与冯玉祥部发生矛盾，于是奉系与吴佩孚携手反冯，并在1926年初将冯玉祥部挤出华北。1926年4月段祺瑞下台。1927年6月，张作霖自组军政府，自封"海陆军大元帅"，宣称"代表中华民国行使统治权"。1928年因北伐战争，张作霖被迫退出北京，宣告北京政府垮台。

民国时期是西式共和宪政、代议政治等在中国的试验时期。包括革命派和北洋派在内的各政治派别虽然存在矛盾，但政治运作基本上是在宪政体制框架中，遵循法律途径加以解决。但其中也暴露出宪政体制解决中国问题的"短处"：袁世凯多次无视法律的举动，表明宪政体制约束和规范军事强人方面无能为力。①

往昔帝王们言必称尧、舜、三王、周公、孔子所传之道，南宋朱熹却哀叹尧、舜、三王、周公、孔子所传之道未尝一日得行于天地之间也。② 民国时政坛恶棍们言必称共和、民主，然而共和、民主又何尝一日得行于天地间！其原因

---

① 参见李在全：《法治与党治：国民党政权的司法党化（1923—1948）》，社会科学文献出版社2012年版，第3页。

② 参见《朱文公文集》卷三十六《答陈同甫》。

何在？学者认为，以北洋军阀为代表的近代军阀是以一定军事力量为支柱，以一定地域为依托，在"中体西用"思想指导下，以封建关系为纽带，以帝国主义为奥援，参与各项政治、军事及社会活动，罔顾公义，而以只图私利为行使权力之目的之个人和集团。① 罔顾公义的军阀集团不可能实现民主与共和。因此，这一时期是典型的"有宪法，无宪政"（出现许多宪法文本，却未曾有过宪政民主秩序）。

（二）眼花缭乱的制宪

1.《大总统选举法》

袁世凯迫使国会违反制宪程序，先选总统后公布宪法。1913年10月，袁世凯公布了国会制定的《大总统选举法》。该法要点为：总统产生采用国会选举制；大总统就职，必须宣誓遵守宪法；总统继任以一次为限，以免久据高位；当选正副总统者，须获有高额票数，第一、第二次投票，非得票满出席人数四分之三，不能当选，第三次投票则为决选，但非得票过出席人数之半不能当选。

2."天坛宪草"

1913年10月，国会中有革命倾向的议员（主要是国民党籍议员）成为限制袁世凯的力量，以这些人为主体的宪法起草委员会在北京天坛祈年殿起草《中华民国宪法草案》，又称"天坛宪草"，共十一章一百一十三条。草案在起草前后争论焦点主要为：地方机关的权限与组织问题，由于时局原因草案未细加讨论；就孔教是否入宪问题，国民党议员与进步党议员经互相迁就，最后增入"国民教育以孔子之道为修身之大本"一项；行政机关的权力问题，委员见解各一，但均拒绝总统制。②

草案最后的主要内容为，规定三权分立原则，立法权属于国会，国会拥有弹劾、审判大总统、副总统和国务员的权力，行政权属大总统，国务总理的任命须得到众议院同意，司法权由法院行之；在特定情况下不能召集国会时，大总统有发布紧急命令权；规定孔子之道为国民教育的修身之本；设审计院以审核国家岁出的支付命令，及岁出岁入的决算案，审计员由参议院选举，院长由审计员互选。

这部宪法由于国民党籍议员的努力，再次确认中华民国为共和国，赋予国会较大权力，采用责任内阁制，以限制袁世凯；严格限定总统只能连选连任一次。期间，袁世凯曾派代表向宪法起草委员会陈述扩大总统权力、缩小国会对大总统制约权的建议，遭到宪法起草委员会的拒绝。袁世凯于是宣布国

---

① 参见来新夏：《论近代军阀的定义》，载《社会科学战线》1993年第2期。
② 参见王世杰、钱端升：《比较宪法》，商务印书馆1999年版，第415—416页。

民党为非法党派,解散国民党。438名国民党籍议员被取消议员资格,使得议员参会人员达不到法定半数,两会议长只能宣布休会。在1914年1月国会被袁世凯正式解散后,"天坛宪草"的继续讨论停顿下来。

1916年黎元洪以《临时约法》及旧《大总统选举法》为依据就任大总统,恢复原国会。"天坛宪草"成为国会两院宪法会议讨论的基础。"天坛宪草"经二读会议决修正如下重大问题:第一,关于孔教的规定,将原案改为"中华民国人民有尊崇孔子及信仰宗教之自由,非依法律不受限制"。此条实质毫无意义,等于废话。第二,否决了原案规定在议会闭会期内以国会委员会为监督政府的机关。第三,否决了原案"大总统为维持公共治安"等原因时,发布与法律有同等效力的命令。第四,原案"两院议员不得兼任文武官吏,但国务员不在此限",二读会议决删去但书。第五,关于国会临时会的召集,二读时改为依总统召集或两院议员各三分之一的联名通告,国会可召开临时会。至1917年6月国会第二次被解散时,草案仍有一部分问题未及完成二读会。①剩下的省制等问题,要等到1923年8月这届国会再度恢复时方继续议决。

3. "袁记约法"

袁世凯依《大总统选举法》当选正式大总统后,其职权仍须以《临时约法》关于临时大总统的规定为准,袁世凯不堪受其束缚,就任后向国会及宪法会议提出增修案,要求扩张大总统的职权,其要求遭到宪法起草委员会拒绝。解散国会后,袁世凯以亲信组成的中央政治会议(存在六个月)取代国会,后又设约法会议作为制宪机构。约法会议在1914年3月开会时,袁世凯提出增修《临时约法》,包括:外交大权归总统,不必经参议院同意;总统制定官制官规及任用国务员等不必经参议院同意;采用总统制;总统应有紧急命令权;总统应有财政处分权,等等。约法会议依据袁的要求将之纳入新制定的约法。②此外,该约法取消国会制,设立受大总统领导的立法院,总统有解散立法院的权力,这与后来蒋介石当政时的立法院接近。"袁记约法"取消责任内阁制,不设总理,各部总长秉承大总统命令,管理本部事务并向总统负责,赋予大总统至高无上的权力。总之,除了名称差异外,大总统的权力与皇帝接近。

在美国宪法顾问古德诺的参与下,这个按照袁世凯旨意成立的机构制定并于1914年5月1日公布《中华民国约法》。这部约法称"袁记约法",《临时约法》也被公开废除了。"袁记约法"还设立一个应大总统之咨询,审议重要政务的变态机构参政院,取代了原政治会议。

---

① 参见王世杰、钱端升:《比较宪法》,商务印书馆1999年版,第424—426页。
② 参见同上注书,第420—421页。

不过，参政院虽非代表民意的立法机构，但是在其存在的两年零一个月内，制定大量法律法规，包括《著作权法》《出版法》《森林法》《会计法》《审计法》《狩猎法》《行政诉讼法》《行政执行法》《诉愿法》《商会法》《证券交易所法》《商人通例》《公司条例》《商业注册规则》《公司注册规则》《矿产条例》《电信条例》《民事管辖办法》《禁种罂粟条例》《缉私条例》《契税条例》等。参政院一改此前国会立法拖延的状况，形成了民国政府的首度立法高潮。

? 想想看

想想看，相比之前的国会以及民国五年八月恢复的国会，参政院立法速度如此之快，有何政治性因素？

"袁记约法"破坏了三权分立、权力制衡的政体，其出台标志着辛亥革命的成果全部丧失，由此确立了军阀全面专制。1914年6月，以黎元洪为院长的参政院成立，首要任务是修改《大总统选举法》。自《中华民国约法》公布后，《大总统选举法》的基础被动摇了——选举法原定选举大总统的机关为国会议员组织的总统选举会，此时国会业已解散；选举法规定大总统、副总统均缺位时由国务院摄行其职务，而《中华民国约法》未设置国务院。① 修订的《大总统选举法》内容可真是"蔚为壮观"——大总统任期改为十年，连任没有限制；总统继任人应由现任大总统推荐合格者3人，由总统选举会选举；总统选举会由参政院参政及立法院议员各互选50人组成；每届大总统任满举行选举之年，如参政院认为政治上有必要时，即可作大总统连任的议决。② 该法还仿清朝的皇位继承法，规定现任大总统可推荐继承人，"被推荐者之姓名，由大总统先期谨亲书于嘉禾金简，钤盖国玺，密贮金匮于大总统府特设尊藏金匮石室尊藏之"，而被推荐者的条件无任何规定，至此，袁除尚未登基外，与帝王无本质区别。就算是这个承认终身总统制的选举法，等到袁世凯1915年12月下令称帝时也被抛弃。

4. "贿选宪法"

1923年曹锟当选为总统后，为共同掩盖其贿选的罪恶，与数百名卖身议员一同，原本10年议而未决的宪法，竟然在3天内三读通过！这部《中华民国宪法》在1923年10月10日正式公布实施，成为中国近代史上第一部正式颁布的"宪法"，史称"贿选宪法"。

---

① 参见谢振民：《中华民国立法史》，中国政法大学出版社2000年版，第102页。
② 参见同上注书，第310页。

"贿选宪法"以"临时约法""天坛宪草"为基础,其与1917年国会讨论的《中华民国宪法案》主要差异为"国权"与"地方制度"两章。就条文而言,其比"袁记约法"有明显进步。《中华民国宪法》共十三章,一百四十一条,其规模比《临时约法》(五十六条)、"天坛宪法草案"(一百一十三条)、"袁记约法"(六十八条)都大。鉴于之前两度帝制复辟,宪法制定出一些针对性条款。其主要内容为,规定国家体制永远为统一民主国,提出"国体不得为修正之议题";改大总统集权制为责任内阁制,大总统不再"总揽政务",以国务总理为首的内阁由国会产生并对之负责;规定以服从中央为前提的中央与地方分权制。"贿选宪法"产生时,中央政府掌握在直系军阀手中,其他军阀则凭借武力盘踞一方。

　　中央政府出于换取地方军阀支持稳定局面、保持自己权力的需要,以及为抵制南方的护法运动,抑制各地军阀掀起的"联省自治运动",从而在宪法中提出中央与地方的分权。"联省自治运动"致力于各省自治、自定省宪;各省选派代表组织联省会议制定省宪法。实际结果是自治徒有其名,反成地方军阀借以专治的招牌。宪法还划分了国家事项、地方事项。省、县两级制。为防止省权力过大,宪法禁止省自治法与宪法抵触,各省不得缔结盟约,不得设置常备军。另外还确立司法独立原则,法官独立审判,还规定了司法审查权,以解决中央与地方权力纠纷。

　　从文本而言,这部民主类型的宪法综合体现了西方近代宪法理论和原则以及当时十年共和的政治实践。不过,此时通行有军权者通吃的军阀专制原则。宪法规定中华民国人民享有财产、营业、请愿、诉讼、选举、被选举等诸权利,对国人而言宛如梦境,遥不可及。不过一年,曹锟倒台,这部宪法成为废纸。

　　曹锟的贿选与制宪带来意想不到的后果:以国会制为代表的西式民主制声名狼藉,助长了整个社会对民主代议制的怀疑,动摇了整个民国初年的政治基础,宪政与法治岌岌可危,并引发了社会对宪政体制的否弃。[①] 虽然这从客观上而言,将当时各种政治丑闻归因于宪政并不合理。

▶ 二、其他法制主要内容

（一）晚清修律的延续

　　民国北京政府时期,民选立法机构国会常年处于解散状况。负责制定法律的机构主要为法制局下设的法典编纂会,起草和制定宪法以外的法律。

[①] 参见李在全:《法治与党治:国民党政权的司法党化(1923—1948)》,社会科学文献出版社2012年版,第18页。

1914年这个机构更名为法律编查会，隶属司法部，1918年又被改为修订法律馆。同时，作为最高掌权者办事的立法机构如政治会议、约法约议和参政院也曾制定过法令。

民国初期，晚清修律的成果大都延续下来。1912年4月3日，参议院决议："所有前清时规定之《法院之编制法》《商律》《违警律》及宣统三年颁布之《新刑律》《刑事、民事诉讼律草案》，并先后颁布之《禁烟条例》《国籍条例》等，除与民主国体抵触之处应行废止外，其余均准暂时适用；惟《民律草案》，前清时并未宣布，无从援用，嗣后凡关民事案件，应仍照前清现行律中规定各条办理。"[①]此外，北京政府将删订后的刑律定名为《中华民国暂行刑律》。1912年司法部呈准政府暂行援用清末的《民事诉讼律草案》中关于管辖的规定（第一编关于审判衙门的管辖涉及事物管辖、土地管辖、指定管辖、合意管辖）。1919年司法部又呈准政府暂行援用《民事诉讼律草案》第五章关于审判衙门职员回避、拒却及引避的规定。1922年，北京政府将《民事诉讼法草案》(以清末《民事诉讼律草案》为基础制定)改为《民事诉讼条例》，规定全国施行。1912年，司法部呈准政府暂行援用《刑事诉讼律草案》中关于事物管辖、土地管辖与指定与移转的规定。1921年修订法律馆编成《刑事诉讼法草案》(以清末《刑事诉讼律草案》为基础制定)，后改为《刑事诉讼条例》，规定1922年起全国施行。

❓ 想想看

《民事诉讼条例》与《刑事诉讼条例》能否在全国真正得到施行？

因此，清末修律的重要成果在北京政府时期基本得到肯定。

（二）制定颁布大量单行法规

民国北京政府时期制定大量单行法规。在民事方面有《矿业条例》《小矿业暂行条例》《森林法》《清理不动产典当办法》《不动产登记条例》《著作权法》《管理寺庙条例》；商业法规主要有《商人通例》《公司条例》《商业注册规定》《证券交易所法》《物品交易所条例》《商标法》等。当时修订法律馆还先后起草了公司法、破产法、票据法等草案。除了在原《大清新刑律》基础上制定《中华民国暂行刑律》外（删除原有的"侵犯皇室罪"一章和原"暂行章程"五条等条款），刑事与治安特别法包括《官吏犯赃治罪条例》《徒刑改遣条例》《易笞条例》《戒严法》《私盐治罪法》《惩治盗匪法》《治安警察条例》《陆军刑事条例》

---

① 参见谢振民：《中华民国立法史》，中国政法大学出版社2000年版，第55—56页。

《海军刑事条例》《惩办卖国贼条例》《办赈犯罪惩治暂行条例》《科刑标准条例》等。这些刑事特别法处刑一般要比刑事普通法《暂行刑律》重。

以上单行法规大部分属于立法程序简单、针对性强、易于补充修改的特别法,被赋予高于普通法的效力,大理院的判例曾宣布:"特别法应先于普通法,必特别法无规定者,始运用普通法。"①

（三）广泛适用判例和解释例

北京政府时期政局动荡,诸如民法典等一些重要的法典未能颁行,虽然在 1924—1925 年间修订法律馆曾制定民律草案,作为收回领事裁判权的努力,适应政变致草案未能成为正式民法典,是为民律第二草案。为此,北京政府视前清现行刑律中关于民事部分至民国继续有效,比如服制、户役、田宅、婚姻、犯奸、斗殴、钱债等,这些现行律的民事有效部分一直施行到 1929 年南京政府的民法典颁布之际。② 同时,最高司法机构大理院往往以解释、判例等方式补充法律的漏洞。因此,民国北京政府时期的判例与解释例数目之多,涉及范围之广空前。据不完全统计,从 1912—1927 年,北洋政府大理院汇编的判例约 3900 多件,公布的解释例也约有 2000 多件。

这些文件都具有普通约束效力,成为一种重要法律形式。二者之所以被大量引用,是因为其适用具有灵活性,利于其对现行法律做出有益于统治阶级的各种解释,即可补充现行法律的"未备"或"于时不适",又较制定正式的法律文件简易。同时民国初期民商法典不完备,刑事立法虽然具有雏形,但存在甚多欠缺。通过解释例与判例的运作,可以阐述其法律意义,确定运用的范围与标准。解释例与判例在实务上的拘束力,可以统一各级法院法律上的见解,避免无法可依、同法异判的弊端。进而建立了民国初期民商事法律的秩序,达到其"社会统制"的积极功能。这些均为南京国民政府时期的法制建设奠定基础。③

三、近代司法制度的确立

（一）普通法院的审级与大理院

1912 年 3 月,北京政府在晚清《法院编制法》的基础上制定《暂行法院编制法》,这一时期的审级与清末相同,分为初级审判厅、地方审判厅、高级审判厅、大理院四级,并实行三审终审制。实际上并未设置初级审判厅。对此,

---

① 《大理院判决例全书》民国八年上宣第 35 号判例。
② 参见谢振民:《中华民国立法史》,中国政法大学出版社 2000 年版,第 747 页。
③ 大理院解释例与判例的说明参见黄源盛:《民初大理院》,载杨一凡(总主编):《中国法制史考证》(乙编第二卷),中国社会科学出版社 2003 年版。

1914年4月北京政府公布的《县知事兼理司法事务暂行条例》规定未设审判衙门的地方，民刑案件均由县知事兼理，也即仍由县知事兼理司法业务，这种基层行政司法合一的状况直至民国结束仍然存在。1914年初级审判厅与检察厅被取消，因此审级事实上变为三级制。1916年2月修正公布的《法院编制法》从法律上取消了初级审检厅。1935年即南京政府时期也确立了三级三审制。

大理院为北京政府时期的最高司法机构，除了最高审判权及统一解释法令权两项外，其权限还有组织审判大总统的法庭；受理选举诉讼上诉之权。民国北洋政府时期根据临时约法，宣布司法独立。但是当时军阀混战，大理院以下各级法院时遭外界非法干涉。比如，当时军队多设有军政执法处，为专门的司法机构。1912年8月，仅凭黎元洪密电指控以及袁世凯的一纸军令，京城的军政执法处没有经过任何法定司法程序就将与黎元洪有私怨的张振武枪杀。1925年12月山东省军阀张宗昌亦未经任何司法程序，就命令军政执法处枪杀了山东高等审判厅厅长张志。

相比之下，大理院推事（法官）在维护司法独立精神上有足可称道之处。比如袁世凯曾以江苏民政官应德闳［hóng］有侵占罪嫌疑，命司法总长令总检察长向大理院起诉。大理院庭长朱学曾经依法施行预审调查，认为证据不足，不能认定为犯侵占罪，决定免诉。相当于拒绝了袁世凯的要求，这在中国司法史上，算得上相当了不起的事件。

1913年的刺杀宋教仁案，直接凶手为武士英与应夔［kuí］丞，主谋者为北京的内务部秘书洪述祖，时任国务总理赵秉钧及大总统袁世凯与此案都存在明显嫌疑。当时，上海会审公廨及法租界公审公廨分别预审武、应二人，并移送上海地方检察厅供明前情。袁世凯欲组织特别法庭，遭司法总长许世英所拒。上海地方检察厅曾票传国务总理赵秉钧。虽然赵秉钧称病，提交相应事实，援引《各级审判厅试办章程》和《刑事诉讼律草案》为依据，拒绝到上海应讯。但一个地方法院传讯总理和地方官员，公布政府最高官员与杀人罪犯密切来往的证据，不失为20世纪中国司法史上空前的大事。在社会舆论的强大压力下，袁世凯被迫批准赵秉钧辞去总理之职，由段祺瑞代理。1914年2月赵秉钧出任直隶总督，到任9天后被毒死。1917年，洪述祖被上海地方检察厅提起公诉。被告对判决不服，上诉至大理院。大理院改判死刑。这一切，均表明大理院法官的风格与法治精神，在当时军阀乱政之际，能保持司法独立精神极为不易。①

---

① 大理院权限及司法独立参见黄源盛：《民初大理院》，载杨一凡（总主编）：《中国法制史考证》（乙编第二卷），中国社会科学出版社2003年版。

这种"司法独立"精神,与北洋政府时期"司法不党"潮流有密切关系,也是当时宪政法治、三权分立政制趋势下的反映。根据这些制度,北洋政府要求司法官不得入党、兼任行政官和议员。包括《法院编制法》在内的民国初期多部法律规定:为保持中立的立场,推事及检察官不得为政党员、政社员和中央议会或地方议会议员。在1913年,司法总长许世英为此特地通令各地司法官不得加入任何政党。①

(二)特别法院的设立

北京政府时期的特别法院主要是陆、海军的军事审判机关以及特殊地区如新疆、哈尔滨、热河、察哈尔、东省(贯穿东北各省的中俄铁路沿线一定范围内的区域)等特别法院。北洋军阀统治时期连年混战,军事审判成为重要的审判方式。依1915年公布的《陆军审判条例》和1918年公布的《海军审判条例》,军事法庭审判时,不准旁听,不准选取辩护人,不准上诉,便于军事法官专横独断。军事审判机构分为高等军法会审、军法会审和临时军法会审三种。

(三)首个行政诉讼机构——平政院的设置

清末宣统三年(1911)颁布《行政审判法》,提出设立行政审判院的设想,后因清朝结束而未果。受此及德法日诸大陆法系国家行政诉讼制度影响,1914年3月,北京政府公布《平政院编制令》,平政院职能为纠弹官吏违宪(平政院的肃政厅负责)、违法、殃民事件,审理纠弹及行政诉讼案件。《平政院编制令》要求平政院的评事及肃政史在职期间,不得为政治结社及政谈集会的社员或会员;不得为国会及地方议会议员;不得为律师等等,并规定评事及肃政史除有精神衰弱等身体障碍影响执行职务、或受惩戒调查、刑事诉外等外,不得强令退职、转职及减少薪水,以此保证评事、肃政史司法公正、不受外界影响和干扰。因此,平政院相当于明清时期都察院与西方近代行政法院的合成体。

依据该编制令,1914年4月成立平政院,与国务院、大理院、审计院独立平行,直隶于国家元首。与平政院的设立相关,当时另公布了两部重要法律。1914年7月,北京政府修正公布了《诉愿法》(相当于今天的《行政复议法》),规定人民对中央或地方最高级行政官署的违法处分致损害人民权利的、中央或地方行政官署的违法处分致损害人民权利并经诉愿至最高行政官署不服其决定的,在处分书或决定书达到的次日起60日内向平政院提起行政诉讼。②1914年7月还修正公布了中国第一部《行政诉讼法》。根据这部法律,

---

① 参见李在全:《法治与党治:国民党政权的司法党化(1923—1948)》,社会科学文献出版社2012年版,第8页。

② 参见谢振民:《中国华民国立法史》,中国政法大学出版社2000年版,第1051页。

除对中央或地方最高级行政官署损害人民利益的违法处分，人民可以直接提起诉讼外，对其他行政官署损害人民权利的违法处分，行政相对人必须依诉愿法的规定，经两次诉愿程序后才可向平政院提起。至1917年，受共和民主思想冲击，平政院下属机构肃政厅被认为类似于旧时都察院之类的帝王耳目机构而被撤销，与之相关的《纠弹法》亦废除，平政院至此仅为单纯的行政裁判机构。

平政院存续的14年间，军阀割据、吏治腐败相当严重，每年受理案件不过数十起。平政院受理案件如此有限，足以反映行政诉讼制度在中国实践中所遭遇的困局。平政院经费极为紧张（以致平政院有"贫政院"的绰号），评事们虽大多缺乏专业的法律素养，但却多有丰富的行政经验。从目前已知的行政诉讼案件来看，这些评事已经尽可能维护司法公正。如，1924年北京女师大风潮爆发，鲁迅公开发表宣言支持该校学生的斗争。第二年，时任教育总长章士钊呈请临时执政以"结合党徒，附合女生，倡设校务维持会，充任委员。似此违法抗令，殊属不合"等理由将鲁迅免职。鲁迅于是年8月至平政院起诉教育部对其免职处分违法。至1926年2月，平政院裁决教育部的处分系属违法，应予取消。此案以鲁迅胜诉告终。

设立平政院的目的正在于使人民获得行政诉讼救济。行政诉讼是指人民对于行政官署违法侵害其权利的行为，得向特定机构请求救济的制度。其主要作用或侧在防止、纠正行政官署的违法处分，以维护法规的尊严；或重在人民权利的保障。平政院为近代宪政国家权力分立思想以后的产物，行政与司法相分，行政始有违法可言，也才可能有行政诉讼。平政院为南京国民政府的行政诉讼制度奠定了基础。南京政府公布的《中华民国训政时期约法》规定设立五院。其中，司法院下设行政法院与最高法院。1932年11月公布《行政法院组织法》及《行政诉讼法》，第二年9月行政法院正式成立。① 《行政诉讼法》规定由行政法院受理行政诉讼，诉讼范围采概括主义并可附带损害赔偿之诉，一审终审以节约经费、简化诉讼，其诉讼程序准用民事诉讼法的规定。②

---

① 参见黄源盛：《民国第一个行政诉讼审判机关——民初平政院裁决书整编与初探》，载张晋藩（主编）：《20世纪中国法制的回顾与前瞻》，中国政法大学出版社2002年版；宋玲：《清末民初行政诉讼制度研究》，中国政法大学出版社2009年版；林树青、张瑜：《民初平政院研究——以"鲁迅诉教育部"案为视角》，载《中外法律文献研究》（第二卷），北京大学出版社2008年版。

② 参见谢振民：《中华民国立法史》，中国政法大学出版社2000年版，第1053—1055页。

课后阅读文献

袁伟时:《政治策略与民初宪政的历史经验》,载《战略与管理》2000年第6期。

袁伟时:《民初宪政格局崩毁再审视——以袁世凯和国民党为中心的考察》,载《徐州师范大学学报(哲学社会科学版)》2011年第4、5期。

袁伟时:《辛亥革命成果及其摧毁——违约、违法的恶果》,载《南方论丛》2012年第1期。

袁伟时:《民初"护法"与法治的历史经验》,载 http://www.confucius2000.com/20century/mchfyfzlsjy.htm

王世杰、钱端升:《比较宪法》,商务印书馆1999年版,第六编。

以下适合有研究兴趣的读者

唐仕春:《北洋时期的基层司法》,社会科学文献出版社2013年版。

殷啸虎:《近代中国宪政史》,上海人民出版社1997年版。

毕连芳:《北京民国政府司法官制度研究》,中国社会科学出版社2009年版。

王人博:《宪政文化与近代中国》,法律出版社1997年版。

黄源盛:《民初法律变迁与裁判》,台湾政治大学法学图书编辑委员会2000年版。

王健(编):《西法东渐——外国人与中国法的近代变革》,中国政法大学出版社2001年版。

谢振民:《中华民国立法史》,中国政法大学出版社2000年版。

前南京国民政府司法行政部(编):《民商事习惯调查报告录》,胡旭晟等(点校),中国政法大学出版社2000年版。

施沛生(编):《中国民事习惯大全》,上海书店2002年版。

郭卫(等编):《中华民国宪法史料》,大东书局1947年9月版。

吴宗慈:《中华民国宪法史》(前编、后编),大东书局1924年版。

《大理院解释例要旨汇览》,大理院编辑处(编辑),财政部印刷局印行,1919年初版。

《大理院判决例全书》,郭卫(编辑),上海会文堂书局1931年初版。

黄源盛:《民初大理院与裁判》,台湾元照出版有限公司2011年版。

谢森、陈士杰、殷吉墀[chí](编):《民刑事裁判大全》,卢静仪(点校),北京大学出版社2007年版。

夏新华、胡旭晟(整理):《近代中国宪政历程:史料荟萃》,中国政法大学出版社2004年版。

李贵连(主编):《民国北京政府制宪史料》(共十六册),线装书局2007年版。

李贵连(主编):《民国北京政府制宪史料二编》(共十八册),线装书局2008年版。

课后深度思考题

1. 试阅读以下文献,并结合民国南京政府时期的"司法党化"理念,比较二者差异,思考何种原因导致出现此种差异,其对司法审判的影响为何?你对此有何种评价?

民国元年12月11日,中华民国司法部令:"法官入政党,先进各国大都引为深戒。诚以职在亭平,独立行其职务,深维当官而行之义,重以执法不挠之权。若复号称为百弊丛之,非所以重司法也。查法院编制法第一百二十一条,推事及检察官在职中,不得为政党员、政社员及中央议会或地方议会之议员。条文深切著名,规定至为严密。乃者,京外政党林立,颇闻有现充法官置身党籍者。本总长认为非司法范围内应有之事,即当然认为违法之行为。所有京外现充法官各员,除关于研究法律讲习法学等会不予限制外,其余无论何项政党、政社,凡未入党者不得挂名党籍,已入党者即须宣告脱党。倘以党籍关系不愿脱离,尽可据实呈明,将现充法官职务即行辞职。各该法官等学养有素,中外法理当所熟闻。须知法官一职,绝对处于独立地位,司法之不能干涉他项政治,犹之行政机关之不能干涉司法,本总长尊重法官,即所以尊重法权,望京外法官其共勉之。此令。"①

2. 结合"课后阅读文献"所列袁伟时的论文,阅读以下文献并思考,与之前的传统时代相比(比如清朝文字狱),以下两个事件反映出当时社会在法律与司法方面何种观念得到较广泛传播?高层统治者对待媒体的思维模式、法律观与传统观念有何联系?民众从法律方面对其给予何种评论?

1912年8月,副总统黎元洪电请查封《大江报》。他发出通缉该报负责人何海鸣的电报:"窃维国家要素在尊重主权,共和人民宜服从法律。无政府何以立国,无法律何以治民。当国家建设之初,岂容破坏!查有《大江报》,出版以来,专取无政府主义,为乱党秘密机关。擅造妖言,摇惑人心,废婚姻之制度,灭父子之大伦,无国家,无家族,无宗教,无男女。近乃益肆猖狂,毫无忌惮,至有除去政府,取消法律之邪说,实属大逆不道,悖谬已极!敝省(指湖北省)为扶持人伦,保护治安起见,着军警即行查封。该报主笔何海鸣、凌大同等,现尚在逃,应请一体严缉,就地正法!"②同年8月,《民立报》《民权报》等七家联名给黎元洪发出公开电:"公封《大江报》,拘社员,并通电全国,严缉何海鸣、凌大同就地正法,虽野蛮专制时代亦无此怪剧。公任民国副总统,乃竟违背国宪,蔑视人权,天下后世将谓之何?亟速取销全案。《民立》《民权》《民国新闻》《天铎》《太平洋》《民强》《中华民报》同叩。"③

1913年3月赵秉钧派人暗杀宋教仁于上海。之后,上海警方捕获凶手与国务总理赵秉钧及内务秘书洪述祖来往密电多份。江苏都督程德全、民政长应德闳在收到上海租界会审公堂移交的证据后,把罪犯应夔丞和国务总理赵秉钧、内务部秘书洪述祖之间来往的秘密电报和函件的要点以"通电"的形式向海内外公布,把罪犯与袁世凯及其追随者的密切关系暴于世人。与此同时,上海地方检察厅在1913年4月公开传讯在位的国务总理赵秉钧,并于5月第二次发出传票,并请北京地方检察厅传赵归案。赵秉钧正式答覆如下:

---

① 《司法部令法官勿参加政党》,载《话说民国》,团结出版社2007年版,第一册第三章。
② 朱宗震、杨光辉(编):《黎元洪通缉何海鸣电》,载《民初政争与二次革命》,上海人民出版社1983版,第109页。
③ 《〈民立报〉等反对封闭〈大江报〉致黎元洪电》,载朱宗震、杨光辉(编):《民初政争与二次革命》,上海人民出版社1983版。第112页。

"前准贵厅函称：'查暗杀前农林总长宋教仁一案，经本厅检查证据，除应夔丞、洪述祖外，国务总理赵秉钧、国务秘书程经世均涉嫌疑，非经质讯，不足以昭公允。合依《各级审判厅试办章程》第四十四条之规定，函请贵厅迅予分别传案，一并移解过厅，以凭讯夺。'等因。当经本厅饬司法警察将传票二纸分别送达。兹据赵秉钧据称：'本月十三日准贵厅送到上海地方检察厅传票内开：暗杀宋教仁一案，本厅经查证据，该被传人迹涉嫌疑，着即来厅候质，限五月十九日到厅。等语。查暗杀宋教仁一案，前据洪述祖青岛电称……各节，已足证明秉钧与本案毫无关系。即谓程都督、应民政长宣布证据中有秉钧致应夔丞、洪述祖函各一件。查致应函，系发给密电码电本事，向例外省奉差人员，均得请用密电。……其致洪函，系答代应催询津贴一事……词意显明，无难复按，决不能据此两函，指为与本案有嫌疑之关系。故秉钧实无到厅候质之理，秉钧对此项传票，当然拒绝。惟民国立国精神，首重司法独立，而尊重司法官意思，即为维持司法独立之道……现在秉钧旧疾复发，曾在北京法国医院调治，当有诊断书可证，已于四月三十日，呈明大总统，请假十五日在案，自未便赴沪。用特援引《刑事诉讼法草案》第三百零三条之规定，请就秉钧所在地询问。相应函达贵厅转知上海地方检察厅知照。"①

第三节　民国南京政府的法制

◆ 预读文献与思考

1935年，时任国民政府司法院院长的居正提出"司法党化"，其理论依据有无合理性或欠缺？"司法党化"包含的宗旨在当时实现的可能有多大？有何负面影响？

司法是国家生存之保障，社会秩序之前卫。如果不把它党化了，换言之，如果尚容许旧社会意识偷藏潜伏于自己司法系统当中，那就无异容许敌方遣派的奸细加入自己卫队的营幕里。这是何等一个自杀政策！……司法党化必须包含以下两个意义：

（一）司法干部人员一律党化——主观方面。

（二）适用法律之际必须注意于党义之运用——客观方面。

……司法党化应该是把一切司法官都从那明了而且笃行党义的人民中选任出来。不一定要他们都有国民党的党证，却要他们都有三民主义的社会意识。质言之，司法党化并不是司法"党人化"，乃是司法"党义化"。

还有一层，从主观方面实行司法党化，必须采用人民陪审制度。人民陪审骤观之似乎与党化不相干。然为贯彻民权主义起见，只有行陪审制度，而

---

① 《京地检厅长转赵秉钧、程经世拒绝赴沪受质复文》，载朱宗震、杨光辉（编）：《民初政争与二次革命》，上海人民出版社1983版，第356—357页。

后可以使司法与民意打成一片,使民间的正义观念直接构成国家的正义观念。否则人民认为是,而国家反认为非,人民认为无罪,而国家反认为有罪,国家意识与人民意识竟成反对,还成什么民权主义呢?……以上从主观方面即人的方面说明司法党化;现在更要从客观方面即物的方面说明司法党化。所谓物的方面之司法党化,就是指司法官审判时,(一)应该拿一个什么思维方法来做论证之基础,(二)进一步言,拿一个什么世界观来做思维方法与论证之动向。……可以归纳到以下一个原则,作为司法党化物的方面之标准——"适用法律之际必须注意党义之运用"。……为增进司法效能,期司法作用适合于人民实际生活起见,必须使司法官认识一国之根本法理,法律全系统之中心原则,实无疑义。惟是依上文所述,这中心原则,往往不见于成文法上,那么这中心原则之探讨方法,很值得注意。

……

三民主义之国家,要求每一个法官对于三民主义法律哲学都有充分的认识,然后可以拿党义充分地运用到裁判上。……以上说明司法党化之人的及物的两方面意义。这两方面措施,必定要双管齐下,才能得到圆满的结果。……根据以上论旨,我们指出实行司法党化的几个切要办法:

(a) 令法官注意研究党义,适用党义;

(b) 以运用党义判案作为审查成绩之第一标准;

(c) 司法官考试,关于党义科目,应以运用党义判案为试题,不用呆板的抽象的党义问答;

(d) 法官训练所应极力扩充范围,务使下级法官一律有入所训练之机会,同时该所课程应增加"法律哲学"及"党义判例"、"党义拟判实习"等科目;

(e) 设立法曹会,并饬其注重研究党义之运用;

(f) 编纂"判解党义汇览",摘录党义及基本法理,与判例解释例类比,分别附于法律条文之后,而辨别其旨趣之符契或乖离;

(g) 从速施行陪审制度。[①]

一、训政理论与党国体制

(一) 训政理论与胡汉民的法律观

按照孙中山的"建国三时期"方针,南京国民政府从 1928 年起,实行了二十余年的"训政"。长期追随孙中山的胡汉民这时成为国民党中央政治会议委

[①] 居正:《司法党化问题》,载范忠信、尤陈俊等(编):《为什么要重建中国法系——居正法政文选》,中国政法大学出版社 2009 年版。

员、立法院院长,为国民党法制建设出谋划策,是国民党训政立法的灵魂人物。因此,了解胡汉民的核心法律思想与法律观,对把握国民党的法制总体特征很有帮助。

胡汉民在孙中山思想上发展出"训政保姆论",胡说:"以党治国是以国民党的三民主义为取向的政治模式,于建国治国之过程中,本党始终以政权之保姆自任。"[①]民众被视为"婴儿",国民党被视为"保姆",民众事情由国民党包办。这与传统中国的政治思想异曲同工:官员自命为父母官,民众被视为子民。父母官对子民教化训导,包办事务。

1928年,胡汉民提出旨在确立国民党一党专政的制度,使南京政府合法化的《训政大纲》和《国民政府组织法》两部文件集中反映了他的训政理论。他认为应以国民党的力量负起训政全责,教育民众,使人人有管理政事的能力。在权能关系上,"党为训政之发动者,须有发动训政之全权;政府为训政之执行者,须有执行训政之全责"。《国民政府组织法》规定实行五院制,其中规定立法院奉党的命令,推行党的政策,使之成为国民党控制下的国民政府的一个立法办事部门。

胡汉民法律思想的核心内容为"国家社会本位",这个法律观很快一统天下,结束了清末以来中国"家族本位"与西方"个人本位"法律原则在立法中冲突、共存或妥协的局面。

❓ 想想看

晚清立法时出现的"礼法之争"及大清民事、刑事诉讼律中出现的当事人主义、辩论原则,是否为"家族本位"与西方"个人本位"法律原则在立法中共存或冲突局面的表现?

胡汉民认为,立法应当以国家社会利益为最高原则。故而立法要站在国家、社会和集体原则的立场上,首先为整个国家谋利益。当个人与国家利益冲突时,法律应维护国家权益,限制乃至牺牲个人的权利。"牺牲个人的部分,以成就民族和国家"是其"国家社会本位"法律观的核心。

这种法律思想在公法上的具体表现便是"国家至上"。以国家整体的自由,或以国民党政府无限制的权力,限制甚至剥夺人民自由权利是国民党法制的一个重要特征。《训政纲领》规定:"中国国民党代表大会闭会时,以政权托付中国国民党中央执行委员会执行之。"因此,人民的参政权被剥夺,民主

---

① 参见于一夫:《"以党治国"面面观》,载《炎黄春秋》2010年第7期。

制度变成了一党专制。

在1928—1947年近20年的训政时期,迫于内外压力,国民党虽然允诺"结束训政,还政于民",但他们总以人民"没有掌握政权的能力和习惯"为借口,继续坚持一党专制。胡汉民认为中国宪法不能像欧美那样以个人自由为出发点,因为国人是自由的,则国家不能自由。因此宪法应由人民立法以限制个人自由,保护国家民族的自由。这种"国家至上"实质就是扩大政府专制权力,人民民主权利与国家权利成为对立物。这种看法与欧美对宪法的通常理解相距甚远。

想想看

《商君书》认为,要使君主的法令有效力,则民众必须服从法,法一经颁布,都须遵从,这叫"法胜民"。《商君书·说民》篇说:"民胜法,国乱;法胜民,兵强。"这一法律思想与胡汉民的上述思想有无相似之处?

胡汉民的法律思想在私法上的具体表现则是"社会至上"。胡汉民批评近代西方私法以个人本位为基础,强调私权绝对、契约自由、过失责任等原则将导致社会走向弱肉强食的地步。他认为,在个人利益和社会利益之间,首先要保护社会群体的利益。为了社会共同利益,国家应运用法律手段指导、干预个人利益。

上述法律观在国民党的法律体系中得到全面体现。之所以如此,主要是因为"国家至上"口号适应了国民党一党专制的胃口。同时,这种思想在中国有深厚土壤。中国的法律传统向来以集体和君主为本位,这与"国家社会本位"排斥个人权利自由的精神有相通之处。此外,在20世纪初,西方民法学说正好从过去的个人本位主义发展到此时的社会本位主义,主张为了他人、社会与国家利益,应对个人权利自由作适当限制。这种新法律思潮正与胡汉民、孙科等人的主张在表面上相契合,并被他们称为代表了当时最新的立法趋势。①

20世纪40年代"私法社会化"思潮在中国发展出一种极端的后果便是,先限制所有权和契约自由,最后干脆倾向于取消所有权,取消契约自由和私法自治;换言之,从根本上取消了民法和民法学。然而,20世纪以来西方的"私法社会化"或"社会本位"虽然强调社会,但并非以否定权利为代价,而是在权利的价值已经确立的基础上,着重强调个人权利与社会利益的协调。权

---

① 胡汉民的法律观参见武树臣:《中国法律思想史》,法律出版社2004年版,第357—363页。

利的性质和内容得到界定,是私权行使"社会化"的前提。西方这种"私法社会化"是顾全社会公共利益,并从这一角度纠正以往极端的个人主义思潮(如契约绝对自由、个人权利绝对等),以更大地实现人的价值。而中国法律传统中的社会本位,并非是为了实现个人的价值,只是为了维护统治秩序。① 民国时法学家认为,我国民法多为前清草案,直接继受外国个人主义的法律,不足以适应现代潮流。② 但民国时立法者忘了,中国从未出现过培养个人权利与自由的时代,权利意识尚未在社会获得普遍认可和尊重。缺乏这个前提,国家立法直接进入社会本位时代,进而为了国家、社会利益对个人权利作出限制。其发展到极端,便是在私法中最后取消个人权利,在表面上最先进的法理下,实际上部分恢复传统法律的老路。

(二) 以党治国体制

列宁创建俄国共产党(后改称"联共[布]"),创立党政军高度统一、党权高于一切的"党化国家"体制。随着护法运动等的失败,俄国十月革命的胜利,孙中山对政党的观念有了很大变化。"二次革命"失败以后,他的政党观由推崇西式多党轮流执政的政党政治,开始转化为"以俄为师",学习俄国的一党专政和以党建军制度。在苏联顾问鲍罗庭的协助下,他将苏俄"党化国家"体制引入中国,提出和推行"以党治国"论。这些理论在1924年1月国民党"一大"得到实践。

"党治"理论的要点为:政权由中国国民党代表行使;政府由中国国民党产生并对其负责;中国国民党修正及解释重要法律;理论上,训政时期全国只有一个合法政党即中国国民党。国民党在司法化领域对苏俄的继受,表现在以下三个方面:强调革命党对司法的领导;在新旧政权更替时,更多强调司法革命;强调革命党的决议、革命理论具有法律效力。③ "以党治国"实质上以国民党的政策治国,由党行使国家政权,强调政党对国家的至高权威,党政不分。这种思路极易形成一党专政和以人(也即党的领袖)治国,由党治蜕化成传统时代的人治。这种理论背离了政党政治的民主诉求。

在孙中山逝世后,蒋介石、胡汉民与南京国民政府利用孙中山的政治遗产,将孙中山的"以党治国"和"三阶段论"发展成为极权主义的政治体制,走上专制独裁的大道。蒋介石奉行"一个主义、一个政党、一个领袖",集党政军

---

① 参见俞江:《近代中国民法学中的私权理论》,北京大学出版社2003年版,第248—255页。
② 参见谢振民:《中华民国立法史》,中国政法大学出版社2000年版,第21页。
③ 参见李在全:《法治与党治:国民党政权的司法党化(1923—1948)》,社会科学文献出版社2012年版,第34、67—69页。

大权于一身,并要求国人对领袖绝对效忠,使中国的宪政之路出现了大倒退。① 国民党以一党征服全国,以一人征服全党。因此,这种政治多多少少又回到了皇帝政治的旧路——围绕一个人为中心的独裁。

在国民党训政理论及胡汉民法律思想影响下,中华民国国民政府成为国民党手中的工具。首先,国民党独揽统治权,中国国民党中央执行委员会政治会议在决定训政大计指导政府上,对中国国民党中央执行委员会负责;国民政府在实施训政计划及方案上,对中国国民党中央执行委员会政治会议负责。具体而言,1928年10月,国民党中央常务会议通过了《训政纲领》,这是国民党内的指导性文件。它规定选举、罢免、创制、复决四项"政权"由国民党全国代表大会代表国民大会领导国民行使,在其闭会期间,由国民党中央执行委员会执行;行政、立法、司法、考试、监察五项"治权",在国民党中央执行委员会政治会议的指导监督下,由国民政府行之。《训政纲领》以宪法性文件的形式,确立训政时期"以党治国"的政治体制。

1931年5月,在蒋介石力主下,国民会议基于《训政纲领》,通过《中华民国训政时期约法》。约法由熟知美国三权分立精神的留美法学博士王宏惠主持制定。根据该约法规定,政府的权力和独立性在"以党治国"原则下得以扩大,胡汉民赖以对抗蒋介石专权的"中政会"对于国民政府的指导监督作用被大大削弱。选举,罢免,创制,复决四种政权,都由国民政府训导之,行政、立法、司法、考试、监督五种治权由国民政府行使,国民政府委员、主席的人选由国民党中央执行委员会选任,蒋介石则是中央执行委员会主席。这样,国家权力以约法形式,集中在中央执行委员会主席蒋介石手中。国民党"以党治国"体制日趋固化。

自1928年以后,在自上而下的行政体系构建中,党务组织系统与行政组织系统双轨并进。中央党部之下依次设立省党部、县党部、区党部,分别与省、县、区等级行政系统相对应,成为中国近代以来行政控制体制的重大转变。"党国"体制在地方层面上的运作与中央不同。1928年8月国民党二届五中全会规定:"凡各级党部对于同级政府之举措有认为不合时,得报告上级党部,由上级党部请政府依法查办。各级政府对于同级党部之举措有认为不满意时,亦得报告上级政府,转咨其上级党部处理。"这一系列政策法规显示,国民党在地方实施党政双轨制,地方党政机构间互不统属,平等分开,相互监督。地方党部不能直接干预地方政府的政务,国民党中央只有通过中政会和国民政府才能向地方政府发号施令。

---

① 参见于一夫:《"以党治国"面面观》,载《炎黄春秋》2010年第7期。

其次,政府成员由国民党指派。1928年2月《国民政府组织法》规定:"国民政府由中央执行委员会推举委员若干人组织之,并推定其中五至七人为常务委员,于常委中推定一人为主席。"

再次,政府对国民党负责,《国民政府组织法》规定,宪法未颁布前,行政、立法、司法、考试、监察五院各自对国民党中央执行委员会负责。1947年将提法改为"国民政府主席对中国国民党中央执行委员会负责,五院院长对国民政府主席负责"。国民党始终处于最高训政者的地位。中华民国成为一切权力皆由党集中、由党实施的国民党一党专制之国。

"党国"体制对政治资源及物质利益过度把持,必然造就占据要津的既得利益集团,形成体制改革的最大障碍,并在国民党大佬们渐渐淡忘还政于民的终极目标的同时,成为政治腐化与社会动荡的根源。[①]

▶ 二、立法体制与立法概况

(一)三级立法体制

以党治国的体制确立了国民党垄断立法权,孙中山的民族、民权、民生"三民主义"为立法的指导思想。这种以一党党义为全国立法最高原则的先例始自南京政府,也是南京国民政府立法活动的基本特征。国民党以《中国国民党总章》为根据,机构设置如下,最高机构为国民党全国代表大会,下设中央监察委员会和中央执行委员会,后者负责国民党全国代表大会闭会期间的工作,为党的真正最高权力机关,另设有直属机构组织部、宣传部等。依据1935年通过的《中央执行委员会组织大纲》,中央执行委员会推定常务委员9人,常委中推定主席、副主席。

根据1928年国民政府公布的《立法程序法》《国民政府组织法》以及《立法院组织法》,以下机构可以向中央政治会议提出立法议案,(1)中央政治会议委员;(2)国民政府;(3)国民政府所属各部院会及各省市政府;(4)行政、司法、考试、监察各院,各得就其主管事项向立法院提出立法议案。[②] 具体而言,在这些机构中,第一级立法机构为国民党中央执行委员会和中央政治会议(后改为中央政治委员会)。其职权包括(1)最重要的法律的制定颁布权。如《训政纲领》《国民政府组织法》等。(2)立法原则的议决权。依据1932年6月《立法程序纲领》,中央政治会议提出的立法议案,自定原则,国民政府及五

[①] 党国体制的论述,本书部分参见江沛、迟晓静:《中国国民党"党国"体制述评》,载《安徽史学》2006年第1期。

[②] 参见谢振民:《中华民国立法史》,中国政法大学出版社2000年版,第219页。

院提出法律案,应拟定原则草案及审核所属机关法律议案的原则草案,均呈交中央政治会议决定。对于中央政治会议所定立法原则,立法院必须遵行,不得变更,但可以陈述意见。①

第二级立法机构为国民政府,行使公布法律、发布命令之权。下属五院立法权限不一。立法院为国民政府下属的最高立法机关,它的立法权受国民党控制,须执行政治会议确定的立法原则,对政治会议交付的事项不得为内容之审议,所议决通过的法律案,政治会议得发交复议。立法院不是西方国家的那种国会,也非由各县人民选举代表组织的立法机构,立法院院长由中央常务会选任,立法委员由中央政治会议决定,因此立法院并非民意机构,近似于党的御用机关。② 行政院可向立法院提出法律案及其他议案之权。

第三级立法机构为地方行政机关,包括省政府及专员公署,可制定单行条例及规程。《政治会议暂行条例》规定,国民党的省部官员(省政府委员、主席及厅长)特别市市长均由国民党中央政治会议任命,因此,这一立法权也操于国民党之手。

(二) 立法概况

在国民党政权败退至台湾之前,其立法概况根据政局变化,大致可划分为三大阶段。从1928至1936年间,南京国民政府主要致力于建立六法体系。除颁布了宪法性质的《训政纲领》《训政时期约法》,确立国民党一党独大外,还制定了民法、刑法、民事诉讼法、刑事诉讼法及若干行政法规及法院组织法等。同时,为配合"围剿"苏区和镇压各地反抗,立法机构还制定了系列刑事特别法规。在体系上,南京政府基本完成晚清以来的法制近代化进程。

想想看

"六法全书"在当时落实到司法实践中的可能有多大?

从1937至1945年的八年抗战期间,南京国民政府以制颁单行法规和法令为主,表现出特殊时期立法的两面性,一方面颁布若干抗日、惩治汉奸的法规,如《国家总动员法》《惩治汉奸条例》《妨害兵役治罪条例》等,另一方面发布一些旨在"防共、限共、溶共"的法令。

从1946至1949年间,国共两党以武力激烈争夺对全国的统治权。国民

---

① 据1928年的《组织条例》,中央政治会议为中央执行委员会特设的政治指导机关,凡中政会的一切决议,应经由中执会审议交国民政府执行。参见杨鸿年、欧阳鑫:《中国政制史》,安徽教育出版社1989年版,第441页。

② 参见谢振民:《中华民国立法史》,中国政法大学出版社2000年版,第7—8页。

党为赢得民心,开始"行宪"、选举总统,颁布各种法律,维护以党治国体制。

(三)法律体系

按其外在形式,南京政府时期的法律体系主要分为两大类,最主要的为成文法,其次为例(判例、解释例)。成文法通常被称为"六法",其汇编称为"六法全书"。"六法"这一称谓源自日本。在1919年前后,中国翻译日本、法国等的法律制度时,相关译著称为《日本六法全书》《法国六法》等。

民国时期的"六法全书"主要包括宪法及相关法规;民法及相关法规;民事诉讼法及相关法规;刑法及单行刑事法规;刑事诉讼法及相关法规;行政法规及法院组织法。按照西方近代以来的法学分类,这些法律分普通法和特别法,特别法优于普通法。其次,判例和解释例是对北洋政府法律的继承和发展。解释例由司法院作出,最高法院、行政法院判例需要变更,由司法院召集会议议决。立法的另一特点是源自西方的继受法与源自中国传统的固有法相混合。南京政府时期的立法吸取了许多大陆法系的原则,同时也继承了一些中国固有法。

三、"六法"体系的建立

(一)宪法

1928年10月3日,国民党中央常务委员会通过《中华民国训政纲领》,确定党与政府及人民的关系,设立了训政时期以党治国的方针。其主要内容为:训政时期不成立全国国民大会,其职权由国民党全国代表大会代行,在其闭会期间,政权交给中央执行委员会行使,治权由国民政府执行。

1931年5月5日,在蒋介石力主下,国民会议通过了以王宠惠为主稿人的《中华民国训政时期约法》,共分八章。第一章规定领土、主权、国体、国旗、国都等。第二章列举人民的权利义务,但在每一人民权利条款之后均规定"非依法律不受限制",隐含着政府必要时可依法律限制人民权利与自由。第三章规定国民党行使中央统治权,国民政府行使五种治权,并训导四种政权的行使,五院共同听命于国民党中央执行委员会,再次确认了国民党掌握统治权。第四章规定发展实业,以劳资双方协调互利为原则。第五章规定三民主义为教育根本原则。第六章规定中央与地方的权限,采均权主义。第七章规定政府的组织,中央采五权制度,地方分省县两级。第八章规定约法效力及其解释权所属;并议订宪法草案的机关与决定宪法颁布的时期。[①]

根据国民党既定程序,"训政时期"应于1935年结束,进入宪政阶段,是有

---

① 参见谢振民:《中华民国立法史》,中国政法大学出版社2000年版,第333页。

宪法起草的动议。1933年,立法院组成宪法起草委员会,以张知本、吴经熊等作为宪法起草的主要负责人,并于第二年制定宪法草案。经国民党中央执行委员会多次审议、修订,1936年5月5日国民政府宣布《中华民国宪法草案》(又称"五五宪草"),内容主体涉及总纲、人民权利义务、国民大会、中央与地方的均权、中央政制、地方制度,但因时局变化未付诸表决。这部宪法草案要点如下:首先,总统职权甚大,近似采用三权分立制宪法的总统制,总统有发布紧急命令之权,但应经行政会议议决与立法院追认。但此种命令经立法院否决后效力如何,没有明文规定。① 其次,规定了人民权利和自由,但又规定可通过法律予以限制。最后,规定中央任命省长,仅限县长可由地方上选举。

"五五宪草"与前一稿相比,有如下重要差异:国民大会任期由四年增至六年,但常会的召集自每二年一次改为每三年一次,临时会的自动召集由代表四分之一的同意增至五分之二的同意,也就是说国民行使政权的机会比前一稿愈发稀少。其次,总统任期由四年增至六年,有权召集临时国民大会、五院院长、发布紧急命令等权。② 这部宪法草案的一大特点是规定"中华民国为三民主义共和国"。在中国宪法史上,将一党党义写进国家宪法的坏例由国民党开创。对此,当时人亦颇多怀疑,认为国体为永久性,而主义须随时改善,以主义定国体,则未摆脱训政的痕迹,不合宪政常轨,三民主义纳入宪法,为全国唯一信条,则与言论、著作、信仰等自由背离。③ 不久后,日本全面侵华以及国民大会未及召开,"五五宪草"未付表决。

至1946年11月15日,国民党召开共产党和其他一些民主党派未参加的"国民大会",12月25日通过《中华民国宪法》,1947年1月1日由国民政府公布。《中华民国宪法》的主要内容与特点为,以三民主义为整部宪法指导精神,确立五权宪法的构造。规定国民大会代表全国国民行使政权,但又宣布其创制、复决两权暂不行使,国民大会的职权限于选举和罢免总统与副总统,修改宪法、复决立法院提出的宪法修正案。总统被赋予极大权力,如统率海陆空军。宪法另对总统权力作了一定限制,如总统受行政院、立法院与监察院的限制、纠弹和罢免。罗列人民的广泛权利和纳税、服兵役等三项义务,同时又规定可以法律给予限制。孙中山此前认为,为防止财富集中在个人手里,防止个别资本垄断整个与国家经济命脉相关的行业,需要"节制资本"。宪法以民生主义为口号,提出"平均地权、节制资本"。宪法规定人民依法取

---

① 参见同上注书,第336—337页。
② 参见王世杰、钱端升:《比较宪法》,商务印书馆1999年版,第479页。
③ 参见谢振民:《中华民国立法史》,中国政法大学出版社2000年版,第336—337页。

得的土地所有权受法律保护,又规定国家对私人财富及私营事业,认为有害国计民生时应以法律限制,同时又强调公用事业及其他独占性企业以公营为原则,最后发展成为官僚垄断经济,为四大家族垄断国民经济提供了法律保护。

与"五五宪草"相比,《中华民国宪法》有些进步,这与"第二次世界大战"后民主力量的发展有关。1946年召开的政治协商会议对宪法修改意见也有促进作用。但这部宪法是在一些民主党派未参加的情况下制定的,在代表合法性、广泛性方面存在局限。国民党在这个时候颁布宪法,是希望由此改变其不良形象,证明其统治合法性,在国共冲突中赢得民心。1948年3月,国民政府在南京召开"行宪国大",选出蒋介石、李宗仁为正副总统。4月,国民大会通过《动员勘乱时期临时条款》,依据临时条款,在特别时期,总统和行政院得为紧急处分而勿需立法院批准。同年秋冬,中国人民解放军相继组织三大战役。至1949年,南京国民政府在大陆覆灭,其宪法在中国大陆即成为一纸废文。国民党败退台湾后,上述临时条款多次增订,实际上把《中华民国宪法》架空。

(二) 民法

早在民国北京政府时期,官方就已经成立"法典编纂会"负责草订民法,其以清末制定的民律草案为基础,并调查各省民商事习惯,完成民律草案,由于政局不稳,草案未能成为正式法典。

1928年12月,南京政府的立法院成立,院长胡汉民呈请中央政治会议制定民法。从1929年1月起历时3年,民法五编相继完成,计1225条,各编均有"施行法"与各编同时公布施行。这时制定民法,有两种民律草案可资参考,一是《大清民律草案》,二是1915年《民律第二次草案》及国民政府法制局1928年起草的亲属法草案、继承法草案,同时有专门的秘书部门将各国民法翻译成中文,供立法委员会参考。在起草亲属、继承两编前提出立法原则外,立法院另制定表册多种,发送各地征求习惯,再就原北京司法部的全国各地习惯调查报告加以整理。在立法程序上,由立法院编拟该编立法原则,将该编重大原则问题先行定出,报中央政治会议批准,而后立法院据以拟出具体条文,再讨论通过。当时拟定各编、参加讨论的人,有不少是有关民法各编的专家,如草拟亲属编草案的燕树棠、草拟继承法草案的罗鼎,参与民法起草委员会的史尚宽、林彬、郑毓[yù]秀、王宠惠等。

民法典总则公布于1929年5月,亲属、继承公布于1930年12月。起草民法时立法者就各编立法原则、各编全文和每条附有说明书(立法理由书)。这些理由书日后均公布,对理解和研究民法很有帮助。在民法各编公布后,随即公布了各编施行法,施行法旨在解决法在施行过程具体问题。

今天研读这部民法,应主要注意它所起的除旧布新的作用,如何打破了我国在民事方面相沿几千年的陈规陋习,如何为中华民族进入现代文明社会开辟道路。这部民法只在中国大陆存在近20年(1929—1949),且没有施行于全国。新中国成立之后,该法及民国其他五法被当作反动法受到批判。但自改革开放以来,我国民法研究与教学乃至民事立法,都受到这部民法影响。

《中华民国民法》继受西方法律,从形式到内容,基本采用德国、瑞士民法模式。所以当时的民法学家梅仲协这样评价:现行民法、采德立法例,十之六七,瑞士立法例者,十之三四,而法日苏联之成规,亦有十之一二。中国向来缺乏自己的民法传统,因此,制定民法只能以继受为第一要务。

这部民法主要特点为:

(1) 在无法可依的情况下,可依法理、习惯作为依据。

(2) 身份法上具有重大革新。中国古代民事规范方面有许多野蛮或不合时宜的东西,如孝道、多妾制、男尊女卑、三从四德、三纲五常、五服制等,《中华民国民法》的公布一举推翻几千年来的一些陈规,改革了固有恶习,尤其是在民法总则、亲属和继承三编上,在当时(20世纪20年代),不仅在某些地方超过了刚建立的苏俄,且普遍地超过资本主义国家。这主要表现在:其一,男女平等。民国民法取消了当时许多"文明"国家限制已婚妇女的民事行为能力(诸多国家将已婚妇女列入限制行为能力人)的规定,使妇女在权利能力和行为能力方面完全与男子同等地位。把中国相沿几千年来的男尊女卑、三从四德一扫而光,这是中国有史以来在男女身份方面的最大改革。日本民法有关限制已婚妇女行为能力的规定直到第二次世界大战以后(1947)才修改,法国民法至1965年才规定"夫妻各方均有完全的权利能力"。在亲属编中,有关男女平等还表现在,男女离婚条件上的平等。男女同为家长,同为监护人,夫妻在收养子女时有同等权利,并同等行使子女的权利义务。其中不存在父权、夫权的规定。子女有同等继承权,配偶有相互继承权。当然,男女平等尚未彻底,如妻冠以夫姓,子女冠以父姓,但相比之前的民律草案已经大大进步。其二,废除嫡子、庶子、嗣子及私生子称谓。历次民法草案均保留了这些称谓,民国民法将私生子女改称非婚生子女。日本民法中"庶子私生子"等至1947年才修改。其三,废除大家族制、宗法的亲属制。传统中国维护封建宗法制,并依宗亲服制设定亲等,民国民法将之全部废除,改为血亲和姻亲,又废除宗法制,不设族长,只设家长,并尽量削弱家长权力。

(3) 在财产法上,其一,受胡汉民等人及西方民法思潮的影响,采取社会本位(国家本位主义)主义原则。表现为对近代民法中的绝对意思主义、契约自由、所有权绝对、过失责任等多有限制。如规定权利能力不得抛弃,有背于公共秩序或善良风俗的法律行为无效。其二,采先进立法例,又兼顾本国国情。比如,民国民法不盲目照搬外国的不动产质权和土地债务,并删去原民律草案中的这些规定,而规定本国固有的典权(支付典价占有他人不动产,而为使用收益之权)。特别规定永佃权人因不可抗力致其收益减少或全无者,可减少或免除佃租。又如,亲属编中对结婚定公开仪式而不行登记制度。继承篇中采行限定继承,不依传统办法"父债子还"原则,这些对旧规则的改定或保持也是考虑了国情。当然也有缺点,指责来自两方面,保守人士认为废除大家族制违反伦理道德,进步人士则认为男女平等贯彻得不够。但总体而言,该民法即使在当时与同时代各国民法也可并肩而立。它在中国数千来的法制史中,开创了私法制度与权利文化,就此意义而言,其较拿破仑民法典有过之而无不及。①

　　依据当时世界上的立法潮流,民国民法典采取民商合一原则,凡适合编入民法典的商事法规,如通常属于商业行为的交互计算、行纪、仓库、运送营业及承揽运送等,一律订入民法债编,凡不宜编入民法的,则分别制定并公布《公司法》(1929)、《海商法》(1929)、《保险法》(1929)、《票据法》(1930)、《银行法》(1931)、《破产法》(1935)②等,这些法律大部分在1929年即已经公布,这与清末制定商法典有异。

　　(三) 行政法规

　　"六法"体系中最初包括商法,后来其被纳入民法,行政法规由此成为六法之一,为规范行政组织及其行政职权的法律规范总和,在六法体系中所占比重很大,形式上包括行政法律和行政规章,由诸多单行法律、法规组成,繁多杂乱。行政为国家作用之一,错综变化、广泛复杂,致行政法没有一定的条贯系统以编成行政法典。

　　南京政府制定的行政组织法重要的有《国民政府组织法》,于1928年10月由中央执行委员会通过。该法规定国民政府及五院的组织与职权,国民政府采取委员会制,以国务会议处理国务,国民政府主席为国务会议主席。国民政府公布法律、发布命令必经国务会议议决,因此五院职权内的事项仍须经国务会议作决定,所谓五权分立实为一权主义。③ 同月,蒋介石当选国民政

---

① 以上中华民国民法的介绍,参见谢怀栻:《大陆法国家民法典研究(二)》,载《私法》(总第3卷),北京大学出版社2002年版。

② 按,本节括号中注明的时间均指该法律颁布的时间。

③ 参见谢振民:《中华民国立法史》,中国政法大学出版社2000年版,第217页。

府主席,集党、政、军权于一身,实现"三位一体"。

国民政府主席实权大小取决于蒋介石是否担任该职,与国民党内部派系斗争相适应。《国民政府组织法》的修正,在不到二十年里达十一次之多。1929年蒋介石担任国民政府主席,至1931年6月修正《国民政府组织法》,扩大国民政府主席权力,规定五院正副院长均由主席提名担任。在1931年12月,为缓解与反对派的矛盾,蒋介石辞去国民政府主席职务,由林森继任,而只任国民党中央执行委员会主席。此时修正的《国民政府组织法》规定的国民政府主席不负责实际责任,国民政府主席及五院院长由国民党中央执行委员会任命并对之负责。1943年8月,林森病逝。同年9月,蒋介石被推选为国民政府主席,并兼军事委员会委员长和行政院长,而且还是国民党总裁。这时修改后的《国民政府组织法》规定,国民政府主席为陆海军大元帅,五院院长由主席提请中执委任命并对主席负责。

此外,行政组织法还有《行政院组织法》(1928)、《立法院组织法》(1928)、《司法院组织法》(1928)、《考试院组织法》(1928)、《监察院组织法》(1928)、《内政部组织法》(1928)等。

南京政府制定的关于行政权作用之法,为实质行政法,以确定行政权与人民关系的法规,包括《国籍法》(1929),包括国籍的取得、丧失、回复等,《违警罚法》(1928)、《麻醉药品管理条例》(1929)、《国军剿匪条例》(1929)、《监督慈善团体法》(1929)、《商会法》(1929)、《出版法》(1930)、《海陆空军惩罚法》(1930)、《矿业法》(1930)、《户籍法》(1931)、《农会法施行法》(1931)、《营业税法》(1931)、《行政执行法》(1932)、《行政诉讼法》(1932)、《渔业法》(1932)《中华民国红十字会管理条例》(1932)、《森林法》(1932)、《统计法》(1932)、《预算法》(1932)、《狩猎法》(1932)、《兵役法》(1933)、《倾销货物税法》(1933)、《印花税法》(1934)、《海关缉私条例》(1934)、《会计法》(1935)、《所得税法》(1943)、《遗产税法》(1946)、《证券交易税条例》(1946)等。

(四)刑法及其关系法

南京国民政府建立后,沿用北京政府的《中华民国暂行新刑律》,这部暂行新刑律在《大清新刑律》基础上略加删改而成。此外,1927年南京的司法部以前北京政府的《第二次刑律修正草案》为基础,由王宠惠负责拟成刑法草案,提交国民党中央执行委员会审定,国民政府于1928年3月公布,这部刑法常被称为旧刑法。

但是,这部旧刑法由于制定仓促,在施行过程中问题较多,国民政府对这部刑法不甚满意,1931年12月立法委员刘克俊、史尚宽等组成专门委员会对之修订,一方面依据最新刑法学说,另一方面研究旧刑法实施中存在何种问题。委员先后赴各地调查司法状况及监狱情形,呈请各司法实践部门及各省律师公会拟具改订刑法意见。刑法起草委员会编写《刑法修正案》分送各报馆、各大学及各地律师公会等机构,征集对该稿的修订意见。① 民国刑法对今人或已过时,然而其立法过程颇值今天的立法者借鉴。

新刑法在1935年1月1日颁布。新刑法对旧刑法的修订主要表现在,由"客观主义"改为"侧重于主观主义",即强调以犯罪人行为性质而不是客观后果为依据来定罪量刑,由"报应主义"改为"侧重于防卫社会主义",强调发挥刑法"保全与教育功能",进而引进了保安处分制度。出现这种变化,在于南京国民政府制定刑法前后,世界上的刑事政策注重社会防卫,刑事立法的趋势渐由报应主义倾向目的主义,由客观主义而侧重于主观主义。受此影响,立法院制定新刑法时,以"社会本位"和"相对主义"为理论基础,引进20世纪初出现于欧洲的"保安处分",作为刑罚的补充。"保安处分"理论认为:社会上有一部分人先天和后天的原因,必然会犯罪。因此,对这些人应在其未给社会造成危害前,应采取限制其人身自由为主要手段的防卫措施。该制度对于减少社会危害有一定的合理性,但保安处分富有弹性,可由法官解释,容易扩大打击对象,迫害无辜。新刑法增设了保安处分一章,分为感化教育、监护、禁戒、强制工作四种。②

新刑法的刑罚分主刑与从刑。主刑有死刑、无期、有期、拘役;从刑有褫夺公权(相当于剥夺政治权利)、没收。设定多种罪名,镇压国民党统治下的反抗行为与革命活动,如惩治"内乱罪",包括意图破坏国体、窃据国土,或以非法变更国宪,颠覆政府者,此外还规定了"妨害国交罪""妨害公务罪"等。确立罪刑法定原则,规定"行为之处罚,以行为时之法律有明文规定者为限"。但这种规定在实践中容易被变通。比如当时广泛适用的解释例与判例,以及国民党特务施行秘密逮捕与镇压政治犯,易走向罪刑擅断。

此外,国民政府公布了大量刑事特别法,主要有《惩治土豪劣绅条例》(1927)、《惩治盗匪暂行条例》(1927)、《惩治绑匪条例》(1928)、《暂行反革命治罪法》(1928)、《共产党人自首法》(1928)、《暂行特种刑事诬告治罪法》(1928)、《毁坏中国国民党总理遗像及党旗论罪办法》(1929)、《徒刑人犯移垦暂行条例》(1934)、《陆海空军刑法》(1929)等等。依据特别法效力高于普通法的原则,这些特别法律的效力高于刑法典,便于打击反对者。

---

① 参见谢振民:《中华民国立法史》,中国政法大学出版社2000年版,第920—921页。
② 参见同上注书,第20—21页。

（五）民事诉讼法

1928年，司法部拟定《民事诉讼法草案》5编，呈送国民政府交法制局审查后，送中央政治会议审议，至1931年2月《民事诉讼法》全部公布。《民事诉讼法》以前《民事诉讼条例》为蓝本加以删改而成，共五编六百条，原先的四级三审制正式改为三级三审制。同年还公布了《民事诉讼法施行法》共十三条，大致为关于《民事诉讼法》施行前相关的诉讼事件应适用新法或旧法的各规定。民事诉讼法典的主要特点为采取当事人主义。这一原则源于"私法自治"思想，也即诉讼程序的开始、进行、终结以及诉讼资料的提出，均依据当事人的意思，法院不作职权上之干涉。民事诉讼法施行两年多来，受到各种批评。

国民政府在1935年公布了新《民事诉讼法》，并于1945年修正，修正后为636条，包括总则，第一审程序、上诉程序、抗告程序、再审程序、督促程序、保全程序、公示催告程序、人事程序。这部诉讼法与旧法的第一编第三章有所不同，新法本章为诉讼费用，分三节：诉讼费用的负担；诉讼费用的担保；诉讼救助。此外新法废除特别诉讼程序的名称，将抗告程序、再审程序、督促程序、保全程序、公示催告程序、人事诉讼程序依次列为第四编至第九编；婚姻事件程序、亲子关系事件程序、禁治产事件程序、宣告死亡事件程序列为第九编的第一至第四章。《民事诉讼法》的关系法规有《民事调解法》(1930)、《提存法》(1937)、《强制执行法》(1940)、《公证法》(1943)、《民事诉讼费用法》(1945)。

（六）刑事诉讼法

南京政府的第一部《刑事诉讼法》经李烈钧等立法委员审查后，提交中央政治会议通过，交由国民政府于1928年7月公布，该法共分9编，513条，第一、三、四、六、八编的编章节目均与《刑事诉讼条例》相同。第二编第一章公诉删除预审一节，只分侦查、起诉、审判3节，其第二章为自诉，第五编非常上诉，第七编简易程序，第九编附带民事诉讼，均与《刑事诉讼条例》微异。该法的要旨为：采取四级三审制；采取国家诉追主义，即以检察官代表国家行使刑事原告职权；采用公设辩护人制度；取消诉讼费用的规定，等等。①

1933年，立法院以现行刑法需要修正，《刑事诉讼法》亦应同时改订，特指派刘克俊等起草修正案。第二部《刑事诉讼法》于1935年公布，并同年公布《刑事诉讼法施行法》，施行法大致规定《刑事诉讼法》施行前关于管辖、侦查、审判、羁押、具保或责付、辩护人、审判费及附带民事诉讼等。与前一部法律

---

① 参见谢振民：《中华民国立法史》，中国政法大学出版社2000年版，第1019—1021页。

相比,修正要旨为:规定三级三审制;删除牵连案件由不同地方法院的上级法院并案受理的规定;法院与检察官遇有紧急情形,可以管辖区域外执行职务;规定了秘密侦查制度,检察官的侦查以不公开方式进行,同时检察官被赋予很大权力,司法警察官在其辖区内有协助检察官侦查之职权,检察官于必要时,可请附近军事长官派遣军队辅助;在证据中采用"自由心证"原则,"自由心证"证据制度是指证据的取舍和证明力的大小,以及案件事实的认定,均由法官根据自己的良心、理性自由判断,形成确信的一种制度,也即一为法官的理性和良心,一为心证达到确信的程度。这一制度形成于18世纪西方,影响了日本及民国时法律。

? 想想看

联系汉代《春秋》决狱的特征,自由心证在中国的司法传统中,可能带来何种负面影响?

《刑事诉讼法》于1945年修正,共9编,516条,第二编至第四编,及第七编至第九编的编章节目与前法相同,再审列为第五编,非常上诉列为第六编,第一编的章数与其第一章至第三章的章目未加变更,第四章为辩护人、辅佐人及代理人,第五章文书,第六章送达,第七章期日及期间,第十一章搜索及扣押,第十二章勘验,第十三章人证,第十四章鉴定及通译,第十五章裁判。①《刑事诉讼法》的关系法规有《反革命案件陪审暂行法》(1929)、《监狱组织条例》(1946)、《监狱行刑法》(1946)、《看守所组织条例》(1946)及《假释审查规则》(1948)等。

▶ 四、司法机制

(一)司法组织

据1932年公布的《法院组织法》,普通法院分地方法院、高等法院、最高法院。旧《法院编制法》以德、日法院构成法为蓝本,采四级三审制,本法实行三级三审制,高等法院一审、二审案件为终审,第三审仅为法律审(法律适用是否违法)。新法扩充了检察官的职权,检察官可实施侦查;提起公诉;实行公诉;协助自诉;担当自诉;指挥刑事裁判的执行。其中,协助自诉与担当自诉为扩充的职权。旧《法院编制法》规定大理院得设分院,本法中最高法院不设

---

① 参见谢振民:《中华民国立法史》,中国政法大学出版社2000年版,第1023—1030页。

分院。本法对任职长达十年、十五年以上的推事、检察官,提高其待遇以为奖励。①

(二) 从司法独立到司法党化

民国时期由法治到党治在司法上的典型表现,便是司法独立理念转变为司法党化。自晚清到民国北京政府时期,司法独立作为基本原则在法律制度中得到确立。北京政府时期颁行的《暂行法院编制法》规定,出任各级审判厅推事的应通过国家司法考试,大理院推事则须国内外修习法律三年以上,经过两次司法考试合格,并有十年以上司法实践经验。法律保障推事的职位与薪水安全,其不得参与政治等社会团体;法官独立审判不受上级干涉。当然,由于政局动荡及经费紧张,司法独立原则更多停留于法律文本层面。

自1928年训政开始,国民党从总体上加强对司法权的控制。由司法行政部、最高法院、行政法院和公务员惩戒委员会组成的司法院对国民党中央执行委员会负责。最高司法机关的领导人也由国民党中央决定,并对中央执行委员会负责。因此,国民党成了司法权的权力来源。

不过,国民党及各级组织和各级领导人不直接与政府和司法机关发生关系,不构成上下级隶属关系,唯有中央政治会议才是国家训政的最高指导机关。中央政治会议的决议,司法机关必须执行。反之,其他个人或党组织(包括省级党组织)都无权对司法机关发号施令。也就是说,制度设计者是既希望通过中央政治会议加强执政党对司法权的控制,又要防止个人及国民党各级组织对司法系统随意干扰,防止个别党的领导和个别党的组织假借党的名义滥用司法权力。国民党使自己同具体的司法审判活动保持一定距离。为此,国民党于1928年通过了《关于党与政府对于训政之权限及各级党与同级政府关系之决议》。

按照该决议,除中央政治会议外,国民党地方各级党部不能直接干涉司法实务。国民党曾明令地方党部应避免对党务之外的司法权的干涉与冲突。1930年前后,国民党中央严厉指责与批评地方党组织随意干涉司法审判事务的现象。当时的《最高法院组织法》与《法院组织法立法原则》均规定法官独立审判,不受他人指挥审判。

这样,国民党在对外树立司法独立形象的同时,形成对司法权事实上的控制,且只通过国民党中央政治会议这一唯一渠道进行,禁止各级地方党部干涉司法工作。除政治案件外,这种对司法权的控制在实践中一般不干涉具体案件的审理。

---

① 参见谢振民:《中华民国立法史》,中国政法大学出版社2000年版,第1048—1049页。

("司法印纸"是民国时期诉讼等司法活动的收费凭证,左边北京政府时期的图案为独角神羊,右边南京政府时期的图案改为国民党党徽,后者成为司法党化的一个侧面印记。)

在1926年9月,徐谦发表《对改造司法之主张》,认为现代司法制度的"根本改造即非提倡党化的与革命化的司法不可"。这一将司法党化与司法改良相联系的主张,后来得到司法部部长王宠惠的赞同。在1929年国民党三届三中全会上,王宠惠代表司法院提出了今后司法改良的方针,第一条就是"司法官要党化"。"司法党化"的序幕由此开启。居正担任司法院院长之后,对王宠惠的"司法党化"观作了进一步阐发,形成系统的"司法党化"思想,这一思想集中地体现于他在1934年发表的《司法党化问题》一文。①

至1934年前后,在居正的倡导下,"司法党化"正式提出。"司法党化"通过国民党对司法权的控制,使国家的司法变成国民党落实自己意志、推行政策、实现对社会管理和控制的工具。具体做法为:一是在主观方面"司法干部人员一律党化",也即司法官党化。居正认为其要害在于司法官认同党义也即三民主义,由从灵魂深处信奉党义、具有强烈三民主义社会意识的人担任法院推事或检察官,使所有司法官理解和信奉三民主义及其在法律适用中的作用,最后把司法权控制在执政党手中。自此之后,司法官以及县级司法处审判官的考试都将国民党党纲、党义作为必试内容,司法行政部下属的法官训练所训练法官时强化灌输党义。二是在客观方面"适用法律之际必须注意于党义之运用",即在司法审判中注意党义的运用,利用审判活动落实国民党党义和党纲,以是否运用党义审理案件作为考核法官政绩唯一标准。

党义即三民主义是当时"法律体系的总纲领",亦作为"基本法理""往往不见于成文法上",一般抽象或间接体现于法律规范背后或法外。居正就此提出两个层次的要求。首先,司法官应当尽力搜集资料,努力研究三民主义

---

① 参见居正:《司法党化问题》,载范忠信、尤陈俊等(编):《为什么要重建中国法系——居正法政文选》,中国政法大学出版社2009年版,第167—189页。

法律哲学。其次,在对三民主义法律哲学有了充分认识之后,司法官就可以拿党义运用于裁判。居正认为,党义应凌驾于法律之上,是检验法律是否应当被运用的依据;法律只应当是党义的载体,司法过程就是落实党义的过程。这样,"以党治国"在司法上就可以得到充分的展现。

"司法党化"强化了执政党对司法的控制,是国民党高层领导与基层党部共同推动的结果,符合国民党整体利益。推行"司法党化"便于镇压国民党政治上的反对者,借助党的力量完成现代司法制度在中国的构建,通过强迫从业人员入党,平时开展各种渠道宣传教育,纠正司法过于专业化和技术化后,可能出现与社会相脱节状况,做到在具体个案中,实现国民党每一阶段性具体方针和政策。"司法党化"表明,对法律家(如王宠惠、居正)或高层统治者(如蒋介石、汪精卫)而言,法治不是一种信仰,而是实现政治目的的手段。

在实践中,个别重大案件由国民党通过自己控制的舆论影响力、高层领袖政治上的权力干涉和左右案件审理过程与结果。比如,蒋介石为了打击政治反对派,曾在1929—1931年间未经司法程序即拘禁或软禁居正与胡汉民。1936年11月,江苏省高等法院二分院、三分院审理全国各界救国会领袖沈钧儒、李公朴、邹韬奋、史良、沙千里、王造时、章乃器七人,当庭辩论起诉罪名无法成立,但没有国民党中央指示,法院无权将被告无罪释放。至于一般案件,"司法党化"主要是通过司法机关从业人员对国民党的党义、政策的自觉认同来实现。

(三)司法党化负面影响

总体上,尽管国民党基本控制了国家司法权,但并未在全国范围内构建现代司法制度,整个社会和司法从业人员对司法党化的认同并不高。其原因在于,直至1949年,国民党在全国执政能力不足;国民党实行地方党部与地方政府、司法相平行的训政体制,限制了"司法党化"的深度与力度。按照孙中山1924年提出的"建国三时期"的理论,训政及与"司法党化"都是阶段性举措,一旦完成训政,国家终将实行宪政与司法独立,这就给许多司法从业人员抵制司法党化的勇气。

"司法党化"的实效与王宠惠和居正等人初衷有别,但却在其他方面产生诸多负面影响。在"司法党化"口号提出前,只有少数法官、书记官加入国民党。强调司法官党化的结果导致一些原无法官资格、从未在法界任过职的人员,但因是国民党党员,经党内要人推荐便进入法院,甚至还当上高等法院院长。司法界原本讲究出身和资历的状况开始遭到破坏。在"司法党化"政策下,有些法院甚至为法官举行集体入党。大量无正规学历和专业背景但被认为能效忠党国的人员进入司法机关,司法的专业化、职业化建设开始倒退。

这些不符合业务条件的党员进入司法界，降低法官素质，在法官中助长投机取巧的风气，对业务的敬畏和钻研被对权势的钻营所取代。

在司法党义化方面，其属于意识形态灌输和道德说教，无法量化检测，因此往往流于形式。"党义化"没有进展，居正反对的片面的司法"党人化"倒是实现了。司法"党人化"走向极端，便是依党派、政见画线，任人唯亲、任人唯忠。在审判实践中，"司法党化"强调党义在适用法律时的指导作用，加强了党国不分、以党代国、以党代法。如法院只凭党部的一纸证明就可以定罪，党部告发"共党"罪犯，党部监督审判活动、对司法院及其所属法院下达命令等等。由于党义的抽象性和国民党政策的变化无常，党化司法走向唯国民党中央马首是瞻，司法丧失了应有的中立、公正与权威，成为国民党排斥异己、镇压共产党及其他人士的工具。由于党义凌驾于法律之上，居正设想的"法律主治"蜕变成国民党"党义主治"，负面影响了法治建设。

此外，"司法党化"导致人民群众对审判的不满，转化和积累为对执政党不满，把专业技术性问题变为普遍性的政治问题。司法机构由党创制，对执政党的司法监督无法实现，"司法党化"破坏了自《中华民国临时约法》以来设定的国家权力合理架构，使国民党失去制度性的纠错机制，其腐败与最后倒台成为必然。①1947年，南京政府公布实施《中华民国宪法》，推行宪政，重新规定了司法独立原则。但是至1949年国民党败退台湾之前，司法独立原则多停留于纸面。

课后阅读文献

王世杰、钱端升：《比较宪法》，商务印书馆1999年版，第六编。

李在全：《法治与党治——国民党政权的司法党化（1923—1948）》，社会科学文献出版社2012年版。

侯欣一：《党治下的司法——南京国民政府训政时期执政党与国家司法关系之构建》，载《华东政法大学学报》2009年第3期。

俞江：《近代中国民法学中的私权理论》，北京大学出版社2003年版。

以下适合有研究兴趣的读者

江照信：《中国法律"看不见中国"——居正司法时期（1932—1948）研究》，清华大学出

---

① 司法党化问题本书均参见了侯欣一：《党治下的司法——南京国民政府训政时期执政党与国家司法关系之构建》，载《华东政法大学学报》2009年第3期；范忠信、尤陈俊等：《居正法政思想与民国法制及中国司法近代化》，载范忠信、尤陈俊等（编）：《为什么要重建中国法系——居正法政文选》，中国政法大学出版社2009年版。

版社 2010 年版。

谢振民:《中华民国立法史》(上、下册),中国政法大学出版社 2000 年版。

胡长清:《中国民法总论》,中国政法大学出版社 1997 年版。

Jérôme Bourgon, "Rights, Freedoms, and Customs in the Making of Chinese Civil Law, 1900—1936", in *Realms of Freedom in Modern China*, edited by William C. Kirby, Stanford University Press, 2004.

梅仲协:《民法要义》,中国政法大学出版社 1998 年版。

史尚宽:《民法总论》,中国政法大学出版社 2000 年版。

史尚宽:《民法总论》,中国政法大学出版社 2000 年版。

《袖珍六法全书》,吴经熊(校勘),会文堂新记书局民国三十年(1941)版。

《中华民国六法理由判解汇编》,郭卫、周定枚(编辑),会文堂新记书局 1933 年版。

蔡鸿源(主编):《民国法规集成》(共一百册),黄山书社 1999 年版[全书按民国时期各类政府政权分为六大部分:1. 中华民国军政府、南京临时政府及南方政府(包括广州护法军政府、大本营、广州和武汉国民政府)法规,第 2 册;2. 中华民国政府(北京)法规,第 6 册;3. 中华民国国民政府暨总统府(南京)法规,第 33 册;4. 中华苏维埃工农民主政府法规和新民主主义革命根据地政府法规,第 77 册;5. 伪满洲国政府法规,第 74 册;6. 汪伪"国民政府"法规,第 91 册;第 1 册为索引]。

革命根据地法制史,可选读如下文献:

强世功:《权利的组织网络与法律的治理化——马锡五审判方式与中国法律的新传统》,载《北大法律评论》(第 3 卷第 2 辑),法律出版社 2001 年版。

张希坡、韩延龙(主编):《中国革命法制史》,中国社会科学出版社 2007 年版。

瑞金县人民法院(编):《中华苏维埃共和国审判资料选编》,人民法院出版社 1991 年版。

张希坡:《马锡五审判方式》,法律出版社 1983 年版。

侯欣一:《从司法为民到人民司法:陕甘宁边区大众化司法制度研究》,中国政法大学出版社 2007 年版。

刘忠:《"从华北走向全国"——当代司法制度传承的重新书写》,载《北大法律评论》(第 11 卷第 1 辑),北京大学出版社 2010 年版。

朝延龙、常兆儒(编):《中国新民主主义革命时期根据地法制文献选编》(共五卷),中国社会科学出版社 1981 年版。

陕西省档案馆、陕西省社会科学院(合编):《陕甘宁边区政府文件选编》(共十四辑),档案出版社 1986—1991 年陆续出版。

课后深度思考题

你认为南京国民政府时期是否存在司法独立?若存在,是何种限度的存在?若不存在,理由为何?以上状况给予你何种启示?

第十三章 结 论

中国传统法制起源于东亚大陆早期频繁的战争及与此相关的军事法令、家族伦理社会的礼,这类法制并非群体成员通过共同协商、辩论、妥协等方式达成的一致意愿,而是强烈地表现为军事集团首长(后来则是皇帝)的意志强加于另一方。与古希腊平民与贵族阶层相互斗争达成妥协意志——法律不同,中国传统法制具有优先保障法令制定者自身利益的倾向,对私人利益的保障不是其重心。故而,这种传统法制是一种治理型的法制,其以禁令、约束性条款为基本特征,强制民众遵纪守法、承担义务与维持适应统治者要求的秩序。生法者为君,守法者为官与民。因此,在司法过程中,具有个人自由意志特征的专断权力(源自皇帝)与循法而治属性的常规权力(源自皇帝对官僚集团的规范及官僚自身使命)共存,交互影响司法实践。官僚集团突破法律底线与遵守法律成为执法与司法中长期存在的两难。

以王朝私利为最终目标而选择的制度,最终难以被社会各方尤其是下层民众所接受。受前一王朝被推翻的警醒,新政权为收拾天下民心,在制度订立伊始往往以稳定和宽缓为特征。随着警示日渐远去以及最高统治者权力日益不受约束,法制与司法实践愈加趋于严苛,难以长期维系。社会民众在忍无可忍之际,最后以暴力推翻现政权,建立新王朝。但是,与新政权配套的法律制度,仍然是以最高领导集团的私利为核心目标。历代的法制创建,始终不存在上层统治者与底层民众协商与妥协的过程。没有经由各方让步、克制或同意而达成规则,也即宪政体系下的法制,导致了治乱循环在中国历史上相沿不已。权力结构的本质一以贯之,致使在前后敌对政权建立的不同王朝下,法制却表现为稳定的继承性。有政权革命,无制度革新。法制长期未能优化,虽具有"温水煮青蛙"般的缓慢负效应,不会立即导致政治危机,然而,一旦危难来临,诸如因长期官僚集团的贪污腐败、司法不公引发王朝末期的起义、叛乱、外乱入侵等,变革为时已晚。

传统法制的成文化与体系化框架深受法家学派影响。法家的政法思想为维护君主专制提供了诸多学说资源。与先秦儒家不同,汉以后,儒家学说经过历代学人的努力改造,迎合了王朝的政治需要,跃升上政治舞台,成为指导政治与法制的主要学说,极大影响了历代法制内容与原则。被改造后的儒家学说与历代家族伦理身份等级社会的状况相适应。因而,受儒家思想支配的中国传统法制是一种身份性的法制,其以"三纲五常"为主要指导原则。法制对民众义务及所享有的资格的设定、司法判决结果皆因人的身份层级而异。

在晚清西方列强侵入中国之前,庞大的中华帝国基本缺乏与其他国家和民族竞争的危机与意识,社会自身除了唐宋之际有较大变化外,整体上差异不大,皇权结构维持上千年的稳定。历代王朝不注重将诸如权利、自由的平等保障等内容纳入法制之中。社会民众被统治者刻意维持成散沙状,禁止自由结社。因此,在社会内部,皇权政治没有任何实质性力量的制衡,法律与司法方面的恣意在最高统治者身上表现得甚为明显,故而最高统治者往往成为吞噬法制稳定与司法正义的黑洞。虽说皇权为维持自身统治的合法性与正当性,不断颁布各种惩治违法官吏的法令,甚至这些涉及行政惩戒的法令数量之巨,国外罕有其匹。然而,对于不同层级的官员,其利益天生多样化和分散化,官僚通过破坏法制、滥用权力等形式获取巨额利益,皇帝无法保证官僚集团利益与其一致。

时至近代,在中国与列强间的冲突中,一国法制的优劣很大程度决定了其竞争的成败。自中世纪以来,西欧小国林立,这些小国间的激烈竞争迫使一些政府倾向于改善包括法律在内的社会制度,最后促成了向宪政转型。欧陆国家历经文艺复兴洗礼等因素,其法制向限制国家权力、保障民众平等权利与自由、激励团体对外扩张转化。深受传统法制与司法体制束缚的中国臣民在与列强对抗时,时时处于下风。这种劣势催生了种种政治和外交危机,迫使晚清王朝改弦更张,引进西方法制。但是,受制于固有既得利益集团的束缚,立法者主要基于自我利益,选择性地学习与移植西方法律,并以西式法律为框架,建构了中国特色的法律体系。由于近代动荡不安的政治局面,这种具有西方色彩的法律体系在彼时中国落地生根异常艰辛。

附录一 《中国法制史》期末试题举例(闭卷形式)

一、单项选择题

1. 《唐律》规定"诸监临主司受财而枉法者,一尺杖一百,一匹加一等,十五匹绞"。这一法条属于《唐律》中的哪一篇?(   )
    A. 卫禁律   B. 斗讼律   C. 职制律   D. 户婚律

2. "其五刑之目:凡七下至五十七,谓之笞刑;凡六十七至一百七,谓杖刑;其徒法,年数杖数,相附丽为加减,盐徒盗贼既决而又镣之;流则南人迁于辽阳迤北之地,北人迁于南方湖广之乡;死刑,则有斩而无绞,恶逆之极者,又有凌迟处死之法焉。"这是(   )朝的刑事法律。
    A. 辽   B. 宋   C. 元   D. 清

二、判断题(错误的划×,正确的划√)

1. "嘉定县民郭玄二等二名,手执《大诰》,首告本县首领马兵杨凤春等害民。经过淳化镇,其巡检何添观刁蹬留难,致使马兵马德旺索要钞贯,声言差人送京来。如此沮丧,除将各人押本处,马兵马德旺依前大诰行诛,枭令示众,巡检何添观刖足枷令。今后敢有如此者,罪亦如之。"这一文献反映了清初刑乱国用重刑的法律特色。(   )

2. "凡流刑四:加役流,脊杖二十,配役三年;流三千里,脊杖二十,二千五百里,脊杖十八,二千里,脊杖十七,并配役一年。"这一刑法特色与《水浒传》中的林冲所受刑罚相关。(   )

3. "魏陈矫为魏郡西部都尉。是时,耕牛少,杀者罪至死。曲周民父病以牛祷,县结正弃市。(陈)矫曰'此孝子也。'表赦之。"陈矫的这一判决显示了官员注重维护父家长的权威。(   )。

4. 《汉书·东方朔传》记载汉武帝外甥昭平君,杀死其妻(武帝之女),"系狱官,以公主子,廷尉上请,请论"。这与中国古代八议制度中的议贵最近似。(   )

5. "甲夫乙将船,会海风盛,船没溺流死亡,不得葬。四月,甲母丙即嫁甲,欲皆何论。或曰,甲夫死未葬,法无许嫁,以私为人妻,当弃市。议曰:臣愚以为《春秋》之义,言夫人归于齐,言夫死无男,有更嫁之道也。妇人无专制擅恣之行,听从为顺,嫁之者归也,甲又尊者所嫁,无淫行之心,非私为人妻也。明于决事,皆无罪名,不当坐。"(《太平御览》卷六百四十)此案例反映的司法审判特征一定程度上使得儒家经义获得甚至高于现行法律的权威。(　　)

三、案例分析题

阅读以下案例并回答相应问题:

A."张书向胞伯张文升借钱,恰有高刚送还张文升钱文,即乘伯父送出高刚时擅取大钱二千五百文回家。文升查知往侄家追索。张书当向央恳,文升不依,向张书扑殴,张书退避,文升被土块绊倒跌地,痰壅气闭身死。刑部以张书并无顶撞逼迫情况,绊跌亦非意料所及,依过失杀伯叔律拟徒刑三年。"(清《刑案汇览》)

B."栗松年因妻做饭迟延,加以殴詈。母李氏出而喝阻,不听。李氏欲禀官送究,松年叩头央求,不允。随即赴县呈控,回家以后才晓得父母首告忤逆,应问遣戍,虑无人待养,心生追悔,愁急莫释,投井自尽。有司以李氏之死虽非抱忿轻生,但事由于首告究由违犯教令所致,依律拟绞侯。"(清《刑案汇览》)

C."张良璧舐吸婴女精髓,前后共十六人,致毙女孩十一人,成废一人。实属穷凶极恶、人形兽性。……张良璧一犯著即凌迟处死……传十六家(受害人家属)亲丁环视,以快人心而抒众愤。所有张良璧家产并著抄没。集被害之十六家亲属,当官分给。"(清《刑案汇览》)

D."吴大文因与查传贵之妻杨氏通奸,查传贵利资纵容。吴大文次子吴延华不服,在外传播,致地主戴赵斌闻知。令吴大文退佃、搬迁。吴大文带同子媳等,并查传贵夫妇,迁至竹山,租屋居住。吴延华仍时与查传贵争吵。查传贵欲同杨氏搬走。吴大文虑恐不能续奸,起意将吴延华致死,长留查传贵夫妇同住。随商同查传贵,将吴延华诱致僻处。吴大文潜取小刀,乘吴延华不备,从其身后揪住发辫,连戳其项颈、左右耳根,并狠割其咽喉两下,登时殒命。(刑部)查:吴大文因恋奸,将子谋死,因属残忍。惟死系子命。该省将该犯依'父母故杀子'律,拟徒,与律相符。"(清《刑案汇览》)

问:以上案例中,涉及准五服以制罪原则进行判决的案例是_____(注明字母即可,本题多选、少选、错选均不得分)。准五服以制罪在中国古代何部法典中首次入律_____?结合上述案例,试述准五服以制罪的主要内容以及定罪量刑的基本原则_____

附录二 《中国法制史》期末试题举例(开卷形式)

一、文献分析题

阅读以下法律史文献回答问题：

大禹死后儿子启继承王位,启作《甘誓》,对随军将士说:"上天命我率领他们灭他,今天我恭行天罚。你们听从我的命令,则会得到奖赏;违背我的命令,会受到惩罚。"——必须听命,否则就是"不恭命",不仅刑加于身,而且要诛及子孙。

《尚书·汤誓》:"不从誓言,予则孥戮汝,罔有攸赦。"《周礼·秋官·士师》:"一曰誓,用之于军旅。"《尚书》收有甘誓、泰誓、牧誓、费誓。《国语·晋语三》载,司马说在处治庆郑时引用"韩之誓",其中有"失次犯令死,将止不面夷死,伪言误众死"。

《左传·哀公二年》:"简子誓曰:'范氏、中行氏反易天明,斩艾百姓,欲擅晋国而灭其君。寡君持郑而保焉,今郑为不道,弃君助臣。二三子顺天明,从君命,经德义,除诟耻。在此行也,克敌者,上大夫受县,下大夫受郡,士田十万,庶人工商遂,人臣隶圉免。志父(简子)无罪,君实图之。'"

《商君书·算地》:"夫刑者所以禁邪也,而赏者所以助禁也。……故刑戮者所以止奸也,而官爵者所以劝功也。"

1. 上述古代早期文献中的"誓"主要使用的场合是_____? 2. 中国早期的刑(罚、法)起源于_____; 3. 受此影响,中国早期的法律有何特征_____。

二、案例分析题

阅读以下案例并回答问题：

又安丘男子毋丘长与母俱行市,道遇醉客辱其母,长杀之而亡,安丘追踪于胶东得之。祐呼长谓曰:"子母见辱,人情所耻。然孝子忿必虑难,动不累亲。今若背亲逞怒,白日杀人,赦若非义,刑若不忍,将如之何?"长以械自系,曰:"国家制法,囚身犯之。明府虽加哀矜,恩无所施。"祐问长:"有妻、子乎?"

对曰:"有妻未有子也。"即移安丘逮长妻,妻到,解桎梏,使同宿狱中,妻遂怀孕。至冬尽行刑,长泣谓母曰:"负母应死,当何以报吴君乎?"乃啮指而吞之,含血言曰:"妻若生子,名之'吴生',言我临死吞指为誓,属儿以报吴君。"因投缳而死。——选自《后汉书·吴延史卢赵列传》

以下案例有两方面典型体现了中国传统法制的特征。1. 在执行时间方面_____;你的理由是:_____。2. 官员司法审判与执行时的思维深受_____影响,你的理由是:_____。

三、论述题

试述近代中国(晚清至民国时期)宪法制定的历程,基于你平时所学及相关思考,试述为何近代宪政制度难以真正建立?(后一部分得分要求:论述要有一定的历史依据并能自圆其说。)